Jutta Konda

# Das Verhältnis von Theologie und Heiligkeit im Werk Hans Urs von Balthasars

# BONNER DOGMATISCHE STUDIEN

Herausgegeben von
Wilhelm Breuning, Hans Jorissen,
Josef Wohlmuth

Band 9

Jutta Konda

# Das Verhältnis von Theologie und Heiligkeit im Werk Hans Urs von Balthasars

echter

CIP-Titelaufnahme der Deutschen Bibliothek

*Konda, Jutta:*
Das Verhältnis von Theologie und Heiligkeit im Werk Hans Urs von Balthasars / Jutta Konda. – Würzburg : Echter, 1991
(Bonner dogmatische Studien ; Bd. 9)
ISBN 3-429-01349-6
NE:GT


Druck und buchbinderische Verarbeitung: Echter Würzburg
Fränkische Gesellschaftsdruckerei und Verlag GmbH
Umschlag: Ernst Loew
ISBN 3-429-01349-6
ISSN 0935-0756

## Vorwort

Die vorliegende Untersuchung wurde im April 1990 von der Katholisch-Theologischen Fakultät der Rheinischen Friedrich-Wilhelms-Universität Bonn als Dissertation angenommen. Mein Dank gilt dem Referenten, Herrn Prof. Dr. H. Jorissen, und dem Korreferenten, Herrn Prof. Dr. G. Bitter. Zu Dank verpflichtet bin ich vor allem meinem Mann, der das Manuskript mit Hingabe für den Druck fertiggestellt hat. Im Mai 1990 ist die Arbeit erstmals im Dissertationsdruck erschienen.

Zu danken habe ich den Herren Prof. Dr. W. Breuning, Prof. Dr. H. Jorissen und Prof. Dr. J. Wohlmuth für die Aufnahme meiner Arbeit - sie wurde vor der Drucklegung geringfügig verändert - in die von ihnen herausgegebene Reihe "Bonner dogmatische Studien".

Die Dissertation zum Verhältnis von Theologie und Heiligkeit soll ein Zeichen der dankbaren Erinnerung für alles sein, was ich Hans Urs von Balthasar schulde. Ein bedeutendes Buch des französischen Karmeliten François-Marie Léthel, 1989 in Venasque erschienen mit dem Titel "Connaître l'amour du Christ qui surpasse toute connaissance. La théologie des saints", hätte sicher Balthasars Zustimmung gefunden. Es beginnt mit dem Satz: "Tous les saints sont théologiens, seuls les saints sont théologiens." Balthasar drückt diesen Sachverhalt im ersten Band der Ästhetik, Schau der Gestalt, S. 534, so aus: "Allein der Heilige, welcher tut, was er denkt und einsieht, ist im Vollsinn christlicher Theologe."

Köln, im August 1990 Jutta Konda

Alles bleibt Hinweis, jedes Stück ließe sich durch zehn ganz andersgeartete ersetzen. Genug, wenn aus diesem locker gewundenen Strauß der durchwehende Wind die Ahnung eines "Geruches des Lebens zum Leben" (2 Kor 2,16) erwecken kann.

Hans Urs von Balthasar, Spiritus Creator, Skizzen zur Theologie III, Einsiedeln 1967, 10.

Werkleute sind wir: Knappen, Jünger, Meister,
und bauen dich, du hohes Mittelschiff.
Und manchmal kommt ein ernster Hergereister,
geht wie ein Glanz durch unsre hundert Geister
und zeigt uns zitternd einen neuen Griff.

Wir steigen in die wiegenden Gerüste,
in unsern Händen hängt der Hammer schwer,
bis eine Stunde uns die Stirnen küßte,
die strahlend und als ob sie Alles wüßte
von dir kommt, wie der Wind vom Meer.

Dann ist ein Hallen von dem vielen Hämmern
und durch die Berge geht es Stoß um Stoß.
Erst wenn es dunkelt lassen wir dich los:
Und deine kommenden Konturen dämmern.

Gott, du bist groß.

Rainer Maria Rilke, Das Stunden-Buch, enthaltend die drei Bücher: Vom mönchischen Leben (1899)/Von der Pilgerschaft (1901)/Von der Armut und vom Tode (1903), Frankfurt/M. 1962, 23.

Nur eines erbitte ich vom Herrn,
danach verlangt mich:
Im Haus des Herrn zu wohnen
alle Tage meines Lebens,
die Freundlichkeit des Herrn zu schauen
und nachzusinnen in seinem Tempel.

Vernimm, o Herr, mein lautes Rufen;
sei mir gnädig, und erhöre mich!
Mein Herz denkt an dein Wort:
"Sucht mein Angesicht!"
Dein Angesicht, Herr,
will ich suchen.

Ps 27,4. 7–8

Gott ist die Liebe,
und wer in der Liebe bleibt,
bleibt in Gott,
und Gott bleibt in ihm.
1 Joh 4,16

Devota sanctorum fides,
invicta spes credentium,
perfecta Christi caritas
mundi triumphat principem.
(De communi martyrum,
ad laudes matutinas)

## Inhalt

## Einleitung

"Meine Bücher sind keine zünftige Theologie, darum für Dissertationen auch nicht sonderlich geeignet", so äußerte sich Hans Urs von Balthasar in einem Gespräch mit Michael Albus 1976[1]. Inzwischen ist das Werk Balthasars nochmals beträchtlich angewachsen, der Wahrnehmungslehre (Ästhetik) der Herrlichkeit Gottes[2] als nur einer Dimension der Theologie ist die "Theodramatik"[3] - 1983 mit dem "Endspiel" abgeschlossen - gefolgt, die Gottes Handeln am Menschen und dessen Antwort durch Entscheidung und Tat zum Inhalt hat. "Ist nicht die ganze kirchliche Existenz wie die des Einzelnen in und außerhalb des Kirchenraumes lauter Tat und Wagnis? Ist es nicht auch die Theologie? Alles 'Gute' steht und fällt mit der Freiheit. Erst dahinter ließe sich eine theologische Logik entwerfen", hieß es im Rechenschaftsbericht von 1965[4]. Wegen des schmalen Raums, "der einem Sechzigjährigen verbleibt", hielt Balthasar damals weder Bilder noch Begriffe mehr für entscheidend, sondern "nur die Tat; um ihretwillen wird auch das Tun des Bücherschreibens zu begraben sein"[5]. Doch die Frage nach der Wahrheit, selbst wenn man die Wahrheit tut[6], die Frage, "was im Ereignis der Offenbarung durch die Menschwerdung des Logos und die Ausgießung des Heiligen Geistes 'Wahrheit' besagt"[7], sollte dennoch zur Sprache kommen. Der dritte Band der Theologik wurde Allerheiligen 1986 abgeschlossen.

Von Thomas von Aquin wird berichtet, daß er Monate vor seinem Tod keine Zeile mehr schrieb mit der Begründung: Alles, was ich geschrieben habe, kommt mir vor wie Spreu. Sein letztes Wort war das Wort von der verbor-

---

1) M. Albus, Geist und Feuer. Ein Gespräch mit Hans Urs von Balthasar, in: Herder Korrespondenz 30 (1976) 73.

2) H I - III.

3) TD I - IV.

4) H. U. von Balthasar, Rechenschaft 1965. Mit einer Bibliographie der Veröffentlichungen Hans Urs von Balthasars, zusammengestellt von B. Widmer, Einsiedeln 1965, 32 f.

5) Ebd. 33.

6) Vgl. Joh 3, 21.

7) TL I, VII.

genen Gottheit[8]. Auch für Balthasar hört "der Gott, der sich wahrhaft und rückhaltlos auslegt", nicht auf, "Geheimnis zu sein"[9]. Theologie ist für ihn nicht primär eine Leistung des Menschen, "sondern eine solche des göttlichen Vaters"; er vermag sich in seinem menschgewordenen Wort verständlich zu machen, "wenn auch nur denen, die er durch seinen in sie gelegten Heiligen Geist zum Verständnis dieser Auslegung befähigt"[10]. Balthasar betrachtet seine eigene Theologie "als eine Art Johannesfinger auf die Fülle der Offenbarung in Jesus Christus, entfaltet in der ungeheuren Fülle ihrer Rezeption in der Geschichte der Kirche, in der Meditation der Heiligen vor allem. Ich muß sagen, daß mich an Theologen nur die heiligen wahrhaft interessieren, von Irenäus über Augustinus zu Anselm, zu Bonaventura, oder Gestalten, die die Heiligkeit ausstrahlen wie ein Dante oder ein Newman, man könnte auch Kierkegaard und Solowjew nennen."[11] Schon 1960, in der erweiterten Fassung seines Aufsatzes "Theologie und Heiligkeit"[12], wird der Ruf nach einer Theologie der Heiligen laut, die von eigentlich dogmatischer Bedeutung ist: "als eine ins konkrete, epochale Kirchenleben übersetzte Dogmatik und als eine von der gelebten heiligen Existenz her rückübersetzte Lehre"[13]. In einem Interview, abgedruckt in der Zeitung "Le Monde" am 9. Oktober 1987, stellt Balthasar fest: "Il y a des enthousiasmes, mais peu de structures, de substance." Auf die Frage des Journalisten: "De substance, c'est-à-dire?" führt er aus: "De formation théologique, de piété personnelle, fondée sur une dogmatique réelle. L'un des grands péchés du monde moderne est d'avoir séparé la spiritualité du dogme. Aujourd'hui, il y a de la spiritualité, mais la théologie est-elle à la hauteur?" Die ursprüngliche Einheit von Theologie und Heiligkeit zu sehen, ihre Trennung aufzuweisen und zu verstehen, einem

8) Vgl. H. Fries, Fundamentaltheologie, Graz - Wien - Köln 1985, 120; H. U. von Balthasar, Verbum Caro. Skizzen zur Theologie I, Einsiedeln 1960, 136; TL I, XXI f.: "Liegt nicht im Wort 'Theo-Logie' ein innerster Widerspruch, bedeutet dieses Wort nicht 'Aussage des Unaussprechlichen und Unausdenkbaren'?"

9) TL I, XXII.

10) Ebd.; vgl. 1 Kor 2.

11) In: M. Albus, Geist und Feuer, 73.

12) H. U. von Balthasar, Verbum Caro, 195 - 225; der programmatische Aufsatz "Theologie und Heiligkeit" erschien erstmals 1948.

13) M. Lochbrunner, Analogia Caritatis. Darstellung und Deutung der Theologie Hans Urs von Balthasars, Freiburg - Basel - Wien 1981, 73.

erneuten Dialog zwischen beiden den Weg zu bereiten: diesem Anliegen möchte die vorliegende Untersuchung zum Verhältnis von Theologie und Heiligkeit dienen. In ihrer Struktur mit den drei angegebenen Schritten: ursprüngliche Einheit - Diastase - vertieftes Gespräch will sie eine Theologie vorstellen, die als Beitrag zur "Ökumene" gedeutet werden kann. Balthasars Bestreben, Dogmatik und Spiritualität wieder aufeinander zu beziehen, ist ein eminent ökumenisches. Die Heiligen sind die großen Symbole der Einheit, ein Weg der Ökumene, weil in ihnen, in der ganzen Vielfalt ihrer Charismen, die Katholizität der christlichen Agape sich ausdrückt.

Nikolaus von Kues[14] prägte das Wort von der coincidentia oppositorum, vom Zusammenfall der im irdischen Leben unversöhnbaren Gegensätze in Gott, von der Vereinigung des Unvereinbaren als dem geheimnisvollen Ort, über dem Gott ist. Im Bereich des Geistigen muß es darum gehen, Verhältnisse sehen und werten zu können, vom Ganzen her zu denken, Entgegengesetztes zur Deckung zu bringen von einem unzugänglichen Punkt aus. Das Ganze ist das Wahre, welches aber nur schwer oder gar nicht in den Blick kommt, da innerhalb einer umfassenden Ordnung jeder Bereich lediglich als ein Teil dasteht. Der Mensch sucht die Einheit, welche Fülle ist. Seine Sehnsucht bleibt angesichts jedes Teilangebotes ungestillt. Als Begrenztheit strebt er einem einigenden, totalen Horizont entgegen. Diese Erfülltheit der Einheit umfaßt und birgt, sie verleiht allem eine gegenseitige Bezogenheit. Balthasar verweist auf die große Abschlußvision Augustins: "Es ist die Kontemplation des Weltganzen vom höchsten Standort der göttlichen Vorsehung aus, eine Schau, in welcher das 'ganze Muster des Bodenmosaiks' und nicht nur ein daraus herausgerissenes Viereck überschaut wird. Es ist die Welt, die im Lichte jenes Gottes gesehen wird, 'durch den das All auch mit seiner linken Seite vollkommen ist', und 'der auch nicht die leiseste Dissonanz entstehen läßt, da das weniger Gute mit dem Besseren in Konsonanz steht'."[15] Die weltlichen Spannungen lösen sich, wenn von Gott her Versöhnung, eine

---

14) Vgl. TL II, 191 - 198, bes. 194; H III, 1/ 2, 552 - 592, bes. 558 f.

15) H II, 1, 128 f.; H. U. von Balthasar bezieht sich hier auf Augustinus, De ordine 1,2; Soliloquia 1,2. Vgl. H. U. von Balthasar, Die Wahrheit ist symphonisch. Aspekte des christlichen Pluralismus, Einsiedeln 1972.

Zusammenschau geschenkt wird. Erst dann kommt in der Vielfalt der Teilaspekte symphonisch das Ganze zum Ausdruck.

Theologie und Heiligkeit – beide stehen unter der Vollmacht des Gottesgeistes[16]. Doch wie läßt sich ihr Verhältnis genauer bestimmen? Als Gegensatz oder Identität? Als unterschiedene, nicht aber geschiedene Bereiche? Als ein Konvergieren auf Gott hin? Gleichen sie zwei Flöten mit verschiedenem Ton, die, da der eine Geist in beide bläst und sie erfüllt, keinen Mißklang zusammen ergeben? Sind die Unterschiede selbst nicht Grund einer Zusammengehörigkeit? Müßte nicht eine Kultur der Dialogik angestrebt werden, die es ermöglicht, partikuläre Standpunkte zu übersteigen oder wenigstens ihr Widereinander aus- und durchzutragen, indem die Spannung ausgehalten und gelebt wird? Wirklich Neues entsteht erst, wenn das Nebeneinander in ein Zueinander umgewandelt wird. Es gilt, den im Verschiedenen enthaltenen Beziehungsreichtum aufzudecken und lebendig werden zu lassen, die Zeichen unsichtbarer Zusammenhänge zu deuten, in denen der Mensch lebt, ohne es zu wissen. Doch wie kann die Fähigkeit des symbolischen Denkens wieder erworben werden, die Kunst des Mystikers, das Verschiedene als identisch und im tiefsten Grunde alles als eines zu betrachten – in einem einfachen, umfassenden Blick, der nicht unterteilt, sondern zuteilt? Ist die Schau der Vereinbarkeit erst im Jenseits möglich?

Die vorgelegte Arbeit ist als ein "Versuch" einzustufen. Sie will Möglichkeiten – und auch Unmöglichkeiten – einer Verhältnisbestimmung zwischen Theologie und Heiligkeit im Werk Hans Urs von Balthasars aufzeigen. Allein in seinem fünfzehnbändigen Hauptwerk "Herrlichkeit", "Theodramatik" und "Theologik" hat Balthasar eine tiefe Zusammenschau vielfältiger Gotteserfahrungen geschaffen, die ihresgleichen sucht. Hinzu kommen die fünf Bände mit Skizzen zur Theologie ("Verbum Caro", "Sponsa Verbi", "Spiritus Creator", "Pneuma und Institution", "Homo creatus est"), seine biographischen Werke (Kirchenväter, Karl Barth, Reinhold Schneider u.a.) und die zahlreichen Schriften zur Spiritualität. Im Kontakt mit anderen Denkern entwickelt Balthasar seine eigene theologische Ausrichtung. Sein Beitrag zur Auseinan-

---

16) Vgl. 1 Kor 12, 4 - 6.

dersetzung mit ihnen besteht unter anderem darin, ihr Studium aus der Peripherie theologischer Forschung herausgeführt zu haben. Origenes bleibt für ihn der genialste von allen, die das Wort des lebendigen Gottes ausgelegt und verehrt haben. An der Vermittlung von Geist und Werk Adriennes von Speyr ist Balthasar besonders gelegen. Die Väterstudien und die theologische Symbiose mit Adrienne prägen seine Begrifflichkeit entscheidend, das Biblische dominiert jedoch innerhalb der Balthasarschen Sprachgestalt. Die Schrifttexte verbinden sich nahtlos mit seinen eigenen Worten. Mit der Bibel reden bedeutet, das Lebensprinzip der Theologie zur Sprache zu bringen. Für Balthasar haben der Gestaltbegriff und das Gestaltsehen Vorrang gegenüber der historisch-kritischen Methode. Er will Durchblicke durch das Ganze geben, nicht in bloße Einzelteile zerlegen. In seiner Methode des Durchleuchtens wird die Analyse zur Dialyse. Um verständlich zu werden, müssen die Worte nicht nur horizontal aufeinander verweisen, sondern vertikal in die unergründliche Tiefe des subsistierenden Logos hinein. Balthasar bezweifelt, daß ein Zerlegen der Grundgestalt in ihre Einzelteile zu einer klareren Sicht des Ganzen führt und "Verstehen" im ganzheitlichen Sinn ermöglicht. Diese Anatomie mag Aufschlußreiches zutage fördern - das Ganze kann man dadurch nie mehr gewinnen. Auf die Gefahr hin, dem kritischen Interpreten seines Werkes als methodisch unscharf und hoffnungslos dilettantisch zu erscheinen, hält Balthasar viele üblich gewordene Trennungslinien nicht ein, da sie nicht selten ein Hindernis sind, das Gesamtphänomen in den Blick zu bekommen und Unfaßliches zu sichten. Die Sprache des Zeugnisses fordert den schmalen Höhengrad des Grenzweges. Das Pneuma ist der eigentliche Exeget des Logos. Die Liebe als Lösung aller intellektuellen Fragen führt eindeutig nach vorn und zur Einigung der Aspekte.

Was gibt der Balthasarschen Theologie ihre synthetische Kraft? Ist es die Verbundenheit mit dem realen, konkreten Leben, die ein Katalogisieren erschwert, gängige Ordnungsraster überspielt und herkömmliche Maßstäbe ver-rückt? Für wichtig Gehaltenes tritt an den Rand, Marginales ins Zentrum, die Übergänge sind fließend. Ist seine Theologie nicht näher an der Kunst als an der Wissenschaft? Nach Balthasar ist der Theologe aufgefordert, in ein Drama einzutreten, sich am Spiel zu beteiligen und die vom Drama betroffenen Zuschauer selbst zu handelnden Personen werden zu lassen. Wo immer die freie Offenbarung des dreieinigen Gottes in einen menschlichen Kontext hereinbricht, kann dieser nicht auf theoretische Gesetze in der Art menschlicher Wissenschaft eingeengt werden. Tritt der lebendige Gott in der Geschichte der Menschheit auf, ist eine "Theodramatik" unausweichlich gegeben. Um sie auf sprachlicher Ebene wahrnehmbar zu machen, bedarf es einer Kunst der Rede und des Gesprächs. Balthasar besitzt ein großes Sprachvermögen, verfügt über hohe Sprachkultur. In einem lebenslangen Umgang mit Dichtung, Literatur und Musik wurde sein Stilempfinden geschult und verfeinert. Bei der Fülle und meisterhaften Komposition der Bücher Balthasars, angesichts der Dynamik seiner Theologie stellt sich die Frage: Welchen Verlauf hat die Untersuchung zum Verhältnis von Theologie und Heiligkeit im einzelnen zu nehmen? Wo kann man beginnen? Welche Gliederung bietet sich an? Besteht die Möglichkeit, das Werk Balthasars seinem eigengesetzlichen Rhythmus gemäß zu deuten?

In einem ersten Teil soll zunächst Balthasars Verständnis von Theologie herausgestellt werden, ein zweiter wird das Thema "Heiligkeit" umkreisen. Balthasar rückt die Theologie und Anthropologie, welche von der absteigenden Agape her denken, eindeutig an die erste Stelle. Theologie und Anthropologie des aufsteigenden Eros werden in das Ganze einbezogen. Theologie hat die Herrlichkeits-, Handlungs- und Wahrheitsgestalt der kenotischen Liebe Gottes in Sprache zu kleiden, Heiligkeit tritt in Erscheinung im Mit- und Nachvollziehen der Wesensgestalt Jesu Christi, im Leben und Handeln aus seinem Geist. Theologie ist dann am exaktesten, wenn der Redende dem ähnlich wird, von dem er spricht oder auch im Schweigen und Verweilen Zeugnis ablegt. So gilt ein dritter Teil der Vermittlung, dem verbindenden "und", dargestellt in einer Theologie der Heiligen, die Balthasar als "kniende", doxo-logische kennzeichnet, ein vierter zeigt die Wende von einer gebeteten Dogmatik zur "sitzenden", rationalistischen Theologie auf, den Übergang von der sapientia zur scientia. Um den Dualismus von Theologie und Heiligkeit besonders deutlich hervortreten zu lassen, wird die Thematik des dritten Teils im vierten in einer theologia spiritualis et mystica nochmals breit entfaltet, das Verhältnis zwischen Reflexion und Mysterium eingehend meditiert, ehe die Diastase von Denken und geisterfülltem Leben ins Zentrum rückt. Überlegungen zur Unterscheidung der Geister, Ansätze zu Entscheidungshilfen – die Ignatianischen Exerzitien erhalten hier den ihnen gebührenden Stellenwert – (Teil fünf) dienen als Hinführung zu einem spannungsreichen Dialog zwischen Theologie und Heiligkeit (Teil sechs). Die unerläßliche Einheit von Dogmatik und Spiritualität folgt aus der Logik der Sache und findet ihre Bestätigung in der Geschichte der Heiligen. Als Beispiele werden Thérèse de l'Enfant Jésus und Adrienne von Speyr angeführt, die nach Balthasar Entscheidendes zur Belebung der Offenbarungslehre beigetragen haben. Die Hervorhebung des Karsamstags, welche dem besonderen Auftrag Adriennes entspricht, möchte zeigen, daß hier für sie – wie auch für Balthasar – die höchste Offenbarung der dreieinigen Agape und der Angelpunkt der Sendung Jesu Christi liegt. Der Ausblick im siebten Teil deutet die "visio beatifica" als Partizipation am Lebensereignis Gottes selbst. Die letzte Wahrheit ist die trinitarische Liebe der göttlichen Personen, die nach Vereinigung mit der gesamten Menschheit verlangt. Es bleibt die Hoffnung, daß jeder Mensch sich am Ende durch Christus erlösen läßt. Ein achter Teil sucht zusammenfassende Perspektiven im kaum überschaubaren Werk Balthasars aufzuzeigen, die langsam im Fragment das Ganze erahnen lassen, ein neunter die Notwendigkeit einer "spirituellen" Theologie einsichtig zu machen, in der intellektuelle Vergewisserung mit fühlender Wahrnehmung und handelnder Verwirklichung geeint ist. Neben Balthasar kommen insbesondere E. Jüngel, G. Ebeling, J.B. Metz, W. Kasper, H. Küng, J. Ratzinger, K. Rahner und B. Forte zu Wort. Allein im Heiligen Geist läßt Theologie sich sachgemäß entfalten. Sie ist berufen, in ihren symbolischen Aussagen die "Dimension des Heiligen" aufscheinen zu lassen, was aber nur möglich wird, wenn sie vom Geist der Anbetung und Verherrlichung Gottes geprägt ist.

Die Ganzheit der Form ist mehr als die Summe ihrer Teile, doch wie kann es gelingen, dieses "mehr" vor Augen zu führen? Am Fragment muß die Bemühung gewissermaßen konzentrisch ansetzen, um es in den Ursprung, der es entlassen hat, zurückzuversetzen. In allen Ausfaltungen wird es stets um "das Eine" gehen müssen: die Tat der absoluten Liebe Gottes, um diesen einzigen Mittelpunkt. Die vielen Dimensionen und Gestalten sind immer wieder einzufalten in das eine – offen-verborgene – Mysterium. Ziel der Untersuchung ist es, die Eigenart und das Wesen dieses theologischen Suchens im Werk Balthasars darzustellen. Suchen darf in der Theologie nicht nur ein rationales

Problem sein, nicht allein ein methodisches Vorgehen, sondern ein existentielles Problem, gründend in der Ursituation des Menschen. Die Hinwendung zum Lebendig-Konkreten und die beschreibende Methode der Phänomenologie gestatten es, eine Vielzahl von Erfahrungsmomenten zu berücksichtigen. Balthasars Überlegungen sind von der Dynamik der fides quaerens intellectum getragen - Suche nach der Wahrheit und dem Leben. Die untrennbare Einheit von Theologie und Heiligkeit zu sehen, aufzuspüren bedeutet nicht, beide unbesehen gleichzusetzen. Integration, Synthese - aber nicht Integration um jeden Preis! Es wird darauf ankommen, alles und jeden in den unabschließbaren Raum einer je größeren Wahrheit und Liebe zu stellen. Theologie der Heiligen ist im letzten dramatisch, stets Ballung und höhere Auflösung von Spannungen und Gegensätzen. Sie steht im Dialog mit einer Vielzahl von Perspektiven und Sendungen, die - in wachsenden Ringen - alle um das absolute Geheimnis Gottes kreisen. So werden im Verlauf der Dissertation die unterschiedlichsten Autoren herangezogen, um zu verdeutlichen, daß die Wahrheit symphonisch ist, daß derjenige tiefer recht hat, welcher mehr Wahrheit sieht. Im theologischen Dialog bleibt nur eines: sich bewußt einzulassen auf andere Gestaltungen und auf die Rivalität oder geistige Verwandtschaft unter ihnen. In diesem Konzert der Stimmen wird die "Heiligen-Theologie" Balthasars den Solopart übernehmen, führt sie doch in die Mitte, in die Logik der Liebe, welche in Jesus Christus als dem Mysterium der Trinität aufscheint. Die vorliegende Studie möchte keine fundierte Kritik an Balthasars Theologie der Heiligen bieten, sondern den Weg zu einer Aufarbeitung und kritischen Auseinandersetzung mit ihr bereiten. Ein Gespräch über die "experimentelle Dogmatik" Adriennes von Speyr hat kaum erst begonnen. Im Dialog ist jedoch vor allem das Hörenkönnen von Wichtigkeit, das Eingehen auf das innerste Wort des Partners, das Vernehmen und Sich-ansprechen-Lassen, ein passiv-objektives Hinhorchen. Kritik darf nicht "von außen" kommen; sie hat fragendes Mitgehen des geistlichen Weges eines anderen zu sein in der gemeinsamen Suche nach dem Mysterium, nicht ein Verfechten des eigenen Standpunkts. Was zählt und bleibt, ist eine spirituelle Freiheit, die sich in äußerstem Gehorsam den Eingebungen des Geistes beugt. Den Ausschlag wird die bejahende Wahrheit geben, welche man beigetragen hat, ein letztes Ja, das alle Gründe zum Nein nur zusammenträgt, um sie zu übersteigen.

Von Nikolaus von Kues stammt das Wort, Gott sei die Notwendigkeit des Unmöglichen[17]. Das Notwendige erscheint unmöglich, das Unmögliche notwendig. Unter dem Wort zu bleiben, wenn über es geredet wird, ist dem Theologen oft unmöglich, aber die Not wendend. Gott mit dem Leben zu bezeugen in einer Welt der Abwesenheit Gottes ist kaum möglich und doch das einzig Anziehende für einen Gott suchenden Menschen. Kann der Mensch "in einer von utopischer Hoffnung getragenen Anstrengung" den Punkt erreichen, "wo das Unmögliche in das Mögliche, Wirkliche und Notwendige"[18] umschlägt und wo der Akt der Erkenntnis und Liebe end-gültige Gestalt gewinnt, die alle Skizzen und Bruchstücke in sich integriert? Wird der Mensch im Fragmentarischen ein Ganzes leben können aus dem Glauben, daß inmitten der Weltnacht die Verheißung eines neuen Sonnenaufgangs des Heiligen ihre Erfüllung findet? Wird er eine zunehmende Verhüllung des göttlichen Angesichtes als die Selbstgewährung Gottes sehen lernen? Besteht die Möglichkeit, den unbegreiflichen Gott als die Notwendigkeit des Unmöglichen zu entdecken und die coincidentia oppositorum als Hinweis auf die Wirklichkeit des unsäglich Anderen über der menschlichen Erfahrungswelt? Sind angesichts der offenen Fragen und verborgenen Schmerzen, der unerhörten Widersprüche des Lebens die Bedeutung der Heilsbotschaft und die Begründung der Nachfolge überhaupt noch einsichtig zu machen?

Was - mit menschlichen Augen betrachtet - unmöglich erscheint, ist nicht unmöglich bei Gott, der in uns das Mögliche liebt. Gottes Möglichkeiten können durch die Unmöglichkeiten der Menschen keineswegs beschnitten werden. "Fürchtet euch nicht ..., und laßt euch nicht erschrecken, sondern haltet in eurem Herzen Christus, den Herrn, heilig! Seid stets bereit, jedem Rede und Antwort zu stehen, der nach der Hoffnung fragt, die euch erfüllt" (1 Petr 3,15). Vom Christen wird der Glaube an die Koinzidenz des Notwendigen und deshalb Möglichen gefordert, selbst wenn ihm diese beiden Kategorien wie zwei parallel laufende Linien erscheinen, die sich erst in der Unendlichkeit treffen. Coincidentia oppositorum! In stets neuem Anlauf hat

---

17) Vgl. R. Schneider, Der christliche Protest. Mit einem Geleitwort von Werner Bergengruen, Zürich 1954, 26. 74.

18) Vgl. H III, 2/2, 495 - 511: Die mögliche Unmöglichkeit.

sich der Christ seinem Auftrag - von Gott zu reden und Gott existentiell zu bezeugen - zu stellen, selbst wenn er darüber zerbricht. Er kann sich der Erfüllung dieser Aufgabe im Unendlichen annähern, indem er sich auf die Unendlichkeit der göttlichen Gnade verläßt, die allem Bruchstückhaften einen endgültig erlösten Ort in der Allheit Gottes anzuweisen vermag[19]. Allein die Gnade ist es, die den Abgrund schließt, der zwischen dem Notwendigen und Möglichen aufgerissen ist. Das Undenkbare, jedoch Verheißene ist die Möglichkeitsbedingung für eine Erfüllung der Hoffnung jenseits des Todes: vollendete Einheit einer menschlichen Vielheit, geeint unter dem absoluten Du im Reich der Liebe. Diese Katholizität ist über eine Umschlagsdialektik und selbst über eine coincidentia oppositorum hinaus. "Sie ist vielmehr Inklusion: der Natur in die Gnade, der Sünde in die vergebende Liebe, aller Zwecke in ein höchstes Umsonst."[20] Alles nimmt sie - im Vorgriff auf eine letzte Einheit als unendliches Ziel - in ihre unergründliche Tiefe zurück. Himmel und Erde begegnen einander in freier und befreiender Communio, alle Zeiten sind in der Ewigkeit der Liebe - der Fülle aller Augenblicke - vereint. In der Perichorese der ewigen Liebe - sie ist unaufhörliche Dynamik des gegenseitigen Sich-Schenkens und -Annehmens - ist Gott willens, seine Schöpfung in die Gemeinschaft der göttlichen Personen hineinzunehmen, um ihr unvergängliches Leben zu geben. Das Schlußbild der Apokalypse enthüllt ein vollendetes Sich-Durchwohnen von Himmel und Erde: "Einen Tempel sah ich nicht in der Stadt. Denn der Herr, ihr Gott, der Herrscher über die ganze Schöpfung, ist ihr Tempel, er und das Lamm. Die Stadt braucht weder Sonne noch Mond, die ihr leuchten. Denn die Herrlichkeit Gottes erleuchtet sie, und ihre Leuchte ist das Lamm" (Offb 21, 22-23). Die Teilnahme am ausstrahlenden Geschehen der Liebe selbst macht die eigentliche Tiefe der ewigen Seligkeit aus. Gott alles in allem!

---

19) Vgl. ders., Katholisch. Aspekte des Mysteriums, Einsiedeln ²1975, 22.

20) Ebd. 21.

## 1 Theologie

Theologie ist eine besondere Art von Suchbewegung, die in vielen Kreisen auf das letzte Zentrum zugeht. "Anders als in umkreisenden Wiederholungen des Je-Ganzen läßt sich ja Theologie überhaupt nicht betreiben, ihre Parzellierung in kontaktlose Einzeltraktate ist ihr sicherer Tod."[21] Theologie ist ein Weg, kein Bau oder System. Dies wird selbst in der "Summa theologiae" des Thomas von Aquin - "einer theologisch konzipierten Gesamtschau"[22] - deutlich, die unter dem Schema: Ausgang - Weg - Rückkehr steht. Thomas übernimmt ein neuplatonisches Modell, um damit die Formalstruktur von Offenbarung und Glaube zu bestimmen. Die Struktur eines Geschehens - es ist durch Ursprung und Ziel und durch den beide verbindenden Weg bezeichnet - , nicht die einer zeitlosen Idee beschreibt dieses Schema[23].

"Gott steht zugleich in der Perspektive der Theologie, die er begründet, und in jener der Metaphysik, die zu ihm als dem Grund aufschaut."[24] Wie Thomas von Aquin geht Balthasar von einer Konvergenz des Theologischen und Philosophischen aus. Eine Mehrzahl von Perspektiven ist der maßgebenden und letzten Perspektive, der theologischen, zu- und eingeordnet. Balthasars Trilogie wird von Beginn an nach den transzendentalen Bestimmungen des Seins gegliedert, "und zwar je im Hinblick auf das analoge Verhältnis ihrer Geltung und Gestalt im weltlichen und im göttlichen Sein"[25]. In der Ästhetik entsprechen sich deshalb weltliche "Schönheit" und göttliche "Herrlichkeit"; in der Dramatik stehen sich weltlich-endliche und göttlich-unendliche Freiheit gegenüber. Die theologische Logik denkt entsprechend "über das Verhältnis zwischen der Struktur geschöpflicher und göttlicher Wahrheit nach"[26]. Es zeigt sich, daß theologische Erkenntnisse über Gottes Herrlichkeit, Güte

---

21) TL I, VIII.

22) H. Fries, aaO. 109.

23) Vgl. ebd. 120.

24) W. Kluxen, Philosophische Perspektiven im Werk des Thomas von Aquin, in: ders. (Hrsg.), Thomas von Aquin im philosophischen Gespräch, Freiburg/ München 1975, 25.

25) TL I, VII.

26) Ebd.

und Wahrheit "naturgemäß eine nicht nur formalistische oder gnoseologische, sondern ontologische Struktur weltlichen Seins"[27] zur Voraussetzung haben. Ohne Philosophie gibt es keine Theologie[28]. Alle Aussagen der Theologie über Gott, Welt und Mensch liegen innerhalb des Bereichs des Seins; sie enthalten folglich notwendig ontologische Elemente. Die Frage nach dem Verhältnis von Philosophie und Theologie ist "angesichts eines deutlich spürbaren Verlustes von denkerischer Kraft in der Theologie"[29] auch heute wichtig.

Balthasar unterscheidet drei Phasen menschlicher Denkentwürfe. Sie wollen eigentlich nie Antworten sein, sondern sind als Versuche, "den Sinn des Daseins zu ergründen", einzustufen. "Vor Christus war alle Philosophie immer schon Theologie."[30] Die Suche nach dem Absoluten beschreibt Paulus in seiner Areopagrede; Apg 17, 28 ist ein Zitat aus dem griechischen Dichter Aratus (3. Jh. v. Chr.): Denn in ihm leben wir, bewegen wir uns und sind wir[31]. Suchen und fragen, philo-sophia, Liebe zur Weisheit zu haben, das ist das Los des Menschen. Balthasar zitiert in seinem Gespräch mit Michael Albus Aristoteles: "Immer muß nach dem Sein gefragt werden". Im Christentum als zweiter Phase geht es um "den Beitrag des Menschen, des geschaffenen Subjekts, den sich offenbarenden Gott zu verstehen"[32]. Es zeigt sich, daß explizite Theologie notwendig Philosophie aus sich entläßt. Bei der dritten nachchristlichen Phase wird es nach Ansicht Balthasars schwierig, weil "aller Sinn der Welt in Jesus Christus an ihn gezogen worden ist"[33]. Religion und Natürliche Theologie hat er gleichsam "in sich erfüllt und absorbiert. D.h. der suchende Mensch ist gefunden worden von Gott."[34] Wie

27) Ebd.

28) Vgl. W. Kasper, Der Gott Jesu Christi, Mainz ²1983, 27: "Die Rede von Gott setzt die metaphysische Frage nach dem Sein voraus und hält sie zugleich wach."

29) So M. Albus, Geist und Feuer, 74.

30) In: M. Albus, Geist und Feuer, 74.

31) Vgl. TL II, 83.

32) In: M. Albus, Geist und Feuer, 74.

33) Ebd. 75.

34) Ebd.

kann "in einem Menschen, in einer Kirche" das Ganze, "was Gott der Welt zu sagen hat"[35], ausgesagt sein? Für Balthasar ist das Ganze im Fragment[36] da, wobei das Fragment katholisch ist - allgemein und umfassend -, durch den Heiligen Geist sich ausweitend bis hin zum All, damit Gott herrscht über alles und in allem[37]. Die geschichtliche und auferstandene Wirklichkeit Christi als das Universale Concretum wird durch das Geheimnis der Wirkkraft seines Geistes so universalisiert, daß ihre Strahlen bis an die Grenzen der Erde zu reichen vermögen[38]. "Alles theologische Verstehen durch die Jahrtausende ist also dadurch eins, daß es in immer neuer und anderer Weise ein Verstehen der gleichen Gottesliebe in Christus ist, erstehend aus dem gleichen Subjekt: der liebenden Kirche, die das ihr Geschenkte zu begreifen sucht. Anders als so gibt es keine Theologie."[39] Außerhalb des Kreislaufs der Liebe zwischen Christus und der Kirche wird nach Balthasar keiner je wissen, was Theologie besagt[40]. Liebe allein ist glaubhaft[41]. "Keine Offenbarungswahrheit, von der Trinität bis zum Kreuz und bis zum Gericht, kann von etwas anderem reden als von der Herrlichkeit der armen göttlichen Liebe"[42], die als "Geist und Feuer" unendlich anders ist als das, was der Mensch im allgemeinen unter Liebe versteht. Theologie als das Sprechen von Gott ist ein Sprechen von Liebe, denn "Gott ist die Liebe"[43]. Jede "Gotteskunde" hat mit der Liebe zu beginnen - mit dem "Wort" (Logos), das im Anfang bei Gott war[44].

---

35) Ebd. 82; Hervorhebung im Original.

36) Vgl. H. U. von Balthasar, Das Ganze im Fragment. Aspekte der Geschichtstheologie, Einsiedeln ²1990.

37) Vgl. 1 Kor 15, 28.

38) Vgl. H. U. von Balthasar, Theologie der Geschichte, Einsiedeln ⁴1959.

39) H III, 2/2, 93, Anm. 11.

40) Vgl. ebd. 99.

41) Vgl. ders., Glaubhaft ist nur Liebe, Einsiedeln ³1966.

42) In: M. Albus, Geist und Feuer, 82.

43) 1 Joh 4, 16.

44) Vgl. Joh 1, 1 - 18; S. Zoske, Die Mitte der Trinität. Möglichkeiten trinitarischer Rede von Gott nach Karl Barth und Rudolf Bultmann, Rheinbach - Merzbach 1983, 18 - 24.

## 1.1 Die Logik Gottes

Es gibt keinen anderen Zugang zum trinitarischen Mysterium als dessen Offenbarung in Christus und im Heiligen Geist. Aussagen über die immanente Trinität, die sich von der Basis des Neuen Testamentes entfernen, fallen "in die Leere abstrakter und heilsgeschichtlich belangloser Sätze"[45] ab. "Nur aus dem Verhalten Jesu seinem Vater und dem Heiligen Geist gegenüber erfahren wir etwas über die innertrinitarischen Lebens- und Liebesverhältnisse im einen und einzigen Gott."[46] Der Versuch, "im Glauben einen Blick in das Geheimnis des Logos und damit der Logik in Gott zu werfen"[47], darf gewagt werden in dem Bewußtsein, daß theologische Erkenntnis "letztlich Unerkennbares, weil alles Erkennen Sprengendes und Überschwengliches"[48] erkennt. Sie hört deshalb nicht auf, wahrhaft Erkenntnis zu sein, womit bejaht wird, daß es für eine solche in Liebe sich "aufhebende" Erkenntnis eine Logik gibt[49], daß "Theologik" möglich ist[50].

In Jesus Christus kommt es zur "Identität der Einheit und der Differenz"[51]; sie verweist für den christlichen Glauben eindeutig in das Geheimnis des lebendigen Gottes. Es ist der ewige Sohn, der seinen Vater in seiner angenommenen Menschheit anspricht. Der Logos ist Gott (vgl. Joh 1, 1); wer Jesus sieht, sieht den Vater in ihm (vgl. Joh 14, 9); Jesus ist mit dem Vater eins (vgl. Joh 10, 30). Das "gleiche Verhältnis der Einheit im Gegenüber"[52] scheint auf im Verhältnis Jesu zum Heiligen Geist. Die Aussage Jesu in Joh 16, 13-15, der Geist werde "von dem Meinigen nehmen" und die Jünger "in alle Wahrheit einführen", verweist in der Gleichzeitigkeit von Einheit und

---

45) TL II, 117.

46) Ebd.

47) Ebd.

48) Ebd. 29.

49) Vgl. ebd.

50) Vgl. ebd. 305 f.: "Luther hätte schon gegen unsern Titel 'Theologik' protestiert. Gott hat mit Logik nichts zu tun. Mit ihr hat die Rede von Gott ebensowenig zu tun wie mit Metaphysik oder Grammatik."

51) Ebd. 119.

52) Ebd. 118.

Differenz "über die Sphäre der Geschöpflichkeit hinaus ins Göttliche"[53], ins trinitarische Mysterium.

Der Prolog des Johannesevangeliums bezeichnet die Person Jesu Christi, den "Sohn", als das Wort, den Logos Gottes (Joh 1, 1. 14; vgl. 1 Joh 1, 1). Daß der Sohn das Wort Gottes, des Vaters, ist, bedeutet: Das Wort Gottes ist grundlegend das ureigene, ewige Wort des Vaters, in welchem der Vater sich selbst vollkommen aussagt. "Der Vater hat sich im Sohn ausgedrückt, weil er die unfaßliche Kraft hat, in einem andern als er selbst der gleiche Gott zu sein."[54] Das Wort Gottes ist erst sekundär ein Sprechen Gottes nach außen, auf den Menschen hin. "Weil absoluter Ausdruck in Gott ist, darum kann Ausdruck ins Nichts hinein gewagt werden."[55] Von Ewigkeit her, vor aller Schöpfung spricht der Vater sich aus im Sohn. Dieses Wort ist so wirklichkeitserfüllt, daß die ganze göttliche Wirklichkeit des Sprechenden darin einströmt; es steht ihm als subsistierendes, personhaftes Wort so gegenüber, daß es als Wort vom Vater her bloß sein kann in der unendlichen Intensität der Rückbeziehung auf den Vater. Vater und Sohn sind als Personen konstituiert durch diesen und in diesem dialogischen Bezug. Der Vater ist ganz sein Sprechen; er ist dadurch Vater, daß er sich selbst im Wort, im Sohn, vollkommen ausspricht; das Sich-selbst-Aussprechen des Vaters ist die Zeugung des Sohnes, der ganz das Gesprochene, das Wort des Vaters von sich selbst ist; er ist dadurch Sohn, daß er dem Sprechen des Vaters vollkommen entspricht. Die innergöttliche Bewegung des Sprechens und Entsprechens - sie ist zugleich wechselseitiges adäquates Erkennen - ist nicht ohne die Intensität der wechselseitigen Liebe, die im Heiligen Geist personal ist. "Diese Gegenseitigkeit der Liebe ('relationis oppositio') ist so unvorstellbar, daß ihrer Fruchtbarkeit der Heilige Geist entsteigt, für dessen Hypostase wir keine angemessene Aussage finden als - nochmals Liebe: gleichzeitig die objektivierte Frucht und die innerste Flamme, höchste Objektivität und Subjektivität des Umsonst der dreieinigen, mit dem Wesen Gottes identischen Liebe."[56] Diese grundlose, aber alles begründende Liebe ist

53) Ebd.

54) H II, 1, 353.

55) Ebd.

56) TL II, 130; vgl. TL III, 144 - 150.

alles andere als blind, "vielmehr das Weiseste, und somit der letzte Sinn alles Wissens und aller Vernunft"[57].

Wie kann das göttliche Wesen in dreifach real unterschiedener Weise in personalem Besitz sein, ohne daß es dadurch verdreifacht wird? Nach Thomas von Aquin[58] besitzen die göttlichen Personen die eine göttliche Wesenheit entsprechend der Ordnung ihrer Hervorgänge personal in relational unterschiedener Weise. Sie sind als subsistierende Relationen aufgrund ihrer Hervorgänge konstituiert[59]. Daraus folgt, daß sie - als Relationen - untereinander real unterschieden, gleichzeitig jedoch - als subsistierende Relationen - mit dem einen Wesen streng identisch und von ihm, der verschiedenen Besitzweise wegen, für unser Erkennen nur rein begrifflich unterschieden sind. Daß sowohl von der Einheit des göttlichen Wesens als auch von der Unterschiedenheit der göttlichen Personen zu sprechen ist, hat seinen Sachgrund in der Wirklichkeit des drei-einen Gottes selbst. "Wenn es demnach nicht angeht, das eine göttliche Wesen als solches in den personalen Hervorgängen und Beziehungen tätig werden zu lassen, so ist es anderseits evident, daß es in diesen Beziehungen und Hervorgängen immer um das identische Gottsein jeder Hypostase geht. Was der Vater, den Sohn zeugend, diesem schenkt, ist die vollkommene unteilbare Gottheit, die er besitzt, aber nur so besitzt, daß er, als der unvordenklich Zeugende, sie nur als verschenkte besitzt."[60] Die Aussage, zeugend habe der Vater "seine Substanz dem Sohn nicht so übergeben, daß er sie dabei nicht selber behalten hätte" (DS 805), und die Aussage, er bleibe nur so der ewige Vater, weil er ewig all das Seine, inbegriffen die Gottheit, dem Sohn übergeben hat (DS 528),

---

57) TL II, 130.

58) Vgl. ebd. 121 - 125; H. Jorissen, Zur Struktur des Traktates 'De Deo' in der Summa theologiae des Thomas von Aquin, in: M. Böhnke/ H. Heinz (Hrsg.), Im Gespräch mit dem dreieinen Gott (FS W. Breuning), Düsseldorf 1985, 231 - 257.

59) Vgl. W. Kasper, Der Gott Jesu Christi, 376: "Die drei trinitarischen Personen sind also reine Relationalität; sie sind Relationen, in denen das eine Wesen Gottes in je unaustauschbar verschiedener Weise subsistiert. Sie sind subsistente Relationen." Vgl. G. Söhngen, Philosophische Einübung in die Theologie, Freiburg/München [2]1964, 16 f.; P. Knauer, Art. Geist, Hl./ Pneumatologie, in: P. Eicher (Hrsg.), Neues Handbuch theologischer Grundbegriffe II, München 1984, 48.

60) TL II, 126.

können nebeneinander bestehen bleiben. "Und das Analoge gilt vom Vater und Sohn bei der Hervorbringung des Heiligen Geistes, der anders nicht der gleichewige Gott sein könnte."[61] Das Sich-Verschenken des Vaters an den Sohn und beider an den Geist entspricht dem innersten Wesen Gottes, welches die Liebe ist[62].

In Gott gibt es keine an die Hypostase des Logos gebundene, in ihr umschreibbare Sphäre göttlicher Logik; die Umschreibungen für die zweite Hypostase besagen zwar etwas ihr einmalig Zugehöriges - "Logos als Wort und Sinn, Bild, Ausdruck, Zeuge, Ausleger " -, weisen jedoch gleichzeitig "auf das Relationale dieser 'Person' hin, die ihr Charakteristisches immer nur zugleich mit den Kennzeichnungen des Vaters und des Geistes gewinnt"[63]. Bestimmt man den Logos in Gott als den Ort, an dem sich die Entfaltung göttlicher Logik vollzieht, wird man diese Logik nur als eine Logik der Liebe bezeichnen können, da sie "die Liebe des Quellgrunds, der sich in ihr ausströmt, nicht nur als eine äußere Form" ausdrückt, "sondern als dessen innere Wesenheit"[64]. Mit "seinem Von-her" hat der Logos zugleich "ein Zuhin"; es ist "die grundlos liebende Hervorbringung dessen, was wir, mangels klarerer Benennung, den heiligen Geist Gottes nennen"[65]. Der innergöttliche Logos ist also nicht nur Bild des Vaters, sondern zugleich Ausdruck der ganzen Trinität[66] und somit Urbild jedes möglichen schöpferischen Selbstausdruckes Gottes. "Der Logos allein ist 'incarnabilis'"[67], er besitzt die Eignung, göttliche in menschliche Logik zu übertragen. Göttlich-dreieinige Logik kann im menschwerdenden Logos innerhalb der Welt "einen in seiner Weise 'adäquaten' Ausdruck"[68] finden.

---

61) Ebd.

62) Vgl. ebd. 127.

63) Ebd. 139.

64) Ebd. 140.

65) Ebd.

66) Vgl. ebd. 141 f., 286 f.; S. Zoske, aaO. 42 - 49.

67) TL II, 155.

68) Vgl. ebd.

Die Lehre von der Dreifaltigkeit[69] ist nicht als Gedankenakrobatik über die drei Personen und ein göttliches Wesen anzusehen, sondern als "Geheimnis der Liebeslogik", als Hinweis auf ein wirkliches "Geheimnis des Heils". Wie die göttlichen Personen in der innigsten communio-Einheit miteinander verbunden und ineinander eins sind, so wirken sie auch nach außen: zum Heil der Welt als Vater, Sohn und Heiliger Geist. Die innere Perichorese[70] ist ebenso eine "Perichorese" in die Geschichte hinein. Der dreieinige Gott erschafft Welt und Mensch und ordnet sie durch innere Prinzipien auf sich hin, weil er sich selbst in souveräner Freiheit als deren letztes Ziel bestimmt, weil er dem Menschen Teilhabe am Leben, am Heil schenken will[71]. Der unteilbare dreieinige Gott vollbringt alle Heilstaten in Einheit, und doch wirkt jede Hypostase nach ihrem Eigensein[72]. Der Vater als der rein Gebende und Sendende ist der ursprungslose Ursprung der Liebe, der Sohn als der Mittler reines Weitergeben; im Geist empfängt der Mensch die Gabe des Vaters durch den Sohn, damit er an ihr Anteil hat. "Als das Gabesein in Gott ist der Geist die eschatologische Gabe Gottes an die Welt, deren endgültige Heiligung und Vollendung."[73] Die Trinitätslehre ist "gewissermaßen die Summe des ganzen christlichen Heilsmysteriums"[74]. Sie ist gleichzeitig dessen Grammatik, weil sie die innere Möglichkeitsbedingung der Heilsgeschichte ist.

"Es ist die göttliche 'Logik', die vom Geheimnis der Dreifaltigkeit zum

69) Vgl. W. Kasper, Der Gott Jesu Christi, 374 - 376.

70) Vgl. ebd. 346: "Der griechische Begriff περιχώρησις wurde im Lateinischen zuerst mit circumsessio übersetzt (so bei Bonaventura), vom 13. Jahrhundert an findet sich auch das Wort circuminsessio (so bei Thomas v. A.). Meinte das erste mehr ein dynamisches gegenseitiges Durchdringen, so das zweite ein statisches ruhendes Ineinandersein." Vgl. TL II, 127.

71) Vgl. H. Jorissen, Christliches Verständnis von Welt, Mensch und Geschichte aus dem Glauben an die Menschwerdung Gottes, in: H. Waldenfels (Hrsg.), Theologie - Grund und Grenzen (FS H. Dolch), Paderborn 1982, 125 - 146, bes. 143 f.

72) Vgl. Vorbemerkung zu TL II.

73) W. Kasper, Der Gott Jesu Christi, 375.

74) Ebd. 378; Hervorhebung im Original.

Geheimnis der Erlösung der Welt in Jesus Christus führt."[75] Die tiefe Logik des "im ewigen Plan Gottes enthaltenen Heilsmysteriums" bezieht sich auf die Selbstmitteilung Gottes, die "einen folgerichtigen Weg von der Weltschöpfung zur Welterlösung in Jesus Christus"[76] geht. Die Welt ist "um der Erlösung der Menschheit und ihrer Teilnahme am göttlichen Leben willen in Christus und im Geist erschaffen worden"[77]. Logik Gottes besagt: Alle sollen am Liebeswunder des göttlichen Lebens Anteil erhalten[78]. Die Logik des dreieinigen Gottes ist eine Logik des Herzens: "die Logik des erbarmenden Vaters, des ausgeflossenen Herzens Jesu und deswegen auch die Logik ihres von beiden ausgehenden Geistes"[79].

## 1.2 Die Gottesfrage in der Spannung zwischen Natürlicher Theologie und Offenbarungstheologie

Am Anfang der Theologie steht das Ganze des Mysterium Trinitatis. "Daß der Mensch überhaupt von Gott sprechen soll, der nach den Aussagen der Offenbarung wie nach den Erfahrungen der tiefsten religiösen Geister der Menschheit gerade der Unaussprechliche, der Nicht-Gegenständliche und Nicht-Objektivierbare ist, bedeutet zunächst eigentlich eine 'unmögliche Aufgabe'."[80] Wie soll der Unsagbare gesagt werden? Sind Worte ins Schweigen[81] dem Geheimnis Gottes[82] nicht am ehesten angemessen? "Anderseits

---

75) H. U. von Balthasar, Laßt euch vom Geist bewegen. Enzyklika über den Heiligen Geist von Papst Johannes Paul II. Mit einem Kommentar von Hans Urs von Balthasar (131 - 160), Freiburg - Basel - Wien 1986, 21; Zitat aus der Enzyklika "Dominum et vivificantem", 11; vgl. Kommentar, 140 - 142.

76) Kommentar, 140.

77) Ebd. 143.

78) Vgl. ebd. 142.

79) Ebd. 158.

80) L. Scheffczyk, Art. Gott, in: K. Rahner/ A. Darlap u.a. (Hrsg.), Sacramentum Mundi II, Freiburg - Basel - Wien 1968, 491; vgl. TL II, 92.

81) Vgl. H. U. von Balthasar, Verbum Caro, 135 - 155.

82) Vgl. E. Jüngel, Gott als Geheimnis der Welt. Zur Begründung der Theologie des Gekreuzigten im Streit zwischen Theismus und Atheismus, Tübingen 1977, 341: Dem negativen Begriff von Geheimnis als dem Unaussprechlichen ist vom Neuen Testament her ein Geheimnisbegriff gegenüberzustellen, der besagt: Geheimnis

muß der Mensch sich dieser Aufgabe unterziehen, weil die in seiner Existenz mitgesetzte Frage nach Gott, die zugleich auch die Fraglichkeit des menschlichen Daseins ausmacht, nicht durch Schweigen übergangen werden kann."[83] Die Frage nach der Möglichkeit, den Voraussetzungen und Grenzen einer Gott-Rede (Theo-logie)[84] wurde zu allen Zeiten gestellt und unterschiedlich beantwortet. Diese "Pluralität" ist ein Hinweis auf die Unerschöpflichkeit der Inhalte der Theologie und zugleich ein Impuls, in den unschließbaren Raum der immer größeren Wahrheit hineinzugehen[85]. "Oft scheinen gegensätzliche Annäherungen dem oberflächlichen Blick unvereinbar, aber sie enthalten keinen Widerspruch, sondern bilden notwendig komplementäre Aspekte des Mysteriums."[86]

Für Martin Luther ist Gotteserkenntnis und damit Theologie nur durch Jesus Christus zu haben: extra Jesum quaerere deum est diabolus[87]. Natürliche Theologie und sonstige praeambula fidei sind abzulehnen; die theologia crucis ist gegen die theologia gloriae aufzurichten, die Göttlichkeit Gottes gilt es zu wahren. Alles Sprechen von Gott hat das Sprechen Gottes selber zur Voraussetzung. Die Identifikation der Wahrheit mit der Person Jesu Christi ist konstitutiv für das Gottesverständnis. Sie hat ihren Ausdruck in der Selbstprädikation des johanneischen Christus gefunden: Ich bin der Weg, die

---

ist das, was auf jeden Fall auszusprechen ist. Vgl. W. Kasper, Der Gott Jesu Christi, 165 - 167; K. Rahner, Grundkurs des Glaubens, Freiburg - Basel - Wien [7]1977, 54 - 61, bes. 56; das Wort "Gott" ist das letzte Wort vor dem Verstummen.

83) L. Scheffczyk, Art. Gott, 491.

84) Vgl. W. Kasper, Der Gott Jesu Christi, 13 - 28. 116 - 124.

85) Vgl. H. Fries, aaO. 149; W. Kern, Art. Theologie. A. Systematisch, in: P. Eicher (Hrsg.), Neues Handbuch theologischer Grundbegriffe IV, München 1985, 183 - 194; O. Bayer, Art. Theologie. B. Aus evangelischer Sicht, in: P. Eicher, aaO. 194 - 200.

86) H. U. von Balthasar, Homo creatus est. Skizzen zur Theologie V, Einsiedeln 1986, 308.

87) Vgl. W. Kern, aaO. 187 f.; W. Kern zitiert hier M. Luther, In XV Psalmos graduum (1532/33), WA 40/3; 337,11: "Außerhalb Jesu Gott suchen ist der Teufel."

Wahrheit und das Leben. Niemand kommt zum Vater außer durch mich (Joh 14, 6 f.)[88].

Wie läßt sich dieser Standpunkt mit einer Natürlichen Theologie vereinbaren, die einen Aufstieg zum Absoluten von der Welt her versucht - unter der Voraussetzung eines Wissens um das trinitarische Geheimnis? Bei der Durchsicht der Wege zu Gott hin wird deutlich: Nicht die natürliche Beweisbarkeit Gottes steht im Vordergrund. Der Mitgang dieser Wege zeigt auf: In ihnen wird "der Weg zur Transzendenz und zum Geheimnis Gottes nicht verstellt, sondern der je größere Gott" wird "immer mehr zum Geheimnis"[89]. Gott als das absolut Andere des Denkens zu denken bedeutet, ihn als das absolute Geheimnis zu denken, das sich menschlichem Zugriff entzieht. Wäre eine negative Theologie[90] in christlichem Verständnis nicht in der Lage, unterschiedliche Positionen einander anzunähern? "Die dialektischen Theologien neuerer Zeit können in diesen Rahmen gestellt werden, insofern sie die 'kritische Negation' alles Redens über Gott gegenüber menschlichem Wissen und Leisten an den Anfang stellen"[91]. Thomas von Aquin betont die Grenze jeder Gotteserkenntnis, obwohl er an der mit der Menschennatur gegebenen Möglichkeit einer natürlichen Erkennbarkeit Gottes festhält. "Die Wirklichkeit Gottes in sich selbst (quid est) bleibt der menschlichen Erkenntniskraft unzugänglich. Thomas stellt im Sinne der theologia negativa das negative Moment in unserer Gotteserkenntnis (quomodo non est) stark heraus. Dadurch ist er (trotz oder gerade wegen der äußersten 'Anstrengung des Begriffs', die erst die Inadäquatheit aller menschlichen Begriffe sehen läßt) von einer rationalistischen Gotteslehre weit entfernt;"[92] nach Thomas kann selbst die Offenbarung in diesem Leben nicht zur Erkenntnis des quid est führen: "So

---

88) Vgl. E. Jüngel, Entsprechungen. Gott - Wahrheit - Mensch, München 1980, 198-201, bes. 199.

89) K. Kienzler, Art. Gotteserkenntnis, in: P. Eicher (Hrsg.), Neues Handbuch theologischer Grundbegriffe II, München 1984, 159; vgl. ebd. 151 - 153.

90) Vgl. TL II, 80 - 113; ders., Bibel und negative Theologie, in: W. Strolz (Hrsg.), Sein und Nichts in der abendländischen Mystik, Freiburg - Basel - Wien 1984, 25 f.

91) K. Kienzler, aaO. 157.

92) H. Jorissen, Zur Struktur des Traktates 'De Deo' in der Summa theologiae des Thomas von Aquin, 248, Anm. 87.

werden wir ihm als dem gleichsam Unbekannten verbunden."[93] Der Mensch kann von Gott eher wissen, wer er nicht ist, als wer er ist[94]. Er erfährt Gott als den Ewig-Unbegreiflichen und Unendlichen. "Im Aufgebenmüssen des Wissens, **was** Gott ist, ahnt der versagende Geist, **daß** er ist: und dieses 'Ist' ist deshalb mit dem der Geschöpfe nicht zusammenzuzählen, sondern erweist sich im Vorgang des Versagens aller Bilder und Begriffe als das Ganz-Andere und je Größere über alles hinaus."[95] Das IV. Laterankonzil hat hierfür die prägnante Formel geprägt: "inter Creatorem et creaturam non potest similitudo notari, quin inter eos maior sit dissimilitudo notanda" (DS 806). Bei aller Ähnlichkeit ist Gott der je unähnlichere.

Ist schon für die natürliche Erkenntnis Gott unbegreiflich und folglich "Geheimnis", so erst recht seine nur im Glauben faßbare Selbstmitteilung[96]. "Je näher das Licht des 'unzugänglichen' Gottes uns rückt, um so evidenter wird uns seine Unbegreiflichkeit. Wir sind es, die von ihr ergriffen und begriffen werden (1 Kor 13, 12; Phil 3, 12; 1 Kor 8, 3; 2 Kor 5, 11)."[97] Auch wo Gott sich mitteilt und aussagt, bleibt dennoch sein Geheimnis als ein "Sagbar-Unsägliches" gewahrt, weil es die Möglichkeiten menschlichen Erken-

---

93) TL II, 93; H. U. von Balthasar zitiert hier Thomas v. A., S. Th. I q.12 a.13, ad 1; vgl. auch K. Kienzler, aaO. 157f. Nach dem Abschreiten des affirmativen und negativen Weges hat Thomas von Aquin eine Theorie der "Namen Gottes" aufgestellt und zu einer analogia nominum entfaltet. "Die Namen Gottes haben dabei eine nur uneigentlich substantielle, dagegen vor allem eine operative Bedeutung. In dieser Sicht werden die neueren Versuche der Möglichkeiten religiöser Rede von Gott bedeutsam, wenn sie neben den Aussageweisen andere Formen des Sprechens von Gott wie Bekenntnis, Erzählen, Gebet, Bezeugung u.ä. entdecken, Gott zu nennen."; ebd. 158.

94) Vgl. W. Kasper, Der Gott Jesu Christi, 163: "Alle großen Theologen des Westens: Augustinus, Anselm von Canterbury, Bonaventura, Thomas von Aquin, Duns Scotus, nicht zuletzt Nikolaus von Kues bezeugen einhellig, daß das Höchste in der Erkenntnis Gottes die Erkenntnis von Gottes Nichterkennbarkeit ist." Vgl. Thomas v. A., S. c. g. I, 30: "Wir können nämlich von Gott nicht begreifen, was er ist, sondern was er nicht ist und wie anderes sich auf ihn bezieht."

95) H. U. von Balthasar, Die Gottesfrage des heutigen Menschen, Wien 1956, 145; Hervorhebung im Original.

96) Vgl. W. Kasper, Der Gott Jesu Christi, 160 f.

97) H. U. von Balthasar, Homo creatus est, 308.

nens und Liebens unendlich übersteigt[98]. Wo der unbegreifliche Gott sich in der Knechtsgestalt des Jesus von Nazareth offenbart, ereignet sich die Kundgabe einer je-größeren und je-unbegreiflicheren ewigen Liebe, die erkennbar alle Erkenntnis übertrifft: Hier "erscheint in der bestürzenden, endgültig uneinholbaren Unfaßlichkeit dieser göttlichen Liebe das Ganz-anders- und Je-immer-größer-Sein Gottes handgreiflich. Genau in der Bewegung, in der das Geschöpf sich ans Herz Gottes gezogen sieht und fühlt, erfährt es bis in die Abgründe sein eigenes Nicht-Gott-Sein, klärt sich ihm unerbittlich und inappellabel jenes erste alles durchwaltende Verhältnis des absoluten und relativen, des göttlichen und weltlichen Seins."[99]

Im letzten ist alles Reden von Gott ein "Sagen ins Unsagbare"[100], da Gott nicht ein Gegenstand des Fragens und Wissens ist wie andere Gegenstände[101]. Alles theologisch Angebbare ist in das unangebbare, je größere, vom begreifenden Denken nicht einholbare Mysterium Gottes zurückzuführen und -zugründen[102]. Wie immer die Benennungen auch sein mögen, sie bleiben tastende, "suchende", freilich unentbehrliche Versuche der Andeutung, Versuche, auf etwas zu verweisen, was nicht organisch gebaut und auch nicht von irgendeinem System eingegrenzt werden kann. Sie bleiben notwendig hinter dem ursprünglichen Je-mehr der Wirklichkeit Gottes zurück[103]. "Von Christus her kann christliche Theologie also nie einen bestimmten Standpunkt, eine bestimmte Position beziehen, sondern immer nur eine Richtung, eine Bewegung eröffnen, sie darf keine Gestalt festhalten, sondern muß jede Gestalt sterben lassen, nicht damit diese vernichtet, sondern damit sie

---

98) Vgl. G. Söhngen, Die Weisheit der Theologie durch den Weg der Wissenschaft, in: J. Feiner/ M. Löhrer (Hrsg.), Mysterium Salutis I, Einsiedeln - Zürich - Köln 1965, 927 f.; TL II, 129.

99) H. U. von Balthasar, Glaubhaft ist nur Liebe, 38; Hervorhebung im Original.

100) Vgl. G. Söhngen, Die Weisheit der Theologie durch den Weg der Wissenschaft, 928.

101) Vgl. H. U. von Balthasar, Die Gottesfrage des heutigen Menschen, 142.

102) Vgl. ebd. 147; ders., Klarstellungen. Zur Prüfung der Geister, Einsiedeln [4]1978, 25 - 32; E. Przywara, Art. Analogie, in: J. Höfer/K. Rahner (Hrsg.), Lexikon für Theologie und Kirche, Freiburg [2]1957, 472.

103) Vgl. H. U. von Balthasar, Bibel und negative Theologie, 25 - 29.

auferstehend verwandelt werde."[104] Die stille Leere des vollen Nichts wird zum schöpferischen Grund eines Neuwerdens aus der Tiefe heraus, zum Quellgrund einer neuen Gestalt.

### 1.2.1 Zwei Möglichkeiten, von Gott zu reden

Die Frage nach dem Verhältnis von Natürlicher Theologie[105] und Offenbarungstheologie wurde im 20. Jahrhundert durch die dialektische Theologie Karl Barths erneut gestellt[106]. "Gott, die reine Grenze und der reine Anfang alles dessen, was wir sind, haben und tun, in unendlichem qualitativem Unterschied dem Menschen und allem Menschlichen gegenüberstehend, nie und nimmer identisch mit dem, was wir Gott nennen, als Gott erleben, ahnen und anbeten, das unbedingte Halt! gegenüber aller menschlichen Unruhe und das unbedingte Vorwärts! gegenüber aller menschlichen Ruhe, das Ja in unserm Nein und das Nein in unserm Ja, der Erste und der Letzte und als solcher der Unbekannte, nie und nimmer aber eine Größe unter andern in der uns bekannten Mitte, Gott der Herr, der Schöpfer und Erlöser - das ist der lebendige Gott!"[107] Gott ist Gott, totaliter aliter und unverfügbar über uns. Nicht verfügbar sind menschliches Erkennen und Reden von ihm. Wenn Gott nur durch Gott erkannt werden kann[108], wie ist dann noch eine natürliche, d.h. vernünftige Erkennbarkeit Gottes möglich? Gibt es einen Weg des Menschen zu Gott nur insofern, als es einen Weg Gottes zum Menschen gibt? Schließt die Offenbarung Gottes als Voraussetzung alles Redens des Menschen von Gott eine Bezogenheit von Gnade und Natur, Offenbarung und Vernunft, theologischem und philosophischem Akt aus? Der Offenbarungsinhalt - die höchste Ratio -, "der persönliche, göttliche Logos selbst" bedarf nach Auffassung Balthasars jeder Form der weltlichen Logoi der Wahrheit, "um

---

104) H. Heinz, Der Gott des Je-mehr. Der christologische Ansatz Hans Urs von Balthasars, Bern/ Frankfurt/M. 1975, 245.

105) Vgl. W. Kasper, Der Gott Jesu Christi, 92 - 106.

106) Vgl. H. Küng, Existiert Gott? Antwort auf die Gottesfrage der Neuzeit, München 1978, 561 - 582.

107) K. Barth, Der Römerbrief, München ²1922, 315.

108) Vgl. ders., Die kirchliche Dogmatik, Bd.II/1: Die Lehre von Gott, Zollikon-Zürich 1948, 200.

seine unausschöpfliche Fülle darzustellen: der abstrakt-allgemeinen ebensosehr wie der konkret-individuellen. Sowohl von unten her - da, wie Newman es zu zeigen liebt, alle Wahrheitsgehalte der Völker von der Kirche gesammelt und der Theologie dienstbar gemacht werden, wie von oben her - da der göttliche Logos in seiner weltlichen Sendung alle Logoi erreichen und in sich zum Vater zurückführen will, sprengt die katholische Theologie den Rahmen einer einzelnen beschränkten Denkform."[109] Denkformen sollten nicht gegeneinander abgeschlossen, sondern zueinander geöffnet sein. Einzelaspekte der Wahrheit können auf Abwege führen, wenn sie nicht integriert werden. So tritt Balthasar in ein ökumenisches Gespräch, in eine lebendige Auseinandersetzung mit Barth ein. Die Einheit von universaler Bejahung aller metaphysisch-religiösen Wahrheit und von Glaubensentscheidung zur göttlichen Offenbarung in Christus darf trotz aller Unterschiedenheit betont werden[110]. Zwischen der Natürlichen Theologie und einer Theologie der Offenbarung besteht kein unvereinbarer Gegensatz; es liegen vielmehr zwei komplementäre Entwürfe vor, die ihre Gefahren haben und der gegenseitigen kritischen Ergänzung bedürfen[111].

Unter Natürlicher Theologie ist eine Gotteslehre zu verstehen, die durch den Verstand aus der natürlichen Erfahrung gewonnen ist. Vor dem Forum der Vernunft wird die Frage nach der Existenz Gottes geklärt, die Sinnhaftigkeit des Redens von Gott aufgewiesen. In der theologia naturalis vollzieht sich eine Reflexion auf die eigenen Verstehensvoraussetzungen in der Theologie, auf die Verstehensbedingungen im Menschen selbst[112]. "Gott, aller

---

109) H. U. von Balthasar, Karl Barth. Darstellung und Deutung seiner Theologie, Einsiedeln [4]1976, 264 f.; vgl. TL II, 284 - 288, bes. 287; H. Jorissen, Zur Struktur des Traktates 'De Deo' in der Summa theologiae des Thomas von Aquin, 251: "Wo immer sich 'natürliche' Gotteserkenntnis ereignet, ist der Mensch - der Sache nach notwendigerweise - implizit bei der Wirklichkeit des dreieinigen Gottes."

110) Vgl. H III, 1/1, 15 - 17.

111) Vgl. L. Scheffczyk, Art. Gott, 500.

112) Vgl. H. Jorissen, Zur Struktur des Traktates 'De Deo' in der Summa theologiae des Thomas von Aquin, 247 f.: "Thomas ist der Überzeugung, daß - als Forderung der Offenbarungstheologie selbst - zuallererst die Gottesfrage, die Existenzfrage, ins reine gebracht werden müsse, weil Theologie sonst kein Fundament habe, mit anderen Worten, weil die in jeder theologischen Aussage implizierte

Dinge Grund und Ziel, kann mit dem natürlichen Licht der menschlichen Vernunft aus den geschaffenen Dingen mit Sicherheit erkannt werden."[113] Aufgrund der Möglichkeit der Gotteserkenntnis durch die natürliche Vernunft ist der christliche Glaube kein irrationales, intellektuell unverantwortbares Unterfangen. Jedem Menschen, nicht nur dem Christen, ist Gotteserkenntnis grundsätzlich möglich. Das Vatikanum I lehrt nicht, jeder Mensch erkenne Gott auch tatsächlich, Gottes Dasein könne "bewiesen" werden, es geschehe faktisch eine natürliche Gotteserkenntnis ohne Gnade[114]. Die vom Konzil angeführte Paulusstelle (Röm 1, 20), die besagt, daß Gottes unsichtbares Wesen seit Erschaffung der Welt in seinen Werken wahrgenommen werden könne, spricht in ihrem Zusammenhang mehrmals von einem Akt der Offenbarung. Gott geht bereits als Schöpfer ein personales, Antwort forderndes Verhältnis mit der Menschheit ein[115]. Daher ist die natürliche Gotteserkenntnis wie jede personale Erkenntnis immer schon in einen entsprechenden Akt des Glaubens als Antwort auf das Sich-Erschließen Gottes eingebettet. "Nichts hindert den Theologen, der dafür anderweitige Gründe haben kann, auch nach dem Vatikanum daran festzuhalten, daß alle natürliche Gotteserkenntnis de facto innerhalb der positiven und negativen Bedingungen der übernatürlichen Ordnung vor sich geht."[116] Der schlußfolgernde Aufstieg des Denkens zum Schöpfer ist durch einen vorausgehenden Offenbarungswillen des Schöpfers ermöglicht und steht unter den Einwirkungen des in Welt und Mensch einleuchtenden Glaubenslichtes, in dessen Licht der Mensch erst sein Licht zu sehen vermag. Es gibt demnach "keine doppelstöckige Wirklichkeit", bestehend aus einem "Unterbau reiner Vernunftwahrheiten" und einem "Überbau reiner Glaubenswahrheiten"[117]. Die Unterscheidung von Vernunft

---

Existenzbehauptung Gottes rational uneinlösbar bliebe, die Theologie sich damit aber aus dem Kreis der Wissenschaften selbst ausschlösse, weil ihre Aussagen im Menschen selbst keinerlei Anknüpfungspunkt hätten."

113) Vatikanum I, Constitutio dogmatica "Dei Filius" de fide catholica: DS 3004.

114) Das Konzil hat bewußt den vorsichtigen Ausdruck "cognosci" und nicht "demonstrari" gewählt. Die Aussage des "certo cognosci posse" (DS 3004) muß zugleich mit dem komplementären Text DS 3005 gelesen werden. Vgl. H. U. von Balthasar, Der Zugang zur Wirklichkeit Gottes, in: J. Feiner/ M. Löhrer (Hrsg.), Mysterium Salutis II, Einsiedeln - Zürich - Köln 1967, 30 f.

115) Vgl. TL I, 257 - 278.

116) Ders., Karl Barth, 318; vgl. H II, 1, 141 f.; TL I, XI - XIII.

117) H. Küng, Existiert Gott?, 575; Hervorhebung im Original.

und Glaube muß innerhalb der einen ungeteilten Wirklichkeit erfolgen, wobei die theologische Einbettung der ganzen Vernunftordnung in die Ordnung des Glaubens hervorzuheben ist[118]. Das "dem Menschen naturhaft innewohnende Vermögen, an Gott als Anfang und Ende zu rühren", ist Ansatz und Anknüpfungspunkt für ein höheres, ihm durch die Gnade verliehenes Vermögen, "Gott auch im Glauben an sein persönliches Wort zu erfassen"[119]. Der Mensch steht grundlegend unter dem Anruf Gottes, wenn auch erst Gottes Wort ihn zur Gnade der Antwort befähigt.

Nach Barth bedarf Gott "unserer Beweise in keiner Weise. Der in der heiligen Schrift Gott heißt, ist unerforschlich, d.h. er ist von keinem Menschen entdeckt worden. Sondern wenn von ihm die Rede ist und von ihm gesprochen wird wie von einer bekannten Größe, die uns bekannter und realer ist als jede andere Wirklichkeit und die uns näher ist als wir uns selber sind, so nicht darum, weil es besonders fromme Menschen gegeben hätte, denen es gelungen wäre, dieses Wesen zu erforschen, sondern daraufhin, daß er, der uns verborgen ist, sich enthüllt hat."[120] Offenbarung als das Hervortreten Gottes ist unverfügbar wie Gott selbst; für sie gibt es keinen objektiven, phänomenologischen oder historischen Beweis aufgrund von Indizien. Gotteserkenntnis des Menschen ist ohne Gottes Offenbarung unmöglich. Der Mensch hat auf das Wort Gottes zu hören und sich nicht auf Setzungen und Begriffe seiner eigenen Vernunft zu verlassen, die durch den Fall des ersten Menschen selbst in Mitleidenschaft gezogen wurde. Natürliche Gotteserkenntnis ist Unglaube, sowohl theoretisch als auch praktisch: Eigenmächtigkeit des Geschöpfs im Gestaltenwollen des Gottesbildes und im Erfüllenwollen des Gottesgesetzes. Der Mensch erkennt Gott, indem er ihn anerkennt. Er weiß, indem er glaubt (credo ut intelligam). Das bedeutet für Barth aber

---

118) Vgl. H. Jorissen, Zur Struktur des Traktates 'De Deo' in der Summa theologiae des Thomas von Aquin, 249: "Der einheitliche Formalaspekt der Theologie, unter dem sie auch das an sich natürlich Erkennbare der göttlichen Wirklichkeit betrachtet, ist aber das Licht der göttlichen Offenbarung." Vgl. W. Kluxen, Thomas von Aquin und die Philosophie, in: ders. (Hrsg.), Thomas von Aquin im philosophischen Gespräch, Freiburg/ München 1975, 220 - 225.

119) H. U. von Balthasar, Karl Barth, 322.

120) K. Barth, Dogmatik im Grundriß, Zürich [4]1977, 43; Hervorhebung im Original; vgl. W. Kasper, Der Gott Jesu Christi, 151 - 167.

nicht, daß die Forderung nach Bewahrheitung des Gottesglaubens vom Theologen abzuweisen sei. Nicht jeder Versuch einer Verifikation des Sprechens von Gott ist an sich schon ein vernunftmäßiges Verfügenwollen über ihn. "Der christliche Glaube ist nicht irrational, nicht anti-rational, nicht supra-rational, sondern recht verstanden rational. Die Kirche, die das Credo ausspricht, die mit dem ungeheuren Anspruch auftritt, zu predigen und die frohe Botschaft zu verkündigen, kommt davon her, daß sie etwas vernommen hat - Vernunft kommt von Vernehmen -, und sie will das Vernommene wieder vernehmen lassen."[121] Allerdings geht es im christlichen Glauben immer um "eine Erleuchtung der Vernunft"[122]. Nach Meinung Barths kann der Mensch mit Hilfe seines natürlichen Vermögens im äußersten Fall "so etwas wie ein höchstes Sein, ein absolutes Wesen"[123] erkennen, das aber mit dem lebendigen Gott nicht identisch ist.

Balthasar stimmt mit Barth darin überein, daß nicht die Spekulation Ansatzpunkt der christlichen Theologie sein darf, sondern das positive, geschichtlich Gegebene, die Offenbarung und Inkarnation Christi einschließlich der Zeugnisse von diesem Ereignis. Trotzdem ist festzuhalten, daß sich Offenbarung und Theologie als ihre Ermöglichungsbedingung die menschliche Natur und Philosophie vorausgesetzt haben. Gott kann nicht zugleich dem Menschen etwas offenbaren und ihn dabei ausschalten[124]. Das Geschöpfliche in seiner relativen, aber wirklichen Eigenständigkeit muß genügend zur Geltung gebracht werden. Die geschaffene Wirklichkeit darf ihre eigene aktive Bedeutung nicht verlieren. Gottes Geschichte wirkt im Sein und am Sein. Auch für Barth ist der Begriff der "Voraussetzung" unentbehrlich. Die Menschwerdung Gottes in Christus setzt die Schöpfungsordnung voraus, welche mit ihr nicht identisch ist. Im "Akt der Setzung des Zentrums" ist die "für diese selbst unentbehrliche Setzung einer Peripherie, in bezug auf welche das Zentrum erst Zentrum sein kann", vorausgesetzt[125]. Die Vernunft

---

121) K. Barth, Dogmatik im Grundriß, 26; Hervorhebung im Original.

122) Ebd; Hervorhebung im Original.

123) Ebd.

124) Vgl. TL II, 248 f.

125) Ders., Karl Barth, 177.

wird von Gott voll und ganz in die Offenbarung hineingenommen. Der Glaube selbst schließt ein Verstehen ein, wenn er sich nicht auf Unverstandenes beziehen soll. Die Verkündigung des Wortes vom Kreuz bedarf der menschlich-religiösen Worte, obwohl hier die Krisis des Menschen mitsamt seiner natürlichen Gotteserkenntnis angesagt ist.

### 1.2.2 Natur und Gnade

Natur und Gnade lassen sich nicht in ein einziges Reich von gleichmäßiger Notwendigkeit auflösen. "Gottes tatsächliche Weltordnung ist die faktische Einheit von zwei sachlich unterscheidbaren und auch in ihrer faktischen Einigung unterschiedenen, aber nicht geschiedenen, nicht trennbaren Ordnungen."[126] Der theologische Naturbegriff steht dem Begriff der Übernatur als der gnadenhaften Offenbarung göttlichen Lebens an den Menschen gegenüber[127]. Beide Begriffe fallen in den Zuständigkeitsbereich des Theologen, obwohl zur Bildung des theologischen Naturbegriffs gewisse philosophische Elemente hinzugenommen werden können. Balthasar zeigt die Doppelseitigkeit im Naturbegriff auf. "Natur" ist zum einen ein formal-abstrakter Begriff, der gewonnen wird durch Subtraktion alles Gnadenhaften (entspechend dem "philosophischen" Naturbegriff bei Thomas), ein bloßer Grenz- und Hilfsbegriff, der inhaltlich nicht exakt anschaulich gemacht werden kann. "Natur" ist zum anderen "inhaltlich-konkret die immer schon von der Gnade umgriffene, getragene und so immer schon auf sie bezogene Natur (entsprechend der supernaturalen Finalität der thomistischen Natur)"[128]. Die "reine Natur"[129], die nicht auf die Gottesschau ausgerichtet ist, existiert nur als eine rein hypothetische Möglichkeit. Jeder Mensch ist faktisch auf ein übernatürliches Ziel hin entworfen und so von vornherein übernatürlich geprägt,

---

126) Ebd. 291; Hervorhebung im Original.

127) Vgl. ebd. 294; ders., Der Begriff der Natur in der Theologie. Eine Diskussion zwischen Hans Urs von Balthasar, Zürich, und Engelbert Gutwenger S.J., Innsbruck, in: Zeitschrift für katholische Theologie 75 (1953) 452 - 461.

128) W. Pannenberg, Zur Bedeutung des Analogiegedankens bei Karl Barth. Eine Auseinandersetzung mit Hans Urs von Balthasar, in: Theologische Literaturzeitung 78 (1953) 18.

129) Vgl. H. U. von Balthasar, Der Begriff der Natur in der Theologie, 453.

zwar nicht durch ein übernatürliches Wesenskonstitutiv ("Essential"), sondern durch ein übernatürliches "Existential", das "als eine die Natur im Innersten treffende, obwohl nicht naturhaft-konstitutive Bestimmung"[130] bezeichnet werden kann. Die konkrete Natur ist also nie reine Natur, sondern überformt durch die angebotene übernatürliche Heilsgnade[131]. Wir können "überhaupt nicht sagen, was der Mensch, was der menschliche Geist wäre ohne die Gnade Gottes, weil wir uns selbst nie erfahren ohne diese Gnade und selbst in der Ablehnung dieser Gnade in der Schuld noch einmal von ihr mitbestimmt sind."[132] In jedem menschlichen Selbstvollzug geschieht reflex oder unreflex Selbstmitteilung Gottes, also Gnade. Unterscheidungen von Natur und Gnade sind methodologisch richtig, weil Gnade ungeschuldet ist, aber sekundär und relativ nachträglich[133].

"Der Inhalt des theologischen Naturbegriffs ist jener kreatürliche Wesensbestand, der (im logischen Sinn) 'voraus' gesetzt wird, wo Gott sein inneres Lebensgeheimnis einer Kreatur mitteilt, und der in allen historischen Abschattungen des kreatürlichen Seins innerhalb der Gnadenordnung von Erhebung, Sündenfall, Erlösung, Verklärung immer intakt bleibt."[134] Der theologische Naturbegriff ist notwendig zur Kennzeichnung des Geschöpfs in seinem von Gott unterschiedenen Sein und zur Hervorhebung der Gratuität der Gnade. Er "schützt den Gnadenbegriff vor der Verwechslung oder Gleichsetzung mit der allgemeinen Ungeschuldetheit kreatürlicher Existenz"[135]. Gnade im theologischen Sinn muß "von oben nach unten" begriffen werden,

---

130) Ebd. 456; vgl. TL II, 89, bes. Anm. 2: "Das augustinische und thomanische 'desiderium naturale videndi Deum' bedarf keines 'übernatürlichen Existentials', um auf dieses letzte Ziel hingeordnet zu werden, wohl aber, wie Guardini eben zeigte, einer übernatürlichen Beleuchtung der Natur, um in seiner ganzen Tiefe, Reinheit und Dringlichkeit wahrgenommen zu werden." Vgl. TD III, 130. 152.

131) Vgl. J. Schmid, Im Ausstrahl der Schönheit Gottes. Die Bedeutung der Analogie in "Herrlichkeit" bei Hans Urs von Balthasar, Münsterschwarzach 1982, 197.

132) K.-H. Weger, Karl Rahner. Eine Einführung in sein theologisches Denken, Freiburg - Basel - Wien 1978, 96; vgl. ebd. 93 - 98.

133) Vgl. K. Rahner, Grundkurs des Glaubens, 132 - 139.

134) H. U. von Balthasar, Der Begriff der Natur in der Theologie, 453; vgl. W. Kasper, Der Gott Jesu Christi, 104 f.

135) H. U. von Balthasar, Der Begriff der Natur in der Theologie, 454.

da die positive Definition von Gnade nur durch die Gnade selbst gegeben werden kann. Gott muß selber offenbaren, wer er innerlich ist. "Gnade ist, nach katholischer Lehre, jene Selbsterschließung und Selbstmitteilung Gottes, in welcher Gott sein eigenes göttliches Innenleben nicht länger für sich behält, sondern es zur Welt hin öffnet und den Geschöpfen daran teilgibt."[136] Gnade als Teilnahme am Leben Gottes ist Erhebung der Kreatur über jeden Anspruch hinaus. Als eine das Sein des Geschöpfes selbst ergreifende Verwandlung ist sie innerlich und gegenwärtig[137]; Gnade wirkt in und an der Natur "als die je unerwartbare Frei-setzung ihrer innerlich bedürftigen Unvollendetheit"[138], ohne sie zu ersetzen oder zu zerstören. "Das Zugleich von Unterschiedenheit (Natur setzt Gnade voraus) und Gleichsinnigkeit (beide sind Elemente des einen göttlichen Schaffens)"[139] ist ein Hinweis auf die Analogie von Natur und Gnade. Sich weder gänzlich aus- noch einschließend sind sie in ihren spezifischen Entfaltungen auf das je andere hin transparent, können sie vom je anderen umgriffen werden, ohne mit ihm identisch zu sein. Ungetrennt und unvermischt - bilden für Balthasar Natur und Gnade "verschiedene Blickwinkel auf die eine konzentrische Wirklichkeitsmitte hin"[140]. In der Durchsichtigkeit einer Analogiespannung zueinander ist Natur von Gnade durchwirkt und umgekehrt Gnade einer Natur zubestimmt. Aus der schwebenden Zuordnung von Natur und Gnade läßt sich allerdings keine juridisch-zwingende machen, da Gnade sonst zum Wesensbestandteil der Natur würde.

Der Begriff der Analogie[141] in seiner einfachsten Bedeutung besagt: eine Rede nach der Angemessenheit, nach einem gleichen Merkmalgehalt, der bei aller Unähnlichkeit zweier Gegenstände oder Sachverhalte ihre Ähnlichkeit ausmacht. Analogie ist Mitte zwischen Univozität (reine Gemeinsamkeit ohne

---

136) Ders., Karl Barth, 373; vgl. O. H. Pesch, Art. Gnade, in: P. Eicher (Hrsg.), Neues Handbuch theologischer Grundbegriffe II, München 1984, 109 - 122, bes. 110. 112 - 114.

137) Vgl. H. U. von Balthasar, Karl Barth, 386.

138) J. Schmid, aaO. 191.

139) Ebd.

140) Ebd.

141) Vgl. W. Kasper, Der Gott Jesu Christi, 124 - 131.

Verschiedenheit) und Äquivozität (völlige Verschiedenheit ohne Gemeinsamkeit). Sie drückt Gemeinsamkeit in der Verschiedenheit aus. Mit Hilfe der natürlichen Analogie erscheint ein Glaubensverständnis möglich. "Es gibt auch für den Glauben keine andere Sprache und Vorstellungswelt als die menschliche. Die Grundlage dafür ist die in der Schöpfung grundgelegte analogia entis, die darin ausgesprochene Ähnlichkeit und Unähnlichkeit zwischen Schöpfer und Geschöpf."[142]

Analogia entis[143] bezeichnet "die Entsprechungen im Seienden selbst, die Verhältnisgleichungen in den Ordnungen und Strukturen der Seinswelt, theologisch gesehen an erster Stelle die Entsprechung des göttlichen und des kreatürlichen Seins und Geistseins"[144]. Nimmt man statt der Analogie zwischen göttlichem und kreatürlichem Sein die Univozität des Seins an, so folgt aus dieser Annahme eine Identität von unendlichem und endlichem Sein. Wird die Äquivozität behauptet, so fallen beide vollkommen auseinander: Gott wird der ganz und gar Unerkennbare. Entsprechung im "unendlichen qualitativen Unterschied" besagt, daß in aller Distanz und Andersartigkeit zum göttlichen Sein das von Gott geschaffene Sein entsprechendes, angemessenes Sein ist[145]. Durch die Seinsanalogie werden Gott und Kreatur nicht einem sie beide übergreifenden Seinsbegriff untergeordnet, da Analogie zwischen ungeschaffenem und geschaffenem Sein ausdrücklich das Sein-aus-sich-selbst allein Gott zuerkennt. Alles außergöttliche Sein ist durch Mitteilung gesetzt als participatio per creationem ex nihilo. Die Seinsanalogie läßt sich in einem tiefen Sinn als Analogie kraft göttlicher Benennung verstehen. Gott über-

---

142) H. Fries, aaO. 113; Hervorhebung im Original.

143) Vgl. S. Zoske, aaO. 69 - 79.

144) G. Söhngen, Die Weisheit der Theologie durch den Weg der Wissenschaft, 930; vgl. ebd.: "Es sollte aber die Analogie der Benennung, wie auch bei Thomas von Aquin in seiner Quaestio über die göttlichen Namen (S.theol.I q.13), den Vorrang behaupten und behalten, gerade auch in theologischer Hinsicht auf das Wort Gottes und die Sprache der Verkündigung. Und schon philosophisch ist 'analogia entis' mit 'Analogie des Seins' sachlich unzureichend wiedergegeben; es heißt genauer: Analogie des Seinsnamens und der Seinsnamen."

145) Das Wort vom "unendlichen qualitativen Unterschied" stammt von S. Kierkegaard. Vgl. B.-E. Benktson, Existenz und Glaube. Von Sokrates bis zu Simone de Beauvoir, München 1980, 152; H. Heinz, aaO. 164; P. Knauer, Der Glaube kommt vom Hören. Ökumenische Fundamentaltheologie, Bamberg [5]1986, 26 - 37; 53 - 60.

brückt den Abgrund zwischen ungeschaffenem und aus nichts geschaffenem Sein in seinem Wort als göttliche Benennung eines Seienden. Gemessen am Sein, das durch sich selbst besteht, ist Geschaffenes nur Sein dem Namen nach. Aus Benennung von Gott her ist es aber von Gott gezeichnetes und gotthöriges Sein[146]. "**Analogia entis ex auditu, auditus autem per verbum Creatoris** - das heißt: Entsprechung des Seienden aus Gotthörigkeit, Gotthörigkeit des Seienden aber durch das Wort des Schöpfers."[147]

Die dialektische Theologie Barths versucht, das für sie nach wie vor Anstößige an der Rede von Gott aufgrund der Seinsanalogie durch den Nachweis zu beheben, daß es eine Analogie des Glaubens gibt. Analogia fidei meint eine "Entsprechung auf Grund des Glaubens, auf Grund unseres Wissens und Nennens aus dem Wort Gottes und des Glaubens"[148]. In Abgrenzung zu der sich "in Vernunft und Anschaulichkeit zugänglich gebenden Seinsanalogie" handelt es sich um eine Analogie des Wirkens, um "die Analogie des offenbarenden Wortes und der glaubenden Zustimmung"[149]. Die Wahrhaftigkeit gläubiger Gotteserkenntnis hängt daran, daß menschliches Begreifen zur Teilnahme an der Wahrheit Gottes durch Gott selbst bestimmt ist. Weil Gott als der Schöpfer aller Dinge die letzte Wahrheit auch aller menschlichen Worte ist und in seiner Offenbarung über das Menschenwort verfügt, darum kann Menschenwort in Analogie zu Gottes Sein stehen. Analogia fidei als Benennungsanalogie ist Entsprechung der Gottesnamen unter sich und mit menschlichen Begriffswörtern: Im Glauben wird das Wort Gottes menschliches Wort in unendlicher Unähnlichkeit, doch dessen wirkliches Abbild. Diese Entsprechung besteht aber nur kraft göttlicher Benennung und Offenbarung; analogia fidei heißt Ähnlichkeit von Gott zum Geschöpf hin, in einer Herstellung von oben[150]. Es gibt also keine Analogie vom Geschöpf zum Schöpfer, sondern nur in umgekehrter und nicht umkehrbarer Richtung vom

---

146) Vgl. G. Söhngen, Analogie und Metapher. Kleine Philosophie und Theologie der Sprache, Freiburg/München 1962, 100 - 102.

147) Ebd. 101 f.; Hervorhebung im Original.

148) Ders., Die Weisheit der Theologie durch den Weg der Wissenschaft, 930.

149) J. Schmid, aaO. 158.

150) Vgl. H. U. von Balthasar, Karl Barth, 117 f.; P. Knauer, Der Glaube kommt vom Hören, 95.

Schöpfer zum Geschöpf hin[151]. Aufgrund der Beziehung zwischen Gott und Welt besteht zwar eine Analogie, aber Gott ist es, der diese Beziehung offenbart. Daher kann sie allein im Glauben erkannt werden. Mit der analogia fidei ist ausgedrückt, "daß alle Erkenntnis Gottes auf einer vorgängig absteigenden Offenbarung Gottes aufruht..., daß der Mensch von dieser Offenbarung nur in einer Haltung der anbetenden Hingabe seiner eigenen Wahrheit, im Akte des Glaubens, Kenntnis erhält, in welchem Akte wohl eine Analogie und somit wahre Erkenntnis zustande kommt, aber durch Einbeziehung der geschöpflichen Potenz in die göttliche Akthaftigkeit, in das Ereignis des göttlichen Offenbarseins"[152]. Der Gebrauch der Analogie hat zu geschehen im Sinne einer Glaubenshermeneutik: Er ist ein Weg des Einsehens, des Anerkennens, der fides quaerens intellectum[153]. In der analogia fidei ist gewährleistet, daß Sprache - und damit Theologie - Offenbarung nur interpretiert, im Nachdenken nacherzählt. Analogia fidei ist gegründet in jenem "Deus dixit", d. h. in Gottes Offenbarung, welches bzw. welche allein im Glauben ergriffen werden kann. Nicht das Sein, sondern das Tun, die Entscheidung des Menschen ist im Glauben in aller Unähnlichkeit der Entscheidung Gottes ähnlich[154]. Barth ordnet der Glaubensanalogie einen äußeren Grund zu in einer Seins- bzw. Schöpfungsanalogie, die er als analogia relationis oder operationis begreift[155].

Für Balthasar sind Seinsanalogie und Glaubensanalogie keine Gegensätze, sondern stehen selbst in einem analogen Verhältnis zueinander[156]. Die

---

151) Vgl. H. Heinz, aaO. 43.

152) H. U. von Balthasar, Karl Barth, 176.

153) Vgl. ebd. 156.

154) Vgl. ebd. 117: "Tun gegen Sein: sofern Sein eine allgemeine Kategorie ist, während Tun eine Größe ist, die als das wahrhaft Konkrete von keiner Begrifflichkeit letztlich einholbar ist."

155) Vgl. G. Söhngen, Die Weisheit der Theologie durch den Weg der Wissenschaft, 931. 935; H. U. von Balthasar, Karl Barth, 179. Schöpfung ist der äußere Grund des Bundes, Bund ist der innere Grund der Schöpfung.

156) Vgl. H. U. von Balthasar, Karl Barth, 390; ebd., Vorwort zur zweiten Auflage, IV: Der Begriff "analogia fidei" ist mißverständlich, weil "auch die von Gott in der Gnade erwirkte Antwort des Glaubens 'Sein' ist, jedoch - wie die katholische Theologie drastisch sagt - 'eingegossenes', von oben sich einsenkendes

analogia fidei birgt die analogia entis als eingeordnetes Moment in sich. Diese Einbergung von Analogie in Analogie gilt wechselseitig: analogia entis ist mit ihrem ontologischen Objekt innerhalb der analogia fidei aufgehoben, analogia fidei mit ihren geschichtlichen Offenbarungen setzt eine analogia entis voraus. Im Schöpfungsglauben ist als sein inneres Moment die analogia entis mitbejaht. Wenn Gott sich dafür entscheidet, daß eine Welt sein soll, "dann freilich kann diese Entscheidung nur die Form der analogia entis haben, die im 'Wesen' Gottes selbst begründet ist. Geschöpfe kann es nur als – eben geschaffene, abhängige, relative, nichtgöttliche Wesen geben, Wesen aber, die als Geschaffene dem Schöpfer nicht völlig unähnlich sind. Und, wenn sie geistige Wesen sind, nur so, daß dieses Ontische auch ein Noetisches ist: daß sie also, auch in allem Nichtwissen, ja in aller Verblendung und Verleugnung, denkend an Gott den Schöpfer stoßen, das cogitor zur Form ihres cogito haben. Sie wären sonst nicht Geschöpfe."[157] Ihren Ursprung und ihre Möglichkeit hat Analogie in der Schöpfung; ihrer Wirklichkeit und ihrem Zustandekommen nach ist sie jedoch ein Modus der Offenbarung Gottes. Analogia entis öffnet den Raum für die Offenbarung, statt ihn im voraus zu verschließen. Im Sinne der analogia fidei hat alles Seinsdenken jedoch ungerichtet zu bleiben, in der Bedeutung von Aus-richtung und Gericht, solange es nicht seinen Mittelpunkt in Jesus Christus gefunden hat[158].

"Natur und Vernunft haben einen Sinn, und Gnade und Glaube sind der Sinn dieses Sinnes."[159] Balthasar spricht der Vernunft ihre eigene Struktur und Gesetzlichkeit nicht ab, obwohl das Worum-Willen der Vernunft die ewige Schau Gottes ist. Doch erst wenn die Ordnung der Gnade sich erschlossen

---

Sein." Vgl. Vorwort, V: Das Kontroversproblem selbst ist zu beachten, "das durch die Weigerung Barths geschaffen wird, der philosophischen Gotteserkenntnis irgendeine Art von theologischer Relevanz zuzusprechen."

157) Ebd. 296; Hervorhebung im Original.

158) Vgl. J. Schmid, aaO. 187; H. U. von Balthasar, Rechenschaft 1965, 16: Christliche "Exklusivität" fordert die Inklusion alles menschlichen Denkens: "als gerichtetes wird es ab- und aus- und eingerichtet."

159) H. U. von Balthasar, Karl Barth, 391.

hat, eignet sich eine "potentia oboedientialis"[160] dazu, "nicht nur den innern Sinn und Gehalt der Offenbarung zu erforschen (fides quaerens intellectum), sondern auch den auf die Gnade und den Glauben hin angelegten Sinn der Natur und Vernunft sowie den für die Natur und Vernunft bestehenden Sinn der Gnade zu verstehen und einsichtig zu machen (intellectus quaerens fidem)."[161] Natur muß von der Gnade aus in den Blick kommen und die Schöpfungsordnung vom Schöpfer her. Der theologische Naturbegriff kann nicht aus dem philosophischen abgeleitet werden, sondern ist nur aufgrund der Gnadenordnung im Glauben auszumachen. Die Seinsanalogie (analogia entis - Entsprechung des Seinsnamens und der Seinsnamen) ist von einer Glaubensanalogie (analogia fidei - Entsprechung der geoffenbarten Gottesnamen mit unserem Seins- und Menschenverständnis) umfangen. Die Gefahr einer Reduzierung des Offenbarungsgeschehens in menschlich-philosophisch verständliche Kategorien ist damit gebannt: Ausgeschlossen ist, daß die Offenbarung gradlinig als Vollendung des fragmentarischen Weltsinns (Logos spermatikos) gesehen wird[162]; ausgeschlossen ist außerdem, daß die Offenbarung als reine Erfüllung des menschlichen Geistdynamismus betrachtet und das Christliche dadurch vernichtet wird[163]. "Was Gott in Christo dem Menschen sagen will, kann weder an der Welt im ganzen noch am Menschen im besonderen eine Normierung erhalten; es ist unbedingt theo-logisch, besser theo-pragmatisch: Tat Gottes auf den Menschen zu, Tat, die sich selber vor dem Menschen und für ihn (und so erst an ihm und in ihm) auslegt."[164]

---

160) Vgl. zum Begriff der "potentia oboedientialis": H. U. von Balthasar, Der Zugang zur Wirklichkeit Gottes, 32 f.; die trans-naturale Mächtigkeit, die im Wort potentia anklingt, ist eine solche des Schöpfers, nicht des Geschöpfs; 33: "Gottes Macht ist so groß, daß ihm sein Geschöpf auch dort noch gehorchen wird, wo es in seinem Eigenbestand keine Anlage noch Neigung noch Möglichkeit zu solchem Gehorsam vorfinden wird." Vgl. ders., Karl Barth, 179 - 181.

161) Ders., Karl Barth, 391; vgl. H. Heinz, aaO. 43, Anm. 13: Es läßt sich eine Parallele zwischen dem Denken Balthasars "und dem Bonaventuras ziehen, das beim Ansatz Gottes zu uns, beim Ansatz von oben ansetzt und in ihn hinein den von unten, den vom Menschen als gleichursprünglichen und doch je nur antwortenden Ansatz hineinintegriert: Der Ansatz vom Menschen besteht gerade darin, in den alleinigen Ansatz Gottes hinein zu setzen."

162) Vgl. H. U. von Balthasar, Glaubhaft ist nur Liebe, 8 - 18 (Die kosmologische Reduktion); H III, 1/ 1, 19 f.

163) Vgl. ders., Glaubhaft ist nur Liebe, 19 - 32 (Die anthropologische Reduktion).

164) Ebd. 5.

Absolutes Prius der Gnade und Offenbarung, relatives der Natur und ihrer Fähigkeiten - das ist der Ansatz Balthasars[165]. Christus zum Ausgangspunkt nehmen, die in Christus ein für allemal erwiesene Vereinbarkeit göttlicher und geschöpflicher Natur sichbar machen - das ist Anliegen seiner Theologie[166].

### 1.2.3 Christologische Konzentration

Jesus Christus ist Urgrund und Urbild der Einheit des Natürlichen und Übernatürlichen. Die Betonung der Christozentrik tritt bei Barth besonders deutlich hervor. "Weil aber der Sohn inmitten seiner Geschöpfe selbst Mensch wird, darum hat die Schöpfung von vornherein eine Wesensbeziehung zu ihm, so wie er eine Wesensbeziehung zur Schöpfung hat."[167] Jesus Christus als Schöpfungsmittler verleiht menschlichen analogen Begriffen ihre Wahrheit; durch ihn empfängt der Mensch Erkenntnis Gottes. Nicht ein allgemein abstrakter Begriff des Göttlichen, sondern das konkrete Dasein Jesu Christi steht am Anfang und Ende aller Gotteserkenntnis. Nach Balthasar kann man sich das Denken Barths "auch unter dem Bild einer Sanduhr klarmachen, deren beide Gefäße (Gott und Schöpfung) nur durch die enge Stelle in der Mitte: die Begegnung beider in Jesus Christus, sich treffen. Eine andere Beziehung des untern Gefäßes zum obern gibt es nicht. Und wie der Sand von oben her rinnt, so ist die Offenbarung Gottes eine einseitige, freilich so, daß dadurch der Sand im untern Gefäß wirklich ansteigt, durch die erste Bewegung, und durch sie allein, eine Gegenbewegung entsteht. Alles aber hängt zuletzt an der Spitze in der Mitte: gerade die engste Stelle ist die entscheidende, ist der Akt, die Berührung, das Ereignis, wovon alles, was Natur und Zustand heißt, sich ableitet."[168] Barth sieht die ganze Welt- und Heilsgeschichte in einem einzigen Punkt zusammengefaßt. Von Jesus Christus her und nur von ihm aus ist zu verstehen, was es mit der Beziehung "Gott und Mensch" auf sich hat.

---

165) Vgl. ders., Karl Barth, 391.

166) Vgl. ebd. 394 f.

167) Ebd. 124.

168) Ebd. 210; Hervorhebung im Original.

Die chalkedonisch umrissene Christologie stellt nach Balthasar in der Tat ein einmaliges Ereignis dar, das unter kein allgemeines Gesetz zu beugen ist, sondern im Gegenteil "alle übrigen - vom Verhältnis zwischen Gott und Geschöpf geltenden - Gesetze unter seine Einmaligkeit beugt"[169]. Die in der Menschwerdung sich ereignende "Analogie" ist "die Weise, in der der Logos selbst die Dinge in sich zusammenliest (ana-legein)"; er gleicht sie in seine "Ähnlichkeit" ein, "und zwar empor zu sich selbst, da er ja sowohl Grund wie Ziel aller geschaffenen Dinge ist"[170]; der Logos lebt der Schöpfung die rechte "proportio" zwischen Gott und Geschöpf vor[171]. Der christologische Ansatz muß - nimmt man die biblischen Zeugnisse ernst (vgl. Kol 1, 17; Eph 1, 10; 1 Kor 8, 6; Joh 1, 3; Hebr 1, 2 f.) - unbedingt mitvollzogen werden[172]. "Aber von da bis zu der von Barth vorgenommenen Engführung ist mehr als nur ein Schritt. Das Prius Christi fordert keineswegs notwendig, daß das gesamte Schöpfungswerk in solcher Peinlichkeit in ein christologisches Schema gepreßt wird."[173] Für Barth gibt es weder direkt noch indirekt irgendein selbständiges Thema innerhalb der Theologie, da die Christologie alles bestimmt[174]. Die Eigenständigkeit der Naturordnung und der ihr zugeordneten Philosophie wird nach Auffassung Balthasars bei Barth zu wenig gewahrt[175], eine freiere Deutung der Christozentrik wäre wünschenswert. "Christologische Engführung ist Systematik, weil sie ein Schließen von Türen und (für Gott) möglichen Ausgängen ist."[176] Andererseits darf die Offenbarungswahrheit Jesu Christi und die auf ihn zulaufende Heilsgeschichte nicht in philosophische Kategorien gezwängt werden[177]. Die praeambula fidei sind

---

169) TL II, 284.

170) Ebd. 287.

171) Vgl. ebd. 288.

172) Vgl. H. Jorissen, Christliches Verständnis von Welt, Mensch und Geschichte aus dem Glauben an die Menschwerdung Gottes, 127: "Welt (Schöpfung) ist nur, weil Gott sich selbst in absoluter und souveräner Freiheit in Jesus Christus zur Selbst-Mitteilung an den Menschen bestimmt hat." Vgl. H. Heinz, aaO. 148 - 165.

173) H. U. von Balthasar, Karl Barth, 253; Hervorhebung im Original; vgl. ebd. 129. 371.

174) Vgl. ebd., Vorwort zur zweiten Auflage, II f.

175) Vgl. ebd. 255. 372; W. Pannenberg, aaO. 17.

176) H. U. von Balthasar, Karl Barth, 255; Hervorhebung im Original.

177) Vgl. ebd. 392 f.

nicht als ein der Offenbarung vorausliegendes Kategorialsystem gedacht, "in dessen einschließendem Rahmen die göttliche Wahrheit zuletzt Platz finden muß"[178].

Die Christologie hat nicht vorrangig das allgemeine Verhältnis zwischen Gott und Mensch zu bedenken, vielmehr geht es um "das Verhältnis des Logos, der wesenhaft Gott selber und mit ihm identisch ist, zu seiner in höchster Freiheit angenommenen Menschennatur, mit der er sich ebenfalls identisch gesetzt hat"[179]. Die Person des Logos kann keinesfalls als die ("höhere") Einheit zwischen Gott und Mensch fungieren, da sie als solche Gott ist. Sie bildet zwar, "weil sie die endgültige Einigung beider ist, das letzte Maß zwischen beiden", ist also somit die konkrete analogia entis selbst, "darf aber in keiner Hinsicht diese Analogie in Richtung auf Identität hin überschreiten"[180]. Wird in der Menschwerdung des Logos der je größere Abstand zwischen göttlicher und menschlicher Natur gerade in der Ähnlichkeit analog der bedeutsamen Analogieformel des IV. Laterankonzils nicht erst recht offenbar[181]? Ist Einigung über den Abgrund "einer kein gemeinsames Maß zulassenden Verschiedenheit"[182] überhaupt möglich? Balthasar verweist auf Erich Przywara, welcher "seine Analogielehre auf der 'major dissimilitudo'... so aufbaut, daß sich Gott und Geschöpf wie 'allo pros allo'... verhalten, so daß in jeder möglichen Annäherung ('in tanta similitudine', aber das 'tanta' steht nicht im Text des Konzils) die je-größere Unähnlichkeit aufspringt. Das 'pros' wird letztlich als ein 'gegen' verstanden."[183] Aufgrund eines solchen Analogieverständnisses hält Balthasar es für keinen Zufall, daß Przywara nie den Versuch unternommen hat, eine Christologie zu entwer-

---

178) Vgl. ebd. 393; W. Kasper, Art. Dogmatik, in: P. Eicher (Hrsg.), Neues Handbuch theologischer Grundbegriffe I, München 1984, 202. Kasper sieht in der Krise der praeambula fidei "das tiefste Problem und eine der wichtigsten Aufgaben heutiger dogmatischer Theologie."

179) TL II, 285.

180) TD II, 2, 203; vgl. ders., Theologie der Geschichte, 53 f.

181) Vgl. H II, 1, 9 f.; ders., Der Zugang zur Wirklichkeit Gottes, 35; P. Knauer, Der Glaube kommt vom Hören, 58, Anm. 62; G. Söhngen, Philosophische Einübung in die Theologie, 16.

182) Vgl. TD II, 2, 205.

183) TL II, 87, Anm. 16; vgl. ders., Die Gottesfrage des heutigen Menschen, 172.

fen[184]. Wie läßt sich die Spannung von Unähnlichkeit und Ähnlichkeit näher bestimmen[185]? "Ist die Idee, daß der Mensch 'Bild Gottes' ist, tragfähig genug, ihn zum Erfasser des 'Urbilds' zu machen? Ist, um den hier auftauchenden Grenzbegriff zu beschwören, ein Wesen vorstellbar, das in sich selber die Transposition vom Urbild zum Nachbild zu leisten vermöchte, ohne das erste zu verfälschen? Ist also ein 'Gottmensch' nicht (wie Judentum und Islam einmütig erklären) ein in sich widersprechender Begriff?"[186] Balthasar nennt die letztgenannte Frage "die zentralste und dornigste Frage aller christlichen Glaubenslehre"[187], die noch dadurch verschärft wird, "daß die johanneische Formel 'Verbum-Caro' (wobei Caro den gottfremden, der 'Eitelkeit' verfallenen Menschen meint) die Übersetzung des Erhabensten und Heiligsten in das Niedrigste und Entfremdetste auszusagen scheint, wahrlich die 'major dissimilitudo' (DS 806), von der man nicht sieht, wie sie überhaupt noch eine Übersetzbarkeit des Einen ins Andere zu erlauben vermag."[188]

Die Menschwerdung des Logos ist ein Faktum[189]. Im Glauben an dieses Faktum kann ein "versuchsweises Hindenken zu seinem überschwenglichen Geheimnis"[190] erfolgen, obwohl es über alles Begreifen hinaus immer unbegreiflicher ist, daß der "absolute, übergegensätzliche Gott sich würdigt, auf die Ebene seiner Kreatur abzusteigen"[191]. In der Menschwerdung des Logos ist gesetzt: "höchste Form von Einheit in der größtmöglichen Differenz; denn in der Inkarnation bleibt Gott - Gott und die Kreatur (die menschliche Wirklichkeit Jesu) - Kreatur, diese aber in die personale Einheit mit der

---

184) Vgl. TD II, 2, 202.

185) Vgl. E. Jüngel, Gott als Geheimnis der Welt, 393: "Die Differenz von Gott und Mensch, die das Wesen des christlichen Glaubens konstituiert, ist demnach nicht die Differenz einer immer noch größeren Unähnlichkeit, sondern vielmehr umgekehrt die Differenz einer inmitten noch so großer Unähnlichkeit immer noch größeren Ähnlichkeit zwischen Gott und Mensch." Vgl. TL II, 247 f., bes. Anm. 3, die sich mit Jüngels These auseinandersetzt.

186) TL I, XVII f.

187) TL I, XVIII.

188) Ebd.

189) Vgl. TL II, 256.

190) Ebd.

191) Ders., Der Zugang zur Wirklichkeit Gottes, 35.

Person des Logos aufgenommen und in dieser Annahme unüberbietbar erfüllt."[192]

In Gottes Identität gibt es den Andern; er ist Bild des Vaters und Urbild alles Erschaffbaren; in dieser Identität gibt es den Geist; er ist ekstatische Liebe des "Einen" und "Andern"; das Anders-Sein der Schöpfung, "das sich am Urbild des göttlichen Anders ausrichtet", wird durch die Offenbarung der Trinität "in ein positives Verhältnis zu Gott gerückt, das von keiner nichtchristlichen Religion (Judentum und Islam miteingeschlossen) erträumt werden kann"[193]. Das Ganz-Andere ist nicht ein Nur-Anderes, welches nicht einmal denkbar wäre. Gott ist unendlich anders, aber er ist nicht nur anders. Als der Ganz-Andere ist er zugleich der Nicht-Andere. "Nur weil er Über ist, ist er In. Aber nicht weil er Über ist, verliert er das Recht, die Kraft und das Wort, sich uns als ewige Liebe zu offenbaren, in seiner Unbegreiflichkeit verständlich zu machen und zu schenken."[194] Innerhalb der "christologischen Analogie" bleibt die "ursprüngliche und immer unendliche Distanz zwischen Gott und Geschöpf" zwar bestehen, jedoch "nur innerhalb der Rekapitulation der Schöpfung in Christus"; sie wird - ohne aufgehoben zu werden - "in die unendliche Distanz zwischen den göttlichen Personen innerhalb der identischen göttlichen Natur hinein verklärt"[195]. Gott überwaltet jede Differenz aufs vollkommenste, indem er πάντα ἐν πᾶσιν, alles in allem wird

192) H. Jorissen, Christliches Verständnis von Welt, Mensch und Geschichte aus dem Glauben an die Menschwerdung Gottes, 132.

193) TL II, 165 f.; vgl. ebd. 99; ders., Bibel und negative Theologie, 17: Von der "allerbesten Andersheit in Gott wird die Andersheit der Welt überhaupt erst begründet"; außerdem wird "von der Fleischwerdung des Wortes her eine innere Teilnahme des Endlichen am Trinitarisch-Absoluten absehbar, weshalb es eine Geburt aus Gott und eine Gotteskindschaft gibt"; vgl. ders., "Du krönst das Jahr mit Deiner Huld", Psalm 65,12. Radiopredigten, Einsiedeln 1982, 126 f.; ders., Schwestern im Geist. Therese von Lisieux und Elisabeth von Dijon, Einsiedeln ³1978, 452 f.; G. L. Müller, Gemeinschaft und Verehrung der Heiligen. Geschichtlich-systematische Grundlegung der Hagiologie, Freiburg - Basel - Wien 1986, 290 f.

194) H. U. von Balthasar, Glaubhaft ist nur Liebe, 100.

195) TL II, 288; Hervorhebung im Original; vgl. ebd. 165 - 170.

(1 Kor 15, 28)[196]. Die eschatologische Hineinnahme der Schöpfung "in den durch die innergöttliche Opposition eröffneten Raum"[197] ist nach Balthasar jedoch nur zu bewirken durch die Kenose des Sohnes.

## 1.3 Kenose

Es ist Gottes Demut, ins Nichts hinein absteigend sich auszudrücken[198]. "Das Erste ist nicht die Bewegung des Menschen von unten herauf zum Absoluten hin, um womöglich darin zu verschwinden, sondern, wie Ignatius von Loyola mit Nachdruck wiederholt, die Bewegung 'de arriba', von oben herab, wobei Gott sich ausleert, um den Menschen mit seiner liebenden Entäußerung zu erfüllen."[199] Non coerceri maximo, contineri tamen a minimo, divinum est[200]. Sich umschließen lassen vom Kleinsten - das ist göttlich! Gott steigt ab; der Grenzenlose geht ein in die Enge eines vergänglichen Lebens. In seiner Menschwerdung und in seinem Tod am Kreuz erweist Jesus Christus seine Macht und Größe darin, daß er sich gänzlich aller Macht begeben kann; in ihm, der nichts Eigenes festhalten wollte, erscheint die Freiheit einer Liebe, die noch im Zurückgewiesenwerden stärker ist als alle irdische Gewalt. Gott begibt sich in seinem Sohn in die völlige Selbstlosigkeit und Selbstentleerung hinein. Er wird sie förmlich im Überschritt von sich weg, im Akt des Hinausgehens aus sich. Ausgangspunkt der christologischen Reflexion muß nach Balthasar die Hingabe des Sohnes durch den Vater und die Selbsthingabe des Sohnes an den Vater und für alle sein. Kenose, d.h. Entäußerung wird zum

---

196) Vgl. ebd. 171 - 177; ders., Schöpfung und Trinität, in: IKaZ 17 (1988) 205-212; vgl. auch E. Huovinen, Idea Christi. Die idealistische Denkform und Christologie in der Theologie Hans Küngs, Hannover 1985, 32 - 40.

197) Vgl. H. Heinz, aaO. 152 f.

198) Vgl. H II, 1, 353.

199) TL II, 258; Hervorhebung im Original; vgl. ders., Homo creatus est, 26 - 30.

200) Vgl. J. Ratzinger, Einführung in das Christentum, München 1971, 97, Anm.18: "Die Herkunft der von Hölderlin angeführten 'Grabschrift des Loyola' hat H. Rahner geklärt: Die Grabschrift des Loyola, in: Stimmen der Zeit, 72. Jahrgang, 139. Band (Februar 1947), 321 - 337: Der Spruch stammt aus dem großen Werk Imago primi saeculi Societatis Jesu a Provincia Flandro-Belgica eusdem Societatis repraesentata, Antwerpen 1640. Dort Seite 280 - 282 ein von einem ungenannten jungen flandrischen Jesuiten verfaßtes Elogium sepulcrale Sancti Ignatii, dem der Spruch entnommen ist."

Schlüsselbegriff einer Christologie, welche die Übergänglichkeit von Sohn und Knecht, Herrlichkeit und Dienst, Anspruch und Armut zur Sprache bringen will. Die Kenosischristologie hebt hervor, daß Jesus Christus als der in die letzte Niedrigkeit des Sich-Entleerens Abgestiegene gerade dadurch der Herrscher der Welt ist. Im Sichaufbrechenlassen und dienenden Selbstverzicht wird er zum reinen Nichts, scheint er immer mehr im Geringen zu verschwinden; indem er sein Leben als Weitergeben vollzieht, wird er gänzlich zum "Für", zur Konkretisierung einer Liebe, die bis zum Äußersten reicht und eben deshalb in ihrer Größe, in ihrem Je-mehr in Erscheinung tritt. Das Ausgespanntsein Jesu Christi vom Sein in Gott bis zum Abstieg in die Tiefe des Todes ist Verwirklichung der Liebe, die alles Begreifen übersteigt. Die absolute Liebe - im dreieinigen Leben völlig in sich selber gesättigt - entäußert sich des Sünders wegen ihrer Gottgestalt - für menschliches Denken eine Absurdität, ein Wahnsinn[201]. Aber die Liebe kennt kein Warum.

Der Sohn, Fleisch und Zeitlichkeit annehmend, hat - wie die Kirchenväter einstimmig betonen - deswegen die Ewigkeit nicht verlassen. "Die Menschwerdung reißt in deren Kontinuität kein Loch, das sich erst wieder bei seiner Auferstehung oder Himmelfahrt schlösse."[202] Die Sendung (missio) des Gottessohnes in die vergängliche Zeit hinein ist die heilsgeschichtliche Form seines ewigen Hervorgangs (processio) aus dem Vater. So hat bereits Thomas von Aquin gelehrt[203]. Indem der Vater den Sohn in die Welt sendet, spricht er sein gleichwesentliches, ureigenes Wort nach außen hin aus. Die Inkarnation des Sohnes - das Sich-Aussprechen, die Selbstaussage und unwiderrufliche Selbstzusage des Vaters an die Menschheit - ist in einem hervorragenden Sinn ein Wortgeschehen. Gott äußert sich in seiner Entäußerung. Der Gesendete - als Ewiger in der Zeit weilend - ist ein Einziger, da seine Kenosis aus der Gottgestalt in die des Knechts ein Ereignis ist, das ihn als

---

201) Vgl. TL II, 330 f.

202) Ders., Homo creatus est, 44; vgl. ebd. 38. 43 f.; TD IV, 223; vgl. DS 369: Daß der Gottessohn auch beim descensus ad inferos im Schoß des Vaters bleibt, betont der Brief von Papst Hormisdas: "ad inferna descendens et a Patris gremio non recedens".

203) Vgl. S. Th. I q.43 a.1 - 8; H. U. von Balthasar, Homo creatus est, 44.

den ewigen Sohn betrifft. Geht Ewigkeit für eine Zeit in die Zeit ein oder nimmt Ewigkeit eine Zeit und ihren Inhalt in sich auf? Kenose besagt auf keinen Fall eine mythologische Veränderung Gottes; sie drückt vielmehr eine der unendlichen Möglichkeiten im freien ewigen Leben aus. "Was die 'Kenose Gottes' genannt wird, ist gewiß akut im einmaligen Leben und Leiden Jesu, aber ist hierin Offenbarung einer ewigen Seinsart Gottes selbst: es ist Gott dem Vater seinsgemäß, seinen Sohn 'preiszugeben', sein Pneuma 'auszugießen', um gerade in dieser Selbsthingabe er selbst in seiner 'Gottgestalt' (Phil 2, 6) zu sein."[204] Das göttliche Heilswerk wird durchsichtig auf das göttliche Sein als das Ur-Geheimnis. Die Kenosis Gottes in Jesus Christus hat ihre ontische Möglichkeit in der ewigen Entäußertheit Gottes, in seiner dreipersönlichen Hingabe[205], die ineinszusetzen ist mit der göttlichen Freiheit. Balthasar spricht in Anlehnung an Sergej N. Bulgakow von einer "Kenose" des Vaters; sie vollzieht sich bei seiner Selbstenteignung in der Zeugung des Sohnes und weitet sich zur trinitarischen, "da der Sohn anders als in Selbstenteignung dem Vater gar nicht gleichwesentlich sein könnte und da ihr 'Wir', der Geist, ebenfalls nur Gott sein kann, wenn er diese im Vater und im Sohn identische Selbstenteignung 'personal' besiegelt, indem er nichts 'für sich' sein will, sondern (wie seine Offenbarung in der Welt zeigt) reine Kundgabe und Verschenkung der Liebe zwischen Vater und Sohn (Joh 14, 26; 16, 13-15)."[206] Nicht anders als in der innergöttlichen Kenose kann Gott Gott sein. Nach Balthasar entsteht ein unendlicher, absoluter Abstand zwischen Vater und Sohn, wenn der Vater in seiner Bewegung des Loslassens den Sohn hervorbringt. Alle späteren möglichen und auch wirklichen Abstände in der endlichen Welt, besonders die Sünde, sind von diesem Abstand umfaßt, den der Geist zugleich überbrückt und offenhält[207].

---

204) H. U. von Balthasar, Pneuma und Institution. Skizzen zur Theologie IV, Einsiedeln 1974, 55.

205) Vgl. ders., Mysterium Paschale, in: F. Feiner/ M. Löhrer (Hrsg.), Mysterium Salutis III, 2, Einsiedeln - Zürich - Köln 1969, 147; TL II, 127 f.; H. Vorgrimler, Theologische Gotteslehre, Düsseldorf 1985, 165.

206) TD III, 308; vgl. ebd. 303.

207) Vgl. ders., Homo creatus est, 186 f.

Die Ur-Kenose Gottes ist die Möglichkeitsbedingung für seine übrigen Kenosen in die Welt hinein. Balthasar unterscheidet drei "Selbstbeschränkungen" des dreieinigen Gottes; sie sind gegeben aufgrund der den Geschöpfen geschenkten Freiheit, durch den von seiten Gottes unauflöslichen Bund, aufgrund der Menschwerdung des Sohnes, "der nun seine von vornherein eucharistische Haltung im '<u>pro nobis</u>' von Kreuz und Auferstehung für die Welt verdeutlicht"[208]. Die in der Identität des göttlichen Logos mit dem Menschen Jesus bestehende erlösende Kenosis Gottes ereignet sich "innerhalb der vorausgehenden <u>Kenosis</u> des Wortes Gottes in seinem Bund mit Israel, und zuvor mit der Menschheit im ganzen und noch zuvor mit der Erschaffung kreatürlicher Freiheiten"[209]. Der Gott der Fülle hat sich nicht nur in eine Schöpfung, sondern in die Modalitäten von sündenbestimmter, gottentfremdeter, todverfallener Existenz hinein entleert. Obwohl Kenose in all ihren Steigerungsgraden stets Gottes Geheimnis bleibt, offenbart sich in ihr das Geheimnis des Seins als Liebe[210]. Kenose wird für Balthasar begreiflich als unbegreiflicher Akt der ekstatischen Liebe eines Gottes, der dem Nein seines Geschöpfes immer wieder das Ja seiner Liebe entgegensetzt. Zwischen Gott und Mensch spielt sich ein Heilsdrama ab. Die Schriften des Alten und Neuen Bundes erzählen davon.

Das Zeugnis der Bibel ist für Balthasar der Ausgangspunkt, Gott und Jesus Christus vom Kenosisgedanken her zu verstehen, nicht etwa der Idealismus mit seiner Idee von der notwendigen Selbstentäußerung des Absoluten oder die Prozeßphilosophie. In Anknüpfung an das biblische, nicht-statische Wirklichkeitsverständnis versucht Balthasar, Gottes Sein dynamisch aus der durch das Christusgeschehen mitgeteilten Liebe aufzufassen. Die hierbei anzuwendenden Denkformen sind der schon von Paulus zur Sinndeutung der apostolischen Existenz in Anspruch genommenen Welt des Theaters mit

---

208) TD III, 308; Hervorhebung im Original.

209) Ebd. 310; Hervorhebung im Original.

210) Vgl. J. Schmid, aaO. 138: Entscheidend ist für Balthasar die Frage: Zu welcher Hingabe an sein Geschöpf ist die Liebe Gottes willens? Dem Kenosegedanken wird so "eine etwa im Denken K. Barths gefährliche Tendenz genommen. Nicht die Gegenmacht der 'Sünde' bestimmt, wieweit Gott sich zu engagieren hat... Bestimmend ist für Gott vielmehr, daß er willens ist, seinem Werk seine ganze Liebe einzustiften."

seinem Rollenspiel entnommen. Bei seinem Versuch, das Wirksamwerden Gottes in der Menschheitsgeschichte als ein Heilsdrama zu sehen, bei dem Gott die Fäden des Spiels in der Hand behält, geht Balthasar mit der Bibel anders um als die wissenschaftliche Exegese mit ihren technischen Methoden. Man könnte seine Bibelauslegung eine geistliche nennen, obwohl in den beiden biblischen Bänden[211] Ergebnisse der wissenschaftlichen Exegese eingearbeitet sind. Die Frage, wieviel an der einzelnen Auswortung auf Jesus selbst, wieviel auf den Geist zurückgeht, der Jesus in der Kirche weiter auslegt in menschliche Sprache und Begriffe hinein, stellt sich Balthasar so nicht. Er liest "die Deutung der verschiedenen Schichten und Schriften des Neuen und Alten Testaments zusammen mit der lebendigen Exegese der Heiligen, das gesprochene Wort mit dem noch zu sprechenden Wort"[212]. Synoptische Tradition, paulinische und johanneische Theologie und die Theologie der Heiligen konvergieren nach Balthasar, indem sie in Jesus Christus die maßgebliche Gestalt für die Menschheit sehen. Verbum-Caro[213] – das göttliche Wort ist Fleisch geworden – diese Grundaussage des Johannesevangeliums bedeutet die geschichtliche Selbstentäußerung der ewigen Selbstauslegung des Vaters im Sohn. Das Christuslied Phil 2, 6-11 spricht von der Kenosis dessen, der in Gottes Wesensgestalt war, die Gestalt des Sklaven angenommen, seine Gottgestalt aber nicht aufgegeben hat. In 2 Kor 5, 19 schreibt Paulus: "Gott war es, der in Christus die Welt mit sich versöhnt hat." Nach Aussagen des Neuen Testaments ist Jesus Christus der Mittler der Erlösung durch seine Lebenshingabe. In seiner Kenose bis in den heilsvermittelnden Kreuzestod hinein wird er zur Offenbarung der ungeschuldeten, grundlosen Liebe Gottes. Jesus Christus ist für Balthasar das Universale Concretum, d.h. die unendliche Liebesfülle in der Konkretion des selbstlosen Verschenkens, das alle einbezieht. Indem Gottes allumfassende Liebe die besondere Gestalt der demütigen, verströmenden Liebe des Mensch-

---

211) H III, 2/ 1; 2/ 2.

212) H. Heinz, aaO. 210.

213) Vgl. TL II, 201 - 219; 201: "Die christliche Religion ist die einzige, die, am evidentesten Faktum, der Sterblichkeit des Fleisches vorbei - was alle übrigen Religionen zu Vergeistigung als dem einzig möglichen Heilsweg gedrängt hat - das unüberholbare Ende der Wege Gottes im Fleisch, im sterblichen, eucharistischen, mystischen, auferstehenden Fleisch gefunden hat."

gewordenen und Gekreuzigten annimmt, wird sie erst universal fruchtbar, ähnlich dem Weizenkorn, das in die Erde fällt und stirbt. Balthasars Christologie findet ihre Mitte in der johanneischen Aussage, daß Verherrlichung gerade im schmachvollen Kreuzestod, im armseligen Sterben des Weizenkorns geschieht[214]. In der äußersten Ohnmacht des Sohnes zeigt sich Gottes Glorie am deutlichsten. Das Kreuz ist die letzte Selbstauslegung Gottes. Es ist "schlechterdings der Schlüssel zu allem; omnia in cruce manifestantur: nicht nur die Sünde, nicht nur der Mensch, sondern Gott selber."[215]

### 1.3.1 Menschwerdung des Logos

Der Vater hat den Sohn gesandt als den Retter der Welt (vgl. 1 Joh 4, 14). Der ewige Sohn ist in Jesus in die menschliche Geschichte eingetreten. Die zeitlose Zeugung des Sohnes findet in der Menschwerdung und deren Geschichte ihren Widerschein. Die biblische Offenbarung der Liebe Gottes in Jesus Christus durchbricht den griechisch-philosophischen Verstehenshorizont eines unveränderlichen, beziehungslosen und deshalb nicht reagierenden Gottes[216]. Für Balthasar gilt der Grundsatz: Philosophisch erdachte Gesetzlichkeiten dürfen nicht als Vorschriften an die Christologie herangetragen werden. Allein die Person Jesu Christi gibt das Recht zu dem Schluß: Erniedrigung und Entleerung widersprechen nicht dem Wesen Gottes. Gott konnte tun, was er in Wirklichkeit getan hat[217]. In der Menschwerdung des

---

214) Vgl. ebd. 224.

215) H II, 1, 353 f.

216) Vgl. ders., Mysterium Paschale, 144 f.; W. Maas, Unveränderlichkeit Gottes. Zum Verhältnis von griechisch-philosophischer und christlicher Gotteslehre, München - Paderborn - Wien 1974, 138; H. Küng, Menschwerdung Gottes. Eine Einführung in Hegels theologisches Denken als Prolegomena zu einer zukünftigen Christologie, Freiburg - Basel - Wien 1970, 647 - 670, bes. 652 - 654; L. Bouyer, Das Wort ist der Sohn. Der Weg der Christologie, Einsiedeln 1976, 466-515; A. Ziegenaus, Grundstrukturen neuzeitlicher Christologie, in: ders. (Hrsg.), Wegmarken der Christologie, Donauwörth 1980, 160 - 164. 175 - 180; P. F. Momose, Kreuzestheologie. Eine Auseinandersetzung mit Jürgen Moltmann, Freiburg - Basel - Wien 1978, 166 - 171; Th. R. Krenski, Passio Caritatis. Trinitarische Passiologie im Werk Hans Urs von Balthasars, Einsiedeln/Freiburg 1990, 53 - 79.

217) Vgl. K. Tossou, Streben nach Vollendung. Zur Pneumatologie im Werk H. U. von Balthasars, Freiburg - Basel - Wien, 1983, 193.

Logos hat sich der dreieinige Gott in seiner tiefsten Eigentlichkeit offenbart[218]. Nicht ein unkritisch übernommener Begriff von der unveränderlichen Natur Gottes darf deshalb für die Deutung des Christusgeschehens leitend sein, sondern die vom Neuen Testament durchgehend gemachte Feststellung, daß der Weg Jesu der Weg des Sohnes Gottes ist. Im Fleisch Jesu Christi enthüllt sich das An-sich-Sein des Wortes. Von der Inkarnation her wird deutlich: Gott kann, obwohl "in sich" unveränderlich bleibend, "im anderen" werden[219]. Die Fleischwerdung des Logos ist keine Als-ob-Inkarnation: Der Unsichtbare wird sichtbar, das Wort wird wirklich Mensch. Im Vers Joh 1, 14 "Und das Wort ist Fleisch geworden" ist der göttliche Logos Subjekt des Satzes; von ihm wird ein Werden ausgesagt. Was in Jesus als Werden und Geschichte geschehen ist, ist die Geschichte des Wortes Gottes selbst. In Phil 2, 7 geht es um die Kenosis des Gottessohnes. Im Vorgang der Selbstentleerung ist ein Werden, eine "Veränderung" mitgegeben[220]. An die Stelle des Glaubens an den lebendigen Gott darf demnach nicht die spekulative Idee des Absoluten in ihrer zeitlosen Unveränderlichkeit treten, da sich Gottes Treue, seine richtig verstandene Unveränderlichkeit, gerade im kontingenten, geschichtlichen Handeln vollzieht[221].

Die biblisch-heilsgeschichtlichen Aussagen über den lebendigen Gott, dem ein ἐγένετο (Joh 1, 14) und eine Kenose (Phil 2, 7) zugesprochen werden, sind nach Auffassung Balthasars[222] unbedingt ernst zu nehmen; die Entäusserung Gottes in das andere seiner selbst ist aber nicht als Notwendigkeit

---

218) Vgl. H. U. von Balthasar, Mysterium Paschale, 148; TL II, 264: "Gott selbst als das ewig strömende Leben ist nicht starre Unbeweglichkeit; warum sollte er nicht fähig sein, einmal diesen, einmal jenen Aspekt seiner Lebendigkeit offenbarend in den Vordergrund zu stellen?"

219) Vgl. K. Rahner, Grundkurs des Glaubens, 211 - 221.

220) Vgl. W. Maas, Unveränderlichkeit Gottes, 176; H. Vorgrimler, aaO. 149 - 160.

221) Vgl. H. Mühlen, Die Veränderlichkeit Gottes als Horizont einer zukünftigen Christologie, Münster 1969, 28 - 30; TD II, 1, 252 - 259.

222) Vgl. H. U. von Balthasar, Mysterium Paschale, 149; TL II, 258 f.; 259: "Die letzte Möglichkeit solchen 'Werdens', solcher 'genesis' werden wir, wie schon öfter wiederholt, immer wieder in der innertrinitarischen 'genesis', in der zeugenden Selbstentäußerung des Vaters zum Sohn und beider zum Geist hin suchen, die ihn bewegt, seine eigene absolute Bewegung in Freiheit in seine Schöpfung hinein fortzusetzen."

zu verstehen, sondern als Möglichkeit. "Nicht Gott in sich verändert sich, sondern der unveränderliche Gott geht eine Beziehung zur Geschöpflichkeit ein, die seinen innern Relationen ein neues Aussehen gibt; freilich nicht rein äußerlich, als beträfe diese Beziehung nach außen ihn nicht wirklich, sondern so, daß die neue Beziehung zu der weltlichen Natur, die dem Sohn hypostatisch geeint wird, eine der unendlichen Möglichkeiten, die in Gottes ewigem Leben liegen, ins Licht setzt."[223] Verbum Caro factum est: Gott kann etwas werden, Gott kann deshalb auch "am anderen" selber wirklich sterben[224]. In seiner Liebe zur Welt geht Gott Wagnis und Risiko ein. Sein Mensch-Werden ist Zeichen der Überfülle seiner absolut freien Liebe. Gott kann sich erniedrigen ohne den Verlust seiner Göttlichkeit und Vollkommenheit[225]. Gerade in seiner Demut ist er der hohe Gott. Gott bleibt Gott auch in seiner Kenose. Der Weg seiner Fleischwerdung ist die Offenbarung seiner Gottheit. Am Kreuz, in der äußersten Knechtsgestalt, bricht nach Aussagen des Johannesevangeliums die Glorie des Sohnes durch, insofern "seine Liebe hier bis ins (göttliche) Ende gegangen und geoffenbart ist"[226]. Jesus Christus ist ungetrennt und unvermischt beides: Gott und Mensch. "Zwischen Gottgestalt und Knechtsgestalt herrscht in der Identität der Person Analogie der Naturen gemäß der maior dissimilitudo in tanta similitudine (DS 806)."[227] Das Paradox kann nicht aufgelöst werden, daß in der unverkürzten Menschheit die Herrlichkeit Gottes anwesend wird[228]. Am "Ort der tiefsten Erniedrigung" leuchtet Gottes Herrlichkeit "am hellsten"[229].

Balthasar nennt als letzte Voraussetzung der Kenose "die 'Selbstlosigkeit' der

---

223) TD II, 2, 479.

224) Vgl. H. Vorgrimler, aaO. 158 f.

225) Vgl. W. Maas, Unveränderlichkeit Gottes, 186.

226) H. U. von Balthasar, Mysterium Paschale, 148; vgl. TD III, 355.

227) Ders., Mysterium Paschale, 148.

228) Vgl. ebd. 151.

229) M. Albus, Die Wahrheit ist Liebe. Zur Unterscheidung des Christlichen nach H. U. von Balthasar, Freiburg - Basel - Wien 1976, 124.

Personen (als reiner Relationen) im innertrinitarischen Leben der Liebe"[230]. Weil Gott in sich selbst Trinität und darum Liebe ist, kann er in der Inkarnation des Logos aus sich herausgehen, ohne aufzuhören, er selbst zu sein; das Wesen der Liebe besteht darin, gerade im Sein beim anderen, mit ihm und für ihn ganz bei sich selbst zu sein. Wirkliche Liebe ist immer Entäußerung, Selbsthingabe. Der Sohn hält nicht krampfhaft an seiner Gottgestalt fest, der Vater gibt den Sohn dahin, der Geist verbindet als gegenseitige Gabe beide. Gott ist nicht primär absolute Macht, sondern absolute Liebe. Seine Souveränität offenbart sich in seiner Preisgabe[231]. "Die Armut des Sohnes, der nur die Ehre des Vaters suchte und sich im Gehorsam bis ins letzte berauben ließ", ist "der exakteste Ausdruck der Fülle schlechthin", welche "nicht im 'Haben', sondern im 'Sein als Geben' besteht"[232]. Das Göttliche Gottes liegt im Sich-Verschenken; in der unbegreiflichen Unermeßlichkeit seiner Liebe schließt Gott die Veränderung in seine Unveränderlichkeit ein[233]. Gottes freier Liebeswille ist immer wieder verblüffend neu; seine Nicht-Veränderlichkeit kann überraschende Formen annehmen bis hin zur Kenosis der Menschwerdung und "zur Ärgernis erregenden Torheit und Fremdheit des Kreuzes"[234].

Der Sohn ist nicht vom Himmel herabgestiegen, um seinen Willen zu tun, sondern den Willen dessen, der ihn gesandt hat (vgl. Joh 6, 38). Der Gehorsam Jesu ist die heilsgeschichtliche Erscheinungsweise seiner ewigen Sohnschaft, des innertrinitarischen Lebensverhältnisses des Sohnes zum Vater: vom Vater her, zum Vater hin[235]. "Das Paradox Christi: absolute Vollmacht (bis zur richterlichen Stellvertretung des Vaters) in absoluter Armut bis zur totalen Überlassung offenbart das Wesen der reinen 'Relationalität' ('Flüssigkeit') der (zweiten) göttlichen Person (und verhüllt sie zugleich im Nichtmehr

---

230) H. U. von Balthasar, Mysterium Paschale, 153; vgl. ders., Neue Klarstellungen, Einsiedeln 1979, 70; H. Heinz, aaO. 249; H. Mühlen, Die Veränderlichkeit Gottes, 25 - 28. 30 - 32.

231) Vgl. H. U. von Balthasar, Mysterium Paschale, 147.

232) H III, 2/ 2, 365.

233) Vgl. A.v.Speyr, Kreuz und Hölle I, Einsiedeln 1966, 232; L.Bouyer, aaO.514 f.

234) W. Maas, Unveränderlichkeit Gottes, 169.

235) Vgl. TD II, 2, 485.

-Wortsein des Kreuzes)."[236] Nach Balthasars Verständnis ist der vollkommene Gehorsam Jesu Ausdruck des ewigen Ja des Präexistenten zum Willen des Vaters. Diese absolute Zustimmung liegt aller Verwirklichung des Gehorsams bis hin zur Passivität in Kreuz und Hölle aktiv voraus[237]. Sie ist Freiwilligkeit göttlicher Liebe. "Doch das 'Voraus' dieses Gehorsams vor der Menschwerdung und ihren Konsequenzen, das 'Prä' dieser Existenz vor der Menschwerdung ist gegen ein Mißverständnis zu schützen. Es weist nämlich nicht auf einen vorzeitlichen, sondern den trinitarischen Ursprung."[238] Das ewige Gezeugtsein bzw. Gezeugtwerden des Sohnes, seine absolute Relationalität zum Vater vollzieht sich im selbstlosen Sohnesgehorsam. Dieser transzendentale Gehorsam[239] trägt vorweg die ganze irdische Existenz Jesu Christi. "Daß der Sohn auf Erden dem Vater im Geist gehorsam wird bis zum Tod am Kreuz, ist die verständliche Übersetzung seiner ewigen Haltung der zum zeugenden Vater zurückkehrenden ur-gehorsamen Bereitschaft und Dankbarkeit."[240] Da der Gehorsam Christi in seinem vor- und überzeitlichen Sein gründet, muß er göttlicher Gehorsam sein[241]; er ist nicht einfach zu verstehen als Unterwerfung, sondern ebenso "als eine Weise der Entfaltung der Person des Sohnes, sofern dieser seine Sendungsexistenz in Freiheit vollzieht"[242]. Der Gehorsam Christi kann als höhere Einheit von Fügsamkeit und Freiwilligkeit gekennzeichnet werden; der Heilige Geist, der Vater und Sohn eint, wird - wo die Liebe des Sohnes die kenotische Form des Gehorsams annimmt - zu einem Geist der objektiven Sendung vom Vater her, einem Geist des Willens zur unbedingten Sendungserfüllung im Sohn.

Der Gehorsam der Knechtsgestalt muß sowohl in seinem Kreuzesernst als auch als Folge der freien Liebe (Joh 10, 18) betrachtet werden. Gehorsam und Liebe sind untrennbar miteinander verbunden. Liebesgehorsam, freiwillige

---

236) H III, 2/ 2, 148.

237) Vgl. TL II, 323.

238) H. Heinz, aaO. 253; vgl. H. U. von Balthasar, Homo creatus est, 187.

239) Vgl. H. U. von Balthasar, Pneuma und Institution, 135 - 140.

240) TD IV, 106.

241) Vgl. A. v. Speyr, Kreuz und Hölle I, 215.

242) K. Tossou, aaO. 181; vgl. H. U. von Balthasar, Mysterium Paschale, 186.

Unterwerfung aus Liebe scheut selbst nicht den Weg bis zum endgültigen Verstummen des ewigen Wortes als "Nichtwort" im Tod am Kreuz[243]. Christi absoluter Gehorsam reicht über das Leben hinaus und bewährt sich selbst dort, wo sonst nur noch Zwang und Unfreiheit herrschen: in der Hölle[244]. Christus ist hier zwar in die Ohnmacht eingebunden, "aber aus freiem Gehorsam, der als einziger im theologischen Sinn 'Kadavergehorsam' genannt zu werden verdient"[245]. Christi Gehorsam liegt jenseits der Grenzen irdisch menschlicher Möglichkeiten; er ist absoluteste Kundgabe der göttlichen Liebesgesinnung. Der ewige Gottessohn nimmt "in freiem Gehorsam und aus ewigem Ratschluß göttlicher Liebe"[246] die menschliche Sündenlast auf sich[247]. Das Ereignis seines Gehorsams bis in Kreuz und Hölle hinein wird zur Offenbarung einer doppelten Liebe: "Liebe Gottes des Vaters, der Gott dem Sohn gestattet, in den absoluten Gehorsam der Armut und Überlassung zu gehen, wo er nur noch reine Aufnahme sein kann für den göttlichen 'Zorn', und Liebe Gottes des Sohnes, der sich aus Liebe mit uns Sündern identifiziert (Hb 2, 13) und dabei in freiem Gehorsam den Willen des Vaters erfüllt (Hb 10, 7)."[248] Nicht der Gedanke einer juridischen oder physischen Stellvertretung kann bei einer Deutung des Christusgeschehens ausschlaggebend sein. "Sowohl Imputation wie physische Solidarität sind untergeordnete Einzelaspekte, die in die übergreifende Synthese des einmaligen Liebeswerkes aufgenommen und darin verwertet sind."[249] Allein die Liebe schafft Zugang zum Geschehen der Rechtfertigung aller in der Hingabe des Einen.

243) Vgl. A. Schilson/ W. Kasper, Christologie im Präsens. Kritische Sichtung neuer Entwürfe, Freiburg - Basel - Wien 1974, 65; H. U. von Balthasar, Das Selbstbewußtsein Jesu, in: IKaZ 8 (1979) 37; M. Albus, Die Wahrheit ist Liebe, 123.

244) Vgl. H III, 2/ 2, 214; TL II, 322.

245) H III, 2/ 2, 214; vgl. W. Löser, Das Sein - ausgelegt als Liebe. Überlegungen zur Theologie H. U. von Balthasars, in : IKaZ 4 (1975) 421; J. Schmid, aaO. 128 f.

246) A. Schilson/ W. Kasper, aaO. 67.

247) Vgl. H. U. von Balthasar, Homo creatus est, 186; ders., Das Selbstbewußtsein Jesu, 38.

248) H III, 2/ 2, 192.

249) Ebd.

Balthasars Bestreben geht dahin, von Anfang an das Ganze des Christusereignisses in den Blick zu nehmen - nicht isolierte Worte und Taten. Die bestimmenden Strukturelemente des Lebens Jesu und ihr spezifisches bewegtes Zu- und Ineinander gilt es herauszustellen[250]. Die Synoptiker sprechen vom einzigartigen Anspruch Jesu, seiner Hoheit und souveränen Freiheit, die gerade in seiner Armut in Erscheinung treten. Jesus lebt so aus der Unmittelbarkeit zu Gott, daß die Urkirche in ihm "das Anwesen des göttlichen Du, das sich im Alten Bund geoffenbart hat"[251], erkennt. Ihr Zeugnis kann in dem Satz zusammengefaßt werden: Jesus ist der Christus. Der gekreuzigte Messias steht im Mittelpunkt der paulinischen Verkündigung. Johannes legt in einer abschließenden Deutung Jesus als das fleischgewordene Wort des Vaters aus, als Offenbarung der göttlichen Liebesherrlichkeit, die im Kreuzestod ihre Vollendung findet. Anspruch - Armut - Überlassenheit - dieser Dreiklang im Leben Jesu kann im Stichwort der kenotischen Sendung zusammengefaßt werden[252]. Jesu Vollmacht hat ein "Woher und ein Woraufhin"[253]. Der Begriff Sendung umfaßt einmal die Beziehung zurück zu einem Sendenden, zum anderen den "Ausblick nach vorn in die Ausführung der Sendung"[254]. Als der "Anaw Jahwes schlechthin"[255] versteht Jesus sich allein vom Vater her; allein in der Überlassung an ihn empfängt er "das Maß des Vollzuges seiner Existenz"[256], wird er zum Gesendeten. Sendung und Gesendeter sind inhaltlich identisch[257]. Jesus ergreift seine Sendung "nicht wie einen Zwang, ein ihm auferlegtes Fatum, sondern im Gegenteil als das, womit er sich in Freiheit aus ganzem Herzen, ganzer Seele und allen Kräften identifiziert"[258].

---

250) Vgl. H. Heinz, aaO. 171. H. U. von Balthasar, Bruch und Brücke zwischen Wirken und Leiden Jesu, in: L. Scheffczyk (Hrsg.), Christusglaube und Christusverehrung. Neue Zugänge zur Christusfrömmigkeit, Aschaffenburg 1982, 14 - 24.

251) H. Heinz, aaO. 171.

252) Vgl. K. Tossou, aaO. 234 - 305; TD II, 2, 472.

253) Vgl. H. Heinz, aaO. 174.

254) TD II, 2, 154.

255) H. Heinz, aaO. 175.

256) Ebd.

257) Vgl. H. U. von Balthasar, Das Selbstbewußtsein Jesu, 38 f.; ders., Leben aus dem Tod. Betrachtungen zum Ostermysterium, Freiburg - Basel - Wien 1984, 23 f.; G. L. Müller, aaO. 292 f.

258) TD II, 2, 208; vgl. K. Tossou, aaO. 236.

Freie Spontaneität zur Sendung und deren Zu-Ende-Tragen im vollkommenen Gehorsam sind zwei Seiten einer Medaille. Jesus ist so sehr Gesendeter, daß seine Sendung mit seiner Person zusammenfällt. Beides in Einheit ist die erschöpfende Selbstmitteilung Gottes. Das Wohin der Sendung Jesu ist die Welt als ganze, welche er mit Gott versöhnen soll. Seine Sendung als Gottes Geschehen mitten in der Zeit ist universal, sein Leben ist Einsatz für das Leben der Welt, und dies mit göttlicher Radikalität. Die Proexistenz Jesu nimmt die "Form der Vergeudung an, der Verschwendung, Hingabe, Entleerung in die Vergeblichkeit hinein, der Kenosis, Paradosis, deren letzte Konsequenz die Paradosis seines Geistes an die Kirche, die Paradosis seiner selbst in Eucharistie und Wortwerdung im Raum der Kirche sein wird"[259].

In der Gehorsamsexistenz Jesu erscheint die unbegreifliche Herablassung der göttlichen Liebe. Von Anfang an hat sich der ewige Sohn als Bürge für die Sünder durch eine "absolute Solidarität mit ihnen bis in die Gottverlassenheit"[260] angeboten. Wirksame Entsühnung der Menschheit vor Gott ergeht einzig aus der göttlichen Sphäre[261]. Sühne ist zu verstehen als die dem Logos eigene Weise der Sendung in die Sündensituation der Welt. Gottes Sohn wird mit einem absoluten Auftrag in die Welt gesandt: die Entfremdung zwischen Gott und Mensch aufzuheben. Sendung hat die Gemeinschaft zwischen dem Sendenden und jenen, zu denen er sendet, zum Ziel[262]. Die Einheit wird endgültig hergestellt durch die Hingabe des Sohnes an den Vater und in des Vaters Sendung im Heiligen Geist, der als lebendige Vermittlung der Sendung vom Vater an den Sohn alles Getrennte zu verbinden vermag. Kenotischer Sendungswille des Vaters und kenotischer Sendungsge-

---

259) H. Heinz, aaO. 175 f.; Hervorhebung im Original.

260) H. U. von Balthasar, "Gott von Gott, Licht vom Licht", in: IKaZ 6 (1977) 3; vgl. TD II, 2, 213: Christus, "der 'am Ende der Zeiten' in das Weltdrama eintritt, um es zur Entscheidung zu führen, somit durch dessen ganze Vorgeschichte mitbedingt ist, ist gleichzeitig das 'seit Grundlegung der Welt geschlachtete Lamm' (Apk 13, 8)." Alles Zeithafte vollzieht sich im Umgriff des ewigen Geschehens. Das geschichtliche Kreuzesgeschehen wird nicht nur in die Zukunft hinein verewigt, sondern in die Vergangenheit zurück, an den Anfang der Schöpfung, in das ewige gottheitliche Sein des Sohnes. Vgl. H. Heinz, aaO. 156.

261) Vgl. H. U. von Balthasar, "Gott von Gott, Licht vom Licht", 2.

262) Vgl. H. Heinz, aaO. 176.

horsam des Sohnes fallen zusammen. In der Sendung des Sohnes ereignet sich Versöhnung des Menschen mit Gott durch Gott selbst. Jesus ist das letzte Heilswort an die Menschheit, da er selber das Wort Gottes ist. Doch "nicht die Vollmacht Jesu ist als solche schon das Wort Gottes, sie ist nur seine Anzeige, das Wort spricht sich erst im Geschick Jesu, im Vollzug seiner Vollmacht als Vollmacht zur Hingabe aus"[263]. Die kenotische Sendung Jesu erfüllt sich im Ablauf seiner Lebenszeit; von größtem Gewicht ist die Schlußphase. Der Auftrag Jesu wird - obwohl stündlich befolgt - doch erst in der "Stunde" (vgl. Joh 13, 1), am Kreuz vollbracht, da ohne die totale Selbstüberlassung in Passion, Tod und Höllenabstieg die Universalität der Sendung nicht erreicht werden kann[264]. Das Sterben Jesu ist Grundakt seines Lebens, "durch dessen Liebesuntergang er der Welt die Freiheit erwirkt"[265].

### 1.3.2 Stellvertretung und Sühne

Durch seinen Gehorsamstod ermöglicht Jesus Christus den Zugang zum Leben für Gott. Entsühnt werden heißt: dem verdienten Tod durch eine (stellvertretende) Totalhingabe entrissen werden. "Der Sohn Gottes entreißt uns der Knechtschaft der Sünde, der Nichtliebe, des Egoismus, um uns aus dieser Sklaverei und Selbstentfremdung zugleich zu Gott und zu uns selber zurückzuholen."[266] Trotzdem wird der Mensch als freies Geschöpf in dieses "Werk liebender und sühnender Stellvertretung"[267] nicht hineingezwungen. Die Willigkeit, "sich in den Raum der enteigneten Liebe mitenteignen zu lassen"[268], gründet in der freien Zustimmung des Menschen, da nur unter dieser Voraussetzung die Liebe zwischen Gott und Mensch sich ihrem Eigengesetz entsprechend entfalten kann. Der Freiheit ewiger Selbsthingabe aus grundloser Liebe kann nur eine ebenso freie Antwort des Geschöpfes genügen.

---

263) Ebd. 180; Hervorhebung im Original.

264) Vgl. P. F. Momose, aaO. 144 f.

265) TL III, 223.

266) H III, 2/ 2, 381.

267) Ebd. 375.

268) Ebd.

Das letzte Wort des Allschöpfers zu seiner Welt in Inkarnation und Kreuz richtet sich an alle. Der Bruder, für den Jesus stirbt, ist schlechthin jeder[269]. Universal war bereits die Absicht Gottes mit dem Leiden des Gottesknechts (Jes 53, 11 f.); durch die Schichten des Neuen Testamentes (vgl. Röm 5, 12–21; 11, 32; 1 Tim 2, 4 f.; 2 Petr 3, 9) klingt das universale "Alle" weiter[270]. Das Kreuz ist Quelle aller Liebe und Einheit. Es ist eine Stiftung Gottes selbst, "der seinen 'Geliebten' für die Welt dahingibt, eine Stiftung, die in der bloßen Horizontalen (etwa im Gedanken mitmenschlicher 'Stellvertretung') undenkbar und unwirksam bleibt"[271]. Gott hat den Gekreuzigten zum Sühneort eingesetzt[272]. Subjekt der Sühne ist Gott selbst in Jesus Christus; deshalb muß das Kreuz zunächst als eine Bewegung von oben nach unten verstanden werden. Weil Gott im Tod des Sohnes Sühne gewährt, bedarf es keines menschlichen Sühnehandelns mehr. Sühne umschließt aber auch eine wahrhaft menschliche Komponente. Kraft seiner wahren Menschlichkeit ist Jesus Christus Stellvertreter der Menschheit vor Gott. Seine Existenz ist radikale Proexistenz[273], die im Tod ihre Sanktionierung erfährt, da wirkliche Proexistenz erst im Tod endgültig Ereignis wird. Selbstloses Lieben vollendet sich "im Sterben für" – im Todernst der Liebe. Der proexistente Tod Jesu ist letztlich nur vom trinitarischen Liebes-Urgrund aus deutbar. Das Tragen der Weltschuld ist ein Vorgang zwischen dem Sohn und dem Vater im Heiligen Geist, ein Vorgang, der zurückgeht auf jenen Heilsbeschluß, "von dem Jesus Christus sich in vollkommener Freiheit herkommend

---

269) Vgl. ebd. 414.

270) Vgl. M. Hengel, Der stellvertretende Sühnetod Jesu, in: IKaZ 9 (1980) 1 - 25. 135 - 147.

271) H III, 2/ 2, 416; vgl. N. Hoffmann, Sühne. Zur Theologie der Stellvertretung, Einsiedeln 1981, 42 f.; ders., Kreuz und Trinität. Zur Theologie der Sühne, Einsiedeln 1982, 29 - 31.

272) Vgl. Jes 53, 10, wo der Tod des Gottesknechtes als stellvertretend eingesetzter אשם , d.h. als Ableistung der Schuldverpflichtung - aus dem Schuldiggewordensein der Vielen erwachsen - gekennzeichnet ist. Vgl. P. F. Momose, aaO. 101-109; 109: "Der stellvertretende Tod Jesu kann weder bloß aus dem historischen Vorgang noch aus seiner logischen Struktur erklärt werden, sondern nur aus dem Glauben, der im Kreuzesgeschehen nicht die Leistung des Menschen Jesus, sondern die Versöhnungstat Gottes selbst sieht."

273) Vgl. H. Schürmann, Jesu ureigener Tod. Exegetische Besinnungen und Ausblick, Freiburg - Basel - Wien 1975, 138 - 155.

versteht"[274]. Deshalb darf die christologische Sühne keinesfalls "als ein vom göttlichen Vater dem Sohn auferlegtes Bußwerk"[275] ausgelegt werden; am Kreuz läuft keine Strafaktion ab. Es ist vielmehr die Macht der Sünde, die Gott ans Kreuz schlägt und darin ihr todbringendes Wesen offenbart. Indem Jesus Christus, obwohl und weil er Gottes Sohn ist, in der Tiefe seiner Gottverlassenheit die Situation der Gottlosigkeit bis zum Ende durchleidet, wird diese in ihre Wahrheit gebracht und verändert. Das Kreuz kann als Zusammenraffung des eschatologischen Sterbens der sündigen Welt im Gerichtstag Gottes angesehen werden. Die ganze menschliche Wirklichkeit Christi ist - da hypostatisch der Gottheit verbunden - befähigt, die Sünde der Welt (2 Kor 5, 21), die Christus "tötete" und dabei von ihm getötet wurde, in sich aufzunehmen[276].

Gottes Liebe und Gerechtigkeit erweisen sich im Kreuz "in einer höchsten Dramatik als zusammengehörig und schließlich als identisch"[277]. Da Gott die reale Weltsünde innerhalb der realen Hingabe des Sohnes erblickt, braucht seine Barmherzigkeit sich von der davon untrennbaren Gerechtigkeit nicht zu entblößen. "Wenn Jesus den Schuldzustand eines Abgewendeten in sich trägt, so geschieht dies aufgrund einer letzten raumschaffenden Entleerung seines Herzens, einer Kenosis, in der die Schuld der Welt Platz gewinnt, in der aber Gott nichts anderes sieht als die äußerste Liebe des Sohnes."[278] Die Sünde

274) TD II, 2, 222.

275) Ebd.

276) Vgl. TL III, 269; ders., Epilog, Einsiedeln - Trier 1987, 78 f.: "Einem Engel könnte die Erfahrung der Gottverlassenheit, die Jesus am Kreuz erfährt, nicht auferlegt werden; sie war für Jesus nur als überschwenglicher Gipfel seiner Verwerfung durch die Welt erlebbar. Dies hängt innerlich mit dem zweiten zusammen: das welterlösende Leiden war nur innerhalb der durch die Materialität begründeten Artgemeinschaft mit der übrigen Menschheit möglich. Die griechischen Väter haben dies in ihrer Inkarnationstheologie, die von ihrer Kreuzestheologie nicht abgesondert werden darf, klar gesehen. Inkarnation des Logos affiziert die gesamte Menschennatur aufgrund der in materieller Einheit gründenden Gesamtheit der Individuen; diese sind gewiß geistige, insofern je unmittelbar auf Gott bezogene Subjekte, eine Gattung bilden sie durch ihre gemeinsame Verwurzelung im Fleisch, ihr fleischliches Hervorgehen auseinander: dies ist eine Voraussetzung dafür, daß für die Menschheit im ganzen stellvertretend gelitten werden konnte. (Hier ist nur die Rede von einer Bedingung zum Geheimnis der Substitution, nicht von diesem Geheimnis selbst.)"

277) Ders., Pneuma und Institution, 402.

278) Ders., Crucifixus etiam pro nobis, in: IKaZ 9 (1980) 35.

des Menschen ist immer schon überholt von der verschenkenden Liebe Gottes. Das Sühnemotiv führt zurück zum Motiv der Stellvertretung und zum Motiv der erbarmenden Liebe. Der Stellvertretungsgedanke greift eine menschliche Grundgegebenheit - alle Menschen sind solidarisch miteinander verbunden - auf. Jesus Christus macht seinen Tod zur Grundlage einer neuen Solidarität, indem er aus Liebe im Tod mit der Menschheit solidarisch wird. Am Kreuz wird die Liebe von der Liebe um der Liebe willen geopfert. Die Stellvertretung Jesu darf daher nicht von einer juridischen Idee der Genugtuung her interpretiert werden. Sie ist keine Notmaßnahme. Der Quellpunkt der urkirchlichen Christologie liegt in den Worten "pro nobis" ("für uns", "zu unseren Gunsten", "an unserer Stelle")[279]. Die Formel, daß Christus "für uns" gelitten hat, ist in allen neutestamentlichen Schriften anzutreffen. Im nicänischen Credo wird bereits die Menschwerdung Christi als Anfang des Heilsgeschehens "für uns", das mit Kreuz und Auferstehung endet, aufgefaßt: "qui propter nos homines et propter nostram salutem ..., crucifixus etiam pro nobis". Nach Ansicht Balthasars wird von "diesem soteriologischen Platztausch" her das "eigentliche Wesen Jesu erhellt und von ihm her das wahre Bild des (trinitarischen) Gottes"[280]. Gottes schöpferische Liebe gilt - gegen jede menschliche Vorstellung - gerade den Liebesunwürdigen. Die irreparable Schuld der Menschheit, die von ihrer Seite unaufhebbare Unheilssituation

---

279) Vgl. ders., Pneuma und Institution, 401; TD III, 219; ders., Crucifixus etiam pro nobis, 26; U. Wilckens, Der Brief an die Römer, in: Evangelisch-Katholischer Kommentar zum Neuen Testament VI, 1, Zürich - Einsiedeln - Köln 1978, 239: "Hier ist zunächst die Abendmahlstradition zu nennen, deren Horizont eschatologisch ist, in ihrer paulinisch-lukanischen wie in ihrer markinisch-matthäischen Fassung. Der Sühnecharakter ist mit dem Wort αἷμα angezeigt, verdeutlicht durch ἐκχυννόμενον ... Die Formel ὑπὲρ ὑμῶν bei Pl-Lk, durch ὑπὲρ πολλῶν bei Mk-Mt nach Jes 53, 11. 12 im Blick auf die universale Wirkung interpretiert, ist hier also als Beschreibung der Sühne-Wirkung zu verstehen. Die Formel spricht die Stellvertretung des Gekreuzigten für die Sünder aus, was Matthäus (26, 28) durch die in LXX im Sühne-Kontext technisch-fest gebrauchte Präposition περί unterstreicht." Vgl. G. Friedrich, Die Verkündigung des Todes Jesu im Neuen Testament, Neukirchen - Vluyn [2]1985, 72 - 76; es gibt wenige Gebiete in der exegetischen Forschung, die so kontrovers diskutiert werden wie die Sühnevorstellungen und die Deutungen des Todes Jesu.

280) H. U. von Balthasar, Pneuma und Institution, 401; vgl. TD III, 226 - 234; K. Lehmann, "Er wurde für uns gekreuzigt". Eine Skizze zur Neubesinnung in der Soteriologie, in: Theologische Quartalschrift 4 (1982) 304 f.; Th. R. Krenski, aaO. 292 - 329.

wird gesühnt durch die sich selbst für die Schuldigen hingebende Liebe. Jesus Christus, von dem kein Bundesbruch ausgesagt werden kann, weil er eins ist mit dem Willen des Vaters, wird stellvertretend für diejenigen dahingegeben, die den Bund gebrochen haben. Im "pro nobis" laufen "die scheinbar unvereinbaren Postulate zusammen: daß ein Gericht ergehen, eine Sühne geleistet werden muß - und daß Gnade siegt, auch durch das Gericht und mitten in ihm, damit der Bund ursprünglich und endgültig wiederhergestellt werde."[281]

Die Stellvertretungswirkung des Todes Jesu ist als Wirkung der Liebe Gottes zu verstehen. Der "Platztausch" findet seine letzte Voraussetzung in der immanenten Trinität[282]. Im "Mysterium der Verfinsterung und Entfremdung zwischen Gott und dem sündentragenden Sohn als eigentlicher Stelle der Stellvertretung" leuchtet "die allmächtige Unmacht der Liebe Gottes" auf[283]. Gott ist als Liebe so sehr Hingabe, daß er herabsteigt bis in den Tod und die Hölle der Sünde, wo der Vater den Sohn in die Gottverlassenheit aufgibt und der Sohn sich aus der Gottverlassenheit heraus dem Vater übergibt. Die Sünde, die den Tod in sich trägt, kann nur durch eine Liebe überwunden werden, die ebenfalls in den Tod geht. Das Kreuz ist Aufdeckung der Sünde, Ungerechtigkeit und Lüge und zugleich Offenbarung der je größeren Liebe, Gerechtigkeit und Wahrheit Gottes. Im letzten ist das "pro nobis" ein nicht aufhellbares Geheimnis[284]. "Kann der ganz Reine den Zustand der Unreinheit, der Gottabwendung des Sünders erfahren, und zwar den des andern als den eigenen? Und kann dem Neinsager seine Weigerung so abgebaut werden, daß er innerlich zu einer Zustimmung gelangt?"[285] Läßt man dem trinitarischen

281) TD III, 219; vgl. U. Wilckens, aaO. 242 f.

282) Vgl. TD III, 310; R. Schwager, Der wunderbare Tausch. Zur Geschichte und Deutung der Erlösungslehre, München 1986, 273 - 312.

283) TD III, 312.

284) Vgl. K. Lehmann, aaO. 305 - 317; K. Krenn, Die Stellvertretung am Kreuz als Ermöglichung menschlicher Sühne, in: L. Scheffczyk (Hrsg.), Die Mysterien des Lebens Jesu und die christliche Existenz, Aschaffenburg 1984, 179 - 193.

285) H. U. von Balthasar, Crucifixus etiam pro nobis, 33; vgl. K. Rahner, Versöhnung und Stellvertretung. Das Erlösungswerk Jesu Christi als Grund der Vergebung und Solidarität unter den Menschen, in: Geist und Leben 56 (1983) 98 - 110, bes. 103. 107.

Geheimnis seinen ganzen Raum, so kann ein Hineingenommenwerden der Beziehung Gott - sündige Welt in die Beziehung Gott Vater - Gott Sohn als möglich angesehen werden. Nicht aus Zorn, nicht als Strafe, sondern aus Liebe kann das innige Verhältnis Vater - Sohn den Modus der Abwendung in sich aufnehmen. Die Finsternis des Sündenzustandes wird von Jesus erfahren in einer Weise, die sogar noch tiefer ist als diejenige, welche der Gott ablehnende Sünder erfahren müßte, weil sich die Erfahrung Jesu innerhalb der Beziehung der göttlichen Hypostasen abspielt[286].

Das umfassende Ja Jesu zum Sünder ermöglicht diesem schließlich ein Ja zu Gott, obwohl die Möglichkeit des Nein dadurch nicht aufgehoben wird. Stellvertretung bedeutet also keine "unpersonale Ausgleichsmechanik"[287]. Jesu Stellvertretung nimmt dem Menschen den personalen Selbstvollzug nicht ab; sie ist nicht Ersatz für Freiheit, sondern ihre Ermöglichung. "Sage ich einem Gefesselten: Hebe die Hand!, so kann er es nicht. Binde ich ihn los und sage ihm wiederum: Hebe die Hand!, so kann er es, wenn er will, er braucht es aber nicht zu wollen. Die Gnade ist der Schuld gegenüber überschwenglich geworden (Röm 5, 15-21), aber Freiheit kann man nur frei ergreifen."[288] Stellvertretung bedeutet, daß Jesus Christus - weil er an unserer Stelle, dem Ort der Gottesferne, Gottes Entgegenkommen selber ist - uns in die Lage versetzt, nun auch wirklich das tun zu können, was wir sollen. Die Freiheit des Menschen wird durch die Erlösungstat Christi nicht negiert, sondern erst wahrhaft konstituiert. "Die liebenden Untergänge sind es, die sich in die Gnade der freien Aufgänge wandeln."[289]

Indem der Sohn "den sündigen Tod" in seinen Hingabetod aufnimmt, wird dieser zum Tod in der Gottverlassenheit[290]. Die Aussagen des Paulus, der Sohn sei "zur Sünde" (2 Kor 5, 21) und "zum Fluch" (Gal 3, 13) gemacht

---

286) Vgl. TD III, 313.

287) Vgl. K. Lehmann, aaO. 314; H. U. von Balthasar, Kleiner Diskurs über die Hölle, Ostfildern ²1987, 40 f.; P. F. Momose, aaO. 110 - 112.

288) H. U. von Balthasar, Kennt uns Jesus - kennen wir ihn?, Freiburg - Basel-Wien 1980, 48.

289) Ders., Kleiner Diskurs über die Hölle, 41.

290) Vgl. TD IV, 227; H. Heinz, aaO. 182 f.

worden, stimmen überein mit seinem Verlassenheitsschrei am Kreuz. Der Sohn versöhnt die von Gott entfremdete Welt mit Gott, da er die ganze Entfremdung auf sich nimmt und sie als Gottesfinsternis hindurchträgt bis zu deren Ende. "Einzig ein Gott-Mensch kann die ganze Gottfremde der Weltsünde in seiner Differenz gegenüber dem Vater wegsühnen, sowohl in Ganzheit für alle wie in Ganzheit für jeden Einzelnen."[291] Aussöhnung der sündigen Distanz von Gott geschieht durch ihre Einbeziehung in die Differenz innerhalb der ökonomischen Trinität. In der Diastase zwischen Vater und Sohn wird die Gottverlassenheit der sündigen Welt bis zum Grund durchgetragen. Die Erfahrung der äußersten Verlassenheit gehört mit zur Sendung des Sohnes. "Bis ans Ende der Gottverlassenheit kann nur Gott selbst gehen."[292] Der Logos gerät "ins Dunkel, in die Angst, ins Nichtmehrfühlen und -wissen, ins Ausweglose, ins Entgleiten, in die Abwesenheit des alle Wahrheit tragenden Verhältnisses zum Vater"[293]. Die Verlassenheit zwischen Vater und gekreuzigtem Sohn ist tödlicher als jede denkbare Verlassenheit eines Geschöpfes von Gott, da am Kreuz auch jene Sünde gesühnt wird, die den zweiten Tod gebiert. Das Kreuz ist am Ende der Hölle aufgerichtet. Der Sohn stirbt "an Gott selbst, am endgültigen Abgewiesenwerden dessen durch Gott, was mit Gottes Wesen unverträglich ist"[294]. In seiner Gottverlassenheit erfährt er das notwendige und gerechte Gericht über das Böse am eigenen Leib. Der unendliche Schmerz des Sohnes, bedingt durch die unermeßliche Tiefe seiner Verlassenheit vom Vater, löst "die Ungeheuerlichkeit der Weltschuld von innen her läuternd"[295] auf.

Die Übernahme des der Welt geschuldeten Gerichts in das Verhältnis Vater - Sohn ist ein Werk der Liebe des dreieinigen Gottes[296]. Gott geht aus freier Liebe in das Gegenteil seiner selbst, indem er die Verlorenheit seines

---

291) TD IV, 235.

292) H III, 2/ 2, 195 f.; vgl. ders., Einfaltungen. Auf Wegen christlicher Einigung, Einsiedeln 1985, 130 f.

293) Ders., Das Ganze im Fragment, 302 f.

294) TD III, 462.

295) Vgl. ebd. 465; N. Hoffmann, Sühne, 58 f.

296) Vgl. H. U. von Balthasar, Kennt uns Jesus - kennen wir ihn?, 38 f.

Geschöpfes einholend in sich hineinnimmt. "Die Hineinnahme der weltlichen Finsternis in das innertrinitarische Licht besagt ein Wunder der Transfiguration, die Ferne des sündigen Nein wird überholt und umgriffen von der freiwilligen und gehorsamen Ferne des göttlichen Ja."[297] Das Kreuz wird zur Offenbarung des innersten Wesens Gottes: sowohl der Differenz der Personen - wie der Einheit ihres Wesens[298]. Die Gottverlassenheit des Sohnes in seiner Passion ist gleichzeitig ein Modus seiner Verbundenheit mit dem Vater im Heiligen Geist. Abwesenheit kann eine ebenso intensive Form der Kommunikation sein wie die Anwesenheit. Balthasar nennt dieses Paradox: Trennung als Einigung - göttliche Gemeinschaft als gottmenschliche Trennung[299]. Die gegenseitige Hingabe von Vater und Sohn ist so vollständig, daß sich alles, was an Trennung und Leiden in sie aufgenommen wird, in Liebe umwandelt. Die Liebe siegt im Leiden über die Sünde der Welt. Aufgrund der in aller Verlassenheit und Finsternis durchgehaltenen Einigung zwischen Vater und Sohn wird die Nähe von Gott und Mensch wiederhergestellt. Obwohl die unaufhebbare Verbindung zwischen Vater und Sohn die Modalität des Abbruchs der Beziehungen annimmt, ist sie dennoch - gerade in der absoluten Entbehrung - absolute Liebe. Für begrenztes Denken unfaßlich, verläßt der Vater den Sohn selbst in der letzten Verlassenheit keinen Augenblick; die ewige Zeugung des Sohnes aus dem Vater umschließt auch "den Tag der Kreuzesnacht des Sohnes"[300]. Der Schrei der Gottverlassenheit ist zu deuten als ein Moment - nicht zu vermissen - im Drama der je größeren Liebe Gottes[301].

Die Besiegelung des Neuen Bundes in seinem Blut und in seiner Gottverlassenheit ist die eigenste Möglichkeit des Sohnes. Der Kreuzestod besagt einen Akt innerhalb seines Gesendetseins: den der Selbstweggabe. "Das ist möglich, weil in dieser Selbsthingabe eine Entsprechung liegt zum Akt des Sendenden selbst, der in seinem Tun von vornherein der sein Eigenstes Hingebende war

297) TD III, 326.

298) Vgl. TD IV, 243.

299) Vgl. P. F. Momose, aaO. 76 f.

300) Vgl. TD IV, 238.

301) Vgl. H III, 2/ 2, 501.

und ist. Diese doppelte Selbsthingabe ist Ausdruck absoluter Liebe"[302], die jede mögliche Gottverlassenheit der Sünder unterfaßt. Im Kreuzestod erschafft der Vater im Geist die Eucharistie des Sohnes. "In der Eucharistie des hingegebenen Sohnes schließt Gott mit der Menschheit seinen Neuen und Ewigen Bund, in welchem er, Gott, sich ihr rückhaltlos hingibt."[303] Im reinen Umsonst der Gnade wird der Sohn eucharistisch verflüssigt in die ganze Sünde der Welt hinein[304]. Gottes Entäußerung geht weit über jeden möglichen Endpunkt der Untreue der Menschheit hinaus. Alle Finsternis der Welt ist schon immer eingeholt, da die Schöpfung ihren ewigen Ursprung in dem schon vor der Erschaffung der Welt geopferten Lamm hat (vgl. 1 Petr 1, 19 f.)[305]. "In der ewigen Seligkeit des dreieinigen Gottes ... ist ewig beides ineinander: die Bereitschaft von Vater, Sohn und Geist zur Verlassenheit des Kreuzes und die Auferstehungsgewißheit, so, daß diese Bereitschaft das trinitarische Leben nicht unterbricht, sondern bis in seine Tiefe ausdrückt."[306]

### 1.3.3 Theologie des Karsamstags

Entsprechend den innergöttlichen Dimensionen unbegrenzter Hingabe kann Gottes Einsatz für das Heil der Welt unbegrenzte Dimensionen annehmen. Die Preisgabe des Sohnes durch den Vater vollendet sich im Descensus Christi ad inferos[307]. Balthasars Christologie hat in der Theologie des Karsamstags

---

302) TD IV, 297.

303) TD III, 325.

304) Vgl. ebd. 333 f.

305) Vgl. ebd. 335 f.

306) Ders., Alle Wege führen zum Kreuz, in: IKaZ 9 (1980) 336.

307) Im Neuen Testament ist nirgendwo ausdrücklich von einem Descensus im Sinne aktiver Heilswirksamkeit im Reich des Todes die Rede, sondern er wird erwähnt im Zusammenhang mit Kreuz und Auferstehung und der darin erfolgten Überwindung des Todes und des Bösen. Die Textstellen sind so schwer zu verstehen, daß man sie in verschiedenen Richtungen auslegen kann. Nur unter Berücksichtigung des Ganzen biblischer Scheol-Theologie ist ein angemessenes Gesamtverständnis für den Descensus als Erleiden der Tiefe von Chaos, Abgrund, Tod zu erreichen. Vgl. W. Maas, "Abgestiegen zur Hölle", in: IKaZ 10 (1981) 1 - 18; ders., Gott und die Hölle. Studien zum Descensus Christi, Einsiedeln 1979, 73 - 97; H. U. von Balthasar, Mysterium Paschale, 231 - 236; ders., Pneuma und Institution, 388-

ihren Schwerpunkt[308]. Christus geht "ins Ende der Sündennacht, in jenen Abstieg zur Hölle, wo der Sterbende und der Tote in eine zeitlose Verlorenheit kommt, in der nicht nur keine Hoffnung auf Ende, sondern nicht einmal ein Rückblick auf Anfang mehr möglich ist"[309]. Das Tragen der Weltschuld kann sich nicht anders vollenden als in der Solidarität Christi mit dem Todeslos aller[310]. Als der rein Verfügte steigt der tote Sohn ab in die Endgültigkeit des Todes, der Entfremdung, ins Je-mehr der Aussichtslosigkeit, um aus einer letzten Liebe heraus mit den von Gott weg Verlorenen tot zu sein. Die Einsamkeit des Sünders ist nicht mehr eine absolute, da er in ihr Gott wiederfindet - in der absoluten Ohnmacht seiner Liebe[311]. Äußerste Solidarität[312] in der letzten Einsamkeit der Hölle ist denkbar tiefste Kenosis - Liebe "bis ans Ende". Der tote Christus macht wirklich die Erfahrung des "zweiten Todes", um den anderen Toten die Erfahrung des Totseins als poena damni zu ersparen[313]. In der Solidarisierung von innen mit den alle Kommunikation Verweigernden erfährt er den Grund ihrer Verlorenheit - die Sünde an sich als tiefstes und letztes Nein wider Gott. Das objektive, völlig

---

390; H III, 2/ 2, 212 - 214; H.-J. Vogels, Christi Abstieg ins Totenreich und das Läuterungsgericht an den Toten. Eine bibeltheologisch-dogmatische Untersuchung zum Glaubensartikel "descendit ad inferos", Freiburg - Basel - Wien 1976, 15 - 179; H. Küng, Ewiges Leben?, München 1982, 161 - 183.

308) Vgl. W. Löser, Im Geiste des Origenes. H. U. von Balthasar als Interpret der Theologie der Kirchenväter, Frankfurt/ Main 1976, 237 - 246.

309) H. U. von Balthasar, Spiritus Creator, 356.

310) Vgl. H III, 2/ 2, 212; H. Heinz, aaO. 183 - 185; M. Albus, Die Wahrheit ist Liebe, 129 f.; A. Grillmeier, Der Gottessohn im Totenreich, in: ders., Mit ihm und in ihm. Christologische Forschungen und Perspektiven, Freiburg - Basel-Wien 1975, 76 - 174.

311) Vgl. TD IV, 284: "Man wird hier von keiner Vergewaltigung mehr sprechen können, wenn Gott demjenigen, der die vollkommene Einsamkeit des Nur-für-sich-Seins ... gewählt zu haben meint, in seine Einsamkeit hinein als der noch Einsamere erscheint." Ders., Pneuma und Institution, 444. Vgl. W. Löser, Im Geiste des Origenes, 239.

312) Vgl. H. U. von Balthasar, Mysterium Paschale, 239 - 241; TL II, 315, Anm. 1: "Der Begriff 'Solidarität mit den Toten' war ein Kompromiß, er kommt im Folgenden nicht mehr vor." Nach Balthasar wird man sich in Zukunft mit Adriennes von Speyr 'Kreuz und Hölle' I und II zu befassen haben, nicht mit der von ihm bereiteten Vorstufe, die dazu dienen sollte, der "kühneren Lehre" Adriennes einen Weg zu bahnen.

313) Vgl. H. U. von Balthasar, Mysterium Paschale, 243 - 248.

passive Mit-einsam-Sein Christi ist schweigende Begleitung in die volle Verlorenheit, in die hoffnungslose Gottgetrenntheit hinein. Hölle wird im Verständnis Balthasars zum christologischen Begriff in mehrfachem Sinn. Kraft seiner Kenose hat nur der gestorbene Erlöser die vollkommene poena damni für alle durchlitten. Seine Verlassenheit vom Vater im Kreuzestod war einzigartig, da trinitarisch bestimmt. In der "visio (secundae) mortis" wurde die "ganze Frucht des erlösenden Kreuzes" mitangeschaut: "die vom Menschen getrennte Sünde in ihrem 'Reinzustand', die 'Sünde an sich' in der ganzen formlosen, chaotischen Wucht ihrer Realität, und damit jener 'Rest', der im Schöpfungswerk des Vaters nicht aufgehen konnte, weil er dem Menschen Entscheidungsfreiheit für oder gegen Gott gelassen hatte, jenes unvollendete Stück der Schöpfung, das zu vollenden dem menschgewordenen Sohn überlassen blieb und in dessen Existenz der Vater den Sohn jetzt im Sendungsgehorsam einführt."[314] Hölle darf nach Balthasar ausgelegt werden als Geheimnis der Liebe des Vaters: Ablehnung geschenkter Gnade und höllisch-einsame Ichverschließung werden möglich, weil Liebe immer die Freiheit des anderen will. Jeden möglichen Mißbrauch der väterlichen Liebe kann der Vater letztlich nur zulassen im Vertrauen auf die äußerste Liebe des Sohnes, die im "Übergehorsam", in der totalen Überforderung alle menschlichen Abwendungen umgreift, indem sie dem Vater auch dort gehorcht, wo – in der reinen Sünde – die letzte Spur von ihm sich verliert[315]. Hölle als der total "unpneumatische Ort"[316] ist Ort der absoluten Wirlosigkeit; nur noch im Modus des Auseinanderhaltens hält das Pneuma die Wir-Beziehung zwischen Vater und Sohn aufrecht; erst im Vorgang der Auferweckung stellt das lebendigmachende Pneuma des Vaters die innertrinitarische Wir-Beziehung erneut her.

---

314) H III, 2/ 2, 216; vgl. TL II, 317 f.; ders., Adrienne von Speyr: Über das Geheimnis des Karsamstags, in: IKaZ 10 (1981) 35 - 37; ders., Mysterium Paschale, 248 f.; W. Maas, "Abgestiegen zur Hölle", 12 f.

315) Vgl. A. von Speyr, Kreuz und Hölle II, Einsiedeln 1972, 91 - 97; TL II, 297 f.: "Dieses trinitarische Mysterium, von dem man nur in stammelnden, niemals erschöpfenden Worten reden kann, ist die einzige theologische 'Dialektik', die es gibt, aber zugleich auch deren Überholung, weil hier das entzweibrechende 'dia' mitten durch den im Gehorsam bleibenden, durchharrenden Logos geht. Sie gehört als diese Setzung und gleichzeitig Überwindung des 'dia' ins Zentrum des Sinnes von Verbum-Caro und damit von Theologik überhaupt."

316) Vgl. W. Maas, Gott und die Hölle, 251 f.

Neben der "Aufdeckung der trinitarischen Dimension des Descensus ist es ein besonderes Verdienst von B., durch seine Interpretation des Höllenabstiegs Jesu einer nur triumphalistischen Auslegung entgegengetreten zu sein"[317]. Die Begegnung des toten Christus mit der Scheol geschieht nach Balthasar in der vollkommenen Schwäche, die Funktion eines absoluten, aus freier Liebe geleisteten Gehorsams ist[318]. Trotzdem ist in der letzten Passivität des Totseins eine innere Überwindung und damit ein Sieg über die Macht des Bösen enthalten. In Christi Tod geht Gottes Allmacht in die äußerste Ohnmacht ein, um die Leere des Todes mit seinem Leben zu erfüllen und so die Bande des Todes aufzusprengen. Durch seine einzigartige Erfahrung wird Christus "zum eigentlichen Besitzer dessen, was neutestamentlich 'Hölle' heißt, er wird zum Richter, der alle Dimensionen des Menschen experimentell ausgemessen hat und nunmehr eschatologisch jedem sein Los zumessen kann"[319]. Scheol, die Zugangslosigkeit zu Gott, wird von innen her verwandelt in die "christliche" Hölle durch Einstiftung der Kreuzesfrucht in den Abgrund der Todesverlorenheit[320]. Die Verwandlung bedeutet jedoch nicht Apokatastasis. Nach Balthasars Ansicht sind voreilige Schlüsse in Richtung auf eine systematisierte Allerlösungslehre nicht angebracht[321]. "Es ist möglich, dem Geist der Liebe Gottes ins Angesicht zu widerstehen, und dann ist es selbstverständlich, daß einem so Widerstehenden 'weder in dieser noch in der zukünftigen Welt vergeben werden' kann (Mt 12, 32)."[322] Im Hinblick auf die Souveränität des Richters, der allein über Heil und Unheil zu befinden hat, lehnt Balthasar allgemeine Theorien über das Vorhandensein und

---

317) Ebd. 252; vgl. TL II, 316. 321 f.

318) Vgl. H. U. von Balthasar, Pneuma und Institution, 396 f.

319) H III, 2/ 2, 216.

320) Vgl. ders., Mysterium Paschale, 250; H. Heinz, aaO. 185.

321) Vgl. H. U. von Balthasar, Adrienne von Speyr, 39; ders., Kleiner Diskurs über die Hölle, 9 - 11. 44 f.; TD IV, 243 - 264; TL II, 327: "Es bleibt für uns, solange die Welt dauert, der unlösbare Widerspruch zwischen der Zeitlosigkeit am Kreuz, der andern Zeitlosigkeit in der Hölle und der nochmals ganz andern Allzeitlichkeit des Himmels. Aufzurechnen ist das nicht, in eine Theorie (etwa der 'Allerlösung') zu zwängen noch viel weniger." Vgl. L. Scheffczyk, Art. Gott, 504 - 506; W. Breuning, Die Lehre von der Apokatastasis, in: IKaZ 10 (1981) 30 f.

322) H. U. von Balthasar, Gericht, in: IKaZ 9 (1980) 235; vgl. ders., Mysterium Paschale, 250 f.; ders., Kleiner Diskurs über die Hölle, 18. 43.

Nicht-Vorhandensein der Hölle ab. Die Theologie des Karsamstags muß fragmentarisch bleiben, kann weder systematisch gedacht noch geschrieben werden, ist doch der Karsamstag der Tag, da "Gottes Wort schweigt, und auch wenn dieses Schweigen der lebendige Hintergrund alles Redens Gottes ist und alles Gotteswort aus diesem Schweigen hervorgeht und dorthin zurückgeführt werden muß, um als göttliches Wort verstanden zu werden: auch dann bleibt das Schweigen des Karsamstags etwas vom übrigen Schweigen Gottes Verschiedenes."[323] Es ist das Schweigen des Todes, wortlose Totenstille, Schweigen der Abwesenheit[324]. Gottes Wort ist unhörbar geworden, von seinem Gang durch die Finsternis dringt keine Kunde herauf; nur "als Un-Wort, in Un-Gestalt, durch ein Un-Land, hinter versiegeltem Stein"[325] durchmißt Christus die Hölle. Gott ist tot! Dieser entsetzte Ruf des tollen Menschen bei Nietzsche[326] findet seine Ergänzung im Bekenntnis des Glaubenden: Christus lebt. Er ist auferstanden! Die äußerste Erniedrigung ist schon ganz umhüllt von den Strahlen der Osternacht; der Durchzug durch die Hölle trägt die Erlösung bis in die Unterwelt.

Vom Abstieg Christi zu den Toten kann christologisch zureichend nur geredet werden, wenn man gleichzeitig und gleich ursprünglich von der Auferstehung spricht[327]. Im Abstieg liegt der Aufstieg, in der Selbstweggabe bis nach ganz unten die Selbstwerdung des Ich, im Tod das Leben. Die äußerste Entfernung des Sohnes vom Vater besagt auch unmittelbar seine Rückkehr, der Gang in die Hölle schlägt im absoluten Nu der Auferweckung zeitlos "in die letzte Intimität des Himmels" um[328]. Im Christusgeschehen ereignet sich ein Durchbruch sowohl in die absolute Tiefe wie in die absolute Höhe. Die Ostkirche sieht im Höllenabstieg Christi, im Zerbrechen der Pforten der Hölle und in der Herausführung der Gefangenen aus dem Kerker das Ereignis der Aufer-

---

323) Ders., Adrienne von Speyr, 38 f.; vgl. TL II, 103 - 109.

324) Vgl. ders., Das Ganze im Fragment, 267. 305. 307.

325) H III, 2/ 2, 217.

326) Vgl. ders., Das Ganze im Fragment, 307.

327) Vgl. W. Maas, "Abgestiegen zur Hölle", 11.

328) Vgl. H III, 2/ 2, 217; A. von Speyr, Kreuz und Hölle I, 176 f.; H. Heinz, aaO. 213.

stehung. "Der Tod des Sohnes ist in sich schon so sehr Vollendung der erlösenden Liebe Gottes, daß er die Auferstehung bereits verborgenerweise in sich trägt."[329] Nacht ist schließlich immer Durchgang. Der Kreuzestod führt hinein in die Auferstehung: "Eben die äußersten Finsternisse sind das, was hier 'gefangen zur Höhe geführt wird' – captivam duxit captivitatem –; eben die Untergänge sind es, die hier in Gott aufgehen; eben das Sterben ist es, was hier ewig aufersteht."[330] Im Kreuz erscheint die alle Tode und Höllen überdauernde Liebe – im Auferstandenen sind die Wundmale eingezeichnet. Wie der johanneische Erhöhungs- und Verherrlichungsbegriff zeigt, gehören Unmacht des Kreuzes und Allmacht der Auferstehung unlösbar zusammen (vgl. Joh 17, 1. 5)[331]. Die eine "Stunde" Jesu umfaßt zugleich Tod und Auferweckung. Der Tod als Hinübergang zum Vater ist schon Beginn der Verherrlichung. Tod und Auferweckung bilden das eine Paschamysterium, sind ein einziger, in seinen Phasen zusammenhängender Vorgang. Für Paulus ist die tiefste Erniedrigung Jesu Christi im Kreuzestod die Voraussetzung für seine Erhöhung durch den Vater (Phil 2, 6–11). Die innere Einheit von Tod und Auferweckung kommt bei Lukas (Lk 24, 26) in der Frage des Auferstandenen zum Ausdruck: Mußte nicht der Christus dies leiden und in seine Herrlichkeit eingehen? "Eine Gesamtschau der Zeugnisse des Neuen Testamentes und ihrer in der Kirche fortgehenden Wirkungsgeschichte ermöglicht keinen vernünftigen Zweifel daran, daß das Neue Testament die Einheit von Kreuz und Auferstehung als einen Zusammenhang von wirklichkeitserfüllten Heilsereignissen versteht, die als Realitäten aufeinander bezogen sind und sich geradezu auseinander ergeben."[332] Jesus Christus ist der Gekreuzigt-Auferstandene, der Gestorben-Lebende[333]. Sein Tod ist ein Ereignis des Lebens, weil der Liebe; da Gott, der Lebendige, selbst in Jesus Christus in den Tod eingeht, ist das Wesen des Todes im Tiefsten getroffen und "eine

329) TD IV, 300.

330) Ders., Spiritus Creator, 357; ders., Du krönst das Jahr mit Deiner Huld, 81 f., 92 f.

331) Vgl. TD III, 308.

332) L. Scheffczyk, Glaube als Lebensinspiration. Gesammelte Schriften zur Theologie, Einsiedeln 1980, 253; vgl. M. Albus, Die Wahrheit ist Liebe, 146 - 149.

333) Vgl. H III, 2/ 2, 339.

Wandlung des Todes erbracht, die aus dem Tod neues Leben wirkt"[334]. Die Auferstehung ist in der Heilshaftigkeit des Liebestodes Christi angelegt. Jesus Christus ist aber nicht nur der einzigartige Heilsmittler, sondern er ist selbst das Heil: "Ich bin die Auferstehung und das Leben" (Joh 11, 25). Gott handelt dramatisch in Kreuz und Auferstehung des Sohnes, um die Versöhnung mit sich und der Welt herbeizuführen. "Innerhalb der - im Bereich der immanenten Trinität sich durchhaltenden - Identität des absoluten Liebesgehorsams des Sohnes, der ökonomisch bis in die äußerste, die Sündereinsamkeit überholende Verlassenheit geht, erfolgt die radikalste Umkehr vom ewigen Tod zum ewigen Leben, von der absoluten Nacht des Geistes zu seinem absoluten Licht, von der unüberholbaren Entfremdung und Ferne zur unvorstellbaren Nähe."[335] Der Übergang des eucharistisch gewordenen Leibes Christi in einen Zustand ewigen Lebens enthebt ihn aber nicht der Dramatik seines Durchgangs durch die Sündenwelt[336]. Die Wundmale sind keine bloßen Erinnerungszeichen. Vielmehr behält diese Dramatik - weil von der ökonomische Trinität, die eins ist mit der immanenten, erfahren - ihre dauernde Aktualität.

Für Balthasar ist Jesus Christus der einzige Mensch in der Weltgeschichte, der es gewagt hat, einen Anspruch zu stellen, wie JHWH ihn im Alten Bund erhob; er wurde für verrückt und besessen (Mk 3, 21 f.) erklärt und gekreuzigt. Doch Gott der Vater bestätigte seinen Anspruch mit der Auferweckung. Damit "ist der urchristliche Kern der Dogmatik freigegeben: Gott ist die Liebe: die immanente Trinität ist in der ökonomischen offenbar geworden, und zwar als 'Orthopraxis' Gottes in der Hingabe seines Sohnes in Gottverlassenheit und Hölle hinein, was die größtmögliche Vorstellung von Gott ist: Er ist (mit Hegel) Identität der Identität (Gott ist alles, Er ist das ewige Leben) und der Nichtidentität (Gott ist tot, sofern Er sich mit der Gottlosigkeit identifiziert hat), Er ist so lebendig (so sehr Liebe), daß Er es sich leisten kann, tot zu sein."[337] Jesus Christus - in der Einheit von

334) L. Scheffczyk, Glaube als Lebensinspiration, 257; vgl. H. U. von Balthasar, Homo creatus est, 185.

335) TD III, 337.

336) Vgl. ebd. 338; ders., Homo creatus est, 189 f.

337) In: W. Löser, Das Sein - ausgelegt als Liebe, 418.

Anspruch, Kreuz und Auferstehung - ist das Alpha und das Omega, der Anfang und das Ende.

Kritische Stimmen - ob zu Recht oder zu Unrecht, sei dahingestellt - werfen Balthasar vor, ein "stellvertretendes Tragen der Schuld" allzusehr ins Zentrum der christlichen Gläubigkeit zu rücken. Es könne dadurch ein falsches Gottesbild entstehen, da die biblischen Aussagen über Sühne, Stellvertretung und Opfer häufig Assoziationen an die Vorstellungen von einem grausamen, molochartigen Gott wecken, der den blutigen Tod eines Menschen fordert, um seinen Zorn zu beschwichtigen und Schuld verzeihen zu können[338]. Jesus dagegen habe den immer schon erbarmenden, alle Verlorenen auch ohne Opfer in grenzenloser Liebe umfangenden Vater verkündet. Es ist sicher wichtig, einen einseitig hamartiologischen Ansatz der Soteriologie zu überwinden, den soteriologischen Aspekt des Todes Jesu immer in Verbindung mit seiner Auferstehung zu sehen, Gottes absoluten Heilswillen zu betonen. Dabei darf nicht übersehen werden, daß eine bedingungslos verzeihende Liebe erst zur Ruhe kommt, wenn das gestörte Verhältnis wieder in allem und von innen her richtig geworden ist. Vom inneren Verlauf der Menschheitsgeschichte her kommt Gott wieder in die Menschengemeinschaft zurück - durch den menschgewordenen Sohn. Jede Liebe - auch die Gottesliebe - ist nur dann erfüllte Liebe, wenn sie auf Gegenseitigkeit beruht. Der Gedanke: Gott nimmt sich selbst und den Menschen ernst, so daß eine Entscheidung gegen Gott Folgen nach sich zieht, kann weitaus packender sein als eine aufklärerische Blasiertheit, wie sie in den Worten Friedrichs des Großen zum Ausdruck kommt: "Verzeihen, das ist schließlich sein Metier." Liebe ist Überschuß an Recht - aber die Gnade ist nicht billig[339]. Das Kreuz als der Ort

---

338) Vgl. E. Staimer, Wollte Gott, daß Jesus starb? Jesu erlösender Weg zum Tod, München 1983, 141 - 144; G. Sommavilla, Opfer und Stellvertretung, in: K. Lehmann/W. Kasper (Hrsg.), Hans Urs von Balthasar. Gestalt und Werk, Köln 1989, 277 - 284.

339) Vgl. H. U. von Balthasar, Kleiner Diskurs über die Hölle, 15 f.; O. H. Pesch, aaO. 112 - 114, bes. 113: Gnade ist unbegreiflich, "weil wir überhaupt mit dem Namen 'Liebe' allein noch nicht wissen, was die Liebe Gottes in sich selbst ist, die uns ja auch mit 'Liebe' schier unvereinbar scheinende Dinge zumutet - das alte Thema, daß die Gnade Gottes im Kreuz Jesu Christi uns offenbart und daher auch und sogar vornehmlich in Kreuz und Leiden erfahren wird." Vgl. G. Greshake, Der Wandel der Erlösungsvorstellungen in der Theologiegeschichte, in:

des Sühneschaffens Gottes ist Ort seiner vergebenden Nähe. Nicht die fordernde, ein Opfer verlangende Liebe Gottes erscheint im Kreuz, sondern die leidenschaftliche und schenkende Liebe, die das Kostbarste um der Menschen willen in den Tod gibt. Gott untergreift in Christus alle Tiefen der Unterwelt durch seinen absoluten Heilswillen und seine je größere Liebe. Sühne, Rechtfertigung und Versöhnung gründen in der freien Gnade und Liebe Gottes, die alles umfaßt und daher auch die Sendung des Mittlers trägt. Der äußerste Liebesbeweis Gottes darf nicht als Vollzug seiner strafenden Gerechtigkeit gedeutet werden. Jesus ist nicht als "Sündenbock" für die Menschheit zu verstehen[340]. Eine solche Interpretation verfehlt nach Ansicht Balthasars den tiefen Sinn, der im Sterben des Einen für die Vielen liegt.

"Systēma heißt ein Zusammen-Stehen, so wie leuchtende Punkte, durch dunkle Räume getrennt, ein Sternbild ergeben, wobei doch jeder Punkt auf tausend andere verweisen kann und uns die Freiheit unendlicher Kombinationen beläßt."[341] Bedingt durch die Komplexität des Geschehens zwischen Gott und Mensch, gibt es verschiedene Wege, die universale Heilsbedeutung Jesu Christi zu erfassen und zu vermitteln. Deshalb dürfen theologische Spiegelungen des Gottesgeheimnisses nicht gegeneinander ausgespielt werden, sondern sind als mögliche und komplementäre Ausgestaltungen des Glaubens einzu-

---

L. Scheffczyk (Hrsg.), Erlösung und Emanzipation, Freiburg - Basel - Wien 1973, 69 - 101, bes. 94 f.; 100 f.: "Voraussetzung einer künftigen Erlösungslehre, darauf weisen bereits auch einige Lösungsansätze der letzten Jahrzehnte hin, müßte das Ernstnehmen dessen sein, was R. Guardini das 'Ende der Neuzeit' genannt hat. Die neuzeitliche Subjektivität kann auch für die Theologie nicht mehr das einzige Verifikationsmodell und nicht der einzig bestimmende Bezugspunkt der Glaubensauslegung sein. ... Daß damit unter verändertem Horizont und unter gewandelten Voraussetzungen gegenüber einer zugespitzten Subjektivierung und Interiorisierung des Gnadenverständnisses sowohl die kosmologische Dimension der griechischen Patristik als auch die ordo-Idee der mittelalterlichen Satisfaktionslehre mit ihrem Solidaritätsgedanken wieder von Bedeutung werden könnte, sei hier abschließend nur angedeutet."

340) Vgl. H. U. von Balthasar, Die neue Theorie von Jesus als Sündenbock, in: IKaZ 9 (1980) 184 f., wo Balthasar sich mit der Theorie René Girards auseinandersetzt. In ihrer Abgründigkeit gründet die Gottverlassenheit, in der Jesus den Zustand der Sünder durchleidet, nicht in einem kulturellen "Mechanismus", sondern im trinitarisch-ökonomischen Einverständnis zwischen Vater und Sohn im Heiligen Geist; vgl. zur gleichen Problematik TD III, 276 - 291.

341) Ders., Homo creatus est, 310; Hervorhebung im Original.

stufen[342]. Jeder Denkansatz ist notwendig einseitig und durch andere zu ergänzen, jedes theoretische Gottessystem ist auf den Unnennbaren hin aufzusprengen. Theologie hat im selbstkritischen Bewußtsein ihrer Vorläufigkeit zu leben. Nur unvollkommen, "wie im Spiegel, in rätselvoller Gestalt" (vgl. 1 Kor 13, 12) kann sich die Schau des Unschaubaren vollziehen, denn Stückwerk ist unser Erkennen. Si comprehendis, non est Deus[343]. "Das Einsehen bleibt, solange wir auf Erden sind, verschattet im Glauben; erst 'drüben' werde ich 'so erkennen, wie ich erkannt worden bin' (1 Kor 13, 12). Und desgleichen bleibt die volle Angestaltung des Angesprochenen an das ihm Zugesprochene eschatologisch."[344]

### 1.3.4 Mysterium der Liebe

Mitte der Theologie Balthasars ist die Hingegebenheit der trinitarisch-christologischen Liebe. Die "Methode" des schauenden Eindringens in das je größere Geheimnis der göttlichen Liebe eröffnet den Zugang zur Herrlichkeit Gottes in der Gehorsamsexistenz Jesu[345]. Wie von Jesus Christus, vom Zeichen des sich in Menschsein, Tod und Gottesleere vernichtigenden Gottes aus der Dreifaltige als unauslotbare Liebe deutbar wird, so ist umgekehrt das Geheimnis Jesu Christi nur vom trinitarischen Gott her aufzuhellen. "Die Dreieinigkeit Gottes ist, wenn auch ein dem Verstand unzugängliches Licht, die einzige Hypothese, deren Ansetzung das Phänomen Christi ... phänomenologisch sachgerecht, ohne Vergewaltigung der Tatsachen zu klären gestattet."[346] Vater und Geist sind eng mit der Kenose des Sohnes verbunden: der Vater als Sendender und Verlassender, der Geist als der nur noch durch die Trennung und Abwesenheit hindurch Einigende[347]. Armut, Gehorsam und Erniedrigung des Sohnes bedeuten eine Ausfaltung des innertrinitarisch in der Sohnesexistenz immer schon Gegebenen, eine Ausfaltung, die natürlich

---

342) Vgl. ebd. 314 f.

343) Vgl. TL II, 92; Augustinus, Sermo 52,16: PL 38, 360.

344) TL II, 246 f.

345) Vgl. A. Schilson/ W. Kasper, aaO. 64.

346) H. U. von Balthasar, Glaubhaft ist nur Liebe, 58.

347) Vgl. TD III, 466.

auch den Vater und den Geist als verbindende Liebe betrifft. Die volle Trinitätslehre läßt sich erst von einer Theologie des Kreuzes (unter Einschluß der Auferstehung) her entfalten - die Staurologie hat ihre innere Voraussetzung in der Trinitätslehre[348]. Die ökonomische Trinität - die trinitarisch strukturierte Heilsordnung - ist die immanente, "d.h. die für Gott selbst als Lebensweise entscheidende, und umgekehrt"[349]. Die Gottverlassenheit des Gottessohnes am Kreuz darf deshalb nicht "als ein einseitiges und ausschließliches Gefühl des Sterbenden interpretiert werden; wenn Gott hier objektiv verlassen ist, dann ist Gott von Gott verlassen, und dann ist auch das noch immer eine ökonomische Form der personalen Beziehungen innerhalb der immanenten Trinität."[350]

Leiden und Kreuz Christi stehen im Zusammenhang mit dem Leben und Sein Gottes[351]. Die Öffnung des trinitarischen Lebens bis hinab in die Kreuzeskenose und die Einbringung des Ab- und Aufstiegs Christi ins innertrinitarische Leben bestimmen sich wechselseitig. Zum einen führen Christi Gehorsam und Tod den innergöttlichen Hervorgang bis an sein extremes Ende, in den Abstieg ins Totenreich, zum anderen ereignet sich dieses Drama nicht außerhalb einer davon unberührten Trinität, sondern bestimmt das ewige Sein Gottes schon immer. Die innertrinitarische Beziehung birgt die geschichtliche Dramatik in sich[352]. Deshalb braucht sich das trinitarische Leben in der Geschichte nicht zu verfremden, sondern kann sich als es selbst ereignen[353].

---

348) Vgl. ebd. 296; Th. Pröpper, Erlösungsglaube und Freiheitsgeschichte. Eine Skizze zur Soteriologie, München ²1988, 251 - 259.

349) W. Breuning, Art. Gott/ Trinität, in: P. Eicher (Hrsg.), Neues Handbuch theologischer Grundbegriffe II, München 1984, 143; vgl. TD III, 297 - 309.

350) TD II, 2, 484; vgl. Th. R. Krenski, aaO. 364 - 370.

351) Vgl. D. Wiederkehr, Art. Kreuz/ Leid, in: P. Eicher (Hrsg.), Neues Handbuch theologischer Grundbegriffe II, München 1984, 360; W. Kasper, Der Gott Jesu Christi, 243 - 245.

352) Vgl. TD III, 304: Es kann gesagt werden, "daß mit der 'Entleerung' des väterlichen Herzens beim Hervorbringen des Sohnes jedes mögliche Drama zwischen Gott und einer Welt immer schon miteinbeschlossen und überholt ist, da jede Welt nur innerhalb der vom Heiligen Geist sowohl offengehaltenen wie überbrückten Differenz von Vater und Sohn ihren Ort haben kann." Vgl. N. Hoffmann, Kreuz und Trinität, 62.

353) Vgl. H. Heinz, aaO. 106.

Gerade die Kenosis und Genesis Gottes sind das glaubensmäßig gegebene Urphänomen; die Werdegeschichte Jesu Christi wird Gottes eigene Geschichte, "unsere Zeit die Zeit des Ewigen, unser Tod der Tod des unsterblichen Gottes selbst"[354]. Weil das Kreuzesgeschehen von Gott her unverkürzte Teilnahme an der Menschheitsgeschichte ist, sagt es das Entscheidende über Gott aus: Nicht von außen durch Verfügung seiner Macht hebt Gott Tod und Sünde der Welt auf, sondern von seinem innersten Wesen her, durch seine Selbstbeteiligung verwandelt er das Unheil in Heil. Das Kreuz als Ereignis des Erbarmens und der sich selbst entäußernden Liebe Gottes ist seine tiefste Selbstoffenbarung[355]. Im Kreuz wird die Unlogik der Sünde in die Logik der dreieinigen Liebe hineingenommen und überwunden.

Für Balthasar ist die kenotische Existenz Jesu Christi, die sich in Kreuz und Hölle am tiefsten zeigt, allein trinitarisch verstehbar[356]. In der Gottverlassenheit am Kreuz kostet der Sohn nicht nur "den Verlust Gottes" bis zur Neige aus, sondern "in ihm ereignet sich auch der 'Tod Gottes' in der Kenosis und Tapeinosis der Liebe Gottes"[357]. Die Möglichkeit der sühnenden Proexistenz Christi ist im innergöttlichen "Pro" (der Stellvertretung) der göttlichen Personen grundgelegt[358]: Die Zeugung des Vaters ist Freigabe des Sohnes in ein "gleich-absolutes, gleich-freies Gottsein"; die "dankende Antwort des Sohnes" wendet sich nicht an "einen Vater, der etwas für sich zurückbehalten hätte, sondern an dessen volles Übergebensein"; die "beiderseitige totale Übergabe" haucht sich aus "im gemeinsamen Wir des Geistes", welcher "absolute Freiheit und Liebe und Gabe ineins ist, nochmals 'selbstlos', nur Ausdruck der Vater-Sohnlichen Einheit. In diesem gegenseitigen 'Verbluten' Gottes, das sein Blutkreislauf ist, liegt ... das Fundament auch des Totseins durchaus in Gott."[359] In der Gottverlassenheit des Sohnes zeigt sich, wie Gott außerhalb Gottes Gott sein kann[360]. Der bis ans Ende gehende

354) K. Rahner, Grundkurs des Glaubens, 218.

355) Vgl. W. Breuning, Art. Gott/ Trinität, 140.

356) Vgl. TD IV, 218 - 222.

357) Ebd. 219; vgl. H. Schürmann, Jesu ureigener Tod, 146.

358) Vgl. N. Hoffmann, Kreuz und Trinität, 54 - 57; TD IV, 220.

359) TD IV, 221.

360) Vgl. H. Heinz, aaO. 195.

Sohn, der ihn verlassende Vater und der Geist "ermessen den ewigen Liebesabstand zwischen Vater und Sohn im Abstand zwischen Himmel und Hölle"[361]; der Geist ist in diesem Geschehen Garant der Einheit. Im Kreuz erscheint die totale Selbsthingabe Gottes in seinem dreieinigen Leben und in seiner Liebe zur Menschheit. Balthasar deutet die immanente Trinität so als den Grund des Weltprozesses bis hin zur Kreuzigung, daß sie als jene ewige Selbsthingabe verstanden wird, "die Gott schon in sich als die absolute Liebe erscheinen läßt, woraus sich erst die freie Selbsthingabe an die Welt als Liebe erklärt, ohne daß Gott in seinem Selbstwerden (seiner 'Selbstvermittlung') des Weltprozesses und des Kreuzes bedürfte"[362]. Gott ist reine Freiheit in der sich selbst entäußernden Liebe. Der letzte und tiefste Sinn der Welt ist Freiheit, die sich in Liebe entäußert, nicht ein werdender Gott, der erst im Verlauf einer Geschichte zu sich kommt. Im Verständnis Balthasars darf der Weltprozeß bis hin zum Kreuzesgeschehen nicht mit dem ewigen "Prozeß" der Hypostasen in Gott identifiziert werden. Das Axiom, die ökonomische Trinität sei die immanente, will keine "platte Identität"[363], sondern ein Folgeverhältnis aussagen. Die immanente Trinität erweist sich transzendentaltheologisch betrachtet als Möglichkeitsbedingung des heilsgeschichtlichen Handelns Gottes. "Die ökonomische Trinität entspricht dem Leben Gottes, wenn er sein innerstes Leben mitteilen will; die immanente Trinität ist also die wahre Begründung der ökonomischen."[364] Weil Gott in sich Leben und Geschehen ist, kann er sich als der Lebendige in der Geschichte offenbaren.

Balthasar stellt sich die Aufgabe, Gottes Gottheit so zu denken, daß er wirklich leiden und sterben kann, ohne sein Wesen aufzugeben. Gott steht nicht als der Ewige, Unveränderliche, Absolute, Leidenslose unberührt über der Menschheitsgeschichte, sondern wird durch die Erfahrungen Jesu selbst innerlich berührt. Einer aus der Trinität hat gelitten in der menschlichen Wirklichkeit, die ihm personal gehört. Balthasar versteht die Kenose nicht als logischen Verendlichungsprozeß im Sinne Hegels, sondern als Selbsteinschrän-

361) Ebd.

362) TD III, 300; vgl. N. Hoffmann, Kreuz und Trinität, 61.

363) Vgl. W. Breuning, Art. Gott/ Trinität, 143; H. Vorgrimler, aaO. 163.

364) W. Breuning, Art. Gott/ Trinität, 143 f.

kung und -verzicht Gottes. Die Fähigkeit zu einer solchen Ohnmacht ist Erweis höchster Allmacht und Freiheit. "Kenosis, Erlösung hat nach B. die göttliche Freiheit des 'präexistenten' Sohnes zur Voraussetzung, der sein menschliches Dasein zu einem Ausdruck und Vollzug seines innertrinitarischen Sohnseins macht. Wegen seiner Relationalität zu Vater und Geist ist Jesus wahrer Gott, wegen der Freiheit der Übernahme seines Menschseins ist er jeder Geworfenheit voraus und kann sein wahres Menschsein zum Ausdruck seines Sohnseins werden lassen."[365] Das Kreuz als tiefste Kenose des Gottessohnes im "Hin-Sein auf die Welt und im bleibenden Her-Sein von Gott"[366] enthüllt die Grundgestalt der Herrlichkeit Gottes als Liebe. Jesus Christus weiß sich identisch mit einer den Heilsratschluß des dreieinigen Gottes abrundenden Sendung: die Schuld der Welt hinwegzutragen[367]. Am Kreuz holen die Liebe des Vaters und der Gehorsam des Sohnes die äußerste Gottferne des Sünders ein. Der Abstieg Christi in die Hölle kann im äußersten, nur dem ewigen Sohn möglichen Gehorsam angetreten werden, "weil der absolute Gehorsam die ökonomische Form der absoluten Entsprechung des Sohnes dem Vater gegenüber werden kann"[368]. Da Gott dreieinig ist, kann er das Widergöttliche innerhalb seiner ewigen Beziehungen überwinden. Im Tod wohnt die Liebe; deshalb sind die Pforten der Hölle geöffnet. Den Akt der Verwerfung wandelt Gott um in den Akt seiner heilschaffenden Liebe. Am Kreuz wird die sündige Welt aufgenommen in die "unendliche, jetzt ökonomische Beziehung Vater - Sohn, und in der Vollendung der sohnlichen Sendung, im Aushauchen des Sendungsgeistes zum Vater zurück, wird dieser die gesamte Sendung des Sohnes begleitende, miterfahrende und gleichsam in sich bergende Geist der durch die Passion befreiten Menschheit, der Kirche Christi eingehaucht."[369] Durch Christus im Heiligen Geist nimmt Gott die Welt in seine Lebensbewegung hinein. Dem Menschen ist Raum gegeben in Gott, den er in freier Übereignung, den Gehorsam des Sohnes sich eingestaltend, in Anspruch nehmen kann. In der Anerkennung des Enteignetseins in

---

365) H. Heinz, aaO. 259; Hervorhebung im Original.

366) A. Schilson/ W. Kasper, aaO. 65.

367) Vgl. H. U. von Balthasar, Das Selbstbewußtsein Jesu, 38.

368) TD II, 2, 485.

369) TD III, 358; vgl. W. Breuning, Art. Gott/ Trinität, 141.

der Übereignung an Christus, der sich für alle entäußert hat in Tod und Höllenabstieg, hat sich christliche Existenz zu vollziehen, da Christwerden bedeutet: ins Kreuz kommen[370].

Anliegen der Theologie Balthasars ist es, die "Wucht der göttlichen, kenotischen Liebesherrlichkeit"[371] wahrnehmbar zu machen und ins Zentrum der Betrachtung zu rücken. Dabei ist zu beachten, daß das Geheimnis der grundlosen Hingabe Gottes gewahrt und dem Zugriff des erschöpfenden Wissens immer entzogen bleiben muß. Ein Gott, der in seiner Transzendenz auch immanent zu sein vermag, ist unbegreiflich; die Tatsache, daß eine Person der Trinität die Menschennatur annimmt, ist unfaßlich. Wie kann der Sohn vom Vater ausgegangen und gleichzeitig in ihm sein[372]? Wie kann Differenz bestehen bei gleichzeitiger Aufhebung? Setzt Identität, um zu bestehen, Differenz voraus? Gott ist offenes Geheimnis. Je mehr er sich offenbart, um so unergründlicher wird er für jedes endliche Erkennen. Die Worte und Taten Jesu Christi übersteigen menschliche Einsicht. Der Gedanke einer Selbstentäußerung Gottes in das Leben eines Menschen bis hin zum Kreuzestod ist für die Weisheit dieser Welt eine Torheit. Doch die umwerfende Logik der törichten Liebe überwindet jede Logik der Theo-logiker. Das Kreuz sprengt alle Systeme. Der Denkvollzug Balthasars ist folglich fragmentarisch, konvergierend, integrierend, umkreisend. Wer das weite Feld seines Denkens abschreitet, gewinnt den Eindruck, daß es jede Systematisierung bewußt vermeidet, um gerade dadurch seine ganze erstaunliche Feinheit zu bewahren. Für Balthasar gibt es in der Annäherung an das trinitarische Geschehen in Gott keinen anderen Zugang, "als sich von dem, was in der Kenose Gottes in der Theologie des Bundes - und von dorther des Kreuzes - offenbar wird, zurückzutasten ins Geheimnis des Absoluten"[373]. Im Leben und Sterben Jesu

---

370) Vgl. A. Schilson/ W. Kasper, aaO. 68.

371) M. Lochbrunner, aaO. 43.

372) Vgl. TD II, 2, 485.

373) TD III, 301; vgl. H. Vorgrimler, aaO. 148: "Wer und was Gott ist, erfahren wir in der Art und Weise, wie er wirksam bei uns und mit uns ist." Vgl. TL II, 272: "Der trinitarische Gott ist somit kein nachträglich ausgeklügeltes Dogma, sondern offenbart sich unmittelbar im Faktum des Verbum-Caro. Deshalb übersteigt sich dieses Faktum als ein bloß weltlich-geschichtliches bereits in all

Christi offenbart sich die Herrlichkeit der göttlichen Macht in der Niedrigkeit, Wehrlosigkeit und Selbsthingabe bis zur Verflüssigung der irdischen Substanz in die eucharistische[374]. Gott erscheint als der ganz Andere, nicht Berechenbare. Ein geheimnisvolles Gottesbild wird enthüllt: "das der innergöttlichen, trinitarischen Selbst-Wehrlosigkeit"[375]. In der Kenosis leuchtet das innere Liebesgeheimnis Gottes auf: Gott ist in sich selbst Liebe und deshalb dreieinig[376]. Das ewige Sein Gottes ist reines Leben einer sich selbst mitteilenden Liebe.

Gott kann sich selbst nicht kundtun, ohne sich zu geben, da Gott "in sich Sichgeben ist"[377]; Jesus Christus ist am Kreuz hingegebenes, bis zum letzten ausgeronnenes Wort - und gerade deshalb ewiges Wort. "Im gegenseitigen In-Sein von Vater und Sohn, wie Gehorsam und Kreuz es erschließen - ist Letztes, von keinem Denken und keiner Praxis Einholbares von Gott ausgesagt."[378] Der unbegreifliche Gott erscheint in Jesus Christus als allerfreieste Liebe, die absteigt vom "Oben" ins "Unten": Liebe, die ausfließt und sich einsenkt, Liebe, die "sich verströmt, weil sie sich unerklärlicher Weise verströmen will"[379]. In der äußersten Gebärde der sich verschenkenden trinitarischen Liebe sind alle sonstigen Gottesbilder für immer überholt. In der letzten Verborgenheit wird Gottes Zeichen, in das alle "übrigen 'Machttaten' Gottes sich auslöschen"[380], in der Welt aufgerichtet. Dieses Zeichen ist so gering, daß die Versuchung groß ist, es zu übersehen oder zu verachten. Die Unscheinbarkeit der in ihrer Armut reichen, in ihrem Reichtum armen Liebe[381] läßt Raum, sich in Freiheit für oder gegen sie zu entscheiden. Sie ist ein Angebot, in die Bewegung der "ausströmenden Liebe"[382]

---

seinen Aspekten."

374) Vgl. TD III, 420.

375) Ebd.

376) Vgl. ders., Glaubhaft ist nur Liebe, 57; M. Lochbrunner, aaO. 268 - 270.

377) Vgl. M. Albus, Die Wahrheit ist Liebe, 187.

378) H III, 2/ 2, 358.

379) M. Albus, Die Wahrheit ist Liebe, 185.

380) H III, 2/ 2, 358.

381) Vgl. ebd. 359.

382) Vgl. ebd. 426.

miteinzuschwingen. "Die Ausdehnung der christlichen Liebe ist durch die Ausdehnung der Liebe Christi bestimmt."[383] Christliche Liebe ist Antwort endlicher Liebe, die wiederum einmündet in die Liebe Gottes, aus der sie entspringt.

Jesus Christus ist das Ereignis der grundlosen Liebesherrlichkeit Gottes. In der Kenose Christi zeigt sich der Selbstüberstieg der göttlichen Liebe, die ins andere ihrer selbst geht, um die Menschheit heimzuholen, dabei aber trotzdem ihr Wesen nicht aufgibt, "weil sie als dreieinige das Anderssein schon immer in sich eingeborgen hat"[384]. Die Inkarnation hat ihre Voraussetzung in der Trinität, im Geheimnis der Einheit im Füreinander. Der Logos läßt sich aus freier Liebe von der Liebe selbst als Retter in die Verlorenheit der Welt senden, da gefallene, pervertierte Freiheit nur vor dem Schöpfergott bestehen kann, wenn sie untergriffen wird von einer gehorsamen Liebe, die ihre schuldhafte Unfähigkeit zur Liebe überholt. Dies bedeutet keine Überwältigung des Geschöpfes von außen, sondern Einbergung in den alle Tiefen umgreifenden Abgrund der absoluten Liebe, in welcher Allmacht und Unmacht eins sind. In der Kenose Christi erscheint Gottes Liebe leibhaftig und überschwenglich bis hin zur Fußwaschung, welche die "Selbstverströmung in Eucharistie und Passion einleitet"[385]. Gottes Allmacht wird zur Allschwäche Christi, die wiederum größte Stärke ist: "Unbeugsam wie die Hölle ist die Liebe" (vgl. Hld 8, 6). In seiner Kreuzeskenose bis hin zum Abstieg in die Hölle und in seiner Doxa als Auferstandener offenbart Jesus Christus "das Liebesgeheimnis des trinitarischen Gottes als schöpferischer Vater, erlösender Sohn und heiligender Geist"[386]. Gottes Liebe ist ewig. Die ohnmächtige Macht der Selbsthingabe Christi im Brot und Wein der Eucharistie dauert nicht nur bis ans Ende der Welt, "sie ist vielmehr der glühende Kern, um den (nach der Jugendvision Teilhards de Chardin) der Kosmos kristallisiert oder besser: von dem her er durchglüht wird"[387]. Das Übermaß der Liebes-

383) Ebd. 427.

384) Ebd. 440.

385) Ebd. 427.

386) M. Lochbrunner, aaO. 290.

387) H. U. von Balthasar, Neue Klarstellungen, 69.

fülle Gottes strömt durch den Liebestod des ewig geopferten Sohnes[388]. Dem durch die Zeiten wandernden Gottesvolk steht die Liebesherrlichkeit Gottes als Ziel vor Augen, "um in der ewigen Schau beseligender Besitz zu sein"[389].

"Die Erwägung hat auf vernünftige Weise erfaßt, daß (Gott) unerfaßlich ist: Consideratio rationabiliter comprehendit incomprehensibile esse"[390]. Das Wort des Anselm wird immer in Geltung bleiben, selbst in der Ewigkeit, da Liebe für das Begreifen uneinholbar ist[391].

> "Die Rechnungen Christi gehen nie auf.
> Er ist immer gleichzeitig zu reich und zu arm,
> übermächtig und ohnmächtig, aktiv und passiv.
> Er ist eben Gott und Mensch, Haupt und Leib,
> und als solcher der Maßstab für alle Dinge,
> womit alle anderen Maße - Gott sei's gedankt! -
> ins Wanken geraten.
> Dieser Maßstab ist ein personaler,
> denn die Einheit zwischen begnadendem Gott und begnadetem Mensch,
> himmlischer und irdischer Wahrheit,
> ist in der Identität nicht einer Natur,
> sondern einer Person hergestellt worden. -
> Hier sind, auf den Landkarten der Theologie,
> noch ganze Kontinente ein weißer Fleck."[392]

Das klassische christologische Dogma von Chalkedon (451) lehrt: Jesus Christus ist wahrer Gott und wahrer Mensch. In der einen Person kommen die göttliche und menschliche Natur zusammen - unvermischt, unverwandelt, ungeteilt, ungetrennt. Die Begriffe "Person" und "Natur" stammen aus der philosophischen Tradition und dienen dazu, den überlieferten Christusglauben

---

388) Vgl. TD III, 407.

389) M. Lochbrunner, aaO. 186 f.

390) Anselm, Monologion 64, zitiert in: H. U. von Balthasar, Glaubhaft ist nur Liebe, 100.

391) Vgl. H. U. von Balthasar, Die Gottesfrage des heutigen Menschen, 166; ders., Der Zugang zur Wirklichkeit Gottes, 35, Anm. 7.

392) Ders., Das Weizenkorn. Aphorismen, Einsiedeln/Trier ³1989, 57.

vor falschen Interpretationen zu schützen und in seiner ganzen Weite und Fülle zu bewahren. Weist nun das Christusbekenntnis von Chalkedon nicht doch zeitbedingte Einseitigkeiten und Blickverengungen auf? Steht es in einer großen soteriologischen Gesamtschau? Nährt die abstrakt klingende Rede von den zwei Naturen nicht das Mißverständnis, man könne Göttliches und Menschliches unter denselben Begriff fassen, die göttliche Natur könne mit einigen formalen Eigenschaften (Allmacht, Leidensunfähigkeit, Unveränderlichkeit) definiert werden? Fehlt nicht der Blick auf die konkrete, geschichtliche Gestalt Jesu Christi? Droht nicht aus dem Heilsgeheimnis ein Denkgeheimnis zu werden?

Die Kenosischristologie Balthasars greift entschieden auf die kirchliche Tradition zurück, führt sie aber weiter. Es gilt, den Kenosegedanken mit Chalkedon zu vereinbaren. Jesus Christus ist Gottes ewiger Sohn, der sich entäußert hat bis in Kreuz und Hölle hinein. Es ist die Liebe des absoluten ewigen Sohnes Gottes, die - aus der Mitte der Trinität kommend - im Christusereignis aufleuchtet. Um diese Liebe zentriert Balthasar sein gesamtes theologisches Werk. Das Ereignis der Liebe Gottes in Jesus Christus ist das Unfaßliche, worüber hinaus nichts Größeres gedacht werden kann[393]. Bei jedem Versuch, dem Geheimnis näher zu kommen, steigert sich die Fassungslosigkeit. Das sich Gewährende entzieht sich dem Verstehen, indem es sich gewährt. Jesus Christus hat die Existenzform des Sich-Zeigens im Verschwinden, des Sich-Schenkens in der Ungreifbarkeit[394]. "Leere Abwesenheit geht im Funkensprung erfahrener Anwesenheit über in erfüllte Abwesenheit."[395] Durch Logik und Begriffe läßt sich das unfaßbare Geschehen der je größeren Immanenz Gottes in seiner je größeren Transzendenz, das Paradox der im Sich-Enthüllen erscheinenden Verhüllung nicht bewältigen[396]. Das Mysterium Christi als solches kann adäquat nur durch Nichtwissen, Nichtsicht beschrieben werden. Die Kategorien des Historischen im strengen Sinn müssen versagen. Sie dienen höchstens als Chiffren für etwas nicht

393) Vgl. W. Löser, Das Sein - ausgelegt als Liebe, 423.

394) Vgl. H. U. von Balthasar, Neue Klarstellungen, 28 - 36.

395) Ebd. 35.

396) Vgl. TL II, 246.

Sagbares, das sich gleichwohl erschließt. Verzicht auf Wissen, Verzicht auf wissende Einwände aber heißt Pistis, Sich-Ausliefern an Gott, den Unbegrenzten, Unverfügbaren, Unendlichen. "Das Raumschaffen für Gott durch restlose Preisgabe alles Eigenen, das 'sume et suscipe' Ignatius' von Loyola, ist letztlich die höchste Bejahung der sich schenkenden Liebe Gottes im Überwort seines Sohnes, dem der Mensch durch ein ihm geschenktes Überwort zu antworten versucht."[397] Norm der theologischen Aussage ist ein Unsägliches[398]. "Die 'Gestalt' Jesu, als des zentralen Spielers im Theodrama, ist nicht anders faßbar, als indem man, auf das Fassen verzichtend, sie im Ungreifbaren des trinitarischen Mysteriums sich bergen läßt."[399] Sie ist Über -Gestalt. Jede Formel muß sich deshalb in das Geheimnis Gottes hinein transzendieren. Die Kurve, die Jesus Christus in seiner Sendung durchmißt, ist nicht errechenbar. Der Abgrund von Kreuz, Hölle und Auferstehung liegt mitten auf ihr. Indem der unerreichbare Gott herabkommt in die Tiefe der menschlichen Existenz, zieht er diese mit sich hinauf. In der Gestalt Jesu Christi trifft die Fülle auf die Begrenzung, die absolute Macht auf die freiwillige Ohnmacht - unnachahmlich, unvergleichbar, einzig. Je mehr über die Konstellation der zwei Naturen in der einen Person Jesu Christi ausgesagt wird, desto geheimnisvoller öffnet sich die Betrachtung in eine unerschöpfliche Tiefe, die kein System und keine Erklärung des Unerklärlichen ausloten können. Die Wahrheit ist im Lebendig-Konkreten, in der Gestalt Jesu Christi[400]. Nicht endliches Denken setzt die Maßstäbe, sondern der Gottessohn, der alle Maßstäbe zerbricht und in keine von Menschen zu fassende Einheit gepreßt werden kann. Wer Christus sehen will, muß nach Balthasar aus der Autonomie des eigenmächtigen Denkens heraustreten in die hörende Bereitschaft, die entgegennimmt, was ist. Allein die Anbetung ist eine dem Mysterium angemessene Haltung; die liebende Schau - der stärkste Impuls für das nachvollziehende Denken - eröffnet eine Fülle von Zugängen und Einstiegsmöglichkeiten und verhindert das Scheitern an den Klippen des Rationalismus. Die rationalen Denkkreise sind zentripetal auf eine Mitte

---

397) Ebd. 113.

398) Vgl. ders., Die Gottesfrage des heutigen Menschen, 165.

399) TD IV, 450.

400) Vgl. TL II, 252 - 255.

hinzulenken: die Begegnung mit dem personalen Gott der Liebe. "Dogmatik als 'Logisierung' der Liebeskenosis Gottes ist möglich und für die Verkündigung sowie für die kirchliche kontemplative Reflexion notwendig, vorausgesetzt, daß das Liebesmysterium jene Mitte bleibt, auf die sie durch all ihre Begrifflichkeit verweist."[401] Die bis "zur Vollendung"[402] absteigende Liebe Gottes in Jesus Christus als die wahre Eschatologie ist "von Welt und Mensch aus unerahnbar, kann nur als das 'Ganz-Andere' empfangend wahr-genommen werden."[403] Die Warumlosigkeit, das ewige Umsonst der Liebe ist letztlich für endliche Vernunft nicht einholbar. Die Gnade überbietet sich selbst ins Unendliche. Deus semper maior.

---

401) Ders., Glaubhaft ist nur Liebe, 70.

402) Vgl. Viertes Hochgebet: "Da er die Seinen liebte, die in der Welt waren, liebte er sie bis zur Vollendung."

403) H. U. von Balthasar, Glaubhaft ist nur Liebe, 6.

"Ich bin Gott, nicht ein Mensch, der Heilige in deiner Mitte" (Hos 11, 9). Gott ist der Ganz-Andere, der in seinem "Allein-Heilig-Sein" alles Menschliche übersteigt. Gott ist nicht von dieser Welt, und doch ist er in der Welt. In Gott gibt es "eine Bewegung, eine Kraft des Sich-Verströmens, durch die das innerste Geheimnis gleichzeitig Offenbarung wird, einen Atem, durch den Gott lebt: das ist der Heilige Geist."[404] Jesus ist als der menschgewordene Sohn Gottes ganz von diesem Geist erfüllt. Er ist der Christus, der mit dem heiligen Gottesgeist Gesalbte (vgl. Apg 10, 38); durch die Gegenwart des Geistes ist er "der von Gott Geheiligte und Gottgeweihte"[405]. Seine Sendung vollendet sich in der Mitteilung des Geistes an die Menschheit[406]. Im Heiligen Geist und durch ihn wird die Gnade der Heiligung erfahren. Jesus Christus ist der unendlich Heilige, während "die Heiligen" nur etwas von der Heiligkeit Christi widerstrahlen. Im Sprachgebrauch der Heiligen Schrift bedeutet Heiligkeit nicht vorrangig ethische Vollkommenheit, sondern Zugehörigkeit zu Gott. Die ersten Christen werden als "die Heiligen" bezeichnet, weil sie untrennbar mit Christus verbunden sind und die machtvolle Gegenwart des Heiligen Geistes erfahren. Beim Heiligen (im engeren Sinn des Wortes) "ist wesentlich, daß er sich von Gott angesprochen weiß und durch sein Tun ein Zeichen setzt, das seine Mitmenschen auf Gott hinweist. Er steht so in einer Kommunikation der Liebe, die allererst seinen sittlichen Rang begründet."[407]

Heiligkeit ist "personale Teilhabe an der gnadenhaften Selbstmitteilung des innersten Lebens Gottes als trinitarische Liebe"[408], ein Einbezogensein in die Heiligkeit Gottes. Heiligkeit besagt Erneuerung des Seins, Umgestaltung durch die In-formation, die vom Heiligen Geist kommt. Er ist die göttliche

---

404) F. X. Durrwell, Der Geist des Herrn. Tiefe Gottes - schöpferische Weite, Salzburg 1986, 29.

405) Ebd. 30.

406) Vgl. P. Knauer, Art. Geist, Hl./ Pneumatologie, 50 f.; vgl. TL III, 52 f.

407) W. Kluxen, Ethik des Ethos, Freiburg/ München 1974, 43; Hervorhebung im Original.

408) G. L. Müller, aaO. 216.

Kraft, welche Mensch, Welt und Geschichte belebt und vorantreibt. Vollkommene Heiligkeit würde besagen: für den Heiligen Geist restlos offen sein. "Heiligkeit als Urideal des Christlichen, d. h. als Einbeziehung in das Leben der Heiligkeit des Gottes der dreifaltigen Liebe, ist umfassende Vollendung des Menschen."[409] Heiligkeit besitzt eine eschatologische Komponente, sie ist Gabe und zugleich Aufgabe. Gottes heilige Wirklichkeit tritt in der Welt um so deutlicher in Erscheinung, je mehr der Mensch sich von ihr ergreifen läßt und sie zur Form seines Lebens macht. "Jaget nach der Heiligung, ohne welche niemand den Herrn sehen wird" (Hebr 12, 14). Heiligung des Menschen ist Einübung für das in Aussicht gestellte ewige Leben, völlige Inanspruchnahme aller Lebensbereiche durch Gottes Willen. Gefordert ist eine Lebensführung, die sich der Leitung und dem Wirken des Heiligen Geistes ganz überläßt. Heiligung bedeutet "Wandel im Geist" (Gal 5, 16), im Geist der Heiligkeit, der Mensch und Welt immer mehr durchleuchten wird bis hin zur endgültigen Verklärung[410].

Schon im Alten Testament ist "die Notwendigkeit der inneren Heiligung in Ausrichtung auf die objektive Durchsetzung der Heiligkeit Gottes"[411] grundgelegt: "Ehe ich dich schuf im Mutterleibe, habe ich dich erkannt. Ehe du hervorgingst aus dem Schoß der Mutter, habe ich dich geheiligt" (Jer 1, 5). Nur der von Gott Geheiligte ist in der Lage, zum Heil der Menschheit zu wirken. "Seid heilig, denn ich, der Herr, euer Gott, bin heilig" (Lev 19, 2). Gottes Vollkommenheit wird für die unter JHWHs Anruf Stehenden zum Maßstab der eigenen Heiligkeit. Sittliche und kultische Heiligkeit sind einander zugeordnet, wobei das Streben nach Heiligkeit stark von der Erfüllung des Gesetzes geprägt erscheint. Das Neue Testament knüpft die Forderung nach Heiligkeit an die Gnade Jesu Christi und an die Gabe des Heiligen Geistes: "Ihr seid geheiligt worden ... durch den Namen des Herrn Jesus Christus und durch den Geist unseres Gottes" (1 Kor 6, 11). Ausschlaggebend ist das Wirken Gottes, dem ein Geschehenlassen auf seiten des Menschen entsprechen soll, ein Jawort des Glaubens, eine Letzthingabe der

---

409) Ebd. 22.

410) Vgl. TL III, 384.

411) L. Scheffczyk, Glaube als Lebensinspiration, 167.

Liebe, die zum Einswerden mit Christus und zur Einwohnung des Geistes führt. Der Begriff der Heiligung soll verdeutlichen: Einzig Gott ist heilig, "kein Geschöpf könnte oder wollte sich substantielle Heiligkeit selber zusprechen, deshalb auch nicht durch selbsterwirkte Umkehr, um an der göttlichen Heiligkeit Anteil zu erhalten. Dazu ist der göttliche Geist der Heiligkeit erfordert, der allein ... den endlichen Geist mit göttlicher Heiligkeit 'salben' kann."[412]

Es ist Gott, der in Jesus Christus und im Heiligen Geist die Kirche auferbaut in einem Zusammenspiel von amtsförmigem und personalem Charisma[413], objektiver und subjektiver Heiligkeit[414], wobei alles Objektive, Institutionelle hingeordnet bleibt auf die Verwirklichung der persönlich gelebten Heiligkeit[415]. Die Gnadenquellen der Sakramente sind für die Empfänger bestimmt, das Wort Gottes für die das Wort Aufnehmenden, das Amt für die Gemeinde. Beide Spären können nicht scharf voneinander abgegrenzt werden, da der Geist in und über allem ist. Bringt die Nähe zu den objektiven Heilsquellen der Kirche die Verpflichtung zur subjektiven Heiligkeit und Würdigkeit mit sich, so ist umgekehrt das Ziel der persönlichen Heiligung nicht außerhalb der Kirche zu erreichen[416]. Subjektive Heiligkeit besitzt eine soziale Dimen-

412) TL III, 250.

413) χάρισμα bedeutet Gnadengabe; vgl. H.-J. Klauck, Erster Korintherbrief, in: Die Neue Echter Bibel. Kommentar zum Neuen Testament mit der Einheitsübersetzung, Bd.7, Würzburg 1984, 85 - 88.

414) Vgl. H. U. von Balthasar, Homo creatus est, 335: Durch den Empfang der "sancta" bringt die Kirche "sancti" hervor. Ders., Katholisch, 36: "Die Kirche Christi hat die objektive und die subjektive Heiligkeit, vollkommen fallen beide nur im Haupt der Kirche, in Christus, zusammen." Ders., Schwestern im Geist, 15; ders., Thomas von Aquin. Besondere Gnadengaben und die zwei Wege menschlichen Lebens. Kommentar zur Summa Theologica II-II, 171 - 182, in: Deutsche Thomas-Ausgabe, Bd. 23, Heidelberg - München/ Graz - Wien - Salzburg 1954, 259 f. Vgl. G. L. Müller, aaO. 302 f.; 302: "Die sakramental-institutionelle Heiligkeit der Kirche muß zunächst unabhängig sein von der subjektiven Heiligkeit, um den Primat des Wirkens Gottes zur Erscheinung zu bringen und ein vollkommenes Instrument in der Hand Gottes zu sein. Gerade so kann sie geschichtlich der bleibende Ermöglichungsgrund subjektiver Heiligkeit sein."

415) Vgl. TL III, 289; ders., Die Gegenwart des einen Jesus Christus in der Einheit der Kirche, in: K. Lehmann (Hrsg.), In der Nachfolge Jesu Christi, Freiburg-Basel - Wien 1980, 51 - 54.

416) Vgl. TL III, 285.

sion, sie hat dem Aufbau des mystischen Leibes zu dienen. "Eine Heiligkeit, die sich selber suchen, sich selber zum Ziel nehmen wollte, wäre ein Widerspruch in sich selbst."[417] Subjektive Heiligkeit ist gleichzusetzen mit jener Liebe, die dem anderen den Vorzug gibt, die nicht selbst bestimmen will, in welcher Weise sie sich dem Ganzen hingibt. "Gerade die Liebe kennt eine innere Ordnung, und der Geist der Liebe, der die subjektive Heiligkeit der Kirche im Rahmen ihrer Objektivität aufbaut, ist zugleich der Geist, der die Ämter und Charismen verteilt."[418]

In der Berufung, die dem Einzelnen zuteil wird, liegt im tiefsten die Gestaltung der ihm verliehenen und von ihm geforderten Heiligkeit begründet. Zugemessene und erreichbare Heiligkeit ist gleichzusetzen mit der Ausführung der Sendung. "Gott hat von jedem Christen eine Idee, die ihm seinen Platz innerhalb der kirchlichen Gliedschaft absteckt. Es besteht keine Gefahr, daß diese Idee, die einmalig und persönlich ist und die dem Einzelnen zugedachte Heiligkeit verkörpert, für irgend jemand nicht hoch, nicht weit genug wäre."[419] Das Gebet ist der Ort, wo der Heiligkeitswille Gottes erfahren, die je einmalige Bestimmung zur Heiligkeit gefunden werden kann[420]. Im Rahmen der allgemeinen Sendung zur Heiligkeit gibt es "gewisse Unterschiede des Formats"[421]. Die zur repräsentativen Heiligkeit Berufenen stehen unter einer besonderen Führung und einem strikten Befehl des Gottesgeistes, wenn sie im Gehorsam ihre differenzierte Sendung ergreifen[422]. "Eine Grenze zwischen der Heiligung des Christen durch die Taufe, die Eucharistie, das Gebet, den Versuch, dem Glauben entsprechend zu leben - und der Strahlung jener Heiligen, deren ganze Existenz etwas vom innersten Wesen der Kirche als der

---

417) Ders., Schwestern im Geist, 16.

418) Ebd.

419) Ebd.

420) Vgl. ebd. 17.

421) Ebd. 18.

422) Vgl. ebd.

'makellosen Gattin' des Herrn kundtut, ist nicht scharf zu ziehen."[423] Der Geist der Heiligung ist ein Geist der Sendung, die unendliche Abschattierungen zuläßt. Der Unterschied zwischen den einzelnen Formen von Heiligkeit hat seinen Grund in der Tatsache, daß die Fülle der einen Sendung der Kirche sich schwerlich auf nur eine Weise verwirklichen läßt. Heilige sind in einem ausgezeichneten Sinn Gesendete, da ihre Einwilligung in die Sendung eine totale ist. Sie sind von ihrer Sendung ergriffen, in Beschlag genommen. "Mit solchen Sendungen beabsichtigt Gott eine besondere Fruchtbarkeit in der Kirche - man denke etwa an die großen Ordensgründer - und er erhält sie, wenn der Mensch auf sein Angebot wirklich eingeht."[424] Das moderne Denken setzt voraus, daß alle Menschen gleich nah und gleich weit entfernt zu Gott stehen. Die Bibel denkt da anders. Es gibt die besondere Erwählung, es gibt aber auch die Ablehnung Gottes, die Sünde, es gibt das Drama zwischen der Heiligkeit Gottes und den Mächten des Unheiligen. Gottes Heiligkeit ist es, die als Fülle die Bedürftigkeit des Menschen erst aufdeckt, die als erhebende Gnade seine Sündigkeit richtet, die als Macht den Menschen zu tiefer Ehrfucht verpflichtet.

## 2.1 Die Heiligkeit Gottes

"Die Heiligkeit bezeichnet Gott in seiner unendlichen Größe, in seinem undurchdringlichen Licht."[425] Gott selbst bildet die Norm des Heiligen. Sie ist im letzten nicht aus geschöpflichen Analogien zu erheben. "Ausgehend von Gottes Namen, der sein Wesen bezeichnet, erscheint Jahwe als der Heilige schlechthin (1 Sam 6, 20)."[426] Die Vision von Jes 6, 1-3 bezeugt Gottes Heiligkeit durch den Ruf der Seraphim: Heilig, heilig, heilig. Das Einzigartige und Geheimnishafte der göttlichen Heiligkeit scheint auf: Gottes Unvergleich-

---

423) Ders., Katholisch, 58 f.; vgl. G. L. Müller, aaO. 301; 304: "Wie jede subjektive Heiligkeit entspringt die repräsentative Heiligkeit (als ein Modus an ihr) der Erwählung der Gnade, die aber im existentiellen Ja angenommen sein will und so erst den konkreten Heiligen hervorbringt."

424) H. U. von Balthasar, Katholisch, 59.

425) F. X. Durrwell, aaO. 29.

426) P. Stockmeier, Art. Heilig, in: P. Eicher (Hrsg.) Neues Handbuch theologischer Grundbegriffe II, München 1984, 162; vgl. H III, 2/ 1, 58 - 62; G. L. Müller, aaO. 215.

lichkeit allem geschaffenen Sein gegenüber. Der Begriff "kadosch" kommt von einer Wurzel, die "scheiden" und "absondern" bedeutet[427]. Gott wird "als der Unnahbare, als der in absoluter qualitativer Transzendenz zur Schöpfung und selbst zu seinem auserwählten Volk Stehende bezeichnet"[428]. Die Heiligkeit Gottes wird nicht nur bezüglich der Sündhaftigkeit des Menschen herausgestellt, sondern im Hinblick auf die Geschöpflichkeit überhaupt. Ist Gottes Heiligkeit im Verständnis der Bibel allein das Analogielose, das wesenhaft Andere, welches kaum gedanklich erfaßt und zur Sprache kommen kann? Schließt Gottes Heiligkeit eine gott-menschliche Partnerschaft aus?

Gott hat sich in Schöpfung und Erlösung offenbart; seine Heiligkeit ist nicht nur rein negativ zu umschreiben, da Offenbarung eine Verbindung mit dem Getrennten einschließt; Offenbarung eröffnet den "Zugang zum Unzugänglichen", sie bedeutet "Distanz in Annäherung"[429] und schließt ein Abdrängen des Göttlichen in den Bereich des Irrationalen aus. Gottes Heiligkeit wird im biblischen Denken in Beziehung zur Welt gesetzt, vornehmlich in sprachlichen Bildern, welche die Herrlichkeit des heiligen Gottes zum Inhalt haben. Zwischen Herrlichkeit und Heiligkeit besteht "eine Circumincession"[430]. Gott ist herrlich in Heiligkeit. Angesichts der Herrlichkeit Gottes wird der Mensch sich seiner Nichtigkeit bewußt, was aber nicht Vernichtung einschließt, da Offenbarung immer auch eine Lebensverleihung bedeutet. Nach Jes 6, 5 reagiert der Mensch auf die Offenbarung des Heiligen zunächst mit Schrekken und einem Gefühl der Verlorenheit, das sich allmählich in Ehrfurcht verwandelt im Bewußtsein des Gehaltenwerdens trotz der Spannung des unendlichen Gegensatzes zwischen Gott und Mensch. Gottes Heiligkeit ist

---

427) Vgl. P. Stockmeier, aaO. 161.

428) L. Scheffczyk, Glaube als Lebensinspiration, 158.

429) Vgl. ebd. 159.

430) Vgl. H III, 2/ 1, 60; H III, 2/ 2, 249: "Während Gott als der 'Heilige' vor allem die Überweltlichkeit und Weltgeschiedenheit seiner Göttlichkeit bekanntgibt, läßt er als der 'Herrliche' beides gleichzeitig erscheinen: sein 'Anwesen' in der Welt verbunden mit seiner herrschaftlichen Weltüberlegenheit. Genau diese Interferenz zwischen der Immanenz von Gottes Macht und Weisheit in allem Weltsein und seiner Transzendenz (als des freien und freibleibenden Schöpfers) über den Geschöpfen, denen damit ein eigener Seins- und Freiheitsraum eingeräumt ist, bildet das Fundament der biblischen Doxa."

selbst in und nach der Offenbarung nicht genau zu bestimmen und in Worte zu fassen. Das Sprechen des Menschen geht in schweigende Anbetung über, sein Sehen ist mehr ein Nichtsehen, der Hinblick auf etwas Verhülltes, da die Gottesbegegnung nicht zur Gottesvorstellung führen darf. "Das Sehen gewährt (trotz Ex 24, 11) einen zu engen Kontakt."[431] Bei seiner Erscheinung wird JHWH hörbar, nicht sichtbar (vgl. Gen 12, 7; 26, 2). Das Verb ראה (Niphal) wird benutzt, um Gottes Reden einzuleiten. Bereits der Jahwist führt ein Gotteswort statt mit den beiden Verben ("er erschien und sprach") nur mit "er sprach" ein - ohne Angabe des Ortes oder der Art der Erscheinung. In den älteren Theophanieberichten fällt dem Engelwesen als Bote JHWHs eine bedeutende Rolle zu (vgl. Gen 16, 7-13; Ex 3, 2-6). Der Engel vertritt JHWH selbst "und wird vor allem da eingeführt, wo allzu massive Aussagen von Jahwe vermieden werden sollen"[432]. JHWH wird hörbar, der Engel bzw. JHWH in Gestalt des Engels sichtbar. Gottes Transzendenz ist selbst da zu wahren, wo Gott sich dem Menschen hilfreich zuwendet. Das deuteronomistische Geschichtswerk macht einen Unterschied zwischen Gott und seiner Gegenwart auf Erden in seinem "Namen". Obwohl die Geschichte Gottes Wirkungsfeld ist, geht Gott nicht völlig in sie ein. Auch bei seiner Erscheinung bleibt Gott jenseitig. Die Vision der Propheten findet "in der Audition ihr Ziel oder verwandelt sich gar in Audition"[433]. Die den Propheten zuteil gewordene Gottesschau sprengt jedes Bild. "Eine unmittelbare Schau gibt es nirgends, gewiß auch nicht bei Jesaja, der die alles erfüllende 'Herrlichkeit' Gottes schaut (6, 3), noch bei Ezechiel, der auf dem Cherubenthron 'etwas' schaut, 'das das Aussehen der Herrlichkeit Gottes besaß' (1, 28), dann aber die klare, weisende Stimme hört."[434]

---

431) W. H. Schmidt, Alttestamentlicher Glaube in seiner Geschichte, Neukirchen-Vluyn [3]1979, 80.

432) Ders., Ausprägungen des Bilderverbots? Zur Sichtbarkeit und Vorstellbarkeit Gottes im Alten Testament, in: H. Balz/ S. Schulz (Hrsg.), Das Wort und die Wörter (FS G. Friedrich), Stuttgart - Berlin - Köln - Mainz 1973, 27.

433) Ebd. 29.

434) H. U. von Balthasar, Bibel und negative Theologie, 15; vgl. H III, 2/ 1, 38-43.

Die Spannung zwischen Nähe und Ferne des heiligen Gottes, zwischen "fascinosum" und "tremendum" ist für menschliches Denken nicht aufzulösen. Gottes Heiligkeit ist nur durch gegenläufige Aussagen zu umschreiben, die aber keinen Widerspruch beinhalten. Obwohl der heilige Gott von der Welt vollkommen geschieden ist, wird sie doch erfüllt von seiner kabod-Herrlichkeit. Kabod - wörtlich Gewicht - ist das, was Substanz verleiht[435]. An seiner "Herr-heit" und "Hehr-heit" kann Gott erkannt werden[436]. Die ganze Erde ist voll von der Gegenwart Gottes. Die beiden Teile des Verses Jes 6, 3 sind als Ergänzung gedacht. Gott ist der Welt gleichzeitig transzendent und immanent. "Indem Jahwe sich verherrlicht (Ex 14, 4; Lev 10, 3; Num 20, 13), wird die gesamte Kreatur erfaßt, bis am Ende der Zeit das ganze All von seiner Heiligkeit durchdrungen ist (Num 14, 21)."[437] Beide Aspekte sind notwendig und stehen in Spannung zueinander: Einerseits liegt Gottes Erfüllung nicht in der Schöpfung, "sondern in der Bewegung seiner Liebe zu sich selbst, was eben nur ein anderer Ausdruck für die beseligende Heiligkeit Gottes ist"[438]; andererseits will der Gott der Offenbarung seine Heiligkeit gnadenhaft auf seine Schöpfung ausweiten, indem das verborgene Wesen der Heiligkeit Gottes in der Welt sichtbar wird, um diese gleichsam in seine Heiligkeit zu tauchen, damit sie umgestaltet werde. "Zu Gottes Glorie ward die Welt erschaffen, durch sie und zu ihr wird sie auch erlöst."[439]

Christliches Verständnis von der Heiligkeit Gottes erreicht seine Fülle "in der nicht zufällig so genannten 'Allerheiligsten Dreifaltigkeit'"[440]. Im Hinblick auf das Alte Testament wird das Geheimnis der Heiligkeit Gottes zwar gesteigert, aber zugleich auch näher gerückt, da der Heilige Geist "als das personale Zentrum und Prinzip der Heiligkeit Gottes" ebenso "das Prinzip der Mitteilung Gottes an die Menschen"[441] ist, das Liebesband, welches alles

---

435) Vgl. H III, 2/ 1, 33 - 35.

436) Vgl. ders., Rechenschaft 1965, 27.

437) P. Stockmeier, aaO. 162.

438) L. Scheffczyk, Glaube als Lebensinspiration, 162.

439) H. U. von Balthasar, Rechenschaft 1965, 27.

440) L. Scheffczyk, Glaube als Lebensinspiration, 161.

441) Ebd.

Getrennte zusammenfaßt und in den Raum der Heiligkeit Gottes integriert. Durch den Heiligen Geist wird das innerste Geheimnis Gottes gleichzeitig Offenbarung. "In ihm, der sein Innerstes ist, ist Gott gerade auch über sich hinaus."[442] Heiliger Geist und Herrlichkeit sind identisch, da die Herrlichkeit "Gott selbst in der Ausstrahlung seines Wesens, im Glanze seiner Macht"[443] ist (vgl. 1 Petr 4, 14). Der Geist Gottes ist "die Kraft von oben" (Apg 1, 8), er kommt herab. Als die alles vermögende Macht Gottes ist er die Heiligkeit in Person, die Tiefe des unsagbaren Mysteriums. Obwohl der Geist - die transzendente Fülle des Seins - eine himmlische Wirklichkeit ist und bleibt, wird er doch "ausgegossen" und "gegeben", als das Innerste Gottes zugesagt. Als Heiliger Geist heiligt er; da von göttlichem Wesen, vergöttlicht er. Die Wendung "geheiligt im Heiligen Geist" (Röm 15, 16) ist ein Verweis "auf den paradoxen Charakter der Heiligkeit"[444], die - im Geist konkretisiert - nicht Absonderung beinhaltet. Bei aller Transzendenz hat Gottes Heiliger Geist gerade die Aufgabe, Gottes Wirken in die Immanenz von Welt und Zeit einzulassen[445]. "Die Transzendenz besagt Öffnung und Nähe. Durch die Heiligkeit, die ihn unterscheidet, ist Gott auch Selbstmitteilung und Gemeinschaft."[446] Der Geist der Heiligkeit, der Kraft und der Herrlichkeit ist "donum doni", in welcher die Liebe Gottes konkret wird. Die "vom Vater im Sohn der Welt geschenkte Liebe wird als solche durch das Geschenk der Liebe als Geist 'in die Herzen eingegossen' "[447]. Tiefste Wahrheit und Geheimnishaftigkeit des Geistes leuchten da auf, wo er sich als die Fülle der Communio zu erkennen gibt. Das Wunder der Liebe Gottes vollendet sich "im Heiligen Geist, der gerade als der Überschwang der Liebe, in ihrem Je-

---

442) F. X. Durrwell, aaO. 29.

443) Ebd. 28.

444) Ebd. 32.

445) Vgl. J. Sudbrack, Art. Frömmigkeit/ Spiritualität, in: P. Eicher (Hrsg.), Neues Handbuch theologischer Grundbegriffe II, München 1984, 10.

446) F. X. Durrwell, aaO. 32.

447) TL III, 149; vgl. ders., Spiritus Creator, 106 - 122; W. Kasper, Der Gott Jesu Christi, 278; TL III, 210: Sofern der Heilige Geist "Gabe zuerst für Vater und Sohn selbst ist - in dem doppelten Sinn des Einandergegebenseins und des beide aus der Höhe der 'Frucht' Überkommens, und so als die personal dargelebte Grundlosigkeit der innergöttlichen Liebe - kann er der schlechthin zum Geschenk gewordene Gott auch in die Welt hinein sein."

Mehr-Sein der unfaßbare und unüberschreitbare Gipfel der absoluten Liebe ist: Deus semper maior nicht nur für uns, sondern für Gott selbst"[448]. Gott ist der Dreimal-Heilige, weil er die substantielle Liebe ist.

Der Geist bleibt in der Schrift ohne Antlitz. Er wird durch die Elemente Wind, Feuer, Wasser versinnbildet. Kann eine unpersönliche göttliche Kraft personal heiligen? Wer oder was ist der Geist? "Person" in Gott kann nicht wie im menschlichen Bereich "als ein anscheinend univoker Begriff gehandhabt werden"[449]. Der Geist ist seinem Ursprung nach personhaft, doch die Weise, wie er Person ist, bleibt für den Menschen unfaßbar[450]. Als "das 'Wir' von Vater und Sohn" ist der Geist "wesenhaft anomym"[451], da "Geist" sowohl Bezeichnung für den ganzen Gott wie für die dritte Person ist, die demnach keinen Eigennamen mehr besitzt. Als die "person-gewordene Liebe von Vater und Sohn" ist der Geist "die letzte göttliche Freiheit, die sich durch die Einigung von Vater und Sohn, gleichsam durch das Zusammenlegen ihrer Liebesfreiheiten ergibt"[452]. Die Freiheit des Geistes (vgl. Joh 16, 13: 2 Kor 3, 17) "schließt aus, daß der Geist nur ein unpersönliches Prinzip, ein Medium oder eine Dimension ist; die Freiheit des Geistes setzt vielmehr die relative Eigenständigkeit des Geistes voraus"[453]. Die Anerkenntnis der personalen Eigenständigkeit des Geistes ist für die Wirklichkeit des christlichen Heils von ausschlaggebender Bedeutung: In der Freiheit der Gabe und Gnade Gottes, die der Heilige Geist in Person ist[454], liegt der Grund für die christliche Freiheit. Der Geist gleicht dem Wind, der weht, "wo er will; du hörst sein Brausen, weißt aber nicht, woher er kommt und wohin er geht. So ist es mit jedem, der aus dem Geist geboren ist" (Joh 3, 8).

---

448) TL III, 146; Hervorhebung im Original.

449) Ebd. 105.

450) Vgl. ebd. 132; W. Joest, Dogmatik I. Die Wirklichkeit Gottes, Göttingen 1984, 306 - 311.

451) H. U. von Balthasar, Spiritus Creator, 115.

452) Ebd. 115 f.

453) W. Kasper, Der Gott Jesu Christi, 260; vgl. H. U. von Balthasar, Spiritus Creator, 114 - 117.

454) Vgl. W. Kasper, Der Gott Jesu Christi, 277; H. U. von Balthasar, Theologie der Geschichte, 76 f.; TL III, 207 - 223.

Wer ist der Heilige Geist? Für Balthasar ist er der Unbekannte jenseits des Wortes[455]. "Das Anwesen des ewigen und unendlichen und heiligen Geistes im Innern des zeitlichen und endlichen und unheiligen Geistes ist so unfaßlich, daß es den göttlichen Geist gerade in dem Augenblick für uns endgültig unbekannt macht, da er die engste Fühlung und Verschmelzung mit uns eingeht: bis zur Ununterscheidbarkeit."[456] Das "letzte Subjekt - auf dem Grund unseres Subjekts - "[457] ist der Heilige Geist. Es liegt "ein Verhältnis der 'gegenseitigen Inexistenz'"[458] vor. Durch die persönliche (hypostatische) Einwohnung des Geistes erhält der Mensch Anteil an der göttlichen Natur (vgl. 2 Petr 1, 4). Der Heilige Geist wirkt das Heil. Ein dem hl. Augustinus zugeschriebenes Gebet bezeugt dieses Glaubensmysterium:

"Atme in mir,
du Heiliger Geist,
daß ich Heiliges denke.
Treibe mich,
du Heiliger Geist,
daß ich Heiliges tue.
Locke mich,
du Heiliger Geist,
daß ich Heiliges liebe.
Stärke mich,
du Heiliger Geist,
daß ich Heiliges hüte.
Hüte mich,
du Heiliger Geist,
daß ich das Heilige nimmer verliere."[459]

---

455) Vgl. H. U. von Balthasar, Spiritus Creator, 95 - 105; TL III, 209: Der Geist ist nicht der Sprechende als solcher und nicht das Wort als solches, sondern "die positive Fülle seines Schweigens, Atem des Vaters im Wort."

456) Ders., Spiritus Creator, 103.

457) Ebd. 104.

458) Ebd. 119.

459) In: V. Reinhart (Hrsg.), Du in unserer Mitte. Ökumenisches Gebetbuch, Freiburg - Basel - Wien 1989, 126.

## 2.2 Die Frage nach dem Heiligen

Heiligkeit Gottes und Heiligung des Menschen sind in der gegenwärtigen Theologie kein zentrales Thema. Von der Heiligkeit als der eigentlich göttlichen Wesensart ist selten die Rede, obwohl dies eigentlich im Verlauf einer "Neuentdeckung des Heiligen Geistes" zu erwarten gewesen wäre. "Man hat gegenwärtig sozusagen den Geist entdeckt, nicht aber seine Heiligkeit."[460] Um so erstaunlicher ist die Tatsache, daß die moderne Philosophie die Frage nach dem Heiligen wiederholt gestellt hat, "wenn auch häufig nicht mehr unter einem religiösen Aspekt"[461]. I. Kant versteht unter dem Heiligen den Inbegriff der sittlichen Pflichten des Menschen[462]. Für die Neukantianer zu Beginn des 20. Jahrhunderts bedeutet das Heilige die Zusammenfassung des Wahren, Guten und Schönen. Im Spätwerk M. Heideggers spielt der Begriff des "Heiligen" eine zentrale Rolle. "Der Denker sagt das Sein. Der Dichter nennt das Heilige"[463]. Heidegger verweist auf die Dichtung Hölderlins. Das Sagen des Denkers - er sagt das Sein - und das Nennen des Dichters - er nennt das Heilige - sind von gleicher Herkunft[464]. Für M. Scheler bilden die Werte ein absolutes, nicht veränderliches Reich von Wesenszusammenhängen.

---

460) L. Scheffczyk, Glaube als Lebensinspiration, 153.

461) Ebd.

462) Vgl. H III, 1/ 2, 831 - 839.

463) Ebd. 772, Anm. 31; H. U. von Balthasar zitiert hier M. Heidegger, Was ist Metaphysik?, Frankfurt/M. 81960, 51; vgl. auch H III, 1/ 2, 774 - 782; TL I, IX; L. Scheffczyk, Glaube als Lebensinspiration, 155: "Für den die moderne Philosophie weitgehend bestimmenden M. Heidegger ist das Heilige identisch mit dem ungegenständlichen Sein selbst, ein Aufleuchten des Urgrundes selbst, der aber gerade nicht als personal gedacht werden darf." G. Marcel, Tragische Weisheit. Zur gegenwärtigen Situation des Menschen, Wien 1974, 67 - 78; vgl. H. U. von Balthasar, Rechenschaft 1965, 10 f.: "Hat Heidegger nicht recht, wenn er den Menschen als Offenheit zum Sein, als den verantwortlichen Hirten des Seins definiert, der zuletzt nicht als Knecht von Gesetzen und Geboten ein ethisches Wesen ist, sondern im Erhorchenkönnen des Anrufs des Seins im ganzen in der jeweiligen Situation? Und wie sollte, da der Heilige Geist Gottes und Christi das All durchwaltet, nicht auch dieser wesenhaft geheimnisvolle, aus dem Absoluten herwehende Anruf in der Tiefe durchglüht sein von der Weisung des personalen Gottes der Liebe, anonym freilich, so daß auch über Heideggers Denken das Taufwasser ausgegossen werden kann?" Für Balthasar hat diese Sicht etwas Grandioses; das wahre Kirchenprogramm lautet für ihn jedoch: "größte Strahlungskraft in der Welt durch unmittelbarste Nachfolge Christi" (ebd. 13).

464) Vgl. H III, 1/ 2, 644 - 664.

In der Rangfolge der Werte stehen die religiösen Werte des Heiligen an oberster Stelle. Die phänomenologische Haltung[465] ermöglicht einen unbefangenen Hinblick auf das Heilige. R. Ottos Verständnis des Heiligen ist "vom Numinosen und den ihm antwortenden Gefühlen" geprägt[466]. Das Heilige wird zunächst als "mysterium tremendum" und erst später als "fascinosum" erfahren. Vorherrschend ist jedoch das Gefühl des Angerührtseins, in welchem dann Furcht und Faszination als Nuancen aufscheinen können. Das Buch R. Ottos[467] löste in der damaligen Geisteswelt eine tiefgreifende Bewegung aus, die in der heutigen, zum Wert des Heiligen nicht mehr vordringenden unmöglich wäre. B. Welte beklagt das Schwinden des Heiligen in einer entsakralisierten, geheimnislosen Welt[468]. Dies wird augenscheinlich in der Gegenüberstellung mit der griechischen oder römischen Antike, die in ihren dichterischen Werken Zeugnis ablegt für den numinosen Charakter des Seins. Vom Heiligen her wird der Welt des Menschen in der Antike ein Glanz zugemessen, der sie erhöht und vollendet[469].

---

465) Vgl. O. F. Bollnow, Philosophie der Erkenntnis. Das Vorverständnis und die Erfahrung des Neuen, Stuttgart 1970, 77 - 79.

466) Vgl. P. Stockmeier, Art. Heilig, 160; J. Splett, Die Rede vom Heiligen. Über ein religionsphilosophisches Grundwort, Freiburg/ München 1971, 32 - 54, bes. 42.

467) R. Otto, Das Heilige. Über das Irrationale in der Idee des Göttlichen und sein Verhältnis zum Rationalen, Breslau 1917.

468) Vgl. B. Welte, Auf der Spur des Ewigen. Philosophische Abhandlungen über verschiedene Gegenstände der Religion und der Theologie, Freiburg - Basel-Wien 1965, 113 - 151; St. Kušar, Dem göttlichen Gott entgegen denken. Der Weg von der metaphysischen zu einer nachmetaphysischen Sicht Gottes in der Religionsphilosophie Bernhard Weltes, Freiburg - Basel - Wien 1986, 187 - 238; G. Marcel, aaO. 109 - 130; 129: "Ich möchte ohne das geringste Zögern sagen, daß die Ontologie selbst nichts ist, wenn sie nicht zu den Quellen und damit zum Heiligen zurückkehrt."

469) Vgl. H III, 1/ 1, 22 f.; 226 - 236; ders., Rechenschaft 1965, 30 f.: "Herrlichkeit des Göttlichen in der Welt war (in Homer) die erste geformte Erfahrung des Abendlandes; und es wird evident, daß die Kunst genau so lange urgezeugt und selbst wieder urzeugende ist, als sie aus dem lebendig erfahrenen Mythos gestaltet. Philosophie löst sie ab, in den Vorsokratikern, ja in Platon noch ganz getränkt vom Licht des Mythos, zweideutig im Grundsinn der Transzendenz: Selbstmacht des Menschen? Offenbarung Gottes? Vergil, Plotin schließen die Antike gewaltig, mit der gleichen Grundfrage. Was wird das Christentum mit dem antiken 'kalon' anfangen?"

Der Wert des Heiligen, welcher im letzten "in Gott zentriert gedacht werden muß", wird in der Gegenwart nicht mehr hinreichend wahrgenommen[470], die Eigenursprünglichkeit des Heiligen übersehen, der Sinn für das Heilige abgestumpft. Liegt der Grund hierfür in der Schwierigkeit einer genauen Definition dessen, was mit dem Heiligen gemeint ist, oder aber in der Defizienz der Erscheinungsweise des Heiligen und Absoluten in der Welt? "Das durch absolute Höhe, absoluten Rang und absolute Reinheit schlechthin Entzogene und doch und zugleich uns selbst und das Ganze des Seins im Innersten Umfangende und uns in Schweigen und Andacht Angehende müssen wir das Heilige nennen."[471] Das Heilige wird aus seiner Entzogenheit her präsentisch[472]. Nur ein lassendes, nicht fassen wollendes Denken ist bereit für den Aufgang des Heiligen[473]. Das Sein-lassen des Sich-Zeigenden ist erforderlich, eine Haltung des Dienstes, die nicht bewältigen will. Das Heilige hat Bedingungen an das Denken zu stellen und nicht umgekehrt. "Lassendes Denken entdeckt sich selbst in der sich überfragenden Frage als ein sich gelassenes Denken und wird so zum verdankenden Denken"[474], das - durchflutet "von seinem entzogen-gewährenden Anfang als einem fascinosum et tremendum"[475] - nur verweist, da es das nicht faßt, dem es sich verdankt[476]. Der Mensch kann im Denken das heilige Geheimnis zwar berühren, aber nicht in einem definitiven Begriff festlegen. "Verdankendes Denken 'zählt' nicht, sondern es 'er-zählt', bezeugt im Bericht dessen, was sich begab, nicht die faßbaren Bestände, sondern das ihnen je Entgehende und in ihnen sich doch Zueignende."[477] Indem verdankendes Denken rühmt, was es bezeugt, wird das von ihm Gerühmte "über es hinaus und von sich weg in

---

470) Vgl. L. Scheffczyk, Glaube als Lebensinspiration, 156.

471) B. Welte, aaO. 329.

472) Vgl. K. Hemmerle, Das Heilige und das Denken. Zur philosophischen Phänomenologie des Heiligen, in: B. Casper u.a., Besinnung auf das Heilige, Freiburg-Basel - Wien 1966, 17.

473) Vgl. ebd. 21; H. U. von Balthasar, Présence et Pensée. Essai sur la Philosophie Religieuse de Grégoire de Nysse, Paris 1942, 64.

474) K. Hemmerle, Das Heilige und das Denken, 32.

475) Ebd.

476) Vgl. ebd. 33.

477) Ebd. 36.

seine Unsäglichkeit erhoben"[478]. Rühmung allein ist dem heiligen Geheimnis[479] angemessen, da sie in einem indirekten und verweisenden Sinn spricht. Rühmung meint qualitativ mehr, als ins Wort einzugehen vermag[480]. Gleichwohl ist das Bezeugte, Erzählte und Gerühmte dem verdankenden Verweisen präsent[481]. "Das Verkündete ist mächtiger als das bezeugende Verkünden, ihm voraus und über es hinaus und so gerade, aus seinem Zuvorsein und seiner Künftigkeit, in ihm gegenwärtig. Das verdankende Denken verkündet solchermaßen das heilige Geheimnis, ist seine Gegenwart und damit Gegenwart des ihm Entzogenen, es Übertreffenden - nicht auf die Weise beschwörender, also bemächtigender Magie, sondern im Wahren der Entzogenheit, im Übermächtigtsein von seinem Zuvorkommen und so zugleich im Verhoffen seiner unerschöpften Künftigkeit."[482] Im Aufgang der Heiligkeit Gottes im menschlichen Denken wird letztlich ein adorandum erfahren, nicht ein tremendum et fascinosum[483]. In der Unausdenkbarkeit seiner wesenhaften Majestät ist es für den Menschen das hinreißendste Geheimnis, das er rühmend zu nennen versucht, dem er wartend entgegen hofft.

Der Ruf nach dem Heiligen, die Rückkehr zum Heiligen ist "um Gottes wie um des Menschen willen"[484] unerläßlich. "Wie kann, wer seinsblind geworden ist, anders als gottesblind sein? Soll man sagen, daß der Christ, Künder der Gottesherrlichkeit heute, ob er will oder nicht, damit die Last der Metaphysik auf sich nimmt?"[485] In der Liturgie kommt der Heiligkeit Gottes bis heute eine zentrale Stelle zu; es ist ihr besonderer Dienst, Gottes Herrlich-

---

478) Ebd. 40.

479) Vgl. ders., Macht und Ohnmacht des Wortes, in: H. Fries u.a., Möglichkeiten des Redens über Gott, Düsseldorf 1978, 98.

480) Vgl. ders., Das Heilige und das Denken, 40.

481) Vgl. ebd. 48.

482) Ebd. 61; vgl. H. Waldenfels, "Spiritualität". Zur 'Wahrnehmung' des Geistes und zur 'Unterscheidung der Geister', in: M. Böhnke/ H. Heinz (Hrsg.), Im Gespräch mit dem dreieinen Gott (FS W. Breuning), Düsseldorf 1985, 390; K. Rahner, Grundkurs des Glaubens, 73 - 75: Das Woraufhin der Transzendenz als das "heilige Geheimnis".

483) Vgl. H III, 2/ 2, 249.

484) Vgl. W. Kasper, Der Gott Jesu Christi, 28.

485) H. U. von Balthasar, Rechenschaft 1965, 31.

keit auszustrahlen. Nimmt in der Lebenswelt der Christen das Verständnis für das Heilige jedoch weiterhin ab, so wird die Kluft zwischen Kult und normalem Lebensgefühl unüberbrückbar. Gänzliches Mißverstehen oder Profanisierung der Liturgie, das Ersetzen der sakralen Atmosphäre durch eine funktionalistische, neutrale und eintönige werden die Folge dieser Trennung sein. Einzig der Anbetung ist das Heilige wirklich heilig. Den Wert des Heiligen im Bewußtsein des Einzelnen und im allgemeinen Glaubensbewußtsein der Kirche neu zu verankern, ist die wesentliche Aufgabe heute. Das "Vater unser" nimmt in seiner ersten Bitte die Heiligkeit Gottes zum Ausgangspunkt und trägt Sorge um die Heiligung Gottes - ein bedenkenswerter Sachverhalt[486]. In seiner Schrift über das "Vater unser" umkreist Thomas von Aquin das Geheimnis der Heiligkeit Gottes und der Heiligung des Menschen[487]. Das Wesen des Heiligen bestimmt er als "das Wunderbare", "das Liebenswürdige", "das Ehrwürdige", "das Unaussprechliche" und das "Gefestigte"[488]. In der Heiligkeit Gottes, in seiner unüberbietbaren Würde, Hoheit und Lieblichkeit liegt der Grund für die Verehrung und Anbetung seitens des Menschen.

Im Christentum muß es darum gehen, göttliches Sein und Wesen in der Schöpfung anzuerkennen, durchzusetzen, anzubeten. "Würdig bist du, unser Herr und Gott, zu empfangen den Ruhm und die Ehre und die Macht, denn du hast alles erschaffen, und durch deinen Willen war es und ist geschaffen worden" (Offb 4, 11). Ziel der Schöpfung ist der Lobpreis der Heiligkeit Gottes. An der Schöpfung und in ihr soll schon jetzt Gottes Herrlichkeit hervorbrechen. Doch wie kann die weltzugewandte Heiligkeit Gottes genauer bestimmt werden? Geht Gottes Heiligkeit an der Welt auf, so daß die Welt für sie wie ein Transparent wirkt? Kann es geheiligte Menschen geben? Katholisches Glaubensdenken wird diese Fragen mit Ja beantworten. Jes 6, 3 ("von seiner Herrlichkeit ist die ganze Erde erfüllt") ist "im Sinne einer

---

486) Vgl. H.-J. Kraus, Heiliger Geist. Gottes befreiende Gegenwart, München 1986, 122 f.

487) Vgl. L. Scheffczyk, Glaube als Lebensinspiration, 157.

488) Vgl. ebd, 158; L. Scheffczyk zitiert hier Thomas v. A., Opuscula omnia, Paris 1927 (ed. P. Mandonnet) IV, 34.

seinshaften Ab- und Ebenbildlichkeit auf seiten der Geschöpfe zu deuten"[489]. Evangelisches Denken betont, daß die Heiligkeit Gottes, die als Herrlichkeit aufscheint, dem Menschen nur als rein eschatologische gegeben ist[490].

Zumindest in Jesus Christus, der als Mensch zur Schöpfung gehört, ist Gottes Heiligkeit in Herrlichkeit aufgeleuchtet (vgl. 2 Kor 4, 6; Joh 1, 14). Einer der ältesten Titel, die ihm "in der Anerkenntnis seines göttlichen Charakters"[491] verliehen werden, ist: der Heilige Gottes (vgl. Mk 1, 24; Joh 6, 69; Apg 3, 14; 4, 27. 30). "Jesus Christus, ohne Güter und ohne alles, was nach außen wie Wissenschaft erscheint, steht in seiner Ordnung der Heiligkeit. Er hat uns keine Erfindung geschenkt, er hat nicht geherrscht, aber er ist demütig gewesen, geduldig, heilig, heilig vor Gott, schrecklich den Dämonen, ohne jede Sünde. Oh, wie ist er gekommen in großer Pracht und in einer wunderbaren Herrlichkeit, für die Augen des Herzens, die die Weisheit schauen."[492] In Jesus Christus ist die Schöpfung durchscheinend geworden für die Heiligkeit Gottes. "Er ist der einzige Mensch, der in der Kraft Gottes und seines Geistes sich selbst vollkommen zu heiligen vermag. Und er tut dies nicht für sich selbst, sondern für uns, damit auch wir geheiligt sind in der Wahrheit"[493] (vgl. Joh 1, 16), damit diese Heiligung in alle Bereiche und

---

489) L. Scheffczyk, Glaube als Lebensinspiration, 163; vgl. H. U. von Balthasar, Karl Barth, 373 - 375.

490) Vgl. H. U. von Balthasar, Karl Barth, 375 f.; 381: "Unsere endgültige Erlösung ist eschatologisch, in spe, und ihr gegenüber sind wir in dieser Welt der Sünde Sünder unter Sündern, die mit Fug und Recht ihr tägliches mea maxima culpa beten. Dennoch wird der Katholik, das Paradox über Luther und Barth hinaus noch verschärfend, mit dieser eschatologischen Perspektive zusammen die andere, in der Schrift ebenso ausgeführte festhalten, daß der Christ schon in diesem Aeon von der vergangenen Sünde frei, des göttlichen Lebens in der Gnade teilhaft ist und unter keinem Zwang, weiterhin zu sündigen, steht."

491) Vgl. F. X. Durrwell, aaO. 30.

492) B. Pascal, Über die Religion und über einige andere Gegenstände (Pensées), Berlin 1937, 374 (XII. Beweise Jesu Christi; Gedanken 793).

493) H.-J. Kraus, aaO. 125; Hervorhebung im Original. Vgl. H. U. von Balthasar, Theologie und Heiligkeit, in: IKaZ 16 (1987) 484 f.: "Wenn hier der schon geheiligte Sohn um die Heiligung seiner Jünger bittet, so geschieht es, wie bei ihm selbst, im Kontext ihrer Sendung, um für die Wahrheit Zeugnis abzulegen, und damit dies erreicht werde, spricht er von seiner eigenen, jetzt von ihm getätigten Heiligung, die im Zusammenhang nichts anderes bedeuten kann als seine für sie (hyper) vollzogene Selbsthingabe in den Tod, seine Selbstopferung."

Verhältnisse der Schöpfung ausstrahlt[494]. Christen sind Heilige in Christus (vgl. 1 Kor 1, 2; Phil 1, 1). Gottes gnädige Zuwendung - im Heiligen Geist zutiefst geschenkt - gibt teil an Gottes Herrlichkeit (vgl. 1 Kor 3, 16 f.; Eph 2, 22). Berufung zur Heiligkeit ist sowohl "ungeschuldetes Geschenktsein" wie "ständiges Unterwegssein auf das Ziel der Heiligkeit Gottes hin"[495]. Obwohl die Herrlichkeit Gottes in der Welt schon anwesend ist, muß sie doch weiter durchgesetzt werden und zur Fülle heranwachsen[496]. Im Licht der Parusie Christi geht es darum, die Welt zum Besseren zu verändern, die Gegenwart in Richtung auf die absolute Zukunft zu überholen. Sinn und Ziel des Heilsgeschehens liegt im Offenbarwerden des Reiches Gottes, um das wir im "Vater unser" bitten (vgl. Röm 8, 18-23)[497]. "Geheiligt werde dein Name - dein Reich komme": Beide Bitten können als aufeinander bezogen gedacht werden. Durchsetzung der Heiligkeit Gottes auf ihre Vollendung hin und Verklärung der Welt sind untrennbar: "Gepriesen sei in Ewigkeit sein herrlicher Name; und seiner Herrlichkeit werde alle Welt voll" (Ps 72, 19). Für die griechischen Kirchenväter ist "der Geist als die eschatologische Gabe die Heiligung, Erfüllung, Vollendung und das Ziel aller Wirklichkeit", da er die "Vergöttlichung des Menschen und der Wirklichkeit" wirkt, "auf daß Gott sei alles in allem (1 Kor 15, 28)"[498]. Der Heilige Geist ist - als die Vollendung in Gott - auch die endzeitliche Vollendung der Welt[499]. "Wenn der Geist die ganze Schöpfung Christus unterworfen haben wird, wird der inkarnierte Logos alles wieder dem Vater übergeben, und der von der trinitarischen Liebe vibrierende Kreis wird alles und alle umfangen und in seine unendlichen Räume aufnehmen, die von der Liebe beseelt sind."[500]

---

494) Vgl. H. Jorissen, Christliches Verständnis von Welt, Mensch und Geschichte aus dem Glauben an die Menschwerdung Gottes, 135 f.

495) J. Weismayer, Leben in Fülle. Zur Geschichte und Theologie christlicher Spiritualität, Innsbruck 1983, 14.

496) Vgl. H. Jorissen, Christliches Verständnis von Welt, Mensch und Geschichte aus dem Glauben an die Menschwerdung Gottes, 138 f.; A. Ganoczy, Schöpfungslehre, Düsseldorf 1983, 76 - 78; H. Merklein, Jesu Botschaft von der Gottesherrschaft. Eine Skizze, Stuttgart 1983, 51 - 62.

497) Vgl. L. Scheffczyk, Glaube als Lebensinspiration, 164 - 166.

498) W. Kasper, Der Gott Jesu Christi, 275 f.; vgl. TL III, 399 - 410; A. M. Sicari, Der Heilige Geist und die "totale" Inkarnation, in: IKaZ 15 (1986) 18 - 20.

499) Vgl. W. Kasper, Der Gott Jesu Christi, 278.

500) A. M. Sicari, Der Heilige Geist und die "totale" Inkarnation, 20.

## 2.3 Heiligung

Jesus Christus ist der "Ausleger" des göttlichen Vaters (vgl. Joh 1, 18), der "Geist der Wahrheit und der Heiligkeit" der Einführer in die Wahrheit Jesu (vgl. Joh 16, 13). Das trinitarische Glaubensbekenntnis der Kirche nennt in Fortsetzung des "Ich glaube an den Heiligen Geist" die zentralen Wahrheiten, die von der "abschließenden Theologik" des Geistes zu erhellen sind: " 'die heilige katholische Kirche' als der fortlebende 'mystische Leib' des menschgewordenen Logos, ihre Vorgeschichte im inspirierten Wort der 'Propheten', ihr Sich-Ereignen in den 'Sakramenten', welche das Wunder der 'Sündenvergebung' in Taufe und Buße, der 'Gemeinschaft in den heiligen Dingen' (der Eucharistie) vermittelt und damit eine menschlich unbegreifliche Gemeinschaft der Geheiligten bis in das Martyrium der Stellvertretung füreinander hinein in eine Nachfolge des Kreuzes und schließlich eine solche auch in die 'Auferstehung der Toten' und 'das Ewige Leben' hinein. Alles dies sind Werke, die in Jesus grundgelegt sind, aber für die Menschen ermöglicht werden durch den ihnen vom Vater her gesandten und eingehauchten Heiligen Geist."[501] Der Vater als der "Quellgrund der Gottheit" (DS 490, 525, 568) offenbart sich dem Menschen in zwei göttlichen Hypostasen, dem Sohn und dem Geist. Sie sind "die beiden Hände des Vaters"[502]. Werk des Logos und Werk des Pneuma sind miteinander verknüpft[503]. Auf der einen Seite verheißt der Logos dem Menschen das Pneuma als Interpret für die Zeit seiner Rückkehr zum Vater, auf der anderen Seite "hat er alles, was er vorweg in seiner Ankunft im Fleisch und in seiner Passion und Auferstehung getan und erfahren hat, schon im Pneuma vollbracht, das der Vater auf ihn ohne Maß herabgesandt hatte"[504]. Logos und Pneuma sind als Einheit zu sehen[505]. Es gibt zahlreiche Werke, die nicht dem Logos oder dem Pneuma, sondern beiden gemeinsam zuzuschreiben sind. Obwohl jede Hypostase "nach ihrem Eigensein

---

501) TL I, XVIII f.

502) Vgl. TL III, 156 - 188.

503) Vgl. W. Kasper, Der Gott Jesu Christi, 258.

504) TL II, Vorbemerkung, 11; vgl. W. Kasper, Der Gott Jesu Christi, 251 - 256.

505) Vgl. TL III, 268 - 281.

wirkt", ist zu beachten, "daß der unteilbare dreieinige Gott alle Heilstaten in Einheit vollbringt"[506].

Der Wille der "Allerheiligsten Dreifaltigkeit" ist die Heiligung der Menschen (vgl. 1 Thess 4, 3)[507]. Jesus Christus als "der Heilige Gottes" (vgl. Lk 4, 34) ist den Unerlösten vom Vater her zur Gerechtigkeit und Heiligung geworden (vgl. 1 Kor 1, 30) im Heiligen Geist (vgl Röm 15, 16; 1 Kor 6, 11; 2 Thess 2, 13). Der Sohn Gottes ist der einzige Mittler zwischen der Heiligkeit Gottes und der Heiligung der Menschen (vgl. Hebr 10, 10). Die in Christus Geheiligten (vgl. 1 Kor 1, 2) sind angehalten, weiter nach Heiligkeit zu streben (vgl. Offb 22, 11), damit der Gott des Friedens sie ganz und gar heilige im Hinblick auf die Parusie Christi (vgl. 1 Thess 5, 23). Geheiligt vor Gott dürfen sie dem Herrn entgegengehen, wenn er mit allen seinen Heiligen wiederkommt (vgl. 1 Thess 3, 13). Auch die im Geist geheiligten Heiden sollen eine Opfergabe werden, die Gott gefällt (vgl. Röm 15, 16). Grundsätzlich sind alle zur Heiligung berufen; Heiligkeit ist Geschenk Gottes, eine Vorgabe, die unverdienbar ist. Dem Ruf Gottes hat der Mensch jedoch zu entsprechen durch die "antwortende Übergabe an den sich personal schenkenden Gott"[508], damit Heiligung sich voll verwirklichen kann. Heiligkeit ist sowohl Heiligkeit als Berufung wie als persönliche Antwort. "Dabei ist die Antwort selbst noch einmal ermöglicht und getragen von Gottes Selbstgabe im Wort. In diesen beiden aufeinander bezogenen, aber nicht aufzuhebenden Polen spiegelt sich die umgreifende Problematik des Verhältnisses von Gnade und Freiheit, von göttlicher Gabe und kreatürlicher Selbsttätigkeit."[509] Der Mensch ist heilig, da und dadurch daß er gerufen ist – und er ist heilig, d.h. hingegeben, weil er es ganz und gar will. Durch Evangelium, Taufe und Eucharistie wird er in die Seinsgemeinschaft mit Gott einbezogen (vgl. Röm 6, 14). Vom Geist der Heiligkeit zum Kind Gottes und Miterben Christi gemacht, ist er berufen, an Wesen und Gestalt des Sohnes Gottes teilzuhaben (vgl. Röm 8, 29), den neuen, nach dem Bilde Gottes in Gerechtigkeit und

---

506) TL II, Vorbemerkung, 11.

507) Vgl. G. L. Müller, aaO. 216 f.

508) Ebd. 217.

509) Ebd.

Heiligkeit geschaffenen Menschen anzuziehen (vgl. Eph 4, 24; Kol 3, 10; 1 Kor 6, 11). Obwohl christliche Heiligkeit einen ethischen Imperativ miteinschließt, steht das Anteilnehmen an der göttlichen Natur im Vordergrund (vgl. 2 Petr 1, 4). "Heiligung als sittliches Streben hat daher nicht den Charakter einer autonomen Selbstheiligung und der Erwerbung von Verdiensten, um der Gnade Gottes würdig zu werden."[510] Das Gleichförmigwerden mit Christus erfordert zwar eine Abkehr von der Sünde, die aber ermöglicht wird von der Gnade; als Freiheit befähigt sie den Menschen, sich von der Gegenwart des heiligen Gottes umgestalten zu lassen, um Anteil an seiner Heiligkeit zu erhalten (vgl. Hebr 12, 10), da ohne Heiligung keiner Gott schauen wird (vgl. Hebr 12, 14). Die ethische Seite der Heiligkeit darf sich nicht verselbständigen, obwohl immer wieder betont werden muß, daß die Sünde im Widerspruch zur Heiligkeit steht. Die heilige Kirche als Kirche der Heiligen ist Leib Christi und Tempel des Heiligen Geistes, weil der dreifaltige Gott selbst, der allein heilig ist, durch seine Heilsgaben Partizipation an seinem Leben ermöglicht.

Im "Hohenpriesterlichen Gebet" bittet Jesus seinen Vater: "Heilige sie in der Wahrheit; dein Wort ist Wahrheit. Wie du mich in die Welt gesandt hast, so habe auch ich sie in die Welt gesandt. Und ich heilige mich für sie, damit auch sie in der Wahrheit geheiligt sind" (Joh 17, 17-19). Nichts und niemand besitzt Heiligkeit ohne Gott[511]. Er holt Unheiliges und Unheilige hinein in den Raum seiner Wahrheit, der als schlechthin heiliger Raum nur von Geheiligten betreten und bewohnt werden kann[512]. "Im Johannes-Evangelium bezeichnet 'Wahrheit' die Wirklichkeit des heiligen Gottes. Mit seinem Wort zieht Gott Menschen auf seine Seite, heiligt er sie."[513] Es ist vom Geist des Redenden erfülltes Wort, es ist der Geist der Wahrheit, der als Heiligender in alle Wahrheit einführt. Seine Einführung ist "Einführung aus innerer Teilnahme in innere Teilnahme"[514]. Durch den Heiligen Geist, der die Tiefen

510) Ebd. 216.

511) Vgl. TL III, 250 - 252.

512) Vgl. ebd. 67.

513) H.-J. Kraus, aaO. 124; Hervorhebung im Original.

514) TL III, 66.

Gottes ergründet und den die Berufenen als einen solchen empfangen haben (vgl. 1 Kor 2, 10. 12), wird die Erkenntnis Gottes geschenkt, die Heiligung bedeutet. Die Geheiligten werden "nicht nur in eine nach außen gekehrte 'ökonomische' Trinität eingeführt, sondern in ihre immanente Wahrheit, sonst beträfe die Einführung durchaus nicht 'alle Wahrheit', es bliebe vom Mysterium Gottes etwas Unmitgeteiltes im Hintergrund zurück"[515]. Die Einführung des Geistes ist "immer sowohl Teilnahme am göttlichen Raum des Verhältnisses Vater - Sohn (und in diesem Sinn kann man diese Einführung 'Vergöttlichung' nennen) wie Teilnahme an der Inkarnation; eigentlich immer tiefere und wirkungsvollere Teilnahme daran, weil der göttliche Raum sich für uns nirgendwo anders erschließt als in der Selbsthingabe von Fleisch und Blut Christi"[516]. Die Einheit dieser beiden Dimensionen der Wahrheit zeigt: die Wahrheit ist "vom historisch-konkreten Ereignis nicht ablösbar", erweist sich jedoch "gerade durch die Geistauslegung als das Universal-Gültige"[517], das jede weltliche Teilwahrheit umgreift.

Die Geheiligten werden in die Welt gesandt, um von der Wahrheit und Heiligkeit Gottes Zeugnis abzulegen, um seine Wahrheit zu tun. "An ihren Früchten sollt ihr sie erkennen" (Mt 7, 16). Dem Wort der Verkündigung haben die entsprechenden Taten zu folgen, die allein das entscheidende Erkennungszeichen sind. "Das Neue Testament spricht von den '<u>Früchten des Geistes</u>' und zeigt damit an, welchem Ursprung die Taten zu verdanken sind."[518] Aus dem Wurzelgrund des Heiligen Geistes handelnd gilt es, dem Frieden und der Gerechtigkeit in einer Welt des Hasses, der Unterdrückung, der Lüge zum Durchbruch zu verhelfen. "Habt keine Gemeinschaft mit den unfruchtbaren Werken der Finsternis" (Eph 5, 11). Das bedeutet nicht, aus der Welt zu flüchten in ein lichtvolles Jenseits; das Dunkle, Böse muß ans Licht gebracht, aufgedeckt, bloßgelegt werden, um es von innen heraus zu überwinden. "Die 'Früchte des Geistes' wollen nicht auf der silbernen Schale distanzierter Sakralität der Welt dargeboten werden. Alles, was in der je

---

515) Ebd.

516) Ebd.

517) Ebd.

518) H.-J. Kraus, aaO. 127; Hervorhebung im Original.

neuen Sendung der Christenheit geschieht, tritt ein in Kampf und Auseinandersetzung."[519]

Es ist der Geist, der die Welt ihrer Sünde überführt. Diese Überführung ist nicht nur als ein Gericht über die Welt zu verstehen (vgl. Joh 16, 7-9), als "eine Verurteilung, die der Geist als Anwalt der (verfolgten!) Kirche der Welt zu Bewußtsein bringen wird"[520]. Das Aufdecken der Sünde kann als die Voraussetzung des Erbarmens Gottes gedeutet werden, "als eine im Erlösungsgeschehen der Welt unerläßliche Stufe, ja als eine zentrale Tat der göttlichen Barmherzigkeit"[521], die wiederum eine trinitarische ist, da ihr die Hingabe des Sohnes durch den Vater für das Heil der Welt vorausgeht[522]. Sünde wider den Geist würde die vom freien Menschen endgültig vollzogene Ablehnung dieses göttlichen Heilswerkes beinhalten, das für die gesamte Menschheit verwirklicht wurde[523].

## 2.4 Das Problem der Sünde

"Wir alle leiden an einer Schuld aus ungeahnten Tiefen"[524]. Der Mensch entscheidet sich nie aus einem absolut neuen Anfang heraus; er ist schon immer vorpersonal bestimmt durch das, was andere getan haben. In der Erfahrung des eigenen Belastetseins durch fremde Schuld, im Erfahren der eigenen Geschichtlichkeit, die mitkonstituiert ist durch die geschichtliche Entscheidung der anderen, erkennt er seine Geistigkeit als durch das sündhafte, existentiale Mitsein geprägt. Nicht in erster Linie die Teilhabe an einer abstrakten menschlichen Natur, sondern die gemeinsame Geschichte ist konstitutiv für die Einheit des Menschengeschlechtes[525]. Das Handeln der

---

519) Ebd. 131; vgl. TD III, 408 - 413.

520) H. U. von Balthasar, Laßt euch vom Geist bewegen, 137.

521) Ebd.

522) Vgl. ebd.

523) Vgl. ebd. 138.

524) F. Kafka, Quelle unbekannt. Vgl. H. U. von Balthasar, Das Ganze im Fragment, 107 - 114. 229 - 231.

525) Vgl. K. Rahner, Grundkurs des Glaubens, 113 - 115.

anderen ist der eigenen Freiheit kein nur äußerliches Faktum, sondern für sie vorpersonale Bedingung. Ohne personales Mitsein ist der Mensch nicht Mensch: "Hineingeboren in eine Gemeinschaft, in welcher die personale Sünde als beherrschende Macht west, nimmt der Mensch die Gesamtheit dieser personalen Sünden in seine Innerlichkeit auf. Diese werden zum konstitutiven Bestand seines Daseins. Er saugt sich gleichsam voll mit der sündhaften Gemeinschaftlichkeit, mit dem, was im biblischen Daseinsverständnis 'Welt' genannt wird."[526] Ohne jede persönliche Verschuldung befindet sich der Einzelne durch die Tatsache der Zugehörigkeit zu einer sündigen Gemeinschaft in einem Zustand der Gottabgewandtheit. Vor jeder freien Entscheidung steht er unter der Herrschaftsgewalt der Sünde, ist er von der Unheilsgeschichte der Welt in seiner Freiheit innerlich mitbestimmt.Die Gottesferne, dem einzelnen Menschen schon als Last vorgegeben, wird durch seine eigene Sündentat aufgenommen und bekräftigt. "Alle persönliche Sünde ist immer auch Sünde an der Gemeinschaft und mitverursacht durch Sünde der Gemeinschaft."[527] So entsteht eine geheimnisvolle Solidarität der Sünder, aus der sich keiner heraushalten kann mit dem Hinweis, die Schuld der Gesamtheit ginge ihn nichts an[528]. "Dichter wie Dostojewski und Claudel wissen im tiefsten - wiederum gemeinsam mit den Heiligen - um diese soziale Seite der Schuld."[529] Im "Kriegslied" von M. Claudius kehrt mehrmals die Zeile wieder: " 's ist leider Krieg - und ich begehre, nicht schuld daran zu sein"[530]. Der Gedanke einer Mitschuld erscheint abwegig, und doch kann niemand es wagen, vor Gott und der Welt seine Unschuld zu beteuern. Merkwürdig stockend läßt sich nur sagen, daß man gerne unschuldig wäre. "Unüberhörbar geht durch die Literatur die Frage nach der gesellschaftlichen Verflechtung des Bösen."[531] Schuld ist ein kollektiv-politisches, nicht einfach ein individuell-moralisches Problem. "Sie liegt in den Widersprüchen, in die sich

---

526) L. Boros, Mysterium Mortis. Der Mensch in der letzten Entscheidung, Olten/ Freiburg i. Br. $^{8}$1968, 134.

527) H. U. von Balthasar, Karl Barth, 383 f.

528) Vgl. TD III, 161.

529) Ders., Karl Barth, 384.

530) In: M. Claudius, "Aus dem Wandsbecker Boten". Auswahl und Nachwort von K. Nussbächer, Stuttgart 1981, 34.

531) F. Böckle, Fundamentalmoral, München 1977, 106.

Menschen sehenden Auges im Sozialisierungs- , Technisierungs- und Herrschaftsprozeß hineinbegeben."[532] Schuld konstituiert sich durch das Teilsein am negativ bestimmten Ganzen.

"Die Möglichkeit des Bösen ergibt sich aus der Polarität der menschlichen Freiheit, die sich selbst wahrhaft überantwortet ist, aber auch überantwortet weiß, weshalb sie sich durch ihre Selbstergreifung verdanken (und damit transzendieren) muß: in einem einzigen Akt der Wahl. Um dieser Wahl willen bleibt das schenkende absolute Gute in einer Latenz, während die Geschenktheit selbst für die endliche Freiheit in voller Beleuchtung steht."[533] In der Sündenfallerzählung des Alten Testamentes drückt sich die Glaubensüberzeugung von einer allgemeinen Menschheitssünde, einer Urwahl gegen Gott aus; sie fällt nicht mit der Erschaffung des Menschen zusammen, sondern ist ein Einbruch in die ursprünglich gute Schöpfung. Der Verfasser des Berichtes "innerhalb der größeren geschichtstheologischen Komposition des Jahwisten" unternimmt den Versuch, "das auf Israel lastende Unheil durch einen Rückschluß auf ein Geschehen in der Urzeit zu erklären."[534] Der Verweis auf die Vergangenheit meint nicht unbedingt ein tatsächliches Ereignis, sondern will klarstellen: das Böse in der Welt stammt nicht von Gott, sondern entspringt menschlicher Schuld. Durch eine menschliche Tat am Anfang der Geschichte, die fortzeugend neues Unheil gebiert, kommt die Sünde in die Welt und breitet sich weiter aus. Die menschliche Unheilssituation rührt von Adam her, darf aber nicht allein ihm angelastet werden[535]. Das Modell der "korporativen Persönlichkeit"[536] verschafft Zugang zur "Lehre von einer Solida-

---

532) Ebd. 106 f.

533) TD III, 148; Hervorhebung im Original.

534) L. Scheffczyk, Das Dogma von der Erbsünde, in: R. Schnackenburg (Hrsg.), Die Macht des Bösen und der Glaube der Kirche, Düsseldorf 1979, 108; vgl. ebd. 109: "Es handelt sich hier um eine von manchen so genannte 'geschichtliche' Ätiologie."

535) Vgl. S. Kierkegaard, Der Begriff der Angst, in: E. Hirsch (Hrsg.), Sören Kierkegaard. Auswahl aus dem Gesamtwerk, Wiesbaden 1964, 386: "Wie die Sünde in die Welt gekommen ist, das versteht ein jeder Mensch einzig und allein aus sich selbst."

536) Vgl. TD III, 170; ebd. 173, Anm. 30: "Die jahwistische Herleitung der Unheilssituation von einem Stammvater aller Menschen überschreitet bereits jedes konkrete Clandenken, das immer sippenhaft beschränkt bleibt, und ebenso die

rität aller Menschen mit Adam und von einer Universalität in der Sünde"[537]. Das in der Genesis vorherrschende universale Einheitsbewußtsein verliert sich nach der Reichsteilung von 926 v. Chr. Die Unheilssituation wird nicht mehr ausschließlich von Adam hergeleitet, sondern "auf den Bundesbruch zur Zeit des Moses in der Wüste zurückgeführt"[538]. Die nicht ausrottbare Neigung Israels zu fremden Göttern löst die Sünde aus und verstärkt sie immer mehr. Konstitutiv für die Unheilssituation sind nicht allein die Sünde am Ursprung, sondern auch sämtliche Sündenfolgen und die hinzutretenden Einzelsünden des Menschen.

Im Neuen Testament (vgl. Röm 5, 12-21) wird die von Adam herkommende Sünde als herrscherliche Macht angesehen, die den Menschen von seiner Herkunft her prägt[539]. Sie führt zu neuen Sünden und konkretisiert sich in ihnen. Ihre Zielbestimmung liegt im Tod, gedacht als leiblicher und ewiger Tod und als Verdammnis von Gott her. Die von Adam herrührende Unheilssituation ist ausgelegt als Einheit von Sündenmacht, Einzelsünden, Tod und Verwerfung. Sie wird aufgewogen und überboten durch die Heilssituation in Jesus Christus, dem zweiten Adam. In der Adam-Christus-Parallele[540] wird deutlich: Die Gnade Christi auf der Heilsseite ist gewaltiger als die Sünde auf der Unheilsseite. In Röm 5, 15 heißt es: "Doch anders als mit der Übertretung verhält es sich mit der Gnade; sind durch die Übertretung des einen die vielen dem Tod anheimgefallen, so ist erst recht (πολλῷ μᾶλλον) die Gnade Gottes und die Gabe, die durch die Gnadentat des einen Menschen Jesus Christus bewirkt worden ist, den vielen reichlich zuteil geworden."[541] Alle Menschen tragen nach Paulus das Bild des ersten Menschen in

---

spätere Idee der nationalen Solidarität Israels, die die Unheilssituation eines ganzen Volkes von einer weitentfernten Schuld (Ursprung Jerusalems, Jakobs List) herschreibt, gründend in der Vorstellung der 'korporativen Persönlichkeit' (J. de Fraine, Adam und seine Nachkommen, Köln 1962), einer anders konkretisierenden Abschattung des Grundgedankens der gesamtmenschlichen Solidarität."

537) L. Scheffczyk, Das Dogma von der Erbsünde, 109.

538) Ebd. 110.

539) Vgl. TD III, 152 f.; L. Scheffczyk, das Dogma von der Erbsünde, 110 - 113; A. Ganoczy, aaO. 71.

540) Vgl. A. Ganoczy, aaO. 69 f.; R. Schwager, aaO. 188 - 191.

541) Vgl. TD III, 165. 172.

sich. Sie stellen ihn so dar, daß sie auch von seiner Sünde innerlich bestimmt sind. Sie sind "in Adam", im Tod, im Ungehorsam, im Unheil. Durch das Christusgeschehen ist ihnen aber die Möglichkeit eröffnet, "in Christus" zu sein, an seinem Leben Anteil zu erhalten und den Tod endgültig hinter sich zu lassen. Die Schicksalsgemeinschaft in Christus greift tiefer als die Schicksalsgemeinschaft in Adam[542]. Das Geheimnis der Sünde bleibt immer und von vornherein vom zuvorkommenden Angebot der Erlösung umfangen[543]. In der Bibel ist "eine Gewichtung der Kräfte vorhanden und eine Zuordnung der Gegenseite, die erkennen läßt, daß die Erlösung das eigentlich Gewollte, das Letztintendierte ist, die von Gott gesetzte Konstante, die die Sünde nur wie eine abhängige Variable bei sich hat"[544]. Sünde kann trotz ihrer Macht nicht isoliert verstanden werden, sondern ist eingebunden in die Universalität des Erlöstseins. Die Sünde wird in den Dienst der Gnade genommen, denn Gott schreibt auch auf krummen Zeilen gerade.

"Was in der Theologie peccatum originale, Ursprungssünde - das deutsche 'Erbsünde' (seit der deutschen Mystik) ist einengend und mißverständlich - genannt wird, hat tiefe Wurzeln in der Theologie des Alten und Neuen Testaments, bleibt aber trotzdem eines der nie ganz aufhellbaren 'Mysterien' der biblischen Offenbarung."[545] Augustinus interpretiert die Tragweite einer Ursünde folgendermaßen: In Adam[546] haben alle Menschen ausnahmslos

---

542) Vgl. ders., Karl Barth, 368.

543) Vgl. K. Rahner, Art. Erbsünde, in: K. Rahner/ A. Darlap u.a. (Hrsg.), Sacramentum Mundi I, Freiburg - Basel - Wien 1967, 1110: "Freilich wäre es notwendig, in der katholischen Theologie, die 'objektive Erlöstheit' im voraus zu Glaube und Sakrament paulinisch deutlicher als innerlich den Menschen bestimmendes Existential zu sehen, als es gewöhnlich geschieht, weil erst dadurch die genaue Parallele zwischen der Unheilssituation von Adam her und der Heilssituation von Christus her, die Vorgegebenheit einer solchen Situation in beiden Fällen für die personale Entscheidung, die Ratifikation der einen oder anderen Situation durch persönliche Sünde (die Paulus V. 12 mitsieht) oder durch den Glauben, in welchen diese geschichtlichen Vorgegebenheiten übernommen werden, deutlicher greifbar sind."

544) L. Scheffczyk, Das Dogma von der Erbsünde, 112.

545) TD III, 168; Hervorhebung im Original.

546) Vgl. Röm 5, 12; nach dem griechischen Original heißt es: "die Sünde kam in die Welt durch einen einzigen Menschen ..., weil (ἐφ' ᾧ) alle sündigten"; die altlateinische Version, wie dann auch die Vulgata, übersetzt aber: "die Sünde

gesündigt, sie sind durch die Ursprungssünde schuldig und verdammungswürdig geworden. Die Ursünde führt zur Erbsünde: "Was Adam nach der biblischen Erzählung tat, besitzt nicht einfach Urmodellwert, sondern wird als die das Schicksal aller Adamskinder geschichtlich und wesenhaft bestimmende Vatertat gedeutet."[547] Die Erbsündenlehre des Augustinus ist gegen Pelagius gerichtet, der eine Einbeziehung der Säuglinge in die universale Sünden- und Schuldverflechtung und folglich die Notwendigkeit der Kindertaufe "in remissionem peccatorum" ablehnt, da die Neugeborenen ebenso unschuldig seien wie Adam vor seiner persönlich vollzogenen Ungehorsamstat. Augustinus sieht das Wesen der Erbsünde "in der von Gott abwendenden Konkupiszenz, insofern und solange der dieser anhaftende Schuldreat durch die Taufe nicht aufgehoben ist; er sieht sie übertragen durch die Libido, unter der in der elterlichen Zuneigung der Mensch ins Dasein tritt."[548] Vom Moment der Empfängnis im Mutterschoß an ist der Mensch befleckt durch eine väterliche Schuld, die aber infolge der Samenübertragung und -keimung auch seine Schuld ist[549]. Ungetaufte Kinder und ungetaufte Erwachsene bilden so gleichermaßen eine einzige massa damnata. Erst die Taufe beseitigt die Tyrannei des Bösen über den Täufling, indem sie die Gnade Gottes vermittelt. Die Kirche begegnet dem einzelnen als Organ des Heilswirkens Gottes in Christus. Der Mensch wird in eine Gemeinschaft aufgenommen, in der die

---

kam in die Welt durch einen einzigen Menschen ..., in dem (in quo) alle sündigten"; diese irrtümliche Auslegung erhärtet den Gedanken an einen solidarischen Mitvollzug der Sünde Adams durch alle seine Nachkommen und an das entsprechende Schuldigsein. Vgl. A. Ganoczy, aaO. 98 f.

547) A. Ganoczy, aaO. 99.

548) K. Rahner, Art. Erbsünde, 1107.

549) Vgl. A. Ganoczy, aaO. 100; TD III, 173, Anm. 30: "Die Geschlechtlichkeit gehört als solche, selbst wenn sie durch das christliche Sakrament geheiligt wird, zur Sphäre des ersten Adam, was daran erkennbar ist, daß auch das Kind christlicher Eltern mit der 'Erbschuld' behaftet auf die Welt kommt (hierin liegt das Korn Wahrheit in der Theorie Augustins)." In der Kirchenversammlung von Trient (1546) wird mit Augustinus und Luther die antipelagianische Lehre betont, die Sünde Adams werde durch Abstammung, nicht durch Nachahmung (propagatione, non imitatione) übertragen; sie wohnt allen inne und ist jedem eigen (vgl.DS 1513). Die Gleichsetzung von Erbsünde und Konkupiszenz und die Bestimmung dieser als Sünde wird zurückgewiesen. Die Begierlichkeit stammt zwar aus der Sünde und macht zur Sünde geneigt, ist aber keine Sünde im eigentlichen Sinn, da doch in der Taufe die Erbsünde wirklich getilgt wird, obwohl die Konkupiszenz bleibt (vgl. DS 1515).

Gnade Christi als gemeinschaftsbildende Macht vorherrschend ist. An der Erbsünde zeigt Augustinus das Geheimnis der Gnade auf. Aus der verkehrten Grundrichtung der Existenz kann sich der Mensch nicht selbst befreien. Gnade kann nicht durch eigene Willensleistungen erworben werden, sondern ist immer Geschenk, ohne allerdings den freien Willen angesichts der Übermacht der Gnade aufzuheben. In der Taufe geschieht eine wirkliche Tilgung der Erbsünde, obwohl eine gewisse Verwundung der menschlichen Natur zurückbleibt. Gott schenkt deshalb dem Getauften im weiteren Lebensverlauf seine aktuelle Gnadenhilfe in reichem Maße, damit die noch verbleibenden Kräfte der Begierlichkeit leichter überwunden werden können. Mit seinen Gedanken über das Verhältnis Sünde - Gnade nimmt Augustinus eine realistisch begründete Position "zwischen den Extremen des alles Geschöpfliche als sündhaft ansehenden Manichäismus und des oberflächlich humanistischen Pelagianismus ein" [550]. Eine sorgfältige Unterscheidung und Klärung des Analogieverhältnisses von Erbsünde und persönlicher Sünde wird bei Augustinus nicht vorgenommen.

Als Gegenaussagen gegen den Pelagianismus sind folgende unaufgebbare Momente der kirchlichen Erbsündenlehre festzuhalten: die Existenz eines der persönlichen Freiheitstat vorgegebenen Schuldzustandes, die Universalität der Sünde, die Solidarität aller in der Sünde. Erbsünde im heutigen Verständnis ist die christliche Kurzformel für die grundlegende Erfahrung, daß die von Schuld gezeichnete Situation des Todes, der Begierlichkeit, der Vergeblichkeit unaufhebbar ist, "weil sie zum Anfang gehörend, bleibend zu den Konstitutionen aller Geschichte, auch der kommenden, gehört"[551]. Die Menschheit ist erlösungsbedürftig, kann sich aber nicht selbst erlösen. In P. Schoonenbergs Darstellung[552] befindet sie sich in einer gnadenlosen, unerlösten Situation. Durch die Folgen der Sünde einzelner wird ein ungutes Situiertsein anderer bewirkt und der Spielraum der Freiheit eingeengt. Physisch ist der Einzelne frei, aber moralisch nicht in der Lage, seine Freiheit zu entfalten.

---

550) L. Scheffczyk, Das Dogma von der Erbsünde, 115.

551) K. Rahner, Art. Erbsünde, 1115.

552) Vgl. P. Schoonenberg, Theologie der Sünde. Ein theologischer Versuch, Einsiedeln 1966; TD III, 169; F. Böckle, aaO. 135 f.

P. Schoonenberg deutet Erbsünde als Sünde einer Gemeinschaft, letztlich als Sünde der Welt, die zu verstehen ist als Summe aller aktuellen Sünden einschließlich der Sünde des Anfangs. Summe meint nicht eine bloß äußere Zusammenfügung ohne inneren Zusammenhang. In Adam wird die Zusammengehörigkeit aller in der Berufung wie auch im Versagen ihr gegenüber dargestellt. Vergangenheit, Gegenwart und Zukunft laufen so vom Standpunkt der göttlichen Berufung aus in einem einzigen Punkt zusammen. Die Solidarität aller Menschen in der Schuld wird in der Bibel typologisiert: Die Sünde Adams ist im zeitgerafften Verständnis die Summe aller aktuellen Sünden und deshalb Grund der Unheilssituation. Der Mensch ist nicht nur äußerlich in die Gemeinschaft des sündigen Versagens eingefügt; hinzu kommt sein existentiell gebrochenes Verhältnis Gott gegenüber. Durch die Verwerfung Christi selbst in seiner Tötung erreicht die Sünde der Welt ihren Höhepunkt. Vom Menschen aus ist die Welt endgültig gnadenlos gemacht, und nur die Übermacht der Liebe Christi hat die Menschheit von diesem Tod erlöst. Nach Auffassung Balthasars liegt das kirchliche Verständnis der Ursprungsschuld gegenüber dem Deutungsversuch Schoonenbergs "eindeutig eine Schicht tiefer; die historische Vermittlung ist nur das Vehikel eines metahistorischen Sachverhalts."[553]

K.-H. Weger[554] bestimmmt Erbsünde als das gegen die Absicht Gottes verstoßende und somit schuldhafte Fehlen der kategorial zu vermittelnden heiligmachenden Gnade Gottes, als "Umkehrung der Gnadenvermittlung"[555].

---

553) TD III, 169.

554) Vgl. K.-H. Weger, Theologie der Erbsünde. Mit einem Exkurs: Erbsünde und Monogenismus von Karl Rahner, Freiburg - Basel - Wien 1970.

555) Ebd. 127; vgl. TD III, 168 f.: "Dieses Manko ist nicht nur der Quellgrund der unzählbaren persönlichen Sünden der Einzelnen, sondern die Ursache der Unfähigkeit aller, aus den ihnen verbleibenden Kräften wirksam ihr Endziel bei Gott anzustreben. Die Vorstellung eines solchen sozialen Mankos (das sorgsam vom Begriff der persönlichen Sünde oder Schuld zu unterscheiden ist), scheint zunächst deshalb vor allem befremdlich, weil Sündigen (im Gegensatz zum Wirken in der Gnade und Liebe) den Menschen vereinzelt, seine Gemeinschaftsbezogenheit mindert oder zerstört, so daß man sich zwar vorstellen kann, seine Abscheidung entziehe andern eine Liebeskraft, durch die sie gestärkt und gefördert werden könnten, nicht aber, sie entziehe ihnen wurzelhaft etwas Wesentliches von ihrer Beziehung zu Gott." Vgl. K. Rahner, Art. Erbsünde, 1108: Der eigentliche Grund des Mysteriums der Erbsünde "liegt im Geheimnischarakter der heiligmachenden

Jeder Mensch ist von der angenommenen oder abgewiesenen Gnade der Mitmenschen innerlich und vorpersonal bestimmt, da sich Gnadenvermittlung interkommunikativ ereignet. Die Verweigerung der Gnade des einen Menschen ist so gleichzeitig die Ablehnung der Gnadenvermittlung für den anderen. Deshalb gilt: Wenn es persönliche Sünde gibt, ist auch die Erbsünde eine Realität. Die Schuld des einen hat aufgrund der Geschichtseinheit eine innere, vorpersonale Gnadenlosigkeit anderer zur Folge. Durch den Nachvollzug fremdverursachter Schuld in der persönlichen Sünde verwirklicht sich Sünde und bleibt lebendig. In der Taufe wird das Fehlen der kategorial zu vermittelnden Gnade aufgehoben durch die Eingliederung in die "das heilige Pneuma besitzende Kirche Jesu Christi"[556] als kategoriale Vermittlerin der Gnade und so die Erbsünde als Schuld getilgt. Auch das Kind bedarf der Erlösung in Christus, wird es doch in eine sündige Menschheit hineingeboren, die von je her durch schuldhafte Gnadenlosigkeit bestimmt ist. K.-H. Weger sieht in seiner Deutung der Erbsünde alle Grundaussagen katholischer Erbsündenlehre verifiziert: Erbsünde ist durch menschliche Schuld hervorgerufen und nicht einfach mit der Geschöpflichkeit des Menschen gegeben; sie liegt dem freien Entschluß des einzelnen "als eine ihm innere und eigene Bestimmung" voraus; "sie ist wirkliche Schuld des Menschen vor Gott, wenn auch der persönlichen Sünde nur analog", da sie durch das Fehlen der Gnade Gottes, die dem Menschen nach dem göttlichen Heilswillen zugedacht war, konstituiert ist; "sie ist universal"[557], weil jeder Mensch wegen seiner Zugehörigkeit zur Unheilsgeschichte der Menschheit, die es schon immer gibt, Erbsünder ist.

---

Gnade als Selbstmitteilung des wesenhaft heiligen Gottes. Insofern diese Selbstmitteilung des wesenhaft (ontologisch) allein heiligen Gottes der freien Entscheidung der ambivalenten (und daher noch nicht vom Wesen her heiligen) Kreatur als Gnade vorausliegt, ist mit ihr schon eine Heiligkeit des Menschen gegeben, die der sittlichen Güte ('Heiligkeit') der Freiheitsentscheidung vorausliegt und (wo in Freiheit angenommen) dieser und der aus ihr erfolgenden Zuständlichkeit eine heilige Qualität verleiht, die sie aus sich nicht hat. Das nicht sein sollende Fehlen dieser 'Heiligkeit', die der sittlichen Entscheidung vorausliegt (das Fehlen der Begabtheit mit dem 'heiligen' Pneuma Gottes), begründet daher einen Unheiligkeitszustand, der der sittlichen Entscheidung des einzelnen vorausliegt." Vgl. TD III, 256, Anm.20.

556) K.-H. Weger, Theologie der Erbsünde, 171.

557) Ebd. 161.

"Von Gott her betrachtet bewirkt die 'Erbsünde' keinen Unterbruch des Gnadenangebotes, sondern nur eine Verwandlung dieses Angebotes, das nicht mehr in der Gestalt jener Gnade ergeht, die auf dem Begründetsein der Schöpfung und des Menschen auf der bloßen Schöpfungsmittlerschaft des Sohnes aufruht, sondern sich in der Gestalt der Erlösungsgnade im Kreuz und im Tragen der Weltschuld vorstellt."[558] Die Erbsünde sollte nicht universaler und wirksamer eingestuft werden als die Erlösung durch Christus[559]. Obwohl der Mensch von Adam her im Raum der Gnadenlosigkeit steht, ist er doch von Christus her in das Führungsfeld der Gnade einbezogen. Eine christologische Deutung der Erbsündenwahrheit geht davon aus, "daß Christus das Haupt der Menschheit ist und damit zugleich ihre tiefste einheitsstiftende Kraft, die schon am Ursprung der Menschheit ihre Hauptfunktion"[560] ausübt. Die Menschheit löst sich durch die Sünde von der Gnade des Hauptes; sie bleibt "bis zur Wiederbehauptung durch die Menschwerdung Jesu Christi in dieser Trennung"[561]. Am Kreuz zeigt sich, "was die Sünde ist, und an Ostern, was die Gnade vermag"[562]. Im Karsamstag als Hiatus zwischen Kreuz und Auferstehung prallen der Gehorsam Jesu und die Weltsünde aufeinander; der Bund Gottes mit den Menschen wird endgültig besiegelt, da im vollkommenen Ja Jesu zu Gott jedes mögliche und wirkliche Nein der Menschheit zur angebotenen Liebe Gottes überwunden ist. Jener Rest, "der im Schöpfungswerk des Vaters nicht aufgehen konnte, weil er den Menschen Entscheidungsfreiheit für oder gegen Gott gelassen hatte"[563], wird vom menschgewordenen Sohn eingeholt. In der Menschheitsgeschichte wird ein göttlicher Weltplan erahnbar, "der den Absturz der Menschheit in der Ur- und Erbsünde einbezog, um die Schöpfung auf höhere Weise zu erneuern"[564]. Ubi

558) TL III, 175.

559) Vgl. K. Rahner, Art. Erbsünde, 1109. 1114; TD III, 175, Anm. 33.

560) L. Scheffczyk, Das Dogma von der Erbsünde, 119; vgl. TD III, 173, Anm. 29.

561) L. Scheffczyk, Das Dogma von der Erbsünde, 119.

562) H. U. von Balthasar, Karl Barth, 385.

563) H III, 2/ 2, 216.

564) L. Scheffczyk, Das Dogma von der Erbsünde, 119; vgl. TD III, 176: "Aus höchster Perspektive ist unsere Schuldsolidarität die Bedingung der Möglichkeit für die Offenbarung des letztmöglichen Einsatzes Gottes für seine ganze Menschheit, da er nicht die Schuld einzelner Auserwählter, sondern wahllos aller auf sich

abundavit peccatum, superabundavit gratia[565]. Der Abgrund der Liebe Gottes umgreift auch noch die abgründigste Gottlosigkeit der Welt. Jesus Christus liebt die Menschheit durch seinen Tod am Kreuz in die Vollendung hinein. "Das, was die Apokalypse als die Hochzeit des Lammes bezeichnet, ist nicht der Abschluß, sondern der Anfang eines in der äonischen Dauer anhebenden Lebens."[566]

## 2.5 Sich-führen-Lassen vom Heiligen Geist

Der neue Mensch, die erneuerte Schöpfung nach dem Willen Gottes kann nur im Heiligen Geist Wirklichkeit werden. Der Geist aktualisiert in jedem Getauften die Fülle des göttlichen Lebens und realisiert ihn in seiner höchsten Einmaligkeit. Sein Werk besteht in der Wiedergeburt und Metamorphose des Menschen, so daß der Sinn und das letzte Ziel der menschlichen Existenz heißen kann: Empfang des Heiligen Geistes. Ein dynamisches Verständnis, eine Anthropologie im Sinne einer Anthropo-gonie ist erforderlich, um das Wirken des Geistes zu verdeutlichen. Damit der Mensch in der Wahrheit und im Lichte Gottes zu bleiben und die verheißene Verklärung zu erreichen vermag, bedarf es immer wieder der Bitte um den Geist Gottes, der Urheber alles Wahren, Guten und Schönen ist. Es geht nicht nur um einige Augenblicke, in denen der Geist erfahrbar wird - Momente der Überwältigung durch das Heilige - , sondern um die Prägung des ganzen Lebens durch den Heiligen Geist, der so zur Grundmelodie und zum Hauptmotiv des Daseins wird. Nichts im Menschen kann bestehen ohne das Licht, Feuer und Wehen des Schöpfer- und Helfergeistes. Solange es bei vereinzelten Momenten der Geisterfahrung bleibt, ohne daß ein innerer Zusammenhang aufscheint, ist das gnadenhafte Leben im Geist noch nicht Realität geworden. Es geht um die Herrschaft des Geistes, der als führende Macht und belebende Kraft aus der Höhe die Strukturlinien der christlichen Existenz bleibend bewegt und verändert; um die Auslieferung an den "Unbekannten jenseits des Wortes" als dem Unbegreiflichen, der aus dem Gewohnten, Begrenzten, Festgelegten herausführt

---

genommen hat (DS 624, 2005)." Vgl. auch H. U. von Balthasar, Epilog, 95 f.

565) Röm 5, 20; vgl. H. U. von Balthasar, Karl Barth, 386.

566) TD III, 184; Hervorhebung im Original.

und neue Perspektiven eröffnet. "Wer im geistlichen Leben die Grundlage und Quelle jeder christlichen Aktivität sieht, sucht nicht mehr und nicht weniger, als aus der Fülle des Geistes Jesu Christi heraus zu leben ... Natürlich gehört es zur Fülle Christi, daß wir nicht über sie verfügen. Wer kann schon über das Meer verfügen? Aber man kann sich in das Meer hineinstürzen und sich von ihm tragen lassen."[567] Nur wer sich dem Heiligen Geist vollkommen anvertraut, erfährt seine göttliche Mächtigkeit und befreiende Gegenwart. Die Fülle Christi "ist unendlich weit, aber sie läßt uns nicht ertrinken. Sie nimmt in eine Bewegung auf, in der wir immer mehr in den Wirbel des Geistes hineingerissen werden."[568] Die Haltung des Sich-Lassens ist Voraussetzung für die Erfahrung des Gehalten-Seins: Der aus sich Herausgerufene weiß sich getragen vom Geist, der ihn ruft und antreibt, ins Unbekannte und Wortlose hinauszuschreiten. "Nur im Glauben können wir das Wort als Geländer loslassen, um schwindelfrei im Raum der Freiheit zu wandern, nur in der glaubenden Hoffnung dürfen wir uns mit Petrus aus dem Schiff wagen auf die wogende Unendlichkeit des Gottesgeistes hinaus."[569] Der Geist der Heiligkeit ist als Umgreifender ein Ergreifender, als Waltender ein Gewaltiger; aus seinen Wirkungen ist kein abgerundetes Bild von ihm zu erheben; er ist "Atem, nicht Umriß, daher will er uns nur durchatmen, sich uns nicht vergegenständlichen"[570]. Wer sich an den Geist ausliefert, wird entgrenzt. Vom Geist ergriffen, getrieben, erschüttert, geleitet bestimmt er nicht mehr selbst, sondern läßt sich von der Absicht des Geistes tragen, ohne zu wissen, was er verfügen wird.

Die Bereitschaft, sich führen zu lassen, mündet ein in das sich immer tiefer entgrenzenlassende Ja zum Willen Gottes. Dieses Fiat sieht Balthasar in der Sendung der Elisabeth von Dijon verwirklicht. Der Geist ist die Kraft, welche die Gesendeten Christus angleicht."Das ganze Werk der Verähnlichung mit dem Sohn wird nur verständlich, wenn es gesehen wird als das Werk des

---

567) W. Breuning, Communio Christi. Zur Einheit von Christologie und Ekklesiologie, Düsseldorf 1980, 70.

568) Ebd. 80.

569) H. U. von Balthasar, Spiritus Creator, 100.

570) Ebd.

geheimnisvollen Dritten in Gott, des Heiligen Geistes. Auf ihn hin drängt alles Denken Elisabeths, auch wenn es ihr nicht gelingt, sein Wirken genauer zu umschreiben. Sie vermag gleichsam nur auf den Ort, die Gegenwart und das Werk des Geistes hinzuweisen, ... sie fühlt, wie sehr alles auf diese Mitte des Geistes hin zusammenläuft, doch es wird ihr nicht klar, wie stark ihre ganze Sendung unter dem Vorzeichen dieses Geistes steht. Und zwar des Geistes als dritter Person und der ihm eigentümlichen Spiritualität, die ihn vom Vater und vom Sohn unterscheidet, und nicht sosehr seiner Wirkungen, wie sie in den 'sieben Gaben' sich kundtun und für alles Leben der Heiligkeit in der Kirche kennzeichnend sind."[571] Ihre ganze Existenz ist zu einer einzigen Hingabe an Gott zusammengerafft. Der Heilige Geist der Liebe treibt Elisabeth in die Gluten der dreieinigen Liebe hinein. Er ist in ihrer Seele das verzehrende Feuer, "das alles aufzehrt, was ungöttlich ist, alles in sich selbst verwandelt, was verwandelbar ist"[572]. Schweigend verharrt sie unter der göttlichen Berührung, überläßt sie sich dem brennenden Feuerherd, um emporgetragen zu werden in die heilige Finsternis, die eigentlich ein Überhelle ist. Der Heilige Geist ist die Seele ihrer Seele; heraustretend aus dem Eigenen und eintretend in seine Sphäre, strahlt ihre Seele zuletzt nur noch Gott aus - in einer heiligen Demut, in einer Haltung der Selbstvernichtung. Elisabeths Schau kreist "um das Geheimnis der Verwandlung in Gott, ein nicht zu lüftendes Geheimnis, das immer nur von zwei Seiten her angegangen werden kann: größere Einheit in bleibender Unterscheidung, ja größere Einheit in immer tieferer, anbetender Abscheidung"[573]. Elisabeth stellt ihr Leben unter das Zeichen der Doxa; sie steht eben damit unter dem Zeichen des Pneuma, da der Geist es ist, der "die Verherrlichung des Vaters durch den Sohn in der Welt abschließend durchführen wird"[574]. Sein Werk vollendet sich in der Angleichung und Gleichgestaltung der Kreatur an das Bild des Sohnes, so daß die gesamte Schöpfung zu einem Lobpreis der Gnade des

571) Ders., Schwestern im Geist, 448 f.; Hervorhebung im Original. Die Darstellung der geistlichen Sendung Elisabeths von der Dreifaltigkeit, der jungen Karmelitin von Dijon (1880-1906), bildet in Balthasars Buch das ergänzende Gegenstück zur gedeuteten Sendung Thereses von Lisieux.

572) Ebd. 449.

573) Ebd. 451.

574) Ebd.

Vaters wird. "Der Mensch ist in der Ewigkeit nicht der fremde Zuschauer eines vor ihm sich entrollenden Ereignisses; er ist durch das ihm einwohnende lumen gloriae, das selbst göttlich ist, befähigt, an diesem ewigen Ereignis ewiger Hervorgänge, das heißt an der sich ereignenden ewigen Liebe selbst teilzunehmen."[575] Elisabeth von Dijon betrachtet die Allerheiligste Dreifaltigkeit als einen offenen, unbeschränkten, grenzenlosen Raum; in ihn kann sie ein- und untergehen. Im Abgrund Gottes findet sie ihren Grund, im Lob der Herrlichkeit der Gnade Gottes sieht sie ihre Erfüllung.

"Weil das durch die Gaben des Heiligen Geistes lebendig und persönlich werdende innere Glaubensleben der Seele nicht die Kontemplation einer starren, abstrakten Wahrheit, sondern der Umgang mit der fleischgewordenen persönlichen Wahrheit Gottes in Christus ist, ein Lebensaustausch nicht nur im Gebiet der seinshaften Gnade, sondern auch der geisthaften Akte, ein Geführtwerden durch den Geist bis in die innerlichsten und unmerklichsten Regungen und Anregungen hinein, ein Entgegennehmen göttlicher Wünsche, Befehle, Erleuchtungen persönlichster Art: darum wird dieses ganze geheimnisvolle Leben sich der eindeutigen Einreihung in die Kategorien des 'Mystischen' einerseits, des 'Prophetischen' anderseits immer mehr entziehen."[576] Nach Balthasar bedeutet "Mystik" das "Aufblühen" der heiligmachenden Gnade "durch die Gaben des Geistes in der Seele"[577], welche "zum personalen Lebensaustausch mit Gott befähigen"[578]; unter "Mystik" ist "die Vollentfaltung des Gnadenlebens in den Gaben des Geistes"[579] zu verstehen. Prophetie ist "Funktion der Offenbarung Gottes an das Volk Gottes im Alten und Neuen Bund"[580]. Echte Mystik ist Antwort auf echte Prophetie; der Heilige Geist gibt in den Seelen die Antwort "auf den Heiligen Geist, der vom Vater her zu den Seelen spricht"[581]. Innerhalb des Heilsgeschehens ist die grund-

---

575) Ebd. 453.

576) Ders., Kommentar zur Summa Theologica, 291.

577) Ebd. 287.

578) Ebd.

579) Ebd. 288.

580) Ebd. 287.

581) EBd. 289.

sätzliche Unterscheidung zwischen Mystik und Prophetie eine relative. "Je persönlicher ein christliches Innenleben mit Gott wird, desto deutlicher und personaler werden auch die Aufträge und Verwendungen in der Kirche."[582] In der Existenz des vom Geist Bewegten bilden Mystik und Prophetie oft eine Einheit. Tritt auf der einen Seite der soziale Charakter der Mystik in den Vordergrund, so setzt auf der anderen Seite Prophetie die Heiligkeit des Empfängers zwar nicht voraus, fordert sie aber, "weil der Empfänger außerhalb der Gnade kein idoneus susceptor der empfangenen Gabe sein kann"[583]. Die angemessene Verwaltung eines prophetischen Auftrags ist außerhalb der Gnade nicht denkbar; es besteht eine Verbindung zwischen sozialer Werkzeuglichkeit und innerer Heiligkeit und umgekehrt[584].

Vom Heiligen Geist Gelenkte haben Anteil an den Geheimnissen Gottes und an seiner Heiligkeit. In einem engen Gehorsam geführt, künden sie von Dingen, die sie nicht zu übersehen vermögen, werden sie verwandelt durch das erfahrene Gotteswort, das im Geist an sie ergeht. Sie können die empfangene Wahrheit nicht verschweigen, da der Geist, der sie antreibt, mächtiger ist als ihre Gedanken und ihr Wille. Der Geist selbst, der in ihnen wohnt, legt für die überzeitliche Wahrheit Gottes Zeugnis ab. Gleichzeitig macht er die seiner Macht Erlegenen zu Zeugen dessen, was sie empfangen haben. Es geht nicht nur um ein bloßes Geschehenlassen, da der besondere Wille Gottes ergriffen und durchgeführt werden muß. Der gegenwärtige Augenblick, der Gottes Willen enthüllt, stellt Aufgaben, ist der Anruf, einen bestimmten Weg zu gehen. Er eröffnet eine Bewegung, die endlos erscheint, ist doch der Heilige Geist der Wehende, nie Stagnierende, der Geist der unendlichen Möglichkeiten. So kann trotz seiner Führung zeitweise Unsicherheit herrschen, die im Wagnis des Glaubens überwunden wird.

Ein Text von M. Buber über "Offenbarung" könnte zugleich die Grundstruktur dessen angeben, was mit "mystischer Erfahrung" gemeint ist: "Die Wirklichkeit ist, daß wir empfangen, was wir zuvor nicht hatten, und es so empfan-

582) Ebd. 291.

583) Ebd. 288.

584) Vgl. ebd. 288 f.

gen, daß wir wissen: es ist uns gegeben worden ... Der Mensch empfängt, und er empfängt nicht einen 'Inhalt', sondern eine Gegenwart, eine Gegenwart als Kraft. Diese Gegenwart und Kraft schließt dreierlei ein, ungeschieden, und doch so, daß wir es als drei gesondert betrachten dürfen. Zum ersten die ganze Fülle der wirklichen Gegenseitigkeit, des Aufgenommenwerdens, des Verbundenseins; ohne daß man irgend anzugeben vermöchte, wie das beschaffen sei, womit man verbunden ist ... Und das ist das zweite: die unaussprechliche Bestätigung des Sinns. Er ist verbürgt. Nichts, nichts kann mehr sinnlos sein ... Du weißt den Sinn nicht aufzuzeigen ..., du hast keine Formel und hast kein Bild für ihn, und doch ist er dir gewisser als die Empfindungen deiner Sinne ... Nicht gedeutet - das vermögen wir nicht - , nur getan will er von uns werden. Dies ist das dritte: es ist nicht der Sinn eines 'andern Lebens', sondern dieses unseres Lebens ..., und er will in diesem Leben, an dieser Welt von uns bewährt werden ... Zu bewähren vermag den empfangenen Sinn jeder nur mit der Einzigkeit seines Wesens ... Wir können nur gehen und bewähren. Und auch dies 'sollen' wir nicht - wir können - wir müssen."[585]

Vom Geist als der inspirierenden Kraft Gottes fühlen Mystiker und Propheten sich gleichsam getragen und getrieben. Sie vertrauen einer vitalen Kraft, die sie als Beseelung überkommt, die sie überwältigt, ohne ihnen Gewalt anzutun. Sie leben und wirken aus der Verbundenheit mit dieser Kraftquelle, die für sie wirklicher ist als alles, was man sonst unter Wirklichkeit versteht. Sie stehen - nicht verloren an die Vordergründe - im Umgreifenden, Übergreifenden, Ergreifenden, das sie führt. Der Heilige Geist ist ein Geist der Klarheit. Nüchternheit und Ausgeglichenheit kennzeichnen daher die Haltung der vom Geist Berührten[586]. Ihre oft scheinbar absurd verlaufenden Wege münden in die Aufgaben von Kirche und Gesellschaft ein. Persönlicher Impuls und engagierter Einsatz sind verbunden mit einem kritischen Reformwillen, der das Ganze im Blick hat, der sachlich das Erreichbare anstrebt aus einer Dialogbereitschaft heraus, die andere Kräfte miteinbezieht und den Geist

---

585) M. Buber, Ich und Du, Heidelberg 1958, 96 f.

586) Vgl. J. Sudbrack, Geistliche Führung. Zur Frage nach dem Meister, dem geistlichen Begleiter und Gottes Geist, Freiburg - Basel - Wien 1981, 113 - 125.

Gottes nicht allein für sich reklamiert. Wüstenerfahrung, Alleinsein, Stille sind auf dem Weg, der in die Geschichte dieser Welt und in die Gemeinschaft der Menschen führt, notwendige Stationen. Die Wüstenväter der christlichen Urzeit verwandeln - unter Führung des Heiligen Geistes - die Wüste in fruchtbares Land. Bernhard von Clairvaux prägt aus der Einsamkeit der Klöster von Citeaux sein Zeitalter, Therese von Lisieux wird - zurückgezogen im Karmel lebend - zur Patronin der Missionen. Der Heilige Geist ist ein Geist des "Wir". "Führung durch den Geist trifft jeden gleichsam in seiner 'Wir'-Struktur, in dem Christsein und Menschsein, das er mit den anderen teilt. Der Kristallisationspunkt für all das - für das christliche 'Wir', für die leib-seelische Ganzheit, für die Einbeziehung selbst des Kosmischen - ist Jesus von Nazaret. Führung durch den Geist wird da erst sich selbst gewiß, wo sie bei Jesus Christus, ihn meditierend, ihm nachfolgend, steht."[587] Auf ihn, den menschgewordenen Sohn des Vaters schauend, wird der vom Geist Geführte hineingenommen in das innerste Leben Gottes selbst. In der ewigen Liebe zwischen Vater, Sohn und Geist stehend, hat er teil an der Liebe, die in Gott die Bezeichnung "Heiliger Geist" trägt.

## 2.6 Charismatik

"Die Charismatik der Apostelkirche wächst heraus aus der Prophetik des Alten Bundes und wächst hinein in die Mystik der Kirchengeschichte"; als Übergang und Mitte zwischen beiden ist sie "das Woraufhin der Prophetik und das Wovonher der Mystik"[588]. Die Einheit und Identität des Geistes in der unterschiedlichen Zuteilung seiner Gaben ist die Möglichkeitsbedingung für die Unterscheidbarkeit und Doch-nicht-Scheidbarkeit von Prophetik, Charismatik und Mystik. Die Verbindung von Charismatik und alter Prophetie sieht Balthasar in der Tatsache gegeben, daß Petrus in seiner Pfingstrede (vgl. Apg 2, 17-21) die Joëlstelle (vgl. Joël 3, 1-5) anführt, in der es um die Ausgießung des Geistes geht, der ein Geist der Weissagung sein wird. Im Lukasevangelium redet Zacharias in der Fülle des Geistes prophetisch (Lk 1,

587) Ebd. 120.

588) H. U. von Balthasar, Kommentar zur Summa Theologica, 256; vgl. H. Mühlen, Mysterium - Mystik - Charismatik, in: Geist und Leben 46 (1973) 256.

67). Simeons Geisterfülltheit - auch er weissagt - wird dreimal betont (vgl. Lk 2, 25-27), Hanna als Prophetin bezeichnet (vgl. Lk 2, 36); "sie alle verwalten die Übergabe des Alten an den Neuen Bund. Im Mittelpunkt aber steht Jesus, auf den der Geist sich bei der Taufe senkt und der - vornehmlich bei Johannes - als die Fülle und der Inbegriff aller Prophetie auftritt"[589] (vgl. Joh 4, 19; 6, 14; 7, 40. 52; 9, 17).

Geisterfülltheit und Prophetie sind eng miteinander verbunden. So erscheint es verständlich, daß in der vom Geist bewegten Gemeinde von Korinth die Prophetie unter den Charismen einen hervorragenden Platz einnimmt. "Es gibt verschiedene Gnadengaben, aber nur den einen Geist. Es gibt verschiedene Dienste, aber nur den einen Herrn. Es gibt verschiedene Kräfte, die wirken, aber nur den einen Gott: Er bewirkt alles in allem. Jedem aber wird die Offenbarung des Geistes geschenkt, damit sie (anderen) nützt. Dem einen wird vom Geist die Gabe geschenkt, Weisheit mitzuteilen, dem andern durch den gleichen Geist die Gabe, Erkenntnis zu vermitteln, dem dritten im gleichen Geist Glaubenskraft, einem andern - immer in dem einen Geist - die Gabe, Krankheiten zu heilen, einem andern Wunderkräfte, einem andern prophetisches Reden, einem andern die Fähigkeit, die Geister zu unterscheiden, wieder einem andern verschiedene Arten von Zungenrede, einem andern schließlich die Gabe, sie zu deuten. Das alles bewirkt ein und derselbe Geist; einem jeden teilt er seine besondere Gabe zu, wie er will" (1 Kor 12, 4-11). Der Geist manifestiert sich individuell in den verschiedenen Charismen, die alle zum Nutzen der Gemeinde gegeben sind. Die erste Stelle der Charismentafel[590] nimmt eine Zweiergruppe ein; sie umfaßt Weisheits- und Erkenntnisrede, die beide mit großer Wahrscheinlichkeit in weiten Teilen der Prophetie zuzuordnen sind; als zweites wird eine Dreiergruppe aufgeführt, wobei die Glaubenskraft als Oberbegriff für die beiden Wunderarten - Krankenheilungen und Exorzismen - fungiert; es folgt ein Viererblock, bestehend aus zwei Paaren: "die Prophetie und ihre Deutung, die Zungenrede und ihre Übersetzung. Aufgabe der Prophetie ist primär Offenbarungsempfang

---

589) H. U. von Balthasar, Kommentar zur Summa Theologica, 257; vgl. W. Joest, aaO. 289 - 291.

590) Vgl. H.-J. Klauck, aaO. 87.

und Offenbarungsmitteilung, was sich analog zum Offenbarungsvorgang in der Apokalyptik in zwei Stufen vollzieht. Der visionäre Einblick in den verborgenen Heilsplan Gottes bedarf einer zusätzlichen Erschließung und Vertiefung durch die aktualisierende Interpretation."[591] Die Vorordnung der Prophetie im Hinblick auf die anderen Charismen ist auffallend. Sie kann ihren Grund in der Tatsache haben, daß in der frühchristlichen Zeit die Prophetie "als eine Art Inbegriff des Charismatischen"[592] angesehen wurde. "Löscht den Geist nicht aus, verachtet prophetisches Reden nicht" (1 Thess 5, 19 f.) Das Wachbleiben des Geistes bedeutet zugleich ein Vorhandensein des Prophetischen.

Durch die Einwohnung des Geistes, aufgrund der universalen Geistgegenwart, ist jeder Christ wenigstens potentiell ein Prophet[593]. Mit dieser Feststellung wird nicht die besondere Gnadengabe der Prophetie geleugnet. Das Charisma (gratia gratis data) ist Zeichen für die Geistausgießung, die sich in einer solchen Fülle ereignet, daß der Reichtum des Geistes sich als eine Art "Überfülle" sichtbar ausdrückt. Im Ursprung, im Pfingstereignis, sind Charis und Charisma noch unmittelbar geeint. "Das Unvergleichliche des Heiligen Geistes, zugleich das Allgemeinste und das Konkreteste zu sein"[594], verleiht der neutestamentlichen Gnade die Besonderheit, allgemeine Gnade des mystischen Leibes und gleichzeitig persönlichste Gnade zu sein. Die Anteilnahme an der göttlichen Natur will im personalen Glauben erfahren sein, die allgemeine Gnade sich in einer besonderen, einmalig auszeichnenden Bestimmung konkretisieren. "Die (allgemeine) Charis ist also notwendig zugleich (besonderes) Charisma."[595] Innerhalb der Gesamtwirklichkeit der Erlösung sind Charis und Charisma zu unterscheiden, aber nicht zu trennen. Diese distinctio realis "ist innerlich Analogie, ja sie ist der innerlichste Punkt der <u>analogia entis</u>, des geschaffenen Seins in seiner erreichten Bestimmung der

---

591) Ebd. 87 f.; vgl. H. U. von Balthasar, Kommentar zur Summa Theologica, 273 f.; W. Joest, aaO. 299 - 301.

592) H. U. von Balthasar, Kommentar zur Summa Theologica, 274.

593) Vgl. W. Joest, aaO. 294.

594) H. U. von Balthasar, Sponsa Verbi. Skizzen zur Theologie II, Einsiedeln 1971, 320.

595) Ebd. 321.

Partizipation am innergöttlichen ewigen Sein. Das Charisma zeigt an, daß das Zeitalter des Heiligen Geistes kein solch allgemeines ist, daß in ihm und gerade in ihm nicht auch die Erfüllung alles Historisch-Ereignishaften läge: des geschichtlichen Auftrags, wie ihn ein Moses und die Richter und Könige besaßen, des prophetischen, wie er unmittelbar aus dem Heiligen Geist an die einzelnen berufenen Persönlichkeiten erging, und des inspirierten, wie er ebenso unmittelbar Einsicht und Verständnis der Tiefen Gottes und seiner geschichtlichen Offenbarung vermittelte."[596] Der Heilige Geist hat eine eigene, undurchschaubare Systematik. Er weht, wo er will und wie er will. "Die freie Achtlosigkeit, mit der der Geist die Charismen in die erste Kirche gestreut hat, verbietet jede Art der strengen Systematisierung."[597] Aus dem Neuen Testament kann weder eine Vollständigkeit der geschenkten (oder möglichen) Gnadengaben noch eine angemessene gegenseitige Unterscheidung erhoben werden; Charismen hängen einzig vom Gutdünken des Geistes ab, sie haben Geschenkcharakter.

Das Charisma ist eine Gnade, die dem Christen verliehen wird, um am Heil anderer mitzuwirken[598]. Der soziale Sinn der Charismen[599] - keiner erhält das Charisma für sich, sondern zum Nutzen der Gemeinde - wird von Paulus besonders stark hervorgehoben. Der Wesenszug, dem Aufbau des Leibes Christi zu dienen, stellt das Charisma in unmittelbare Nähe zu den kirchlichen Ämtern[600]. "Die scharfe Trennung von Amt und Charisma, die Differenzierung zwischen nichtgeistlichen Ämtern und geistgewirkten Befähigungen und Diensten kann sich nicht auf das NT berufen. Vielmehr können nach dem NT die Charismen selbst amtliche Formen annehmen, die Amtsübertragung wird als Charisma verstanden und setzt zudem bestimmte Charismen vor-

596) Ebd. 322; Hervorhebung im Original.

597) Ders., Kommentar zur Summa Theologica, 262.

598) Vgl. ebd. 270 f.; TL III, 270: Was Christus "in der Kirche als Lebensgehalte (Paulus nennt sie Charismen) verteilen wird, sind Formen seines Weggeschenktseins ... Charisma ist nicht nur ein durch Christus (passives) Geopfertsein, sondern notwendig ein (aktives) Sich-Mitopfern." Vgl. H. Mühlen, Mysterium - Mystik - Charismatik, 253.

599) Vgl. TL III, 270.

600) Vgl. ders., Kommentar zur Summa Theologica, 259.

aus."[601] Einerseits erfordert das Amt von innen her die Würdigkeit und Heiligkeit des Trägers, andererseits fordern freie Charismen die Anerkennung der Gemeinde. Sie sind Auftrag, Sendung und in diesem Sinn Amt. Die grundlegenden Dienste der Apostel, Propheten und Lehrer hat die Urkirche in die Reihe der Charismen eingegliedert (vgl. 1 Kor 12, 28)[602]. "Die Leitungsfunktionen treten der Gemeinde nicht als etwas qualitativ anderes gegenüber, sie werden von Paulus in ein umfassendes charismatisches Integrationsmodell eingebunden."[603] In Röm 12, 6-8 sind die organisatorischen Charismen und die caritativen Charismen führend, was darauf schließen läßt, daß bei Paulus die Gnadengaben nicht vorrangig als etwas Außergewöhnliches eingestuft werden[604], zumal in den Charismentafeln des 1.Korintherbriefes die überschätzte ekstatische Glossolalie an letzter Stelle erscheint. "Ein Auseinandertreten von Amt und Gemeinde ist im paulinischen Bezugsrahmen nicht möglich. Dem widerspricht die umgreifende charismatische Begabung, die allen ohne Ausnahme eignet."[605] Das Amt ist auf das Zusammenwirken mit allen anderen Gnadengaben angewiesen, die Gemeindecharismen sind auf das Amt und die Gemeinschaft mit ihm verwiesen[606]. Das charismatische Wesen der Kirche ist nicht schwärmerisch auszulegen; es darf nicht gegen die Ordnung in der Kirche ausgespielt werden. "Der Geist ist in seiner Freiheit zugleich in und über der Ordnung der Kirche, in der seit Anbeginn ... ein gewisses Gegenüber besteht zwischen angeordnetem Dienstamt und Gemeindecharismen. Zunächst ist der Geist in und über beidem; in: sofern er die von Christus begonnene Ordnung der Dienstämter vollendet und bestätigt; über: sofern seine göttliche, uns unübersehbare Ordnung die rein menschliche in sich erstarrende Ordnung immer wieder erschüttert, um sie gemäß seiner freien Einsicht zu erneuern. Der Geist ist aber auch in und über den Gemeindecha-

601) P. Neuner, Art. Charisma/ Amt, in: P. Eicher (Hrsg.), Neues Handbuch theologischer Grundbegriffe I, München 1984, 173; vgl. H. U. von Balthasar, Kommentar zur Summa Theologica, 260 - 262; H. Jorissen, Art. Charisma, in: H. Waldenfels (Hrsg.), Lexikon der Religionen, Freiburg - Basel - Wien ²1987, 103.

602) Vgl. TL III, 290; ders., Sponsa Verbi, 326.

603) H.-J. Klauck, aaO. 91.

604) Vgl. H. U. von Balthasar, Sponsa Verbi, 327.

605) H.-J. Klauck, aaO. 93.

606) Vgl. P. Neuner, aaO. 174 f.

rismen; in: sofern er diese den Einzelnen ernsthaft zuteilt, zur Durchführung anvertraut und sie mit der nötigen Geistbegabung dazu ausstattet; über aber auch, sofern kein Glied am Leib Christi sich auf sein Charisma vertrotzen und es gegen die umfassende Leibordnung der Kirche durchsetzen darf."[607] Das schwebende Zueinander von Amt und Charisma kann nur glücken, wenn beide Partner in Achtung voreinander gemeinsam auf das göttlich-freie Wehen des Geistes über der gesamten Kirche achten.

Das allgemeine Christenleben ist an und für sich schon charismatisch, noch vor jeder Unterscheidung von "Amt" und "Charisma" im engeren Sinn. "Ein Leib und ein Geist, wie euch durch eure Berufung auch eine gemeinsame Hoffnung gegeben ist; ein Herr, ein Glaube, eine Taufe, ein Gott und Vater aller, der über allem und durch alle und in allem ist" (Eph 4, 4-6). Jeder wahrhaft Glaubende, Hoffende und Liebende ist durch den personalen Anruf Gottes ein Angesprochener und Gesendeter; er ist in Christus und in die Gemeinde hinein enteignet. Jede Sendung hat für die Entfaltung der universalen Sendung Jesu in der Geschichte eine Bedeutung. Amt und besonderes Charisma erscheinen relativiert in der allgemeinen Charismatik des Christseins[608]. Eine scharfe Trennung zwischen der den Aposteln und Propheten geschenkten Offenbarung und derjenigen der Gemeinde ist dogmatisch nicht möglich.

"Prophetie kann in der Kirche in verschiedenen Geistgaben fortbestehen, die nicht wörtlich im paulinischen Katalog aufgezählt werden, einerseits etwa in echter, im Heiligen Geist ausgebildeter Theologie, anderseits in dem, was zwar in Paulus selbst eminent gegenwärtig, aber noch nicht mit dem Namen 'Mystik' bezeichnet ist."[609] Um die Verbindung von Charismatik und Mystik zu kennzeichnen, verweist Balthasar auf die Gründercharismen. Er nennt als Beispiele die Weltvision des hl. Benedikt, die universale heilsgeschichtliche Vision des hl. Ignatius von Loyola am Cardoner, die Erfahrungen des hl.

---

607) TL III, 229.

608) Vgl. ebd. 291; ders., Sponsa Verbi, 324; ders., Kommentar zur Summa Theologica, 258.

609) TL III, 291.

Johannes vom Kreuz und der hl. Teresa von Avila. Gründercharismen bezeichnet man als "mystisch", sie werden aber auch charismatisch, nämlich "zum Nutzen" (vgl. 1 Kor 12, 7) der gesamten Kirche und der zu gründenden kirchlichen Gemeinschaft verliehen. Das paulinische Apostolat ist "auf einer Vision begründet, die einerseits an die Berufungsvision der Propheten anknüpft, anderseits den ersten Fall neutestamentlicher eigentlicher Mystik darstellt"[610]. Das mystische Erlebnis des Paulus ist der Grundstein "seiner Theologie vom Pneumatiker, Charismatiker und Propheten in der christlichen Gemeinde"[611]. Mystik als experimentelles Innewerden der einwohnenden Gnade, Charismatik als Ausfluß der höchsten Geistesfülle - beide leben aus der Heiligkeit des Heiligen Geistes, beide sind ein Ruf zum Dienst für Gottes Reich. Dieser Dienst - er kann verschiedene Formen annehmen, selbst den der Abgeschlossenheit eines immerwährenden Gebetes - ist ein entscheidendes Kriterium für die Echtheit des Angerührtwerdens von Gott. Nach Balthasar ist es Aufgabe gegenwärtiger Theologie, die soziale Dimension christlicher Mystik, die sich in der theologischen und spirituellen Tradition seit der montanistischen Krise zunehmend verflüchtigt hat, erneut zu betonen[612]. "Ein falscher Mystiker ist nicht erst der, der erfundene Visionen für wahre ausgibt, sondern schon der, der eine echte Vision oder Prophetie in verkehrter (d.h. nicht demütiger, nicht indifferenter) Weise aufnimmt und somit unfähig ist, sie objektiv an die Kirche weiterzugeben."[613] Vom charismatischen Mystiker wird eine hohe Stufe der Vollkommenheit gefordert, da nur im lebendigen, totalen Glaubensgehorsam die objektive Aufnahme einer Erleuchtung gewährleistet ist. Durch den Anruf Gottes herausgehoben, hat der "Geheiligte" und somit "Heilige" sein Leben in den Dienst seiner Berufung zu stellen - auch im moralischen Sinn. Der mit der Gnade von oben Gesalbte unterwirft sein ganzes Sein - Leib, Seele und Geist - dem Plan Gottes, um in der Ausführung seiner Sendung ganz er selbst zu werden, um im Sich-Verlieren in Christus hinein sich erst wahrhaft zu finden. Personale Verwirklichung der Heiligkeit und sozialisierende Sendung, Mystik und Charis-

---

610) Ders., Kommentar zur Summa Theologica, 259.

611) Ebd.

612) Vgl. ebd. 290.

613) Ebd. 323.

matik sind in den großen Gestalten des Glaubens zu einer Einheit zusammengebunden. "Hans Urs von Balthasar hat in seinem vielleicht wichtigsten Buch über die Charismen gezeigt, daß jede Berührung von Gott eine Doppelseite hat: er nennt sie Mystik und (Prophetie) Charismatik. Mystik heißt, Gott will mich; Charismatik, Prophetie bedeutet, Gott will meinen Dienst."[614] Die innerste Fruchtbarkeit der Mystik liegt - vor aller Umsetzung ins Apostolat - in der Ausstrahlung der von Gott geschenkten Heiligkeit, im Zeugnis, das andere bewegt, sich auf den geistlichen Weg einzulassen.

## 2.7 Die Heiligen als weiterwirkendes Evangelium

Inhalt der Verkündigung hat das Faktum "Gottes Wort im Fleisch" zu sein, nicht die sicherlich normative Bibel. In der gottmenschlichen, lebendigen Existenz Jesu Christi liegt das zu Verkündende, nicht so sehr in den Formulierungen der Heiligen Schrift[615]. Die Offenbarungstatsache, daß das Wort Fleisch geworden ist, bedeutet: Das Wort redet "mit allem, was Menschsein ist", es redet "mit seiner ganzen Tat, seinem Leben, Leiden, Sterben, und wo von Wort im engern Sinn die Rede ist, mit allen Dimensionen menschlichen Redens: von der Gebärde über Bild, Symbol, Gleichnis, bis zum ausdrücklichen Wort"[616]. Der Heilige als Typus des neuen Menschen nach dem Bild Christi kann als weiterwirkendes Evangelium bezeichnet werden, weil er, vom Heiligen Geist erfaßt, vor allem versucht, durch seine Existenz die Wahrheit

614) J. Sudbrack, Geistliche Führung, 109; vgl. H I, Einsiedeln 1961, 395: In der Kirche kann und darf "eine 'bloß' funktionelle Charismatik oder Prophetik von einer 'bloß' personalen Mystik, anders gesagt: eine Mystik der Charismata von einer Mystik der Dona Spiritus Sancti nicht mehr adäquat unterschieden werden." Ebd. 396: Es gibt mystische Dona - wie die der 'Wissenschaft', der 'Stärke', des 'Rates' - die durchaus auch nach außen zu wirken berufen sind, und es gibt Charismen - etwa die Teilnahme an der Passion - und entsprechend der besonderen Fürbitte und Stellvertretung - , die ganz oder größtenteils sich im Unsichtbaren auswirken. Was hier wirklich vor sich geht, erkennt man nur, wenn man die alles ertötende Schulunterscheidung fallen läßt und die Zusammengehörigkeit und gegenseitige Durchdringung bei aller begrifflichen Unterscheidbarkeit als Wichtigstes im Auge behält."

615) Vgl. TL III, 305.

616) Ebd. 343; vgl. ders., Homo creatus est, 302; TL II, 109.

Christi für die Welt plausibel zu machen[617]. Sein ganzes Leben ist ein lebendiges Zeugnis für und über Christus, Einsatz des Herzens aufgrund seiner Christusliebe.

Die Wahrheit zu sagen ist zu wenig, man muß sie demonstrieren. Das Wort kann auf die Verkörperung in Leben und Schicksal nicht verzichten, will es sich als wahr bewähren. Wie in der Sprache Jesu Botschaft und Person zusammenfallen, so ist die Sprache des Heiligen zugleich Zeugnis und Bekenntnis, seine Existenz Verkündigung heiliger Geheimnisse. Neben dem Wort, das über das Gehör verkündet, ist das heilige Leben eine besondere Form der Darstellung der göttlichen Wirklichkeit. Seine Schritte in die Fußstapfen Jesu Christi setzend, ihm nachgehend, ihn aussagend, wird der Heilige zum Ausdruck der geistigen Erfahrung der Heiligkeit, die allein von Gott herrührt. Sich heiligend von seiner Heiligkeit, weist er auf das geschichtliche Werk des Heiligen Geistes hin; in der Umwandlung der eigenen Daseinsform in die Gestalt Christi zeigt er auf, daß das Heil in Christus kein Mythos ist, keine Abstraktion, sondern Geist und Leben (vgl. Joh 6, 63). Im Heiligen begegnet uns Gott, lebendig, konkret, leibhaftig und doch unfaßbar. Gott läßt sich weder beweisen noch widerlegen, wohl aber durch ein Leben der Nachfolge bezeugen, das überzeugender sein kann als jedes Reden von und über Gott. Der Heilige ist seine Aussage. Schweigen und Sein erscheinen ihm besser als Reden und Nichtsein[618]. Durch die Authentizität des eigenen Lebens ist er dem Evangelium auf die Spur gekommen.

---

617) Vgl. M. Albus, Geist und Feuer, 75; H. U. von Balthasar, Die Heiligen in der Kirchengeschichte, in: IKaZ 8 (1979) 489: "Das 'Zeugnis' eines Christen über Christus im Tod, aber auch im ganzen Leben kann von der Kirche Christi erkannt und dankbar als das gewertet werden, was es ist: existentieller Hinweis auf ihren Ursprung, der einmal historisch war, aber nicht aufhört, 'alle Tage bis ans Ende der Welt' wirksam gegenwärtig zu sein."

618) Vgl. H. U. von Balthasar, Verbum Caro, 139: "Sofort, beim ersten Schritt nach dem Zeitalter der Apostel, bei Ignatius von Antiochien, erhebt über dem Wort das Schweigen sein Haupt, in so endgültigen Formeln, daß sie christlich nie überholt, kaum je eingeholt worden sind. 'Besser ist schweigen und sein als reden und nicht sein. Gut ist das Lehren, wenn man tut, was man sagt. So ist nun Einer Lehrer, der da sprach und es geschah; und was er schweigend tat, ist des Vaters würdig. Wer Jesu Wort wirklich besitzt, kann auch seine Stille vernehmen, auf daß er vollkommen sei, auf daß er durch sein Wort wirke und durch sein Schweigen erkannt werde' (Eph 15,1-2)."

Es ist Gott selber, der bestimmte Formen der Heiligkeit "als Ecksteine, Erkennungszeichen, gültige Auslegungsschemen des Evangeliums für heute und vielleicht für Jahrhunderte aufstellt"[619]. Sie sollen verdeutlichen, daß der Gottesgeist immer neue Aspekte der unendlichen Offenbarung aufzudecken vermag. Balthasar unterscheidet zwischen Sendungen, die "wie Blitze vom Himmel herab in die Kirche geschleudert werden" und solchen, die "aus dem Schoß der Kirche"[620] emporwachsen. Obwohl beide Vorbildfunktion besitzen, sind es doch die ersteren, die befeuernd und nachhaltig verändernd weiterwirken. Die unmittelbar von Gott kommenden Heiligen sind für das Volk "eine neue, vom Heiligen Geist geschenkte Form der Nachfolge Christi im Leben, eine Illustration und Exemplifizierung des Evangeliums im Alltag", für die Theologen "eine Bereicherung der Lehre um neue, bisher wenig beachtete Züge"[621]. Ihre gesamte Existenz ist "ein theologisches Phänomen"[622], Theologie in Bild und Farbe, in Person, Theologie, die aus der Totalität der christlichen Überlieferung denkt und wirkt. Ihr Leben enthält - am Geist des Evangeliums teilhabend - eine fruchtbare Lehre, die es zu beachten gilt. "Es geht um das lebendige und wesentliche Stück Tradition, das diese Heiligen darstellen, jener kirchlichen Tradition, die den Heiligen Geist durch alle Zeiten hindurch lebendig am Auslegen der in der Schrift niedergelegten Offenbarung Christi zeigt."[623] Die Heiligen als lebendes Evangelium verweisen auf die innere Unendlichkeit und Grenzenlosigkeit des Wortes Gottes. Sie werden "vom Heiligen Geist selbst als authentische Darstellungen des in der Schrift Gemeinten der Kirche vorgestellt"[624]. Allein der im Raum der Heiligkeit Stehende kann Ausleger des Gotteswortes sein. Ein möglichst enges Ineinanderwirken von Theologie der Heiligen und spekulativ-schulhafter Theologie erscheint deshalb als dringend geboten. Balthasar ist der Ansicht, "daß Weniges die Theologie und durch sie das ganze christliche Leben so befruchten und verjüngen kann wie eine Blutzufuhr aus der Hagiographie,

---

619) Ders., Schwestern im Geist, 20.

620) Ebd. 19.

621) Ebd. 21.

622) Ebd.

623) Ebd.; Hervorhebung im Original.

624) Ebd. 22.

vorausgesetzt, daß diese theologisch betrieben und das Wesen der Heiligkeit wirklich evangelisch und kirchlich, das heißt sendungshaft"[625] gedeutet wird. Die Bedeutung des Heiligen liegt in seiner Sendung, die es durch seine Heiligenexistenz hindurch zu erschauen gilt, im vom Geist geschenkten neuen Charisma, das Einblicke in den Reichtum der Gnade gewährt. Die Hagiographie hat eine theologische Aufgabe. Es genügt nicht, ein Heiligenleben unter rein historischen und psychologischen Kategorien darzustellen. Der Versuch, die heile Sendung von der mehr oder weniger defizienten Verwirklichung abzuheben, hat jedoch nicht im Sinne einer Abstraktion vom Lebendigen zu erfolgen, "in einer Verbegrifflichung des Konkreten, in einer Entpersönlichung des Einmalig-Personalen, sondern am Leitfaden der phänomenologischen Methode, die das Wesen, die 'Gestalt', soweit das Menschen erreichbar ist, am konkreten Phänomen abliest, intellegibile in sensibili"[626].

Der Heilige als wahrhafter Zeuge ist nicht im Besitz der bezeugten Wahrheit, sondern sie besitzt ihn. Alle eigene Wahrheit wird an die eine, einzige Wahrheit Gottes, die im Gehorsam verwirklicht sein will, dahingegeben."Wahrheit ist nicht etwas, was man ein für allemal fertig erlernen und weitersagen kann. Wahrheit ist der in jedem Augenblick mit ganzer Liebe erfaßte und ausgeführte Wille Gottes."[627] Die Ausrichtung der gesamten Lebenshaltung auf den Begriff der Wahrheit hat ihre Voraussetzung in der inneren Erfahrung, der "Wissenschaft der Heiligen", die vom Heiligen Geist herrührt, im Erfaßtsein, im Ergriffenwerden von der absoluten Wahrheit, die vor jeder Formulierung gelebt werden muß. Therese von Lisieux wird sich hüten, "einen Satz zu schreiben, den sie nicht zuerst erprobt hat und den sie nicht ständig, während sie schreibt, in die Tat umsetzt. Sie hat ihr 'System' gelebt, bevor sie es formuliert hat."[628] Die Methode, die christliche Wahrheit "an der eigenen Existenz orthopraktisch zu erproben", führt bei Therese zu

---

625) Ebd. 34.

626) Ebd. 23.

627) Ebd. 46.

628) Ebd. 38; vgl. ders., Aktualität von Lisieux, in: Geist und Leben 46 (1973) 126 - 142; 132: "Diese Wahrheit meint nicht vor allem abstrakte, theoretische Geltung, sondern existentiell bis auf den Grund erprobte Richtigkeit. Sie meint die Kunst der Liebe."

keiner Verengung der unermeßlichen Fülle der göttlichen Wahrheit im Offenbarungswort, da es ein Merkmal ihrer besonderen Sendung ist, "daß sie, in einer gleichsam abstandslosen Nachfolge Christi, der selbst abstandslos Wort und Leben, Lehre und Verwirklichung, Theorie und Praxis, Wesenswahrheit und existentielle Wahrheit ist, alle bloße Theorie der christlichen Tradition zurückwirft in den glühenden Kern"[629]. Thereses Leben ist Ausdruck der evangelischen Lehre, ihre Sendung ist eine ausgesprochen lehrhafte, da sie bestimmte Seiten der Offenbarung neu beleuchtet, wenig beachtete Wahrheiten ins rechte Licht rückt. Therese lebt eine theologische Existenz: Die Wahrheit ihrer Theologie erweist sich in einem am Evangelium orientierten authentischen Existenzvollzug. Sie scheut sich nicht, Begriffe der traditionellen Mystik "aufzulösen und in das ursprüngliche Leben des Evangeliums zurückzusenken und sie dort wiedergeboren werden zu lassen"[630]. Die entschiedene Rückkehr zur Inspiration des Evangeliums, die existentielle Korrelation von Fragendem und befragtem Evangelium schließt jede abstrakte Problematik einer rationalisierten Theologie aus. Die Suche nach dem Ganzen, der Fülle und Tiefe ist getragen vom Sichschenken, Sichübereignen der absoluten Wahrheit, die zugleich Liebe ist. Das liebend erkennende Eindringen in den Raum Gottes ist letztlich ein Widerschein der erkennenden Liebe Gottes. Der gegenseitige Austausch der Herzen ist gegenseitiges Erkennen, Partizipation des Geliebten am Wissen Gottes. Therese "hält sich an den Magister Interior", der sie lesen läßt "im Buch des Lebens, das die Wissenschaft der Liebe enthält"[631]. Ausgangspunkt ihrer Theologie ist das johanneische Gebot, die Wahrheit zu tun, das Wort der Liebe im Leben zu verwirklichen. Konsequente Auslegung und Aktualisierung der biblischen

629) Ders., Schwestern im Geist, 72; vgl. ders., Die Heiligen in der Kirchengeschichte, 490: "In diesen Durchbrüchen ereignet sich wirklich, was Kierkegaard 'Gleichzeitigkeit mit Christus' genannt hat, aber nicht in seinem Sinn als Überspringung der dazwischenliegenden Tradition ..., gefunden wird vielmehr der heute in Welt und Kirche lebendige Herr, der sich selber als den Ursprung und das Wesen der Kirche enthüllt."

630) Ders., Schwestern im Geist, 72.

631) Ebd. 50; vgl. H II, 1, 308: "Christus ist der innere Lehrer, einzig durch ihn wird Wahrheit gewußt, nicht durch äußere Sprache wie bei uns, sondern durch innere Erleuchtung. Er ist jeder Seele zuinnerst und strahlt mit seinen allerklarsten Begriffen (species) über die dunkeln Begriffe unseres Verstandes"; Balthasar zitiert hier Bonaventura, Hex 12,5 (V 385a).

Botschaft prägen ihr geistiges Leben. Ihr Streben geht dahin, das Evangelium vor Verflüchtigung ins Abstrakte und Theoretische zu bewahren.

Im Geist des Evangeliums denken, leben und sein hat für Elisabeth von Dijon zur Folge, daß nicht mehr sie, sondern Christus selber in ihr lebt und Gestalt annimmt. Getrieben von der göttlichen Liebe, verwandelt sie sich schon im irdischen Leben von Herrlichkeit zu Herrlichkeit, streckt sie sich nach dem Zukünftigen aus, um Kind Gottes, Geistträger, Miterbe des Gottesreiches zu werden - ein neuer Christus in Gnade. Ihr konkretes Lebensgesetz ist Christus. Er ist das Bild, das Elisabeth von innen formt[632]. Sie lebt von der ewigen Erwählung her und auf sie hin. Das zeitliche Leben "besteht in nichts anderem als darin, sich diesem Kreislauf von der Ewigkeit zur Ewigkeit einzufügen, in ihm zu bleiben, aus ihm nicht herauszufallen, den zeitlichen Weg dem ewigen Plan anzupassen"[633]. Kontemplation des Endes und Betrachtung des Ursprungs fallen in einer Tiefenschau zusammen, die Einblicke gewährt in die nie auszulotenden Abgründe des Heilswillens Gottes. Elisabeths "Kraft liegt im Erspiegeln (speculari), im Hinsehen ( θεωρεῖν )"[634]. Sie will das Wort nicht erklären, sondern anbeten. "Sie läßt das Wort stehen, und indem sie es anbetet, öffnen sich ihr seine unabsehbaren Dimensionen."[635] Ihre Aufgabe sieht sie nicht im "Bauen von Theorien mit den Bausteinen von geoffenbarten Begriffen"[636]. Ihre Sendung ist nicht eine einseitig doktrinäre, sondern entsprechend ihrem Stand als Karmelitin, eine Sendung des Lebens, "der Verwirklichung in Schweigen, Beten und Leiden"[637]. Ihr Denken und Reden vollzieht sich im Raum des Denkens und Redens des göttlichen Logos, im Raum des Evangeliums, des Heiligen Geistes. "Ihre Aszese ist die der Schrift, und ihre Mystik ist die der Schrift."[638] Sie ist bemüht, die Schrift mit den "Augen Gottes" zu betrachten, mit subjektiv

632) Vgl. H. U. von Balthasar, Schwestern im Geist, 369 - 371; 421. 424.

633) Ebd. 373.

634) Ebd. 357.

635) Ebd.

636) Ebd.

637) Ebd.

638) Ebd. 462.

übernatürlichem Sinnesvermögen, das allein die Möglichkeit in sich birgt, den objektiv übernatürlichen, unermeßlichen, weil göttlichen Sinn zu erahnen. Indem sie in die Tiefe des Wortes hineindenkt, erkennt sie seine Fülle durch eine intuitive Schau. Betende Kontemplation gewährt ihr Einblick in den verborgenen Reichtum der Schrift, und je intensiver sie der Wahrheit und ihren Forderungen durch ihr Leben antwortet, um so stärker leuchtet das geheimnisvolle Licht. So ist sie in der Lage, das Mysterium der Gnade mit einer fehlerlosen Orthodoxie auszulegen. An ihrem Leben der Nachfolge ist abzulesen, was es bedeutet, zu Jesus Christus zu gehören.

Das Wort Gottes gewinnt Nachdruck und Kraft in der Existenz der Heiligen, die dem biblischen Urphänomen am nächsten stehen. Der Heilige Geist wirkt in ihnen eine "inspiratio continua" für die Zeit der Kirche[639]. Die Heiligen sind von normativer Bedeutung nicht nur durch ihr Vorbild, sondern durch ihre Interpretation des Evangeliums. Sie tradieren das wahre Evangelium, da der Geist Gottes ihnen den Sinn der Schrift erschließt. In prägnanten Zügen verhelfen sie der Fülle Christi zur zeitlichen Epiphanie. Sein Wille ist es, sich in Personen, sie heiligend, auszuprägen[640], obwohl das einmalig-geschichtliche Handeln Jesu und seine Heilsmittlerschaft keiner Ergänzung bedürfen. In den Heiligen, in der Angemessenheit ihrer Antworten auf den unverwechselbaren, persönlichen Ruf Christi zur Nachfolge treten der Christenheit die Schwerpunkte der Wirkungsgeschichte Christi vor Augen. Hier erscheinen Dimensionen der Wirkung Christi, "die sich in einer reinen Geistesgeschichte des Christentums nicht ohne weiteres zu erkennen geben"[641]. So drücken nicht trockene Lehrbücher voll unzweifelhafter Wahrheit "für die Welt die Wahrheit des Evangeliums plausibel aus, sondern die Existenz der Heiligen, die vom Heiligen Geiste Christi erfaßt sind. Eine andere Apologetik hat Christus nicht vorgesehen (Joh 13, 35)."[642] Nichts

---

639) Vgl. M. Lochbrunner, aaO. 74; vgl. H. U. von Balthasar, Die Heiligen in der Kirchengeschichte, 491: "Von den großen Impulsen, die durch den neueröffneten unmittelbaren Zugang in den evangelischen Ursprung ausgelöst werden, leben Jahrhunderte der Kirchengeschichte, und das so Gelebte ist das Lebendigste, Wahrhaftigste an ihr."

640) Vgl. G. L. Müller, aaO. 146.

641) Ebd. 306.

642) H I, 476.

kann die Unmittelbarkeit eines menschlichen Lebens überbieten, ist Jesus doch selbst der Weg, die Wahrheit und das Leben, die Methode "in persona", lebendige Verkündigung in Wort und Tat. Weil Christus im Heiligen weiterwirkt, ist der Heilige in seinem Leben, Leiden und Sterben "viva lectio evangelii"[643] Der Heilige lebt seiner Zeit die Botschaft des Himmels, die gerade für sie not-wendige Auslegung des Evangeliums vor - als Antwort von oben auf die Fragen von unten. Leben kann nur durch Leben ausgelegt werden. "Die Heiligen sind die lebendigste Tradition, diejenige auch, die in der Schrift immer gemeint ist, wenn von der Entfaltung der Reichtümer Christi, von der Anwendung seiner Norm auf die Geschichte gesprochen wird."[644] Als "angestrahlt-Austrahlende"[645] sind die Heiligen "der wichtigste Kommentar zum Evangelium, denn sie sind, wie gesagt, die fleischgewordene Auslegung des fleischgewordenen Gotteswortes. So sind sie wirklich Zugang zu Jesus."[646] Nach Balthasar ist ein "Rückschluß aus den Wirkungen auf die Ursache" erlaubt und sogar geboten - "über alle konstitutiven Abstände hinweg"[647]. Die "Metamorphose" des Heiligen in die Gestalt Christi - von Paulus mehrfach betont - hat zur Folge, daß seine Existenz nur noch theologisch, nicht rein psychologisch interpretierbar ist. Doch um die Zugänge zu Jesus Christus in seinen Heiligen als Exponenten der Kirche zu sehen, "braucht es eine Erleuchtung durch den göttlichen Geist"[648].

## 2.8 Heiliger Geist und Theologie

Theologie bewegt sich im Raum des Glaubens, der sich einzig "im Namen des Vaters, des Sohnes und des Heiligen Geistes" erschließt[649]. Sie bedarf notwendigerweise eines transzendentalen Bezugs auf eine über ihr liegende

---

643) Vgl. G. L. Müller, aaO. 246.

644) H. U. von Balthasar, Theologie der Geschichte, 82.

645) H III, 1/ 1, 29.

646) Ders., Zugänge zu Jesus Christus, in: J. Sauer (Hrsg.), Wer ist Jesus Christus?, Freiburg - Basel - Wien 1977, 21.

647) Ebd.

648) Ebd. 24.

649) Vgl. J.-Y. Lacoste, Zur Theologie des Geistes, in: IKaZ 15 (1986) 1.

Sphäre, um in und aus der Wahrheit reden und leben zu können. Es ist der Gottesgeist, der als ihr "inneres Jenseits"[650] Zugänge zum Glaubensmysterium schafft. Theologie ist ohne eine indirekte Pneumatologie nicht zu verwirklichen. Der Geist ist es, "der uns erlaubt, überhaupt eine theologische Rede zu führen"[651]. Durch ihn wird erkannt, daß Gott "ein Antlitz und eine Stimme hat und daß er sogar jenseits seiner Allgegenwart in der Welt sich vergegenwärtigen kann"[652]. Das Besondere des Geistes besteht darin, für den Menschen "der Geber von Gegenwart zu sein. Dies ist die Voraussetzung für alle christliche Erfahrung und die Bedingung, unter der Theologie möglich ist."[653] Theo-Logie besagt, daß die Offenlegung Gottes in seinem Logos nur durch die Ausgießung des Geistes aufgenommen, bedacht und in Worte und Begriffe gefaßt werden kann. Der Geist ist jedoch "keine zweite Auslegung Gottes, sondern nur die Vollendung der ersten und einzigen"[654], die im Sohn erfolgt ist (vgl. Joh 1, 18). Er ist "Eröffner und Eiseget in die Wahrheit des Auslegers"[655], er weiht "den menschlichen Geist in die Richtigkeit der Logik des Logos"[656] ein. Die Einheit der Selbstauslegung Gottes zeigt sich darin, daß der in den Menschen eingesenkte Geist den Ruf des Sohnes zum Vater wiederholt: Abba, Vater (Röm 8, 15)[657]. Die Grundtendenz des Auslegungsgeistes ist eine inkarnatorische, indem sie Bild und Wesen Jesu dem Glaubenden einprägt[658]. Der Geist führt in die Wahrheit ein, die Jesus Christus selbst ist (vgl. Joh 16, 13-15), - ein in dieser Welt unabschließbarer Prozeß, der immer neue Tiefensichten erschließt. "Der Aspekte der Geistauslegung sind unendliche, und da der Geist immer je neu anwesend ist und auch Jesus 'alle Tage bis ans Ende der Welt' bei uns weilt, besteht keine Gefahr, daß

---

650) Vgl. P. Ganne, Selten Bedachtes über den Heiligen Geist, Einsiedeln 1985, 73.

651) J.-Y. Lacoste, aaO. 5; vgl. P. Ganne, aaO. 17; TL III, 331, Anm. 97.

652) J.-Y. Lacoste, aaO. 6.

653) Ebd.; vgl. P. Ganne, aaO. 9.

654) H. U. von Balthasar, Gott ist sein eigener Exeget, in: IKaZ 15 (1986) 12.

655) TL II, 15.

656) TL I, XVIII.

657) Vgl. ders., Gott ist sein eigener Exeget, 12.

658) Vgl. A. M. Sicari, Der Heilige Geist und die "totale" Inkarnation, 19.

der Strom austrocknet und das absolut Aktuelle in geschichtliche Vergangenheit versinkt."[659]

Der Theologe wird durch den Geist "vor eine immer größere Wahrheit gestellt", die alles transzendiert, "was er begriffen zu haben meint". Glaubendes Denken darf jedoch nicht "angesichts des sich je neu offenbarenden Gottes in bloße Apophatik hinein"[660] resignieren. Theologie ist ein Sprachereignis. Sie muß sprechen, da sie vom Wort Gottes angesprochen ist[661]. Reflexion über den Glauben erscheint unumgänglich, obwohl zuzugeben ist, daß Gott nur durch Gott verstanden wird. Theologie ist "Logos über Gott aus dem Logos des sich selber im prophetischen und menschgewordenen Wort aussprechenden Gott"[662]. Der Heilige Geist ist die Möglichkeitsbedingung für die Aufnahme und das Verstehen des Wortes Gottes durch den Menschen[663]. Sich auf den Heiligen Geist zu berufen heißt, sich auf den Ursprung des Redens von Gott zu beziehen[664]. Er ist das Begründende, Zugang Schaffende, und doch ist er eine Wirklichkeit, die sich jeder sprachlichen Festlegung entzieht; er tritt in freier, von Menschen nicht verfügter Weise in Erscheinung. Als abschließender Ausleger der göttlichen "Logik" wirkt er "nicht worthaft (wie es dem Logos zusteht), sondern durch Vermittlung der mit der Liebe verbundenen Einsicht, durch 'seine Salbung' (1 Joh 2, 27), die eine '<u>gnōsis</u>' verleiht, wie sie kein worthafter Lehrgang vermitteln kann"[665]. Der Geist als Ausleger der Wahrheit führt in die lebendigen Tiefen des Geschehens zwischen Vater und Sohn ein. Er eröffnet ständig neue Blicke auf das unendliche Ganze, "Sichten, die mehr intellektuell oder auch mehr liebend

---

659) H. U. von Balthasar, Gott ist sein eigener Exeget, 13.

660) TL III, 331.

661) Vgl. G. Sauter, Ekstatische Gewißheit oder vergewissernde Sicherung? Zum Verhältnis von Geist und Vernunft, in: C. Heitmann/ H. Mühlen (Hrsg.), Erfahrung und Theologie des Heiligen Geistes, Hamburg/ München 1974, 201: "Gott kommt unserem Reden von ihm zuvor; er hat gehandelt, ehe wir gläubig wurden."

662) H III, 1/ 1, 285.

663) Vgl. G. Sauter, aaO. 193: "Es gibt keine Vermittlung außer durch den Geist. Das ist, wie Barth häufig betont hat, insgeheim das Leitmotiv der protestantischen Theologie des 19. Jahrhunderts gewesen."

664) Vgl. ebd. 196.

665) TL III, 273; Hervorhebung im Original.

erkannt oder dargelebt werden können, Blickweisen, die, wenn der Geist es so will, plötzlich ganz neue Aspekte der unendlichen Wahrheit anleuchten und bewußt machen, Aspekte, die irgendwie unbeachtet immer schon im geistigen Horizont des Glaubens standen und auf einmal durch das neu auffallende Licht erst wirklich ins klare Bewußtsein treten"[666]. Die Wahrheit im Glauben der Kirche hat ein größeres Ausmaß als in den ausgeformten Dogmen. Der Ausleger-Geist ist "keinesfalls bloße Theorie, sondern stets auch lebendige Praxis"[667]. Ohne lebendigen Glauben vermag kein Theologe den Glauben für sich und andere auszulegen[668]. Die Offenbarungsgestalt läßt sich nicht von einer intellektuellen Neutralität aus betrachten. Die Tiefe der Liebesbereitschaft ist maßgebend für die Glaubenseinsicht; steigende Erkenntnis des Glaubensgeheimnisses wird allein ermöglicht durch steigende Begabung mit den "Gaben des Heiligen Geistes"; sie werden im Theologen in dem Maße fruchtbar, als er sich - durch Gottes Gnade - dem göttlichen Geist lebend und liebend hingibt[669]. Einsicht, Liebe und Nachfolge sind aufeinander bezogen. Die Gewißheit des Glaubens, die den Theologen zum Reden von Gott anleitet, enthält stets einen ekstatischen Zug, da sie sich in einer Wirklichkeit gründet, die allem Fragen und Zweifeln zuvorgekommen ist. Die unwiderstehliche Macht des Heiligen Geistes ist es, die Theologie zu einem "Müssen" macht, nicht zu einem "Können". "Wenn ich nämlich das Evangelium verkünde, kann ich mich deswegen nicht rühmen; denn ein Zwang liegt auf mir. Weh mir, wenn ich das Evangelium nicht verkünde!" (1 Kor 9, 16).

Theologie ist nur aus dem Vernehmen und Empfangen der Gegenwart des Geistes heraus möglich. Geistunmittelbarkeit bedeutet jedoch nicht Verzicht auf Sprache oder Zerstörung ihrer Rationalität. Zungenredner, die - auf ihren Geistbesitz pochend - direkt zu Gott hin reden wollen (vgl. 1 Kor 14, 2), die dem Laut, nicht dem Wort den Vorzug geben, haben insofern recht, als die Äußerungen des Geistes in Wahrheit unaussprechlich sind. Doch Paulus räumt

---

666) Ebd. 16 f.

667) Ebd. 17.

668) Vgl. ders., Du krönst das Jahr mit Deiner Huld, 124; TL III, 330. 334, Anm. 100; ders., Kleine Fibel für verunsicherte Laien, Einsiedeln ²1980, 43 f.

669) Vgl. ders., Der Zugang zur Wirklichkeit Gottes, 36.

verständlicher, wirksamer Rede den Vorrang ein. Er stuft die Prophetie - die Vollmacht, den Anspruch Gottes für die Gegenwart zu verkünden - höher ein als die Geistbegabung der Glossolalie (vgl. 1 Kor 14, 5). Es ist der Gottesgeist, der das Reden von Gott auf Verständigung ausrichtet. Er verleiht Sprachkompetenz, um Wirklichkeit aussprechen zu können. "Auf beidem - und nie auf Geistes-Gegenwart oder auf vernünftiger Erklärung allein - beruht es, wenn wir innerhalb der Grenzen unserer Erfahrung vom Heil zu reden vermögen, das den Unfrieden überwindet und alles Getrennte zusammenführt. Das Heil ist das Ganze, die Vollendung; darum kommt es nur dem unbegrenzten Geist zu, uns zu ihm zu führen. Das Ganze können wir jedoch nie als Ganzes und auf einmal in Worte fassen."[670] Der Geist ist das göttliche Subjekt in der Theologie. Eine theologische Rede über den Geist ist deshalb nicht möglich[671]. Theologie hat Abstand davon zu nehmen, das Mysterium des Geistes logisieren und zuletzt durch endlose Distinktionen materialisieren zu wollen.

"Der zunächst 'unbekannte' Gott, der Geist, läßt sein Licht auf den 'bekannten' Gott, den Menschgewordenen, fallen, um seine Bedeutung als Deuter des unsichtbaren (und insofern 'unbekannten') Vaters zu erhellen."[672] Er läßt sein Licht auf den Theologie betreibenden Geist fallen, damit er durch das Mysterium des Geistes Einsicht erhält in das Geheimnis des den Vater deutenden Sohnes, eine Einsicht in Gottes verborgene Weisheit (vgl. 1 Kor 2, 7), die weder Wissen noch Nichtwissen, weder teilweises Wissen und Nichtwissen, sondern Erkennen des Übererkenntnishaften ist[673] - ein Erkennen im Erkanntwerden (vgl. 1 Kor 13, 12), ein Überwältigtsein durch das Je-mehr an Erkennbarem. Der Geist kennt einerseits "die Stimme Gottes im Wort des Sohnes" und läßt sie über die ganze Welt erklingen; andererseits verleiht er "den antwortenden menschlichen Stimmen den rechten Sinn und Klang"[674]. Theologie läßt sich deshalb "authentisch nur <u>im</u> Heiligen Geist"

---

670) G. Sauter, aaO. 213.

671) Vgl. TL III, 23; J.-Y. Lacoste, aaO. 7.

672) TL III, 24.

673) Vgl. ebd. 25.

674) Ebd. 26; vgl. ders., Homo creatus est, 276.

entwickeln[675]. Der Geist ist - wortlos (vgl. Röm 8, 26) - Erreger und Vermittler des Dialogs zwischen Gott und Mensch und so wesentlich an "Theologik" beteiligt.

Theologie ist "Ausdruck von Ausdruck, einerseits gehorsamer Nachvollzug des im Glaubenden sich eindrückenden Ausdrucks der Offenbarung, anderseits im Heiligen Geist - der der Geist Christi, der Kirche und des Glaubenden ist - schöpferisches, kindhaft freies Mit-ausdrücken-dürfen des sich ausdrückenden Mysteriums"[676]. Balthasar nennt als Fixpunkte in der Theologie die Offenbarungsgestalt, die kirchliche Lehre und die Sendungen oder theologischen Charismen. Die Offenbarungsgestalt - als Gestalt einziger Inhalt christlicher Theologie - ist sichtbar und soweit wie möglich verständlich zu machen. Die kirchliche Lehre legt die Grundsätze solcher Hermeneutik verpflichtend vor. Jeder rechtgläubige Theologe hat sich nach ihnen zu richten, da die Kirche als solche "den Heiligen Deute-Geist" besitzt "und der Theologe nur, sofern er im Geist und Auftrag der Kirche auszudrücken unternimmt"[677]. Die Sendungen oder theologischen Charismen können einzelnen Theologen zuteil werden, "um die Gesamtgestalt der Offenbarung oder einen ihrer Wesensteile"[678] unter einem bestimmten Aspekt darzustellen. Sie sind als "eine Art 'innere Form' einer großen Theologie" einzustufen, "die von der lebendigen Offenbarung her geschenkt und eingegossen wird, 'Form' hebt hier die ästhetische Seite einer personalen Berufung hervor, wie sie vom sich offenbarenden Gott durch die Kirche unmittelbar in Geist und Herz des Einzelnen einbricht"[679].

---

675) TL III, 26; Hervorhebung im Original; vgl. ebd. 339: "Schließlich ist christlicher Glaube immer kirchlich-gemeinsames Bekenntnis vor der Welt, ermöglicht vom Heiligen Geist; und weil Theologie nichts anderes sein kann als klärende Meditation über dieses Bekenntnis, um es zu verstehen und andern verständlich zu machen, kann auch Theologie nur im Heiligen Geist gründen und sich sachgemäß entfalten."

676) H II, 1, 26.

677) Ebd.; vgl. ders., Verbum Caro, 162: "Selber eine besondere Form der Verkündigung (auch der Theologe hat ein Amt), ist die Theologie gleichzeitig Funktion, Korrektiv, Formbereitung der amtlichen Verkündigung."

678) H II, 1, 26.

679) Ebd.

Theologie hat zentral von dem Ort aus zu reden, "wo der göttliche Logos (Theo-Logos) Fleisch ist und die Sprache Gottes in menschliche zu übersetzen vermag"; der Logos ist vom Pneuma nicht trennbar; das "gilt für jede - gelebte oder in Begriffe gefaßte - 'Theologie'"[680]. Es ist der Geist, der vom Logos her Einlaß in den Wahrheitsraum gewährt und in alle Wahrheit einführt. Seine auslegende Einführung vollzieht sich außerhalb jeder bloßen Theorie; sie ist Aktion, sich verwirklichende Existenz. Erkenntnis und Ethik lassen sich nicht trennen. Ohne die Ausgießung des Heiligen Geistes in die Herzen ist weder ein Verständnis der göttlichen Wahrheit noch das Lebendürfen im Raum der Wahrheit möglich. Erst ein Leben nach der Wahrheit, in das der Geist als "Ausleger" der Wahrheit einführt, vermittelt das eigentliche Verständnis, erschließt den Tiefensinn. Es besteht ein Zusammenhang zwischen dem vom Geist geschenkten liebenden "sapere" - dem Schmecken und Erfahren der Dinge von innen - und der verstehenden "sapientia", die als Grundbestimmung der auf Gottes Selbstmitteilung antwortenden "Theologie" gelten kann[681]. Thomas von Aquin hebt hervor, daß die sieben Gaben des Heiligen Geistes menschlichen Erkenntniskräften einen göttlich liebenden "instinctus" einflößen; bei Bonaventura läßt der "excessus" der Liebe den Verstand nicht hinter sich zurück, sondern besagt gleichzeitig die höchste Form der "intelligentia"[682]. Die Liebe ist nicht Feind der Erkenntnis, sondern gehört zu deren Vollzug. "Eine Erkenntnisbeziehung, die nicht im Dienst der Liebe stünde, hätte innerhalb von Theologie keinen Anspruch, Teil ihrer Logik zu sein."[683] Gefordert ist eine Erkenntnis, die Liebe ist, und eine Liebe, die Erkenntnis aus sich entläßt. Nicht allein mit der Spitze seines Intellekts erkennt der Mensch Gott, sondern mit seinem ganzen Sein. Die Logik der Liebe ist nicht abstrakt[684]. Es geht um ein erfahrungshaftes

---

680) TL III, 23.

681) Vgl. ebd. 128.

682) Vgl. ebd.; Balthasar bezieht sich hier auf Thomas v.A., S.Th. I/II, 68 und Bonaventura, De perf. evang. 1 Bd. V, 126; vgl. P. Ganne, aaO. 25: Es kommt darauf an, die spielerische Leichtigkeit des geistlichen Instinkts, um den die große christliche Überlieferung weiß, wiederzufinden. Thomas von Aquin spricht vom "Instinkt des Heiligen Geistes"; vgl. TL III, 367 f.

683) TL II, 28; vgl. TL III, 338.

684) Vgl. P. Ganne, aaO. 95.

Verkosten des Göttlichen, um ein Geschmackfinden an Gott. Nur wer liebt, wessen Geist für den Heiligen Geist mühelos bewegbar wird, versteht wirklich. Eine rein objektive Wahrheit, die meint, ohne liebenden Einsatz auszukommen, ist Heuchelei[685]. Die Liebe, der Geist Gottes, ist nicht vernunftlos, sondern Quell aller Rationalität[686]. Einzig der Geist Gottes erforscht die Tiefen der Gottheit (1 Kor 2, 10), allein der Geist ist es, der sie auch erschließt. "Thomas von Aquin sagte, der Ursprung der Theologie als Wissenschaft sei einfach die Inspiration des Heiligen Geistes im Herzen jedes Menschen. Deshalb war Theologie für ihn eine durchaus einzigartige Wissenschaft."[687] Theologische Wahrheit hat sich als Durchbruch der ewigen Liebe zu erweisen, oder sie ist keine[688].

Für Balthasar ist Theologie wesentlich Confessio, ein Gespräch mit Gott als dem absoluten Du, ermöglicht im Heiligen Geist, der in uns spricht: "Abba, Vater" [689] und mit der Liebe die wahre Gotteserkenntnis schenkt. So ist Theologie notwendig dialogisch und existentiell, sie ist Gebet in objektivierender Sprache[690]. Theologie, die sich nicht bemüht, existentielle Hermeneutik des Gebets zu sein, gerät unter Ideologieverdacht, mag sie auch vom Inhalt her noch so richtig sein. Die Doxologie an Vater, Sohn und Geist muß das letzte Wort der Theologie bleiben[691]. Balthasar verweist auf die Ab-

---

685) Vgl. ebd. 91.

686) Vgl. TL III, 406.

687) P. Ganne, aaO. 83.

688) Vgl. H III, 2/ 2, 80.

689) Vgl. TL III, 67: "Innerhalb der Heiligkeit kann die Beziehung zwischen Vater und Sohn nur eine betende sein - sei diese Beziehung Anbetung, Dank, Bitte oder Entscheidung -, und weil der Geist uns vom Sohn her Einlaß in den Wahrheitsraum verschafft, lehrt er uns das Gebetswort des Sohnes: 'Abba, Vater' (Gal 4, 6; Röm 8, 15 = Mk 14, 36), das Ausdruck ist für unser Eingelassensein in diesen Raum als vom Vater angenommene Kinder (Röm 8, 15. 23; 9, 4; Gal 4, 5; Eph 1, 5)."

690) Vgl. H II, 2, 547 f.; P. Knauer, Der Glaube kommt vom Hören, 94.

691) Vgl. J.-Y. Lacoste, aaO. 1; A. Kallis, Theologie als Doxologie, in: K. Richter (Hrsg.), Liturgie - ein vergessenes Thema der Theologie? (FS E.J. Lengeling), Freiburg - Basel - Wien ²1987, 42 - 53; 48: "Theologisches Denken und Forschen wie überhaupt Glaubenserfahrung erreichen ihren Höhepunkt in der Doxologie, die Erkenntnis im Gebet ist." In ihrer genuinen Gestalt ist die Theologie "nicht

schiedsvorlesung Markus Barths "Theologie - ein Gebet"[692]: Theologie ist etwas, das ohne Gebet nicht geht. Die Herrlichkeit der Theologie liegt darin, "dieses verzehrende Feuer" zu sein "zwischen dem Nacht-Abgrund der Anbetung und dem Nacht-Abgrund des Gehorsams"[693]. Eine vom Klima der Epiklese durchdrungene Theologie ist demütiges Denken, das Gott allein die Ehre geben will. Als nachgeordnetes Denken, das aus dem gehorsamen Hören hervorgeht, ist die Theologie Dienerin des Logos und vollkommen von ihm abhängig. Theologie in der Kraft des Geistes läßt sich von der Demut der göttlichen Kenosis formen. "Ich preise dich, Vater, Herr des Himmels und der Erde, weil du all das den Weisen und Klugen verborgen, den Unmündigen aber offenbart hast" (Mt 11, 25). Für den glaubenden Intellekt ist Gott nicht bloß Erkenntnisgegenstand, sondern Ursprung und Ziel von Liebe, die das Leben vollständig umfaßt. Theologie hat rationale Ausfaltung der Heiligkeit zu sein. Es ist sicher kein Zufall, daß gerade herausragende Theologen, die das Geheimnis Gottes scharfsinnig und sinngetreu in Sprache zu kleiden wußten, gleichzeitig Heilige gewesen sind.

---

rationalistisch, sondern pneumatisch, und in ihrem Ausdruck nicht rein logisch, sondern doxo-logisch" (ebd. 50).

692) TL III, 330.

693) Ders., Verbum Caro, 171.

## 3 Die Theologie der Heiligen - eine kniende Theologie

"Alle Theologie der Kirche zehrt von jener Epoche, die von den Aposteln bis ins Mittelalter reichte, und in welcher die großen Theologen Heilige waren. Hier legten Leben und Lehre, Orthopraxie und Orthodoxie, sich gegenseitig aus, befruchteten sich und bezeugten einander."[1] Die Praxis, die Tat ist im Sinne Gottes richtig, wenn sie aus der Sicht auf die Wahrheit, der im Heiligen Geist geschenkten Theoria erfolgt; die Theoria, das Erblicken Christi, kommt erst zu ihrer Eigentlichkeit, wenn sie eine Annahme des Geschenkten miteinschließt. Tat ist in Theoria eingeborgen, Theoria in Tat. Die Theoria darf "bei keiner abstrakten Schau stehenbleiben, die nicht sogleich in die Aufforderung und in den Willen zur Nachfolge überginge"[2]. Einsicht ist nur zu gewinnen durch das Erwandern einer Wegstrecke, im "Mitgehen allein ergibt sich die wirkliche Schau"[3]. Die Weisheit Jesu war keine ersessene, sondern eine erwanderte. Das Innewerden seines Wesens ereignet sich erst in der Bereitschaft, ihm zu folgen. Theoria vollendet sich in der Verfolgung des Weges Jesu Christi bis ans Ende; nur so erhält sie an der theologischen Wahrheit Christi Anteil. "Der Geist führt ja von Anfang an in das ganze Phänomen Jesu Christi ein: in sein Leben, Sterben, Auferstehen. Deshalb wird sich die mitgehende Theoria nicht anders ereignen und zu wirklicher Anschauung gelangen als ... in einem sofortigen Mitleben, Mitsterben, Mitauferstehen, wodurch erst der Eintritt in den Auslegungsraum des Sohnes verbürgt wird."[4] Theologie und Heiligkeit stellen eine Einheit dar, weil die Untrennbarkeit der inneren Notwendigkeit und Harmonie zwischen dem trinitarischen Gott, der Heilsverfügung in Christus, der Schrift und der Kirche mit ihrer Tradition sowohl der eigentliche Inhalt des intellectus fidei wie der einzige überzeugende Erweis der christlichen Wahrheit durch ein heiliges Leben ist.

---

1) H. U. von Balthasar, Schwestern im Geist, 22; vgl. H I, 578 f.

2) TL III, 176.

3) Ebd.

4) Ebd.; Hervorhebung im Original.

Wahrheit ist kein Sachverhalt, sondern Wahrheit hat die Heiligkeit des dreieinigen Gottes zu ihrer Tiefe. Der Auftrag zur Wahrheitsverkündigung bedarf einer auf ihn ausgerichteten Heiligung. Alles Worthafte in lebendige Existenz umzusetzen bedeutet, es in in einem hervorragenden Sinn verdichtend zu rekapitulieren. Wie Jesus zu seiner Weltsendung "geheiligt" ist, wie "die Heiligung des Sohnes Gottes zu seiner 'Auslegung' (exegesis Joh 1, 18) des Vaters, also zur ursprünglichen Rede Gottes von Gott (theo-logia)" dazugehört, so ist die Heiligung der Jünger Jesu notwendige Voraussetzung, "um Zeugen seiner Auslegung Gottes sein zu können"[5]. Vom Evangelium aus gesehen darf Theologie nichts anderes sein wollen "als eine Form der Zeugnisablegung"[6] für Christus, der einzig Zeuge des ihn Sendenden sein wollte. In "seinem Sprechen als Gott und von Gott" wird Jesus Christus "zum personalen Archetyp alles dessen, was dem Sprechen seiner Zeugen Richtigkeit (rectitudo) geben wird"[7]. Theologie hat gemäß dem durch Christus vorgegebenen Wort Gottes zu reden, nicht gemäß einer Kunst des Überredens nach "Menschenweisheit" (vgl. 1 Kor 2, 4 f.)[8]. Eine möglichst totale Zeugnisablegung wirkt - durch die Gnade Gottes - mehr als natürliche Überzeugungskraft. Jesu zentrales Zeugnis wurde in seiner Ganzhingabe im Tod am Kreuz abgelegt. Wer diesen unvergleichlichen Zeugen Gottes bezeugen will, kann dies nicht überzeugender tun als im Zeugnis (martyrion) durch den Einsatz des Lebens. Seine Gott-Rede (Theologie) wird "notwendig und analytisch die innere Form der Lebensweihe zur Ganzhingabe in sich tragen, um vor der Welt glaubhaft zu sein"[9]. Sie ist Zeugnis des unbedingten Ja zu Gott, ein Hindeuten, das in der Dimension des Bekenntnisses liegt[10]. Wahr-

---

5) Ders., Theologie und Heiligkeit, 483; Hervorhebung im Original.

6) Ebd.

7) Ebd. 485; Hervorhebung im Original.

8) Vgl. TD II, 1, 112: "Es gibt eine üble Gewohnheit von Theologen, dem Wort ins Wort zu fallen, bevor es ausgeredet hat, und von irgendeinem Fragment aus eigene Spekulationen anzustellen, wobei unbemerkt Grundsätze miteinfließen, die dem Menschen evident scheinen, es aber von Gottes Wort her nicht sind."

9) Ders., Theologie und Heiligkeit, 487.

10) Vgl. K. Hemmerle, Macht und Ohnmacht des Wortes, 98: "Wir sind angegangen von dem, was unendlich größer ist und darin uns doch auf den Plan ruft, uns zu uns selbst macht und zum Bekenntnis, zur Zeugenschaft herausfordert ... Hier ist der Ort, an dem, phänomenologisch betrachtet, die Rede von Gott ansetzt. Die

heit der Sprache und Wahrheit des Lebens sind miteinander verknüpft, die existentielle Verifikation der Aussagen gewährleistet[11]. Die Theologie des Heiligen ist existentielles Sprechen von Gott. Zeugnis und Zeugnisgebender sind so eng verbunden, daß sich in ihm das, was er bezeugt, verleiblicht. Der Heilige kündet von Gott durch seine Existenz. Er vertritt eine Theologie, die zu Gott spricht und nicht über ihn redet, eine betende Theologie, die den Menschen zum Hörenden auf Gottes Wort und zum Betenden in der Erwiderung macht. Betende Theologie hat die personale Begegnung mit Gott zur Voraussetzung[12]. Sie spricht von Gott nicht so, als sei er Objekt der Rede; sie kann Gott nur anrufen als absolutes Du. Wer von etwas spricht, bezeichnet, grenzt ab und begrenzt. Zur Sprache des Heiligen gehört das Moment der Zeugenschaft, die Verherrlichung bedeutet[13]. Wenn Theologie nicht Gebet ist, aus dem Gebet hervorgeht und zu ihm hinführt, ist sie nicht brauchbar. Für den Heiligen ist das Beten zu Gott die einzig mögliche Weise, Gott zu denken und an ihn zu denken.

Die Theologie der Heiligen ist keine ersessene, im Sitzen und Besitzen erworbene, sondern eine erkniete. "Sie war fraglos betend bei den Vätern, bei Augustin, Beda und Anselm und in der blühenden Mönchstheologie des 12. Jahrhunderts bis hin zu Bonaventura ... Sie war hier überall notwendig auch 'bekennende Theologie'."[14] Für Balthasar beginnt die "rationale" Theologie, "die im ordnenden Durchlichten der innern Einheitstextur des Glaubens besteht ('sapientis est ordinare')"[15], nicht erst bei Thomas von Aquin. Sie

---

ursprüngliche Rede von Gott ist nicht eine Abstraktion, sondern eine konkrete Verherrlichung, ein konkreter Zuruf." Vgl. ebd. 99 f., 102.

11) Vgl. TL II, 251 f.; TD II, 1, 113: "Der wirklich heilige Mensch - im Sinn von Lev 11, 44 f. - ist nach dem Geist der Offenbarung selbst der beste 'Beweis' für deren Wahrheit." Vgl. ders., Verbum Caro, 196.

12) Vgl. K. Hemmerle, Macht und Ohnmacht des Wortes, 98: "Rede von Gott gründet je in einem epiphanischen Ereignis, in einem Ereignis vortheologisch, unspezifisch verstandener 'Offenbarung'."

13) Vgl. W. Breuning, Communio Christi, 132: "Wo so Theologie um persönliches Zeugnis mitbefragt ist, spricht sie wohl glaubwürdig mit den Worten der Schrift, sofern sie es fertigbringt, in ihnen zu leben. Das scheint allerdings auch eine Grundvoraussetzung aller Theologien zu sein."

14) TL III, 337.

15) Ebd.; Hervorhebung im Original.

wird bereits von den Vätern zur Verteidigung des Glaubens gegen Irrlehren betrieben, will jedoch "nichts anderes sein als eine unentbehrliche Vorstufe zur betenden und bekennenden Theologie"[16]; ihre abstrakte Rede darf nicht zur Norm für Theologie erhoben werden. Bestimmende Form aller Theologie hat die Wort-Antwort-Struktur[17] zu sein, die sich allein im lebendigen Gespräch zwischen Christus und der Kirche in der Kommunikation des Geistes verwirklichen läßt. "Durch die Leidenschaftslosigkeit der Theorie muß die Leidenschaft der Anbetung und des Gehorsams flammen, so, wie sie durch das ganze Wort Gottes flammt."[18] Theologie als theoretische Beschäftigung mit dem Wort ist auf die beiden Pole – unmittelbare Anbetung des Logos im endlichen Wort und unmittelbarer Gehorsam gegenüber dem Wort im Existenzvollzug – hingeordnet. Sie tut ihr Werk als theoretische Überlegung "im Übergang zu Anbetung und Lebensgehorsam"[19]. Kirchliche Theologie darf auf keinen Fall diese "Wurzeln vergessen, aus denen sie alle Nahrung zieht"[20], diese Pole, die erst zum Verständnis der Wahrheit befreien. Theologie lebt und gewinnt Bedeutung nur im Kontakt mit dem weiteren religiösen Mutterboden, aus dem sie hervorgeht. Wenn sie sich zu weit von der ursprünglichen Quelle wegbegibt und sich von anderen Ausdrucksweisen der Anbetung und Ethik absondert, artet sie in trockene und inhaltsleere Dispute aus[21]. Eine Wahrheit, die man nicht lebt, kann nicht genügend klar erkannt und deshalb auch nicht mit Vollmacht und Verbindlichkeit ausgesagt werden. In den wahren Anbetern und Gehorsamen verkörpert sich die Wahrheit des Wortes am sichtbarsten, da ihr Leben gelebte Lehre ist; "und wenn ihr Leben besondere Sendung ist, dann ist es in gesteigertem Maß gottgemeintes, aktuelles Licht auf die Lehre."[22] Nach Balthasar wird ein solches Licht auch dem Theologen gewährt, "falls er seine Arbeit nährt aus dem Geist der Anbetung und des Gehorsams"[23], falls sein Nachdenken und Sprechen Anlaß

---

16) Ebd.

17) Vgl. ders., Homo creatus est, 276.

18) Ders., Verbum Caro, 163.

19) Ebd.

20) Ebd. 164.

21) Vgl. TL III, 334, Anm. 100.

22) Ders., Verbum Caro, 169.

23) Ebd.

zum Gebet ist, "zur niederfallenden Anbetung"[24], in der er bekennt, "daß Gottes Majestät und barmherzige Herablassung immer größer ist"[25], als was er zu fassen vermag.

Die Auslegung der Wahrheit Christi als Offenbarung Gottes erfolgt in Heiligkeit und Theologie, die notwendig zusammengehören[26]. "Der Geist der Heiligkeit und Liebe ist auch der Geist der Weisheit und Wissenschaft von der Liebe, aber eben als der eine und selbe Geist: 'Wahrheit und Liebe sind untrennbare Flügel - denn nicht kann Wahrheit fliegen ohne Liebe - und Liebe kann nicht schweben ohne Wahrheit'."[27] Gottes Liebe ist eine absolut richtige, weise; sie ist zugleich "jenes unerforschlich Grundlose, weil durch nichts als sich selber 'Genötigte', Bestimmte"[28] - seine Heiligkeit. Theologie der Heiligen ist Teilhabe an der Wahrheit und Heiligkeit Gottes. Der Heilige wird um so weiser, je mehr er an Gottes Weisheit teilerhält, er wird um so heiliger, je mehr er an Gottes Heiligkeit Anteil hat. Es sind die großen Liebenden, die Heiligen, welche am meisten von Gott wissen[29]. Ihr Denken ist einzig auslegbar "auf die Selbstverherrlichung der göttlichen Liebe: ad majorem Divini Amoris Gloriam"[30]. Ihre kniende Theologie - "die der Liebe gebührende Tat anbetender Verherrlichung"[31] - stellt den Versuch eines Verstandenhabens der göttlichen Kundgabe dar, der allein im Heiligen Geist erfolgen kann. Theologie der Heiligen bedarf "der Gnade des subjektiven Heiligen Geistes, aber noch ursprünglicher eines von diesem Geist auf den Gehalt des Glaubens fallenden objektiven Lichtes", welches ihr "diesen Gehalt in seiner Einheitlichkeit und göttlichen, anbetungswürdigen Tiefe beleuchtet"[32] und sie das heilige Geheimnis umknien läßt. Betende Theologie wird in

---

24) Ders., Du krönst das Jahr mit Deiner Huld, 284.

25) Ebd.

26) Vgl. TL II, 332.

27) Ders., Glaubhaft ist nur Liebe, 70 f.; H. U. von Balthasar zitiert hier Ephrem, Hymnen vom Glauben 20, ed. Beck (1955) 59 - 60.

28) H. U. von Balthasar, Homo creatus est, 196.

29) Vgl. ders., Glaubhaft ist nur Liebe, 7.

30) Ebd. 6; Hervorhebung im Original.

31) Ebd. 73.

32) TL III, 330.

der Wahl ihrer Worte scheu sein müssen, nicht aus mangelndem Engagement, sondern aus Ehrfurcht[33], nicht aus fehlender überzeugender Logik, sondern aus dem geistigen Raum der Stille heraus, mit dem sie das Mysterium zu umhüllen trachtet.

## 3.1 Theologie - Akt heiliger Liturgie

Theologie und Liturgie, Dogmatik und Doxologie sind in der "Heiligen-Theologie" eng verbunden. Theologie wird als Akt heiliger Liturgie aufgefaßt, eine elementar doxologische Struktur des Dogmas betont. Die altkirchlichen Symbole können als Hinführung zum rechten Gotteslob gedeutet werden. Urakt der Glaubensaussage ist das Christus-Bekenntnis[34]. Der liturgische Akklamationsruf: κύριος Ἰησοῦς Χριστός (Phil 2, 11; vgl. 1 Kor 12, 3; Röm 10, 9) beinhaltet einen Akt der Anerkennung und Unterstellung. Er ist Homologie im präzisen Sinn des Wortes. Die vom Geist Gottes Geheiligten bekennen Jesus Christus als alleinigen Herrn und sind bereit, sich durch ihr Bekenntnis in Opposition zu stellen zu allen anderen Herren - bis hin zum Martyrium. Der Kyrios-Titel gewinnt im Neuen Testament besonderes Gewicht durch die Tatsache, daß er sich in Aussagen über das konkrete Handeln des Einzelnen und der Gemeinde findet. Der Kyrios ist die Instanz, vor der sich das gegenwärtige Tun der Christen zu vollziehen hat. Das Bekenntnis zu Jesus als dem Kyrios ist nur gültig, wenn es sich im praktischen Leben verwirklicht. "Zeugnis ablegen ist von vornherein mehr als bloß etwas aussagen; es schließt einen persönlichen Einsatz in sich, ein Gutstehen für das, was man aussagt."[35] Wahrheitszeugnis und Lebenszeugnis bilden eine Einheit, die im Tod ihren Höhepunkt erreicht, obwohl neutestamentliche

---

33) Vgl. W. Breuning, Communio Christi, 131.

34) Vgl. H. U. von Balthasar, Homo creatus est, 307: H. Schlier verweist "auf die alle Schriften des Neuen Bundes durchziehenden Formeln der Homologie, der Bekenntnis- und Glaubensformeln der Gemeinde als 'erster Schicht urchristlicher Theologie' noch vor aller Differenzierung deutender Approximationen des Mysteriums."

35) TL II, 18; vgl. ders., Du krönst das Jahr mit Deiner Huld, 53 - 57; G. Söhngen, Analogie und Metapher, 108: Der Gesinnungs- und Glaubenszeuge "legt Zeugnis, Bekenntnis ab in persönlicher Betroffenheit; er fühlt sich nicht bloß zu einem Sachbericht aufgerufen."

Zeugnisablegung für Jesus "im Wort martyrion zunächst bloße missionarische Verkündigung besagt"[36].

Ursprung und Ziel aller Theologie ist die Doxologie. Die Dogmatik hat zur Doxologie hinzuführen und ihr zu dienen. Die Theologie in Dogmen bedarf einer Ergänzung durch eine Theologie in Gebeten, Hymnen und Liturgien. Das theologische Axiom: Lex orandi est lex credendi – die Gebetspraxis prägt die Glaubensnorm – weist hin auf die "immer neu vergegenwärtigende ('gefährliche') Erinnerung als Liturgie", auf die "durch die Phantasie des Geistes unabschließbare Auslegung der Wahrheit des Sohnes als Offenbarung des Vaters in Heiligkeit und in Theologie"[37]. Was die Kirche betend in ihrer Liturgie ausspricht, ist gleichzeitig das, was sie glaubt und lehrt. In der Ostkirche dient die Liturgie als Katechese für die Gläubigen. Theologie ist so stark auf die Liturgie hingeordnet, daß sie "zum Teil als theologische Hymnendichtung geradezu zur Ausgestaltung der Liturgie"[38] verfaßt wurde – Lobgesang als umfassender Glaubensausdruck in theologischer Vollendung[39]. "Wie bei Platon das Erhabenste und Geheimste in Gestalt des Mythos ausgesagt wird, so in der christlichen Theologie im anbetenden Hymnus. Selbst Jesu letzte und tiefste Unterweisung mündet in sein hohepriesterliches Gebet, worin sich der Inbegriff seiner 'Theologie' zusammenfaßt."[40] Das gemeinsame Wagnis theologischer und doxologischer Sprache muß immer wieder neu eingegangen werden. Theologie als Akt heiliger Liturgie ist die lobpreisende Antwort auf die Erfahrung, daß Gott sich dem Menschen zuneigt, weil er bei ihm und mit ihm sein will; sie ist Anamnese, erinnernder Lobpreis des

---

36) TL II, 18; vgl. W. Beinert, Die Heiligen in der Reflexion der Kirche. Systematisch-theologische Grundlegung, in: ders. (Hrsg.), Die Heiligen heute ehren, Freiburg - Basel - Wien 1983, 51 f.; 51: "So wird der Märtyrer im wahrsten Sinne zum Zeugen (martys) Christi: primär also nicht, weil er leidet, sondern weil er glaubhafte Kunde vom Christusheil bringt."

37) TL II, 332; vgl. ders., Sponsa Verbi, 473: "Nicht als ob die Theologie in ihren Einzelheiten aus den liturgischen Formulierungen herausgehoben werden könnte. Aber die Inspiriertheit der betenden Kirche ist der Quellpunkt all ihrer übrigen Inspirationen, zumal derer, die ihr Denken und Richten anfordern."

38) TL III, 338.

39) Vgl. H.-J. Schulz, Die Eucharistie - umfassender Glaubensausdruck und friedenstiftendes Geschehen, in: Una Sancta 42 (1987) 60 - 66.

40) TL III, 338.

segnenden Gottes, betende, bekennende Anrede an Gott – ein Gespräch auf höchster Ebene. Die Linie verläuft von Gott her zum Menschen hin und dann erst vom Menschen her zu Gott hin, da die Initiative immer bei Gott liegt, der ruft, damit der Mensch ihm antworten kann. "Augustin fragt zu Beginn seiner Konfessionen: Was ist früher: die Verehrung oder die Kenntnis? 'Wer riefe Dich an, ohne von Dir zu wissen? Oder läßt Du Dich anrufen, auf daß man von Dir wisse?'"[41] Theologie ist zur Gotteslehre entfaltete Anrede; menschliche Freiheit antwortet der absoluten Freiheit, dankt und verdankt sich ihr verehrend. Will der Mensch Gott in seiner trinitarischen Lebensfülle preisen, muß er das Wort der Offenbarung in Doxologie umsetzen, in einen Lobgesang, der nie endet, in ein gültiges Sprechen, welches "das Zeugnis der Ehrfurcht glaubhaft in sich trägt"[42]. Seine Antwort auf die Gesamtoffenbarung Gottes wird darum bemüht sein, sich über eine Worttheologie hinaus in eine so umfassende Verherrlichung wie möglich auszuweiten, die alle Lebensbereiche einbezieht. Echtes Erleben heiliger Wirklichkeit, mystische Erfahrung erweist sich als Anfangs- und Zielpunkt, während die Lehre den Versuch darstellt, das Erfahrene mit dem Intellekt einzuholen und aussagbar zu machen. In der Abhandlung des Evagrios Pontikos (346/399) "Über das Gebet" heißt es: "Wenn du Theologe bist, betest du wahrhaftig, und wenn du wahrhaftig betest, bist du Theologe"[43]. Es gilt, "den Reichtum der im Gottesmysterium Christus verborgenen Schätze der Weisheit und Erkenntnis (Kol 2, 2-3) ... zum lobpreisenden danksagenden Gebet und zur Verkündigung"[44] aufzuschließen, da sich nur so Theologie wahrhaft entfalten kann. "Hingabe

---

41) Ders., Homo creatus est, 253; vgl. G. Söhngen, Analogie und Metapher, 109 f.: "Bei Bekenntnis oder Konfession (confessio) denken wir gemeinhin an Schuldbekenntnis oder an Lehrbekenntnis" ... Augustins "Begriff von confiteri und confessio ist von der Psalmensprache her bestimmt als Lobpreis der Größe Gottes und der Großtaten Gottes, besonders auch der barmherzigen Huld und Treue Gottes, und zugleich als 'Bekenntnis' der Schwäche, Sünde und Schuld, der ganzen Erbarmungswürdigkeit des Menschen; in diesem Doppelschlag des Lobpreises und des demütigen Bekenntnisses bewegen sich die 'Confessiones' des Lehrers der Gnade."

42) H. U. von Balthasar, Sponsa Verbi, 481.

43) De oratione 60, MPG 79, 1180 = Philokalia I (s. Anm.6), 182 (dort Nr.61), zitiert nach G. G. Blum, Mystische Erfahrung und Theologie im östlichen Christentum, in: Una Sancta 43 (1988) 3.

44) H III, 2/ 2, 90 f.

ins Unendliche, grundsätzlich unbeschränkte Hingabe ist das vom Menschen her mögliche Apriori, worin die Endlichkeiten der Offenbarung, Fleisch und Buchstabe, eine Chance haben, als das aufgefaßt zu werden, was sie sind: als Sprache und Ausdruck des Unendlichen."[45] Hingabe besagt zum einen "eine Haltung der Anbetung, die dem Wort Gottes, der Schrift, von vornherein auf den Knien, im Staub begegnet"[46], die im endlichen Begriff den unerschöpflichen Inhalt erwartet; sie meint zum anderen den Willen, "diesen unendlichen Sinn (dem kein abschließendes Verstehen in dieser Zeit entsprechen kann) zum Sinngrund der eigenen Existenz zu machen"[47], vom Wort her zum Wort hin zu leben, "kraft des Wortes für das Wort"[48]. Es kommt darauf an, die eigene Existenz zu einem Zeugnis und Weiterklingen des Wortes durch die Zeiten zu machen. "An der Heiligkeit der Gemeinschaft der Heiligen muß die Welt ablesen, was Heiligkeit (das heißt Göttlichkeit) des fleischgewordenen Wortes auf Erden war. Ohne diese Heiligkeit des dargelebten Wortes hätte die Heiligkeit des angebeteten Wortes keine volle Menschwerdungs-Wahrheit mehr. Die Glaubwürdigkeit des weltförmigen Wortes (die aus seiner Kraft stammt, Theorie in Existenz zu wandeln, Amt in gelebte Heiligkeit, Theologie in christliche Praxis, Überlegung in unwiderlegliches Lebenszeugnis bis zum Martyrium): diese Glaubwürdigkeit stammt je aus der Anbetung, der Hingabe und Auslieferung der gesamten Existenz in Glaube, Hoffnung und Liebe nach innen."[49]

Theologie der Heiligen ist hymnologische Theologie, die den absoluten Vorrang Gottes preist. Bemüht um die "Anstrengung des Begriffs" gibt sie ihre homologische Eigenschaft dennoch nicht auf. Als methodisch geleitete Reflexion auf den Glauben der Kirche an die Selbstmitteilung Gottes in Jesus Christus erfolgt sie weder "in einem Abstand nehmenden 'Gegenüber'" noch "in einem überlegenen 'Über', sondern in einem 'Insein' und 'Von-her-Sein'"[50]. Das paulinische ἐν Χριστῷ – es hat seine Parallele im johan-

45) Ders., Verbum Caro, 160.

46) Ebd.

47) Ebd. 161.

48) Ebd.

49) Ebd.

50) Vgl. ders., Christen sind einfältig, Einsiedeln 1983, 91.

neischen Bild vom Weinstock und den Reben - ist von ausschlaggebender Bedeutung nicht nur für die christliche Existenz und ihr Wirken nach außen, sondern ebenso für das theologische Denken und Sagen. Der Mensch bedarf "zur übersetzenden Aussage (Logie) des Göttlichen (Theo-)"[51] des vermittelnden - des christologischen oder hypostatischen - Raumes. Die christologische Dimension birgt den Akt einer adäquaten Übersetzung des Göttlichen ins Menschliche in sich. "Christus ist demnach das Urbild aller Theologie und die Verbürgung ihrer Möglichkeit."[52] Das Denken- und Lebendürfen ἐν Χριστῷ schließt ein Beherrschen des christologischen Raumes (wie einen Gegen-stand) aus. Der Raum der christologisch-trinitarischen Wahrheit ist eröffnet und zugänglich, doch "was in diesem Raum Wahrheit ist", wird nicht erst vom Menschen erfunden, sondern ist "umfassend und unerschöpflich vorgegeben"[53]. Theologie hat sich "im genauen Hinblicken auf die in Christus sich vollziehende archetypische Übersetzung des Göttlichen ins Menschliche"[54] zu verwirklichen. Dieser Hinblick bewahrt "vor einem rationalistischen Spekulieren, das die als Einheit zu sehenden Bilder und Symbole in nichts mehr offenbarende Begriffe zersetzt oder den zentralen Akt, in dem das Wort Fleisch wird, nicht als die untrennbare Einheit von Theorie und Praxis versteht"[55]. Alles irdisch-theologisch Festgelegte muß "von der Distanz zwischen dem Logos selbst und seinem geschöpflichen Ausstrahl, der für Weltliches geltenden Logik"[56] geprägt sein. Daraus folgt, "daß alle noch so subtile oder erhabene menschliche Theologie ihre Spitze in der Homologie hat: anbetende Rühmung des auch und gerade in seiner Offenbarkeit Unbegreiflichen"[57]. Theologie vollendet sich in der Zeugenschaft - in der Verherrlichung Gottes. "Bezeugend anbeten und anbetend bezeugen"[58] bedeutet: verherrlichen, zum Leuchten und zur Geltung bringen[59]; nicht ein Tatbe-

51) Ebd. 93.

52) Ebd. 92.

53) Ebd. 93.

54) Ebd. 93 f.

55) Ebd. 94.

56) Ebd. 95.

57) Ebd.

58) Ders., Du krönst das Jahr mit Deiner Huld, 57.

59) Vgl. K. Hemmerle, Macht und Ohnmacht des Wortes, 95.

stand wird gemeistert und unter menschliches Verstehen gebracht, sondern die Hoheit Gottes, seine Unverfügbarkeit wird erkannt und anerkannt. Das überragende, sich gewährende Mysterium Gottes will "ehrfürchtig und zitternd und zugleich preisend und akklamierend zur Sprache" gebracht sein[60]. Ihre unverfügbare Mitte - Gott - umkreisend wird Theologie mit der Meditation des Liebesgeheimnisses nie fertig, da es weder denkerisch noch existentiell ausgeschöpft werden kann. Sie kann höchstens aufweisen, daß jedes versuchte Wort, jede gelebte Antwort nicht genügt, daß die Notwendigkeit der Suche immer bestehen bleibt. Gott ist eine höchste Wirklichkeit, an die keine weltliche Bezeichnung heranreicht - das Heilige schlechthin, das kein vertrauter Begriff zu fassen vermag. Ein immerwährender Aufschwung des Herzens über alle Begriffe und Benennungen hinaus, eine existentielle Kenntnis der göttlichen Liebe weisen die Richtung. Die Gewißheit, "vom Gott der Offenbarung immer schon gefunden worden zu sein"[61], stellt das "quaerere Deum" der Psalmen oder eines Augustinus in einen angemessenen Bezugsrahmen. "In keinem Fall kann sich die Seele bis zur Erkenntnis Gottes hin ausstrecken, wenn Gott sich nicht bis zu ihr niederneigte, um sie bis zu sich zu erheben. Denn nie hätte der menschliche Geist die Kraft, hinreichend zu laufen, um etwas vom göttlichen Licht zu erhaschen, wenn Gott ihn nicht an sich zöge."[62] Nicht menschliche Einsicht ergreift das Absolute, sie ist vielmehr vorweg von ihm ergriffen. Von vornherein und unabschließbar sieht sich der Mensch überwältigt "durch das Je-Größere der Gnadenoffenbarung Gottes"[63]. Das unterscheidend Göttliche (Deus semper maior) und das unterscheidend Geschöpfliche Gott gegenüber (ad maiorem Dei gloriam) sucht er in der Unabschließbarkeit des "Mehr", in der nach oben offenen Steigerung anzudeuten[64]. Nur wo Geheimnis waltet, ist Anlaß und Möglichkeit zur Verehrung gegeben.

---

60) Vgl. ebd. 100.

61) TL II, 95.

62) Ebd. 95 f.; H. U. von Balthasar zitiert hier Maximus, Capita theologica et oecumenica, 1. Centurie 25 (PG 90, 1093 - 1096); die "Capita theologica et oecumenica" sind fälschlich dem Maximus zugeschrieben.

63) TL II, 98.

64) Vgl. M. Lochbrunner, aaO. 35; TD II, 1, 115.

Am Ende der Theologie der Heiligen steht das Schweigen der Anbetung[65]. Kataphatische bzw. apophatische Theologie[66] hat eine über alles gesteigerte Bejahung zum Ziel[67] - das Liturgisch-Hymnische, rein Anbetende. Hymnen betonen das Moment schweigender Verehrung. Die fast nicht mehr mitteilbare Erfahrung findet ihren angemessenen Ausdruck im Lobpreis: "Das Geheimnis der ewigen Liebe ist so geartet, daß seine überhelle Nacht nur durch Anbetung verherrlicht werden darf."[68] Die Heiligen sind keine Vielredner, obwohl sie beständig das Eine Wort vor Augen haben[69] - Jesus Christus, "das aus Gottes Schweigen hervorgegangene Wort"[70]. Diese endgültige Sprache Gottes besitzt einen Hintergrund von Mysterium, der allerdings "nicht 'hinter' dem Wort als das Ungesagte zurückbleibt, sondern sich in den - göttlichen! - Dimensionen des Wortes mit anzeigt"[71]. Im Logos lebt das Ur- und Überwort. Wort und Antwort, der Dialog zwischen Gott und Mensch ist deshalb für Augustinus "so alles Sägliche überbordend, daß Wort verweht in wortlosen Jubel"[72]. Für den Theologen ist die Erfahrung der Grenze der eigentlich fruchtbare Ort der Erkenntnis. Er wagt sich immer wieder bis zu dieser Grenze vor, obwohl es jenseits von ihr nur noch den Seufzer des Gebetes gibt, um sie ertragen zu können. "Das 'Wort' mag in der Offenbarung noch so positiv, historisch und gesetzhaft wirken, es ist dennoch

---

65) Vgl. TL II, 98.

66) Vgl. ders., Homo creatus est, 249: Jede Bejahung (kataphasis) muß sich, um vollends wahr zu werden, in eine Verneinung (apophasis) aufheben; Tl II, 94: "Wir sollten aber auch nicht wähnen, unsere Verneinungen faßten Gott adäquater als unsere Bejahungen; zwar stellt Dionysios die ersteren grundsätzlich über die letzteren, aber er sieht sich zuletzt genötigt, was an Positivem in den Verneinungen liegt, nochmals aufzuheben." Vgl. ders., Der Zugang zur Wirklichkeit Gottes, 35; P. Knauer, Der Glaube kommt vom Hören, 54: Das "analoge" Sprechen von Gott "geschieht in den drei einander einschließenden Erkenntnisweisen der 'Bejahung', der 'Verneinung' und des 'Überstiegs'." Ebd. 56-58. 96.

67) Vgl. TL II, 94.

68) TL I, 312.

69) Vgl. ders., Verbum Caro, 142.

70) Ders., Homo creatus est, 256; H. U. von Balthasar zitiert hier Ignatius von Antiochien, Magn 8,2; vgl. auch TL II, 107 f.; H. Waldenfels, An der Grenze des Denkbaren. Meditation - Ost und West, München 1988, 94 f.

71) H. U. von Balthasar, Homo creatus est, 257.

72) Ders., Verbum Caro, 143.

überall und von Anfang an Ausdruck des gottmenschlichen connubiums, dessen Vollzug notwendig das Wortlose ist, ... der Blitz des Zusammenfalls"[73] – pneumatische Hochzeit zwischen Gott und Mensch. In der Enthüllung vollendet sich das Geheimnis und in der Einigung die anbetende Liturgie[74].

Bei Dionysius ist die "Liebe zu einer liturgischen Feier-Theologie des unerforschlichen Mysteriums"[75] besonders ausgeprägt. Der innere Stil seines Redens von Gott und Lebens vor Gott ist "von der innersten Proportionalität bis in die äußerste Formulierung gleichmäßig durchgeformt vom allesbeherrschenden Gefühl für das von der heiligen Sache geforderte Maß, jenes 'metron', ... jene 'Zumessung' (Analogia), die auch Paulus kennt und die die ganze Schrift praktiziert"[76]. Die Prägekraft seiner geistlichen Theologie ist nach Ansicht Balthasars genauso stark wie die eines Augustinus, "und man kann aus der Fruchtbarkeit dieser beiden beinahe die ganze Philosophie des Mittelalters bis zur Aristotelesrenaissance und die ganze Theologie weit über Thomas hinaus hervorgehen sehen"[77]. Dionysius erschließt Atmosphärisches und Spirituelles, Tiefen der Ruhe und Seligkeit, er vermittelt den Sinn für Sakralität und Sakramentalität. Vor allem gibt er "die evidente, verwirklichte Synthese von Wahrheit und Schönheit, von Theologie und Ästhetik, die sich bis in die trockensten Rahmen der Schulscholastik nicht ganz wird verleugnen können"[78]. Seine Sprache entspricht in jedem Satz, "ja bis in jedes Satzglied hinein dem Mysteriencharakter des Inhalts"[79]. Sie ist einmalige Form dieses einmaligen Inhalts, nicht nur äußere, sondern innere Form: "Sprache, wie sie vor ihm und nach ihm niemand mehr gesprochen hat, ... Sprache aus einer innersten Entscheidung zur Göttlichkeit Gottes"[80].

---

73) Ebd. 151.

74) Vgl. ders., Kosmische Liturgie. Das Weltbild Maximus' des Bekenners, Einsiedeln ²1961, 90.

75) Ebd. 92.

76) Ders., Sponsa Verbi, 482.

77) H II, 1, 151.

78) Ebd.

79) Ebd. 156.

80) Ebd.

Anliegen der Theologie des Areopagiten ist es, die zentralen Geheimnisse der göttlichen Liebe hymnisch zu feiern. Seine hierarchische Liturgik ist "kristallisierte Anbetung um die Mitte der unaussprechlichen Gottheit"[81], seine ganze Theologie "ein einziger Akt heiliger Liturgie"[82]. Da Liturgie "eine menschliche, kirchliche, nachgestaltende Tat als preisende und dankende Antwort auf die Offenbarungsgestaltung Gottes ist"[83], nehmen in ihr die Kategorien des Ästhetischen und der Kunst eine zentrale Stellung ein. So ist auch die liturgische Theologie des Dionysius durchherrscht von ästhetischen Kategorien[84]. Als rühmende Feier der Mysterien Gottes hat sie in den liturgischen Gesängen des Himmels ihr Ur- und Vorbild[85]. Hymnnik ist für Dionysius "eine Methodologie theologischen Denkens und Sprechens"[86]. Anbetung läßt alle eingesehenen endlichen Deutungen sich übersteigen in einen unendlichen Sinn. "An die göttliche Waage uns haltend, die auch die gesamten heiligen Ordnungen der überhimmlischen Chöre durchwaltet, wollen wir das über Verstand und Wesen erhabene Verborgene der Urgottheit mitheiligen, durch auf volle Erforschung verzichtende Akte geistiger Ehrfurcht das Unaussprechliche mit demütigem Schweigen ehren und uns so zu den aus den heiligen Aussprüchen herableuchtenden Strahlen erheben ..."[87] Der hymnische Charakter der Theologie verhindert einen Übergriff der Ratio in das göttliche Liebesgeheimnis. Der Aufstieg zu Gott als "Anbetung" ist ein einziger theologischer Hymnus auf die unermeßliche Majestät Gottes durch alle Verneinungen hindurch[88]. Liebe läßt sich nicht von unten erklären,

---

81) Ebd. 15.

82) Ebd. 157.

83) Ebd.

84) Vgl. ebd.

85) Vgl. ebd. 163. 167.

86) Ebd. 164.

87) Ebd. 163; H. U. von Balthasar zitiert hier Dionysius, De divinis nominibus I, 3 (589 AB).

88) Vgl. K. Hemmerle, Das Heilige und das Denken, 78: "Wenn hier, in der Anbetung, der Name des lebendigen Gottes verlautet, wenn hier das 'Du' in den Abgrund des Heiligen hineingerufen wird - Anbetung geschieht indessen auch, wo Du und Gott nicht mehr gesagt, sondern nur im eigenen Nicht alles Seins und Selbst und Denkens verschwiegen und darin getan werden - , so geschieht in solchem Ruf gerade das Gegenteil des vorstellenden Denkens, welches das Heilige vergegen-

sondern nur als ein zu verehrendes Unerforschbares anbetend umschweigen in einem Aufschwung zu den - jenseits aller Erkenntnistätigkeit - der mystischen Einigung dargebotenen Geheimnissen[89].

"Die ungeheure, oft zur Rasanz sich steigernde Verneinungsbewegung, die die Apophatik (Absprechung aller Namen) der Kataphatik (Zusprechung aller Namen) überordnet, entzündet sich doch je nur - und immer glühender - an der Abstiegsbewegung des sich in Erscheinungen mitteilenden Gottes."[90] Erscheinung ist Sichtbarwerden in Wirklichkeit - ästhetischer Ausdruck für Mitteilung und Wort[91]. Sie ist jedoch immer "Erscheinung des Nichterscheinenden, des nie in übersehbares Erschienensein zu verwandelnden je-größeren und je-verborgeneren Gottes. Als Erscheinung des Nichterscheinenden ist die Bewegung Ausgang: Proodos, als Erscheinung des Nichterscheinenden, auf den alle Erscheinung verweist, den sie verbergend entbirgt, ist sie Rückwendung: Epistrophê."[92] Das Verlangen der Liebe richtet sich nicht nur auf Enthüllung und Besitz, sondern ebenso stark auf Verehrung - Verhüllung. Enthüllung darf immer nur bis zum vorletzten gehen, wenn Liebe

---

ständlicht, und sei es: zur unendlichen Person oder zum 'ens realissimum' vergegenständlicht, Gottheit als ein Prädikat versteht."

89) Vgl. H. U. von Balthasar, Kommentar zur Summa Theologica, 377: Für Dionysius "ist Gott zugleich das absolut Eine und das (deshalb) diskursiv und vernunfthaft Unerkennbare; aus diesem Grunde begegnet der Geist Ihm nur im absoluten Herausstand aus sich selbst, der zugleich seine höchstmögliche Einigung (durch Teilnahme) ist." Ders., Kosmische Liturgie, 87 f.; ders., Bibel und negative Theologie, 21 f.; G. G. Blum, aaO. 9: "Durch völlige Lösung von allem Sichtbaren und Denkbaren vollzieht sich also die Vereinigung der Seele mit Gott in der Ekstase der Liebe."

90) H II, 1, 168; vgl. ebd. 209 f.; ders., Bibel und negative Theologie, 28: Dem Areopagiten "scheint, wie bereits Gregor von Nazianz in einigen seiner Hymnen, diese Negation tiefere Verehrung vor dem Mysterium Gottes auszudrücken, sein ganzes Werk bekundet eine latreutische Tendenz. Dennoch ist ihm bewußt, daß diese verehrende Haltung durch bloße Negation nicht hinreichend ausgedrückt wird, daß man deshalb über alles Bejahen und Verneinen hinausschreiten muß." Ebd. 25: So sehr "die Formen der Begründung negativer Theologie im einzelnen variieren mögen, sie stehen doch alle im Dienst einer von vornherein alle Formen des Ja und Nein übersteigenden Affirmation der göttlichen Erhabenheit." Vgl. ders., Die Gottesfrage des heutigen Menschen, 145 - 148; G. G. Blum, aaO. 8 f.

91) Vgl. H II, 1, 167.

92) Ebd; Hervorhebung im Original; vgl. ebd. 189.

bis zuletzt sein soll. Verehrende Bewunderung gründet in der Anbetung des nichterscheinenden Gottes. Gott ist als Ewig-Geheimnisvoller und Verborgener in keiner Erscheinung faßbar. Obwohl Dionysius die Transzendenz Gottes verstärkt betont, vertritt er dennoch entschieden "die Positivität der geschöpflichen Wesensgrenzen und hierarchischen Wesensordnungen"[93], so daß eine Weltflucht auch der höchsten Mystik nicht möglich ist. Der über alles erhabene und transzendente Gott gewährt – in verschiedener Intensität – den Reichen der Schöpfung an sich Anteil und bewahrt die immanente Ordnung von allem. Dionysius unterscheidet nicht, wie etwa Augustinus, zwischen der fleischlichen Erscheinung der Kirche als Institution und dem geistigen Kern des pilgernden Gottesreiches, "vielmehr liegt das Geistige endgültig in der Erscheinungsform, in Hierarchie und Sakrament; was ist und was sein soll, ... hat nach dem Willen Gottes (der für den Theologen maßgebend ist) schlechterdings zusammenzufallen."[94] Die Kirche ist trotz ihrer konkreten defizienten Gestalt Herz der Welt und irdische Darstellung des himmlischen Hofes. Deshalb darf das Gotteslob des Theologen nichts anderes sein als Auswortung des Gotteslobes der Kirche, somit Liturgie. "Und die Wortform dieser Hymnik ist die bis zur Anbetung sich steigernde Bewunderung der Schönheit, die da ist das Erscheinen des Nichterscheinenden in jeder Erscheinung, und somit die Sakralität alles scheinbar Profanen."[95] Die Welt erscheint als Ort der Heiligung und als Zeichen, das über sich empor ins Ewige weist. Dionysius vergißt jedoch keinen Augenblick, daß die Dinge Gott sowohl ähnlich wie unähnlich sind, Gott aber den Dingen nicht ähnlich ist. Bei aller Immanenz in den Dingen west er in sich selbst über alles hinaus[96].

---

93) Ebd. 169; vgl. ders., Kosmische Liturgie, 88: "Das Höchste an Überstieg schlägt um in ein Höchstes an Weltbejahung, an göttlicher Immanenz."

94) H II, 1, 169; vgl. ders., Verbum Caro, 198: Der Areopagite "ist der Meinung, daß man die Struktur der Kirche überhaupt nur zu sehen bekommt und verständlich machen kann von dem her, was sein soll und was tatsächlich auch ist, wenn Kirche in ihrem Bestand in Christus und ihrem unmittelbaren Gesetztsein durch Christus angeschaut wird."

95) H II, 1, 169.

96) Vgl. ebd. 171 f.; P. Knauer, Der Glaube kommt vom Hören, 57 f.: "Weil nämlich das Bezogensein weltlicher Wirklichkeit auf Gott als restloses notwendig einseitig ist, besteht auch die Ähnlichkeit der Welt Gott gegenüber nur in dieser einen Richtung. Die Welt ist Gott ähnlich und unähnlich zugleich. Von Gott aber ist deshalb hinweisend auszusagen, daß er der Welt nur unähnlich ist.

"Die Theologie erschöpft sich im Akt bewundernder Anbetung vor der in aller Erscheinung unerforschlichen Schönheit. Sie ist Wissen, gnôsis, aber Wissen, das dem Geheimnis der Schönheit in schöner Weise, das heißt angemessen ... entspricht."[97] Entscheidend ist nicht die alle Grenzen überstürmende Kühnheit des Denkens, da sie die Ehrfurcht und die vom Mysterium geforderte Zurückhaltung und Mäßigung verletzen könnte. Liebe zum Bösen und Verwegenheit verfehlen das Maß. "Diese methodische harmonia ist eine analogia, ein angemessenes Verhältnis, eine Proportion zwischen Offenbarung und Aufnahmevermögen, welche vom Sich-Offenbarenden je nach der Art und Erfassung des Subjektes gesetzt wird."[98] Ihr entspricht eine heilige Scheu auf seiten des Menschen, eine Ekstase über die Unübersehbarkeit dessen, was sich ihm in Gnade zuneigt: Gotteserkenntnis besteht in dem Wissen, daß der Mensch Gottes Wesen nicht kennt. Maßstab dessen, was dem erkennenden Geschöpf angemessen ist, darf nicht das Gesetz des eigenen Begehrens sein, sondern nur das, was der Schöpfer in Freiheit zumißt. Das bedeutet keine bloße Passivität des Gemessenwerdens, wohl aber, daß sich das Geschöpf in seiner Selbstergreifung als ein von vornherein ergriffenes und umgriffenes begreift. Menschliches Erkennen hat das ewige Prius des Erkanntseins zur Form[99]. "Weil Gnade Teilnahme am unendlichen Gott ist und weil die Angleichung des Menschen an das von Gott gesetzte Eigenmaß ebenfalls eine unendliche Annäherung ist, ist auch in der dionysischen Angemessenheits-Theologie jeder Raum frei für unendliches Streben."[100] Der Aufstieg zu Gott beginnt in der Welt, verdichtet sich in der Frage nach Herkunft und Ziel. Bilder und Namen Gottes können jedoch in Wirklichkeit Gott nicht erreichen, als begrenzte den Unendlichen nicht umgreifen. Da jedes Bild und jeder Begriff zu eng sind, den Grenzenlosen zu benennen, bleiben am Ende nur das Schweigen und die Dunkelheit, worin sich das Mysterium Gottes verbirgt[101]. Gott ist kein Objekt des Wissens. Der Mensch

---

Auch wenn man Gott hinweisend 'die absolute, unendliche Fülle des Seins und der Vollkommenheit' nennen kann, ist dies wie nichts gegenüber ihm selbst. So mündet alles Reden über Gott in Verstummen." Vgl. ebd. 58, Anm. 62.

97) H II, 1, 173.

98) Ebd. 174.

99) Vgl. TL I, 295.

100) H II, 1, 175.

101) Vgl. ebd. 181 - 207.

- am Ende all seines Bemühens und Strebens stehend - kann nur noch das Göttliche erleiden. Sein Nichtwissen "ist Begegnung mit dem Unfaßbaren, die oberhalb alles begrifflichen Erkennens liegt und um so intensiver wird, je näher dieses Unfaßliche heranrückt"[102]. Die Anbetung wächst mit der Liebe, die Stille wird zum einzig gemäßen Lob.

"Ist die Weise der Theologie 'heiliges Maß', so ist ihr Klang 'heilige Feier'. Weil Gott in und über allem ist, kann Dasein und Erkenntnis nur ein Fest und ein 'Reigen' sein, eine dauernde 'Feier' der in und über allem waltenden und sich mitteilenden Herrlichkeit, ein 'Hymnus', ein 'Ruhmgesang', dessen Gesetzlichkeit von der Auffassungsweise, der Auswahl der Gesichtspunkte an bis in die geringsten Ausdrucksformen sich auswirken muß."[103] Für Dionysius ist alles "heiliger Schleier"[104], aber nur, um angemessener in das Geheimnis Gottes einzuführen. Rede von Gott ist "wesentlich Initiation, myestai"[105], der Theologe Liturg der Mysterien des Gottseins Gottes. "Theologie im umfassenden Sinn ist - wie in den Bildern der Apokalypse - die konzentrische Ordnung von Himmel und Erde, Engel und Menschen im Preisgesang um den Thron des Unsichtbaren: Wort, das sich in immer breiterem Widerhall fortsetzt, rings um die Mitte des Schweigens; Klang rings um die wesenhafte, unzugänglich verborgene Stille."[106] Im Zentrum der Anbetung steht das Schweigen, kein leeres Schweigen allerdings, "sondern jenes einsförmige Urwort", welches als Überwort "über alle erklingenden Worte hinaus ist"[107]. Wahres Reden von Gott muß deshalb die göttliche Stille in sich einbergen, die theologische Liturgie hat wesenhaft kontemplativ zu sein. Will Theologie "die Symmetrie zum einigen Wort"[108] nicht verlieren, darf sie nicht den Ehrgeiz haben, ins Unendliche auslegen zu wollen. Dogmatische Festsetzungen sind nicht als erschöpfende Aussagen anzusehen. Auch die schärfste kon-

---

102) Ders., Kosmische Liturgie, 85.

103) H II, 1, 175.

104) Ebd. 176.

105) Ebd.

106) Ebd. 176 f.

107) Ebd. 177.

108) Ebd.

ziliare Definition hat angesichts der je-größeren Unähnlichkeit Gottes im Hinblick auf sein je-größeres Geheimnis zu erfolgen[109]. Mystik und Dogmatik sind aufeinander verwiesen. Die dogmatischen Hymnen der abendländischen Kirchenväter und der späteren Byzantiner gehen in die Liturgie ein. Es gehört zur Stilreinheit der dionysischen Theologie, daß auch sie, da sie im ganzen hymnisch ausgerichtet ist, zuweilen den Atem großer Dichtung annimmt[110]. Diese dichterische Sprache, "die sich von der sonstigen nur gradweise unterscheidet, will die Symmetria, die Angemessenheit zu ihrem Gegenstand offenbaren; sie ist in ihrer Art ein viel exakterer Ausdruck für die Vision der Göttlichkeit Gottes als das meiste, was definierende Theologie über Gott zu sagen vermag."[111] Alles theologische Verstehen hat "ein Verstehen des Unverstehbaren, weil Gottes", zu sein[112]. Obwohl die Dreieinigkeit Gottes klar dogmatisch-liturgisch ausgesagt wird, bleibt sie als ganze in das Dunkel des unerforschlichen Geheimnisses verwiesen. Der Dreieinige ist der Gott des überlichten Dunkels.

"Wer vom Dunkel redet, kann sich nicht ins Licht stellen. Wer von Gottes alles überstrahlendem Glanz (der nur aus solchem Dunkel erkannt werden kann) spricht, muß selber dahinter ganz verschwinden, gleichsam aufgehen in diesem Glanz."[113] Dionysius ist ein Unbekannter, Verborgener. In seinen Schriften sagt er nichts über sich, vermutlich war er ein syrischer Mönch, der gegen Ende des 5. Jahrhunderts lebte. Nur der kann als Gesendeter den göttlichen Auftrag leben, welcher als Person völlig zurücktritt. Die Person muß in der Taxis und Funktion aufgehen, damit sie das göttliche Licht so unmittelbar und durchsichtig wie möglich auffangen und weitergeben kann. Die Verborgenheit der Person des Dionysius legt Zeugnis ab für die Worte, die von Verhülltheit, Mysterium, göttlichem Dunkel reden. In der Theologie des Dionysius findet sich in starkem Maße der Gedanke vom "Sendungscha-

---

109) Vgl. ebd. 207.

110) Vgl. ebd. 180.

111) Ebd. 181.

112) Vgl. ebd.

113) V. Keil, Dionysius Areopagita. Ich schaute Gott im Schweigen, Freiburg - Basel - Wien 1985, 16.

rakter aller christlichen Gnade: wer erhält, muß weitergeben, wer von Gott persönlich gewürdigt wird, muß in seiner Würde (axia) als in einer anfordernden Ordnung (taxis) leben, die sein Persönlichstes in Beschlag nimmt."[114] Es handelt sich um einen "Objektivismus der Heiligkeit, der die persönliche Frömmigkeit, Gebet und Mystik ein- und nicht ausschließt"[115]. Hierarchie als soziale Ordnungsstruktur besagt für Dionysius: "Prinzip, Grundlegung, erwirkende Form der Heiligkeit und Heiligung"[116]. Er fordert "die Heiligkeit des Christen als Ergebnis des Zusammenklangs von hierarchischer Ordnung, Offenbarungswissen und apostolischer Tat"[117]. Dieser gottgefügte Dreiklang läßt den Menschen durchsichtig zu Gott werden und durchlässig für Gottes Willen. Gänzliche Verfügbarkeit ist in verstärktem Maße vom Hierarchen zu erwarten, da er in der Nachfolge Christi berufen ist, Gottes Ratschlüsse zu verkünden[118]. Amt und Geist bilden bei Dionysius eine Einheit. Die "Kirchliche Hierarchie" des Areopagiten ist von Anfang bis Ende "auf dem Apriori einer Identität von Amt und Heiligkeit aufgebaut"[119]. Nur wer selber heilig ist, kann Heiliges inspirierend verströmen. Dionysius meint "keine reinsubjektive Vollkommenheitsidee: ihm geht es um das Vollkommenheitsbild des Evangeliums selbst"[120]. Durch den Areopagiten wurde "die de-iure-Identität von Bischof, Heiligem und Kirchenlehrer" eindrucksvoll herausgestellt "und mit ihm als evangelische Tradition rezipiert"[121].

114) H II, 1, 205; vgl. ebd. 164: "Für Dionysius aber ist, wie sich zeigen wird, individuelle und soziale Ordnung (taxis) unscheidbar."

115) Ebd. 205.

116) Ebd.

117) Ebd. 213.

118) Vgl. ebd. 178: "Der nicht aus der Gnade seines Amtes lebende Priester und Theologe fällt aus dem Seinsgesetz, das die Einheit von wesenhafter und sittlicher 'Würdigung' fordert."

119) Ders., Verbum Caro, 198.

120) Ebd.

121) Ebd. 199.

## 3.2 Betende Vernunft

Nach Ansicht Balthasars kann "auch das vernünftigste Sprechen" von Gott nur fruchtbar sein, "wenn es aus Gebet oder, was das gleiche ist, aus der Sphäre des Heiligen Geistes erfolgt"[122]. Der dem Menschen verliehene Geist als Gabe ermöglicht es, "in den personalen Dialog Gottes, welcher der Geist ist, miteinzutreten"[123]. Dialog ist ein Ereignis von Person zu Person. Deshalb kann Gott von der Vernunft nicht wie eine Sache in Beschlag genommen werden, die ihr zu Diensten steht. Wenn Gott sich in Jesus Christus durch den Heiligen Geist dem Menschen zuwendet und erschließt, so nicht in der Weise, daß der Mensch die unendliche Wahrheit Gottes in die engen Gefäße seiner Begriffe zu pressen vermöchte. "Zwar gibt es ein Verständnis des Glaubensinhalts, aber keinesfalls kann dieser Inhalt je fortschreitend in adäquate rationale Formeln aufgelöst werden."[124] Gott schenkt sich dem Menschen, damit der Mensch ihm antworten, ihn anreden kann. Gott ist das den Menschen schlechterdings Berührende und Einfordernde, alles eher als bloße Abstraktion seines Nachdenkens[125]. Gott geht den Menschen unbedingt an, er eignet sich ihm zu. Gott gedenkt des Menschen, der seinerseits, in Entsprechung auf das göttliche Gedenken, zum Nach-Denken aufgerufen ist. Als von Gott-her-Seiender kommt es ihm zu, nach-denklich zu sein, Gottes zu gedenken[126]. Es gehört zum Wesen des Menschen, daß er auf das Absolute und seinen Anspruch hin nachdenken kann und nachdenken muß. Dieser Anpruch trifft ihn jedoch konkret und fordert ihn heraus zu antworten, zu lobpreisen, zu bekennen[127]. Es genügt also nicht, sich Gott im Denken zu nähern, vielmehr ist der Mensch aufgerufen, die unvertretbare konkrete Antwort im Bekenntnis seines Wortes und Lebens zu geben. Wirksames Gedenken und gedenkendes Wirken liegen ineinander.

---

122) TL III, 347.

123) Ebd. 342.

124) Ders., Homo creatus est, 314.

125) Vgl. K. Hemmerle, Macht und Ohnmacht des Wortes, 98.

126) Vgl. TL I, 297: "In dem je schon Umgriffensein alles Begreifens durch das Begreifen Gottes liegt innerhalb der natürlichen Vernunft die Form des Glaubens vorgezeichnet."

127) Vgl. K. Hemmerle, Macht und Ohnmacht des Wortes, 98.

Der Glaube ist es, "der vom Wort der Theologie die Gestalt fordert, die zu tieferer Anbetung, zu besserem Lebensgehorsam führt. Vom Theologen wird somit erwartet, daß er die menschlichen Denkgesetze je so verwende, daß das Glaubensgesetz darin sichtbar werde."[128] Denkgesetze sind vorwiegend abgrenzend; sie schließen ab, de-finieren, um durch diese Verendlichungen eine nachträgliche bessere Inbeziehungsetzung der abgetrennten Felder zu ermöglichen. Gegen die Methode der Eingrenzung und Entgegensetzung ist nichts einzuwenden, solange die Wahrheitsinhalte selbst endlich sind. Anders verhält es sich, wenn das Glaubensgesetz in Erscheinung tritt. "Denn jetzt ist die eingegrenzte Wahrheit die gleiche (nicht nur generisch, sondern substantiell, personal die gleiche) wie die ausgegrenzte. Die Eingrenzung ist nicht falsch (denn sie vollzieht die Bewegung der Fleischwerdung mit) unter der Bedingung, daß sie in der Grenze selber das Unbegrenzte, im Begriff das Unbegreifliche, in der Definition das geglaubte Göttliche gegenwärtig weiß."[129] Balthasar unterscheidet zwischen dem Niveau der lebendigen Offenbarung des Alten und Neuen Bundes und demjenigen seines theologischen Ausdrucks. "Definitorische" Theologie ist lediglich ein Verweis - im Verstehensversuch - "auf das Eigentliche, das definitionsgemäß jeder begrifflichen Formulierung immer entgehen wird"[130]. Christentum ist kein System von Satzwahrheiten, sondern Glaube an "eine von Gott allem menschlichen Sehnen und Vermuten unerreichbar vorausgesetzte Tat seiner dreipersönlichen Liebe"; sie kann zwar in Sätzen reflektiert werden, wird aber nur dann - in der Glaubenshingabe - als das erblickt, was sie wirklich ist, "wenn sie in allen ihren Artikulationen (bzw. Einzeldogmen) das nichthinterdenkbare Sichereignen der absoluten Liebe auf uns zu bleibt"[131]. Jesus Christus ist einziges personales Zentrum aller Theologie - Erscheinung und Auslegung der Liebe des Vaters[132]. Die Gesamttheologie der Kirche ist keine Gnosis, "die

---

128) H. U. von Balthasar, Verbum Caro, 165.

129) Ebd.; vgl. 168: "Definitionen sind weniger ein Ende als ein Anfang."

130) H III, 2/ 2, 97; vgl. ders., Verbum Caro, 166 f.; 167: "Die Theologie muß sich in ihren Proportionen nach den innern Proportionen - nicht der Schrift als Buch, sondern des in der Schrift dargelegten Ereignisses - der Offenbarung richten."

131) H III, 2/ 2, 98.

132) Vgl. ebd. 101.

sich aus unentbehrlichen dialektischen Schritten zum System ergänzt, sondern die Agape Gottes in Christus"[133]. Alles Sich-Befassen mit der Endlichkeit des Wortes als Begriff, Bild, Satz kann nur Weg zu der darin inkarnierten Unendlichkeit sein. Jeder Begriff der Theologie muß katholisch, das heißt universell werden, indem er alle Wahrheit in sich zieht oder sich selber zu aller Wahrheit aufschließt, entgrenzt, durch einen Tod hindurch in göttliche Wahrheit aufersteht. "Und das im Glauben, nicht (hegelisch-dialektisch) im Wissen. Oder in einem Wissen, das selber suchender und nach Maßgabe der Anbetung und des Gehorsams und der Gnade findender Glaube ist."[134] Ein katholischer Begriff kann nicht mit einem platonischen oder aristotelischen Begriff auf eine Stufe gestellt werden, "weil Gottes Wort in Menschengestalt (Fleisch oder Schrift) nicht ein beliebiges Wort ist"[135]. "Einbeschließende" bzw. "aufschließende" katholische Logik ist aber keine Aufforderung, "alles in einer vagen, erbaulichen Unendlichkeit aufgehen zu lassen"; sie ist im Gegenteil "das denkerisch Anforderndste, was es gibt, nämlich das ständige Gestelltsein unseres Denkens in eine Entscheidung für das Wort Gottes, nicht bloß inhaltlich, sondern schon formal, im Denkakt selber, der als solcher das Stigma katholischer Logik in sich tragen muß"[136].

Jesus Christus ist keine Theorie. Eine Theorie über ihn "muß sich an der Wahrheit, so, wie eben Christus die Wahrheit ist (nicht so, wie weltliche Wissenschaften wahr sind), messen und ausrichten lassen"[137]. Theoretische Befassung mit dem Wort hat zu erfolgen im ständigen Hin-Blick auf das Wort, Jesus Christus: fleischgewordenes Wort, das vom Feuer der Anbetung

---

133) Ebd; vgl. ders., Christen sind einfältig, 94: Jeder Versuch, von der unfaßlichen Freiheit der göttlichen Selbsterschließung abzusehen und "das Sich-Ereignende in einer Art selbstgenügsamer Lehrbuchweisheit festzumachen", muß als Anbiederung an das Mysterium erscheinen. "'Professor darin, daß Christus gekreuzigt wurde!'ist ein entsetzter Ausruf Kierkegaards."

134) Ders., Verbum Caro, 166; vgl. TL I, 297: "Es verhält sich nicht so, daß die Vernunft zuerst eine Art Übersicht über Gott, sein Dasein und Wesen sich verschaffen könnte, um sich dann erst der Übersicht Gottes zu fügen. Übersicht über Gott ist dem Geschöpf nicht gestattet. Schon seine erste Sicht bleibt eine 'Untersicht', die sich des einzigen 'Über' Gottes bewußt ist."

135) Ders., Verbum Caro, 166.

136) Ebd.

137) Ebd. 163.

und des Gehorsams brannte und sich verzehren ließ, und Wort, "das 'die Schrift' heißt, von Geist und Feuer glühender Buchstabe, der jeden verbrennt, der ihm nicht unbeschuhten Fußes naht"[138]. Im "Gericht der Entscheidung des göttlichen Wortes über das menschliche Wort"[139] vollzieht sich Theologie. Sie kann nicht als Auslegung christlicher Wahrheit bestehen, wenn sie davon Abstand nimmt, "sich im Atemraum des Gebetes zu entfalten, das Gebet (die 'Betbarkeit') als Prüfstein ihrer Wahrheit anzuerkennen"[140]. Die "Anbetung" ist Grundakt dieses Gebetes - "bedingungsloses Anerkennen und Geltenlassen der Göttlichkeit der sich im Kreuz offenbarenden Gottesliebe, aller möglichen menschlichen Antwort vorweg"[141]. Da Gottes Anrede je-größer und je-anfordernder ist, als Menschenweisheit vermutet, gibt es "kein mögliches Abschließen des Glaubensverständnisses: die Anbetung hat notwendig die Dimension der Kontemplation, der Betrachtung oder Beschauung ..., einer in der Gebetshaltung, also im Bewußtssein, unter der Anrede Gottes zu stehen, erfolgenden Bemühung, den von Gott gemeinten Sinn immer tiefer zu fassen ..."[142] Doch je tiefer Theologie in ein Mysterium des Glaubens einzudringen sucht, desto höher übersteigt es ihre Fassungskraft. "Alle großen Theologen (von den Griechen zu Augustin und Thomas) haben das gewußt und gesagt, und die Heiligen, die einige Erfahrung der göttlichen Dinge gewannen, erst recht."[143] Das Prinzip des Je-Größeren für alles, was Gott selbst und seine Offenbarung betrifft, findet sich nicht erst bei Ignatius von Loyola - bei ihm ist es Lebensrhythmus - , ebenso nicht erst bei Anselm - ihm ist das "id quo maius cogitari nequit" Denkrhythmus - , sondern schon in den johanneischen Schriften, die es erlauben, von einem spezifisch "johanneischen Komparativ" zu sprechen[144].

---

138) Ebd.

139) Ebd. 166.

140) Ders., Spiritus Creator, 328.

141) Ebd.

142) Ebd. 328 f.; Hervorhebung im Original.

143) Ders., Homo creatus est, 314.

144) Vgl. TD II, 1, 115; TL I, 298: "Der Erkennende weiß, daß die Wahrheit, die er erfaßt, nur ein Teil oder ein Abglanz der totalen Wahrheit ist, in die er eingebettet ist ... Die Wahrheit ist immer größer als das, was ein endlicher Verstand von ihr erfaßt, und im Bewußtsein ihres Größerseins erfaßt er sie."

Für Balthasar existiert Theologie – in der Theologie der Heiligen vorbildhaft verwirklicht – allein "im Akt des Hörens und Gehorchens, unter dem Wort und unterwegs zu seiner Befolgung, Verkündigung und betenden Rückgabe an Gott"[145]. Im Verlauf der theologischen Forschung – sie gehört zu den ernsten Anstrengungen der menschlichen Vernunft – kann der Glaubensakt – er ist zugleich Liebe und Gebet – nicht ausgeschaltet werden. Der Theologe läßt sich nicht "schizophren in einen Unbeteiligt-Forschenden und einen Existentiell-Angeforderten zerlegen, ist er doch als Ganzer angeworben"[146]. Den entscheidenden Sinn des Wortes kann er nie außerhalb der Glaubenszuwendung begreifen. Für Augustinus gehört der personale Bezug – das Gebet, die Demut, die Reinigung der Seele zu Gott hin – zum Erkenntnisakt[147]. Das Gebet wird dabei keineswegs methodologisch verzweckt und eingeordnet, das Denken nicht einfach in "Gespräch" aufgelöst. "Das Dialogische (der Confessiones) hebt das berechtigt-Monologische (der Soliloquia) nicht auf"[148]. Gott ist "kein endlicher Partner, sondern seinshafte Voraussetzung (interior intimo meo) des personalen Denkvollzugs"[149]. Endlicher Geist vermag nicht anders zu urteilen "als im 'Lichte' des absoluten Geistes", der "als einformender die transzendentale Voraussetzung für die Geiststruktur des endlichen Geistes"[150] ist, als absoluter und personaler aber seine transzendente Voraussetzung[151].

---

145) Ders., Spiritus Creator, 329.

146) Ebd.

147) Vgl. H. de Noranha Galvão, Die existentielle Gotteserkenntnis bei Augustin. Eine hermeneutische Lektüre der Confessiones, Einsiedeln 1981, 292: "Die Erkenntnis und beständige Erfahrung (fruitio) Gottes in seiner dreifaltigen persönlichen Intimität kann die Seele nur erreichen, wenn sie durch den Glauben den rein spekulativen Bereich der sapientia saecularis überschritten hat und in eine persönliche Liebesbeziehung zu ihrem Gott getreten ist." Ebd. 294: "Durch die Demut von Bekenntnis als Anrufung, durch die Weisheit von Bekenntnis als Zeugnis, durch die Liebe von Bekenntnis als Lobpreisung verwirklichen die Confessiones ihre performative Struktur."

148) H II, 1, 111.

149) Ebd. 111 f.

150) Ebd. 111.

151) Vgl. K. Kienzler, aaO. 150 f.; 150: "Die 'Bekenntnisse' beschreiben den christlich-personalen Dialog zwischen Gott und Mensch. Am Anfang des Weges selbst ist sich Augustinus der Erfahrung der Liebe zu Gott gewiß: 'Ich weiß, daß ich dich liebe. Aber was liebe ich darin eigentlich' (X, 8) ... Augustinus nimmt zur Beschreibung des Aufstiegs der Seele über Körper und Geist zwar altes

Der Geist des Menschen muß "den Gott, der in ihm ist, über sich suchen"; er findet Gott nicht in sich, "sondern allein in Gott"[152]. Alles kommt darauf an, ein rechter Hörer Gottes zu sein. "Die letzte existentielle Gewißheit" kann deshalb nicht "auf dem Cogito der reinen Vernunft" gründen, "sondern auf dem Credo der biblischen Botschaft"[153]. In den Confessiones werden die grundsätzlichen Reflexionen über Sünde und Gnade, die letztlich hinter dem Autobiographischen stehen, betend vor Gott gebracht. Die methodologische Suche nach der Gotteserkenntnis setzt eine existentielle Haltung demütiger Liebe voraus, ohne die Gott nicht endgültig zugänglich ist[154]. Für Augustinus gilt der Grundsatz: "crede, ut intelligas" - glaube, um zu erkennen. Es ist vernünftig zu glauben, um Erkenntnisgewißheit zu erreichen. Wie im zwischenmenschlichen Bereich ohne Glauben keine Gemeinschaft möglich erscheint, so ist erst recht in bezug auf Gott der Glaube von Wichtigkeit. An der Wahrheit Gottes kann der Mensch nur im Glauben Anteil erhalten. Augustinus geht es jedoch um "ein rational verantwortbares Glauben"[155]. Glaube kann Wissen nicht ersetzen, sondern er ist gefordert, um Einsicht zu erlangen, um zum Verstehen zu führen. Dem "crede, ut intelligas" geht in gewisser Weise das "intellige, ut credas" - erkenne, um zu glauben - voraus[156]. Die Notwendigkeit eines geordneten Denkens wird bejaht. Glaube darf nicht irrational, absurd sein. Es gilt, mit der Vernunft zu glauben und nicht gegen sie. Nur so kann die Vernünftigkeit der im Glauben vorgestellten Wahrheiten geprüft werden, nur so besteht die Möglichkeit, Glaubenswahr-

---

Material in seine Dienste, aber am Ende steht ein deutliches transcende te ipsum. Die augustinische Formel Gottes in te - supra te zielt damit auf die Gottebenbildlichkeit der Seele, die aber in dem transzendenten Verhältnis von Urbild und Abbild vor Gott steht (X, 17 bzw. 26)." Vgl. B. Welte, aaO. 128 f.

152) H. U. von Balthasar, Augustinus. Bekenntnisse. Nachwort und Anmerkungen, Frankfurt/ M. /Hamburg 1955, 234, 10. Buch, Anm. 3; Hervorhebung im Original.

153) H. Küng, Existiert Gott?, 90; Hervorhebung im Original.

154) Vgl. H. de Noranha Galvão, aaO. 294.

155) H. Küng, Existiert Gott?, 90; Hervorhebung im Original.

156) Vgl. Augustinus, Sermo 43,7,9: PL 38, 258; TL I, 301: Dabei ist zu beachten, daß es eine "apriorische Form des Glaubens in der menschlichen Gewißheit des Wissens" gibt, die "unmittelbar und analytisch einen 'Gehorsam des Verstandes'" fordert, "der im Grunde nichts anderes ist als die Anerkennung der eigenen Kreatürlichkeit und der Absolutheit Gottes durch den menschlichen Geist."

heiten – wenigstens bis zu einem gewissen Grad – einsichtig zu machen[157]. Zwischen Glauben und Erkennen besteht eine Wechselbeziehung: im Glauben denken und im Denken glauben; glauben, um zu verstehen – Vernunft anwenden, um zu glauben[158]. Augustinus kleidet sie gern in das Bild vom Suchen und Finden: Der Glaube sucht, auf daß die Vernunft findet, erkennt; durch das Finden wird sie zu weiterem Suchen, Glauben angeleitet. Für Augustinus "ist Gott nicht nur hienieden, sondern in Ewigkeit der immer neu – im Gefundenhaben – zu Suchende. 'Daß man ihn suche, um ihn zu finden, ist er verborgen; daß man ihn suche, da man ihn fand, unermeßlich' (In Joh 63, 1)."[159] Niemals kann die Gnosis über die Pistis hinausgehen; stets bleibt sie eine innere Form der Pistis: "Glaube, der das Verstehen sucht"[160]. Das "Suchen" ist eine Eigenschaft, die dem Glauben von der Wurzel her zukommt und ohne die er nicht Glaube sein könnte. "Gott ist auch als der Gefundene immer noch und erst recht der Gesuchte ..., und der erfüllte Glaube ist immer noch und erst recht der betende, bittende, anbetende Glaube."[161] Jede Untersuchung in der Theologie muß "notwendig den Atem dieses betenden Suchens ausströmen"[162]. Gebetete Theologie bedeutet aber keineswegs " 'affektive' Theologie im Gegensatz zu eigentlicher, streng-wissenschaftlicher ... Anselms oder Alberts exakte und oft sehr abstrakte Untersuchungen, von Thomas zu schweigen, widerlegen diese oberflächliche Antithese."[163]

---

157) Vgl. P. Knauer, Der Glaube kommt vom Hören, 322 - 327; G. Söhngen, Philosophische Einübung in die Theologie, 70 - 77.

158) Vgl. G. Söhngen, Philosophische Einübung in die Theologie, 77: "Es ist das Glauben überhaupt ein Denken: cogitat omnis qui credit, et credendo cogitat, et cogitando credit. Aber dieser Satz läßt sich nicht einfach umkehren: es ist nämlich nicht jedes Denken schon ein Glauben: non enim omnis, qui cogitat, credit; cum ideo cogitent plerique, ne credant. Zum Denken muß also noch etwas hinzukommen und es bestimmen, soll es gläubiges Denken sein: es ist die assensio oder Zustimmung. Und so lautet diese augustinische Begriffsbestimmung des Glaubens: Ipsum credere nihil aliud est quam cum assensione cogitare - 'Glauben heißt mit Zustimmung denken'." Vgl.De praedestinatione sanctorum 2,5: PL 44, 963.

159) H. U. von Balthasar, Aurelius Augustinus. Das Antlitz der Kirche, Einsiedeln/Köln 1942, 15; vgl. ders., Augustinus. Bekenntnisse, 223, 1. Buch, Anm. 7.

160) Vgl. ders., Verbum Caro, 223.

161) Ebd.

162) Ebd.

163) Ebd. 223 f.

Selbst der Augustinus der Confessiones weiß, daß der Sinn des christlichen Lebens sich nicht im Biographischen erschöpft, weshalb er sich in seinem Bericht weder um Vollständigkeit noch um Konkretheit der Darstellung bemüht[164]. Wichtig ist ihm allein die Reflexion über den in Gott liegenden Sinn seines Lebens; Bekenntnis und Lob haben den Vorrang. Die Lebensbeichte transzendiert sich von vornherein in die confessio als betende Anerkennung Gottes, in den Bereich der göttlichen, gottmenschlichen und kirchlichen Wahrheit[165]. Ihr Ausdruck, die Theologie, ist keinesfalls bloße Objektivierung einer religiösen Erfahrung, obwohl sie tiefgreifend geprägt bleibt von den Grenzerfahrungen des Sünders und Begnadeten. Die existentielle Dramatik vollzieht sich unter dem höheren, von oben einbrechenden Glaubensgesetz und mündet in vorbehaltlose Anerkennung[166]. In den Confessiones sind erlebnishafte Biographie, die sich zu Theologie und Kirchendienst hin aufschließt, und kirchliche Theologie, die ihre Lebendigkeit aus der existentiellen Gotteserkenntnis zieht, unlösbar vereint[167].

Betende Vernunft will besagen, daß zwar scharf und richtig nachgedacht werden soll, vor allem aber sachgerecht, "nämlich so, daß man dieser einen, einzigartigen, inhaltlich und methodisch unvergleichlichen Sache gerecht wird"[168]. Theologie der Heiligen schließt die uneingeschränkte Tätigkeit der menschlichen Vernunft ein. "Sofern der Mensch ein wesentlich Suchender ist ('fides quaerens intellectum') und der mich findende Gott von mir immerfort weitergesucht werden muß ('ut inventus quaeratur immensus est'), ist diese rationale Bemühung auch aus der betendsten Theologie (vgl. Anselm) nie auszuschließen."[169] Nach Ansicht Balthasars sollte sie jedoch nicht "vom menschlichen 'desiderium' als dem zentralen Existential der Kreatur"[170] ihren Ausgang nehmen, sondern aus dem Feuer heraus, welches das göttliche Wort

---

164) Vgl. ders., Augustinus. Bekenntnisse, 215.

165) Vgl. ebd.

166) Vgl. ebd.

167) Vgl. ebd. 216.

168) Ders., Verbum Caro, 224.

169) TL III, 337; Hervorhebung im Original; vgl. Anselm, Proslogion, prooem. 1.

170) TL III, 337; Hervorhebung im Original.

in ihr entfacht[171]. Um die Glaubensmysterien interpretieren zu können, bedarf es einer vom Heiligen Geist erleuchteten Vernunft[172]. Eine durch den Geist ergehende Offenbarung erleuchtet nicht nur zur Erkenntnis, sondern entflammt auch zur Liebe[173]. Betende Theologie ist im Sinne einer "doctrina spiritus" zu verstehen, die - am Maßstab der rein rationalen Wissenschaften gemessen - stets "einen dilettantischen Zug"[174] zu bewahren scheint. "Hat der Augustin der Confessionen und Enarrationen sachgemäß geredet? Oder ist er ein dilettantischer Theologe? ... Wer hat adäquater vom Christlichen gesprochen als Cyrill von Jerusalem, als Origenes in seinen Homilien, als der Nazianzener und der Meister der theologischen Ehrfurcht: der Areopagit!"[175] Glaubens- und Wissenshaltung, Ehrfurcht und Sachlichkeit sind in der betenden Theologie zur Einheit zusammengeschmolzen, so daß Bernhard den Satz prägen kann: "Keine Theologie ohne Gebet"[176]. Theologie der Heiligen denkt im Glauben und betet im Denken, da alle Wahrheiten innerlich zusammenhängen und die eine nicht ohne die andere erkannt werden kann. Die Erkenntnis Gottes wird durch die totale persönliche Hingabe gesteigert. Theologisches Forschen stützt sich deshalb auf die in sich gesammelte Seinsweise eines Gebetsaktes. Die betende, bekennende Anrede an Gott ist in der Theologie der Heiligen anerkannte Grundlage spekulativen Forschens. Augustinus betet zu Beginn seiner Confessiones: "Laß mich, Herr, wissen und verstehen". Theologische Vernunft beginnt im Gebet und endet in ihm.

---

171) Vgl. ebd., Anm. 109: "Hier dürfte eine Grenze der (von Augustin und Gregor und ihrem 'desiderium' angefachten) Mönchstheologie des 12. Jahrhunderts liegen, die Jean Leclercq unter dem bezeichnenden Titel 'L'amour des Lettres et le Désir de Dieu'... beschrieben hat." Vgl. ders., Homo creatus est, 11 - 25, bes. 13 f., 24.

172) Vgl. ders., Christen sind einfältig, 100; P. Knauer, Der Glaube kommt vom Hören, 327: "Mit der 'vom Glauben erleuchteten Vernunft' ist gewöhnlich ein Vernunftgebrauch innerhalb des Glaubens gemeint, bei dem man bereits mit der geglaubten Wahrheit des Glaubens argumentiert. Innerhalb der Glaubenszustimmung ist die Vernunft in der Lage, die Aussagen des Glaubens glaubensgemäß zu verstehen."

173) Vgl. TL III, 338.

174) Vgl. ders., Verbum Caro, 224.

175) Ebd.

176) Vgl. TL III, 337.

Anselm von Canterbury - sein Programm ist charakteristisch für die frühscholastische Theologie - bemüht sich, gemäß dem "credo, ut intelligam" Augustins, "auf der Grundlage des Glaubens um dessen einsichtiges Verständnis"[177]. Er sucht "innerhalb des Gesamtsystems des Glaubens 'rationes necessariae' für einzelne Glaubenswahrheiten"[178]. So will seine Satisfaktionstheorie "die Menschwerdung Gottes als notwendig erweisen für die Erlösung des Menschen"[179]. Nach Balthasar ist die "Anstrengung des Verstehens" - als Pflicht der Dankbarkeit gegenüber dem Wort der Offenbarung - "das unterscheidend Anselmische an der gesamtchristlichen Forderung des intelligere fidem"[180]. Anselm will die Vernünftigkeit des Glaubens, soweit das irgend geht, mit reinen Vernunftgründen (sola ratione) aufweisen[181] - aber als theologischer Denker. Anselms Denken ist eine Funktion seines Glaubens, auch wenn er den Glauben um des intellectus willen zeitweise einzuklammern versucht[182]. Sein Denken steht letztlich im Dienst an der christlichen Offenbarung und empfängt "sein Maß, sein <u>Soweit</u> <u>als</u>"[183] von ihr her. " 'Ich kann

---

177) W. Kern, aaO. 186; vgl. Anselm, Proslogion, cap.1: PL 158, 227; O. Muck, Philosophische Gotteslehre, Düsseldorf 1983, 31 f.

178) W. Kern, aaO. 186; vgl. H II, 1, 218 f.: "Anselms Werk hat zwei Seiten: Form und Gehalt, Methode und Gegenstand, und wenn beide in Spannung zueinander stehen, so beachtet man für gewöhnlich zu wenig ihre Einheit und ihr gegenseitiges Sichbedingen. Die Methode ist die der rationes necessariae; sie erscheint als eine vorwiegend philosophische Methode, und dies setzt voraus, daß der Gegenstand zu einem bedeutenden Teil ein auch-philosophischer ist. Trotzdem ist der Gegenstand das freie Handeln des freien Gottes mit dem frei geschaffenen und durch Christus neu in die Freiheit geführten Menschen, also ein prävalent theologischer Gegenstand, dessen Widerspiegelung in der Methode zu zeigen sein wird."

179) W. Kern, aaO. 186; vgl. TD III, 235 - 245, bes. 238.

180) H II, 1, 225.

181) Vgl. K. Kienzler, aaO. 154 f.: "Anselm geht auf die augustinische Tradition zurück und bringt dessen transcende te ipsum zur Sprache. Solcher Erfahrung liegt der augustinische Bezugsrahmen der Einheit von Gottes- und Selbsterkenntnis und damit die augustinische Form christlich-personaler Dialogik zugrunde (Prosl.I). Die christl. Dialogsituation verschärft sich für Anselm dann, wenn auf ihre Möglichkeitsbedingungen reflektiert und die Endlichkeit des Menschen vor dem unendlichen Gott thematisiert wird. Diese Verschärfung ist mit der anselmianischen Emanzipation der Ratio und mit der Reflexion auf deren Tragweite gegeben, die bei Anselm durch sein Prinzip des sola ratione zum Ausdruck kommt."

182) Vgl. H. U. von Balthasar, Verbum Caro, 211.

183) Ebd.; Hervorhebung im Original.

dich nicht suchen, wenn du es nicht lehrst, noch finden, wenn du dich nicht zeigst.' Betend nähert er sich dem Geheimnis, betend unternimmt er auch seine abstraktesten Untersuchungen über Gott und seine Eigenschaften, betend stellt er sein Denkexperiment an, den Glaubensakt einzuklammern, um den rationes necessariae ihre Beweiskraft zu öffnen."[184] Ohne Gebet, ohne vorausgehenden Glauben gibt es keine Einsicht in die Glaubenswahrheit. Anselm glaubt, damit er Einsicht gewinnt - eine Einsicht, die intellectus fidei, Glaubenseinsicht ist[185]. "Betend empfängt er die übernatürliche Offenbarung in Christus und versteht dabei, daß auch Gottes natürliche Offenbarung in Schöpfung und Vernunft echte Offenbarung ist, etwas also, was man nicht minder als die geschichtliche Offenbarung auf den Knien des Herzens entgegennehmen muß."[186] Glauben und Verstehen sind aufeinander bezogen, wobei der Glaube dem Glaubensverständnis vorausgeht: fides quaerens intellectum[187]. Für Anselm unterscheiden sich Glauben und Wissen, Gnade und Natur nicht wie sakral und profan: "vom Glauben her versteht er, daß auch die Vernunft um des Glaubens willen, die Natur um der Gnade willen geschaffen wurde und daß beide die eine zusammenhängende, einheitliche Offenbarung der einen unfaßlichen Liebe des dreieinigen Gottes sind."[188] Der Glaube besitzt Heilskraft, die reinigt und erleuchtet gemäß dem Petruswort: "Fide purificans corda eorum" (Apg 15, 9) und der Seligpreisung: "Beati mundo corde: quoniam ipsi Deum videbunt"[189]. Es geht um die Erziehung des Menschen "durch die Pistis an den Logos zur Bildung der Gnosis im Logos"[190]. Gehorchender Glaube ist "die 'Voraussetzungslosigkeit' der theologischen Wissenschaft, weil sie die tabula rasa der alles erwartenden, nichts vorausnehmenden Liebe des Herzens besagt. Über diese Haltung des

---

184) Ebd. 222 f.

185) Vgl. G. Söhngen, Philosophische Einübung in die Theologie, 72; H II, 1, 221.

186) H. U. von Balthasar, Verbum Caro, 223.

187) Vgl. G. Söhngen, Philosophische Einübung in die Theologie, 72.

188) H. U. von Balthasar, Verbum Caro, 223; vgl. H II, 1, 220.

189) Vgl. G. Söhngen, Philosophische Einübung in die Theologie, 73 f.; H II, 1, 221 - 225.

190) G. Söhngen, Philosophische Einübung in die Theologie, 74.

Gebets kommt auch die Haltung der Erkenntnis nicht hinaus."[191] Gebet ist "die einzig **sachliche** Haltung vor dem Mysterium"[192].

Betende Vernunft meint gläubiges Wahr-nehmen, intensives Hin-schauen, verweilendes An-schauen. Sie ist sachbezogene Zuwendung, ein Vernehmen, um zur Ver-nunft zu finden, eine Bereitschaft, sachlich anzuschauen, schauend zu denken. "Anselms benediktinisch betrachtende Vernunft ist in einer neuen originalen Weise ästhetisch: sie ist geistige Anschauung von Maß und rechtem Verhältnis, mitsamt dem hellen Wissen darum, wiesehr die herrliche Ordnungsgestalt, die Gott in die Welt hingestellt hat, allein an seiner unbegreiflichen Freiheit und Liebe hängt und davon Zeugnis gibt."[193] Gott ist Voraussetzung und letztes Ziel alles Seins und Denkens. Endliches Denken ist auf eine Wirklichkeit bezogen, der einzig die Steigerungsform des Wortes "wirklich" zukommt, weil sie als unendlich Andere jede dem Menschen bekannte Wirklichkeit übersteigt[194]. Die Vernunft erkennt, daß sie selbst von dieser absoluten, transzendenten Realität her und auf sie hin personal verfaßt ist. Sie steht dem je größeren Gott - er ist für sie zugleich wesenskonstitutiv - gegenüber und versteht sich - als endliche - auf die je größere Transzendenz hin, "so daß sie sowohl der Möglichkeit heilsgeschichtlich konkreter Erfüllung wie personaler Anrede fähig wird"[195]. In der Offenheit für das

---

191) H. U. von Balthasar, Verbum Caro, 223.

192) Ebd.; Hervorhebung im Original.

193) H II, 1, 15 f.; vgl. ebd. 217.

194) Vgl. K. Kienzler, aaO. 155: "Die Reflexionsstruktur der Ratio in ihrer Verschränkung von Unendlich und Endlich wird in den philosophischen Begriff Gottes des id quo maius cogitari nequit gefaßt: Die Ratio findet sich im Kontakt mit einem sie übersteigenden Anderen vor, über den sie selbst nicht verfügt." Vgl. H II, 1, 236: "Das Proslogion mit seinem 'ontologischen Gottesbeweis' gibt sich ausdrücklich als straffende Zusammenfassung des Monologions, muß deshalb im gestrafften Argument das Denken des früheren Werkes miteinschließen. Wenn der Beweis also aus der entwerfenden Gottesbezeichnung id quo maius cogitari nequit auf Gottes Existenz schließt, weil das Existierende mehr ist als das bloß Gedachte, so gilt es als erstes zu beachten, daß nach dem Monologion Gott von der Welt aus durch keinen Begriff erreichbar ist, ja daß ein 'Gottesbegriff' überhaupt eine widersprüchliche Wortbildung ist, da Gott wesensmäßig das Nicht-be-greifliche ist, und daß der endliche Verstand dies begreift: comprehendit incomprehensibile esse."

195) K. Kienzler, aaO. 155.

Unendliche ist menschliche Vernunft offen für die Wirklichkeit Gottes, damit aber auch - von ihrem Wesen her - für eine an sie ergehende Offenbarung Gottes. Der Gedankengang Anselms - er wird seit Kant "ontologischer Gottesbeweis" genannt - steht bei ihm "im Kontext eines gläubigen Bekenntnisses"[196]. Er ist "nur der Höchstfall einer ästhetisch-theologischen Schau"[197], welcher in den Rahmen der hymnischen Stellen Anselms und seiner Gebete einzuordnen ist. Im letzten geht es Anselm um das Überwältigtsein des Geschöpfes von der unfaßlichen, je größeren ewigen Liebe. Die von Gott beseligte Kreatur kann ihr Glück nicht fassen, sondern wird von ihm erfaßt[198]. Nicht das Schauen hat den Vorrang, sondern das Geschautwerden.

Anschauende Vernunft (rationis contemplatio) ist weder Gefühl noch Ekstase, sondern sehnsüchtig pilgernde Vernunft zwischen irdischem Glauben und ewiger Anschauung. Vor allem aber ist sie betende Vernunft, "die nur im dialogischen Verhalten zur ewigen Wahrheit ihre Einsichten zu finden hofft, und deshalb immer wieder von der Meditationsform in die Orationsform übergeht"[199]. Gebet heißt: in liebender Verehrung dem Verstehen entgegenharren, Dank sagen, wenn man zu verstehen vermag, das Haupt in Verehrung beugen, wenn Verstehen nicht gelingen will[200], der Wahrheit Gottes das Übergewicht geben über alle menschliche Wahrheit samt ihrem Wissen und Nichtwissen, ihren Vorbehalten und Unsicherheiten - sich der höchsten, göttlichen Wahrheit übergeben. Denken heißt: "eine Sache geistig schaubar machen"[201]. Das Grundwort für Verstehen lautet bei Anselm videre[202]. Es geht um das Sehvermögen des Geistes, um die Kraft der Zusammenschau, welche "der Ursinn von legere, logos ist"[203]. Doch Verständlichkeit und Un-

---

196) O. Muck, aaO. 31 f.

197) H II, 1, 268.

198) Vgl. ebd. 268 f., 237 f.; ders., Der Zugang zur Wirklichkeit Gottes, 33 - 35.

199) H II, 1, 218.

200) Vgl. ebd. 222.

201) Ebd. 226.

202) Vgl. ebd. 226 - 228.

203) Vgl. ebd. 231.

ergründlichkeit widersprechen sich nicht. "Der sich selber (wenn auch in Verhüllung) sehenlassende Gott zeigt sich in einer durch nichts zu überholenden Logik"[204], nur "übersteigt die Sicht des ganzen Gefüges die menschliche, auch glaubende Vernunft"[205]. Dem Erforscher einer unerfaßlichen Sache muß es genügen, "wenn er schlußfolgernd dazu gelangt ist, ihre Wirklichkeit mit höchster Gewißheit zu erkennen, auch wenn er einsichtig nicht zu durchdringen vermag, auf welche Weise sie so sei ... Die Erwägung hat auf vernünftige Weise erfaßt, daß (Gott) unerfaßlich ist: rationabiliter comprehendit incomprehensibile esse."[206] Beide Seiten der Aussage sind in gleicher Weise ernst zu nehmen. Daß das "comprehendit" eine "echte, verstehende Sicht der Offenbarungsgestalt" besagt, zeigt Balthasar am Höhepunkt der Offenbarungsgeschichte auf: "es wird tatsächlich einsichtig, daß in der Gottverlassenheit Jesu Christi Gott seine äußerste Liebe zur Welt erwiesen hat, indem er ihre Schuld im ganzen wie im je-besonderen trug und damit dem Sünder den Weg der Erlösung und der Gotteskindschaft offenlegte."[207] Die "Zeichen" im Raum der Geschichte verweisen so aufeinander, daß sie zusammen die sichtbare Gestalt dieses Mysteriums bilden, "das als solches freilich mehr als je 'incomprehensibile' bleibt"[208]. Es handelt sich um "ein Wissen auf den Knien mit geschlossenen Augen, jedoch geöffneten Herzens"[209]. Gott sucht nicht vorrangig Wissende, sondern Anbeter im Geist und in der Wahrheit[210]. Was der Mensch sieht, ist nur ein Abstrahl: "Wie wir die Sonne an ihrem Abglanz erspüren, noch bevor wir sie unverhüllt sehen, so erspüren wir aus dem Erspiegeln (speculatio) unserer Vernunft Gott..."[211] Der Mensch erspürt Gott auf Erden im Glauben und in der Hoffnung; die Schau ist der Ewigkeit vorbehalten. "So bleibt das Letzte die strebende Sehnsucht nach der Herrlichkeit, nach dem offenen Glanz des Herrn."[212]

---

204) Ebd. 232.

205) Ebd.

206) Ebd. 232 f.; Balthasar zitiert hier Anselm, Mon 64 (Schmitt I, 75, 1 - 12).

207) H. U. von Balthasar, Der Zugang zur Wirklichkeit Gottes, 35.

208) Ebd.; vgl. TL II, 286.

209) Vgl. TL II, 110.

210) Vgl. ebd. 274.

211) H II, 1, 263; H. U. von Balthasar zitiert hier Anselm, Simil 165 (692 A).

212) H II, 1, 263.

Nur der totale Einsatz des Menschen ermöglicht das Verstehen der totalen (philosophisch-theologischen) Wahrheit. Gefordert ist "ein auf die Wahrheit gestelltes und für sie freigestelltes Leben", welches das Gebet miteinschließt; notwendig ist "die Anstrengung des Begriffs, um zur Ein-Sicht, zum intellectus zu gelangen"; anzustreben ist "die reine Freude und Glückseligkeit (delectatio, beatitudo) an der gefundenen Wahrheit"[213]. Der Mensch ist aufgerufen, die Wahrheit glaubend zu verstehen und aus dem verstehenden Glauben die Schlußfolgerungen für sein Leben zu ziehen. "Anselm, Abt, Bischof und Kirchenlehrer, kennt für die kirchliche Wahrheit keinen andern Kanon als diese Einheit von Einsicht und Leben."[214] Die Suche nach der Wahrheit erwächst bei ihm aus der Mitte des Daseins und nimmt Vernunft, Willen und Herz in Beschlag; die Freude des Findens setzt die Gnade des Glaubens, das flehende Gebet voraus; das Verstehen hat seinen Standort zwischen Glaube und Schau. Auf dem Weg zur Vollendung wird der Mensch immer aufnahmefähiger gemacht. Suchen ist nicht nur ein Handeln des Menschen, sondern gleichzeitig Selbstmitteilung Gottes. Als personales Geschehen ist es Partizipation am Gottesgeheimnis. Die im Suchen geschenkte Gewißheit ist nicht rationale Sicherheit, sondern Mysterium der Liebe.

### 3.3 Feuer des Geistes

Geist ist das Innerste Gottes; in Gott selbst ist der Geist die treibende und einigende Kraft. Die Fülle der Ausdrücke für das Wesen und Wirken des Heiligen Geistes - Feuer, Erleuchtung, Strahlung, Licht, Heiligung, Gnade, Eingießung, Überschattung, Kommen, Salbung, Freude, Eifer, Hilfe - zeigt an, daß es letztlich um Unaussprechliches geht. Der Geist Gottes verbreitet Strahlen der Erkenntnis; in seinem Licht sieht der Mensch das Licht (vgl. Ps 36, 10). Wie wenn die Sonne aufgeht, schaut der vom Geist Berührte, in seinem Geist erleuchtet, in übermenschlicher Weise, was seiner Einsicht bisher entzogen war. "Nichts auf Erden noch im Himmel könnte erkannt werden, wenn Gott nicht 'von oben seine Weisheit geschenkt, seinen Heiligen Geist gesandt' hätte (Wh 9, 16-17)."[215] Der Geist erschließt den Augen des

---

213) Ebd. 221.

214) Ders., Verbum Caro, 199.

215) TL III, 406.

menschlichen Geistgrundes das Geistige. "Ich habe gefleht, und es kam über mich der Geist der Weisheit" (Wsh 7, 7). Hinsichtlich dessen, was der Mensch von Gott empfängt, ist das Gebet, ein Leben im Geist notwendig. Die syrische Liturgie nennt die Eucharistie "Geist des Feuers"[216]: das verklärende Feuer der lebendigen Liebesflamme wird hymnisch gefeiert. Die Gotteserkenntnis vollzieht sich in solchen Tiefen, daß sie eine Metamorphose der menschlichen Sehweise, ihrer Art, die Wahrheit zu verstehen, mit sich bringt. Allein das Feuer des Heiligen Geistes ist in der Lage, diese Verwandlung zu bewirken. Das Unfaßliche wird nur im Geist und seiner Freiheit annähernd erfaßbar. "Aber wenn Wissenschaft letztlich auf Weisheit gründet, so Weisheit auf Liebe."[217] Die spirituelle Theologie des Mittelalters prägte – fußend auf Gregor dem Großen – den Ausspruch: "Durch Liebe gelangen wir zur Erkenntnis."[218] Liebe, die selbst Erkenntnis ist, besitzt ihre letzte Gewißheit, von der alle wissenschaftliche herrührt, in sich selbst[219]. Die Unvordenklichkeit der Liebe ist nichts Irrationales. Unter der Führung des Geistes geht es in der Theologie um den unabschließbaren Versuch, der nur in der Liebe erfolgversprechend sein kann, immer tiefer "in das Wunder der grundlosen Liebe des Vaters – und ihr entströmend des Sohnes und des Geistes –"[220] einzudringen. "Die Konsonanz aber, der vollkommene Ineinsschlag des 'Ich bin, daß du bist!' vom Vater hin zum Sohn und vom Sohn hin zum Vater verlautet uns im Zeugnis des Geistes, der uns den Vater im Sohn und den Sohn im Vater offenbart und in beiden uns jene Liebe offenbart, die Gott ist, und die durch ihn, den Geist, ausgegossen ist in unsere Herzen."[221] Agape ist das einzig angemessene Wort für das Wesen des lebendigen Gottes. Es gilt, einer Vollgestalt entgegenzureifen, die es erlaubt, im Feuer der ewigen Liebe zu existieren.

---

216) Vgl. P. Ganne, aaO. 118.

217) TL III, 406.

218) Vgl. ebd.

219) Vgl. ebd.

220) Ebd.

221) K. Hemmerle, Macht und Ohnmacht des Wortes, 102.

Gottes Geist kommt im Feuer. Er ergreift Franziskus auf dem Berg Alverna[222] und läßt ihn den Durchbruch zu einer neuen Existenz erfahren. Pascal umschreibt seine Gottesbegegnung in seinem berühmten Memorial mit nur einem Wort: Feuer[223]. Der Geist ist in keine Gestalt festzubannen; er erscheint als verzehrende Wandlung, Flamme, Durchzug. Der Geist Gottes ist Feuer, das im Vorgang des Umschmelzens schmerzlich brennt; Feuer, in dem alles geprüft, geläutert und zur Reinheit vollendet wird; Feuer, das die Seele zur Liebe entzündet[224]. Ein Ausspruch Teilhard de Chardins lautet: "Beten Sie für mich, daß ich mich niemals dazu hinreißen lasse, etwas anderes zu wollen als das Feuer."[225] Das "Drama, worin Gottes Absolutheit ... die Sphäre der hinfälligen Kreatur berührt", kann nach Ansicht Balthasars "nur ein Ereignis und eine Geschichte aus lauter (versehrenden oder heilenden) Flammen sein"[226]. Daß Gott verzehrendes Feuer ist (vgl. Dtn 4, 24; Hebr 12, 29), erweist sich im furchterregenden Geschehen beim Abrahamsbund (vgl. Gen 15, 7-12. 17 f.). Im Neuen Bund "ist es dramatisches Feuer in einem gesteigerten Sinn: Gott handelt nicht mehr an den Menschen heran, sondern - Mensch werdend - aus dem Menschen heraus in ihn hinein; Jesus ist der von Gottes Feuer brennende Mensch."[227] Jeder, der es wagt, ihm zu nahen, begibt sich in eine Feuerzone; um sein Werk auf Erden zu vollenden, sendet Christus den Geist in Feuergestalt auf die Kirche herab (vgl. Apg 2, 3). Jesus Christus läßt sich von dem in ihm lodernden göttlichen Feuer bis dahin verzehren, "daß er zum verzehrbaren Fleisch und Blut für die Seinen wird (1 Kor 10, 16 f; Joh 6, 51-58)"[228]. Durch diese Liebestat Christi wird der Mensch endgültig "in seine wahre Rolle, exemplarische Identität, Sendung hinein"[229] freigesetzt.

---

222) Vgl. H II, 1, 277 f.

223) Vgl. ders., Homo creatus est, 225; H. Küng, Existiert Gott?, 80 f.

224) Vgl. H. U. von Balthasar, Schwestern im Geist, 449.

225) Vgl. I. F. Görres, Sohn der Erde: Der Mensch Teilhard de Chardin, Frankfurt/ M. [2]1971, 98.

226) TD III, 56.

227) Ebd. 57.

228) Ebd.

229) Ebd.

Offenbarung vollzieht sich nicht nur in Worten, sondern ebenso in Ereignissen und Taten. Nicht nur wegen seiner Lehre wird Jesus als die Fülle der Offenbarung bezeichnet, ausschlaggebend ist vielmehr seine konkrete Wirklichkeit, alles, was er zum Heil der Welt tut. Im Gebet überläßt er sich dem verwandelnden Feuer des Geistes und gewinnt aus ihm heraus Kraft für sein Handeln. Auch jedes christliche Denken und Tun verlangt nach einer Epiklese, der Anrufung des Heiligen Geistes. Nur so wird in Buchstaben eingefangenes Wort geistliches Leben und Ereignis. "Der Geist bahnt dem Evangelium ständig einen Weg nach vorn in die noch ausstehende Geschichte. Er ist das Prinzip der Verwirklichung des 'Mysteriums' Christi bis zu seiner eschatologischen Vollendung."[230] Der Geist ist Macht, glühendes Leben. Unter seinem Feuer vollendet sich einerseits die tiefste Erfahrung im begrifflichen Denken, andererseits wird der reine Gedanke Inhalt vom Leben. Existentialität der Wahrheit besagt: die Frage kommt aus dem Leben - die Antwort geht in Leben über. Diese Einheit von Wissen und Leben kennzeichnet die Theologie der Heiligen. "Mag man zwischen den Kommentaren und Homilien des Origenes einen Unterschied feststellen und in jenen mehr das wissenschaftliche Interesse, in diesen mehr die pastorale Bemühung vorherrschen sehen; die Nuance ist doch für den Tieferblickenden kaum merklich; in beiden Formen geht es um Auslegung des Wortes Gottes, das immer ebensosehr ein Wort des Lebens wie ein Wort der Wahrheit ist."[231] Es ist der Geist Gottes, der das Unbeweisbare beweist. "Die geheimnisvolle Gestalt Jesu wird von ihm 'ausgelegt' auf ihr Gottsein, ihre trinitarischen Dimensionen, ihren mysterialen Charakter hin: darin ist er der Beweiser und 'Überführer' (Joh 16, 8). Er entzieht Jesus jedem rationalistischen Zugriff, entzieht auch die von ihm eingehauchte Schrift, das auslegende Dogma, die kirchliche Disziplin der Verzwängung ins Innerweltliche."[232] Ist Christus der Offenbarer des Vaters, so ist der Geist der Exeget Christi. "Es gibt nicht das Wort ohne den Geist, und der Geist ist nicht ohne das Wort."[233] Der

---

230) Y. Congar, Im Geist und im Feuer. Glaubensperspektiven, Freiburg - Basel - Wien 1986, 56.

231) H. U. von Balthasar, Verbum Caro, 197.

232) Ders., Katholisch, 19.

233) Y. Congar, aaO. 96.

Sinn der Schrift - er macht das christliche Mysterium aus - enthüllt sich erst, wenn in ihr Christus durch den Heiligen Geist gesucht wird. Das Suchen ist dem Anruf, dem Gebet zuzuordnen - der Sphäre des Geistes. Das endgültige Finden hängt von der Selbsterschließung des freien Gottes ab. Der Geist weht, wo er will, er "läßt sich auf keine Weise einfangen ... Nur wer Jesus nicht festhält, ... somit in der Bereitschaft bleibt, die keinerlei Bedingungen stellt, dem beweist der Geist in seiner Freiheit, daß die ganze katholische Offenbarung - Gott, Christus, Kirche - das Unternehmen der freien Liebe Gottes war und bleibt."[234] Der Geist - er ist dem Menschen vom Vater und vom Sohn verliehen - kennt als Gottesgeist die inneren Tiefen Gottes und kann sie jedem, der in ihm und in Christus betet, erschließen (vgl. 1 Kor 2, 10-16). Eine Haltung des Gebetes, ein existentielles Verhältnis zu Gott ist Voraussetzung für die Erkenntnis der Wahrheit und das Ansichtigwerden der eigenen wahren Sendung. Der Heilige Geist im Inneren des Menschen ist "sowohl Geist des Gebetes um das entscheidende Licht" wie "unfehlbare Erleuchtung von Gott her"[235]. Es kommt darauf an, "betend in den von Gott im Heiligen Geist vorgehaltenen Spiegel"[236] zu schauen, in dem sich die Forderungen Gottes ein-sichtig widerspiegeln. "Seid Täter des Wortes und nicht bloß Hörer, sonst täuscht ihr euch selbst" (Jak 1, 22). In der willig empfangenden Haltung, im Gebet "liegt eingeschlossen auch die Bereitschaft zur Ausführung, zum gehorsamen Tun"[237]. Gebet und christliche Existenz als seine Beglaubigung gehören zusammen, da Gottes Wort, auf das der Mensch glaubend zu antworten hat, "immer zugleich Wort und Tat ist"[238]. Christentum darf nicht zu einem Lippenbekenntnis werden, das unverstanden und unwirksam bleibt, da es nicht gelebt wird.

Betendes Denken und Suche nach einer radikalen Form der Nachfolge Christi sieht Balthasar im Leben des Wilhelm von St.Thierry (gestorben um 1150)

---

234) H. U. von Balthasar, Katholisch, 19.

235) Ders., Homo creatus est, 237.

236) Ebd. 238.

237) Ebd.

238) Ebd. 245.

– "dieses von Gott so besessenen Menschen"[239] – gegeben. Der große Freund Bernhards wollte "als das innerste Wesen des Menschen nur die Sehnsucht nach Gott, als das wahre Erkenntnisvermögen nur die Liebe gelten lassen"[240]. Der dem Menschen geschenkte Heilige Geist – als die gegenseitige Liebe von Vater und Sohn – vermittelt "die Einsicht in Gottes Wesen und Liebe"[241]. Wilhelms Denken ist ein betendes Denken. Das zeigen "seine zwölf 'Meditativen Gebete' ... Sie sind zugleich ganz persönlich, ganz aus Bibelworten geflochten und gliedern sich ein in eine literarische Gattung augustinischer Herkunft, für die das Ineinander von Denken und Beten Selbstverständlichkeit ist."[242] Die entscheidende Bewegung in Richtung auf ein Verstehen kann allein in der personalen Gebetsbegegnung mit der absoluten Wahrheit, im Liebesdialog zwischen Gott und Mensch vollzogen werden. Das Bemühen um die Glaubenserkenntnis muß personal sein und im betenden Herzensgrund beginnen[243]. Vollkommene Erkenntnis ist für Wilhelm nur als Liebe möglich. Die Teilnahme am göttlichen Geist, das Eingelassensein in seine heilige Sphäre ist Voraussetzung für jedes menschliche Erkennen und Lieben[244]. Die liebende Erkenntnis Gottes erfolgt "in einer geheimnisvollen Vermählung von Gottes Gnade und unserer Freiheit", sie erwächst "aus der Einsenkung des Heiligen Geistes als der ewigen Liebeserkenntnis in unser

---

239) Ders., Wilhelm von St.Thierry. Der Spiegel des Glaubens. Mit den Traktaten "Über die Gottesschau" und "Über die Natur und die Würde der Liebe", Einsiedeln 1981, 13.

240) Ebd.

241) Ebd. 16.

242) Ebd. 18.

243) Vgl. ebd. 93: "Die Liebe jedoch, die erleuchtete Liebe, die innen mit Gott redet, tut Besseres, und so auch die demütige Andacht in ihren frommen Anläufen, die Annäherung, das Gebet, das Finden und Einsehen, das Verkosten der Sache selbst, wenn Sehnsucht und Gnade miteinander reden, wenn Glaube und Einsicht einander antworten, wenn die Hoffnung und das Erhoffte sich finden." H. U. von Balthasar zitiert hier Wilhelm von St.Thierry, Speculum fidei, 75.

244) Vgl. H. U. von Balthasar, Wilhelm von St.Thierry, 66 f.: "Beeile dich deshalb, Anteil am Heiligen Geist zu gewinnen. Wird Er angerufen, so ist Er da, ja Er würde nicht angerufen, wäre er nicht schon da ... In den Finsternissen und im Unwissen dieses Lebens ist Er allein für die Armen im Geiste das erleuchtende Licht, Er die ziehende und lockende Liebe, die sanfte Berührung, Er der Zugang des Menschen zu Gott, Er die Liebe dessen, der liebt, Er die Andacht, Er die Hingabe." H. U. von Balthasar zitiert hier Wilhelm von St.Thierry, Speculum fidei, 46. Vgl. H I, 276 - 279.

geschaffenes und sehnendes Erkenntnis- und Liebesvermögen"[245]. Der Heilige Geist ist ein Geist der Erkenntnis und der Liebe. Gesteigerte Einsicht bringt neue Liebe mit sich, gesteigerte Liebe mehr Erkenntnis[246]. "Stelle beiseite, was nur aus der Wahrheit wahr, aus dem Guten gut ist, und denke, wenn du's vermagst, die Urwahrheit und Urgüte selbst. Wer könnte das denken, ohne es zu lieben? Gott aber ist das Sein selbst; es denken und es lieben ist ein und dasselbe. Ich meine Ihn selbst, nicht etwas über Ihn. Über Ihn denken viele nach, die nicht lieben, Ihn selbst aber kann keiner denken, ohne ihn zu lieben. Immerfort sollten wir Ihn einzusaugen begehren, und soweit es einem dargereicht wird, soll man 'kosten, wie süß der Herr ist'."[247] Die eigentliche Weisheit ist allein die Liebe.

Bei Bonaventura ist - ähnlich wie bei Wilhelm und Bernhard - die Theologie Sapientia, "sapida scientia, die als solche oberhalb von theoretischer und praktischer Wissenschaft steht"[248]. Die Erkenntnis, daß Jesus Christus sich für die Menschen dahingegeben hat, regt zur Liebe an, was bei einem geometrischen Satz nicht der Fall ist. Der Begriff "Sapientia" ist mit Bedacht von "sapere": verkosten, schmecken abgeleitet. Die göttliche "Süße" soll immer bewußter und tiefer erfahren werden. Nach Bonaventura gehört zum denkenden Erfassen im Hinblick auf göttliche Dinge "immer eine Stufe des Übernommen- und Erfaßtwerdens, und gerade auf dieses hin ist der geschaffene Geist angelegt"[249]. Dem Menschen kann nur genügen, was seine Fassungskraft übersteigt. Bonaventura hebt die Bedeutung des ekstatischen Elements für den christlichen Glauben hervor. Der Überschwang und das Außersichsein steigern sich noch in der Schau Gottes im Himmel. Keiner soll

---

245) H. U. von Balthasar, Wilhelm von St.Thierry, 20.

246) Vgl. ebd. 153 f.; 154: "Die Vernunft hat mehr Nüchternheit, die Liebe mehr Seligkeit. Wenn sie jedoch, wie ich sagte, einander aushelfen, dann belehrt die Vernunft die Liebe, und die Liebe erleuchtet die Vernunft." H. U. von Balthasar zitiert hier Wilhelm von St.Thierry, De natura et dignitate amoris, 25.

247) H. U. von Balthasar, Wilhelm von St.Thierry, 91; H. U. von Balthasar zitiert hier Wilhelm von St.Thierry, Speculum fidei, 73; vgl. auch D. Mieth, Art. Mystik, in: P. Eicher (Hrsg.), Neues Handbuch theologischer Grundbegriffe III, München 1985, 158.

248) H II, 1, 269; vgl. ders., Homo creatus est, 14.

249) H II, 1, 274.

"meinen, zum Studium der Theologie genüge 'Lesung ohne Salbung, Spekulation ohne Andacht, Forschen ohne Bewunderung, Umsicht ohne Jubel, Fleiß ohne Frömmigkeit, Gescheitheit ohne Demut', vielmehr wird die reingewordene Seele 'durch Andacht, Bewunderung und Jubel bereitgemacht für die geistigen Überstiege', die sie Gott 'als die höchste Schönheit' erfahren lassen."[250] Für Bonaventura ist der excessus die höchste Art der Erkenntnis, die nur dem in der Liebe Eingegründeten zuteil wird: ekstatische Wahrnehmung des Überhinaus der göttlichen Liebe über alle Erkenntnis (vgl. Eph 3, 17-19)[251]. Erkenntnis Gottes darf nicht nur theoretisch sein. Die Ekstase gehört zur echten Gotteserkenntnis dazu[252]. Bonaventura bezeichnet sie - im Anklang an Dioysius - als "Erhebung in die Finsternis", als "docta ignorantia"; sie ist eine Kontemplation, die "ein schwebendes Aufgehobensein zu Gott hin (suspensio)" voraussetzt und bewirkt[253]. Das "Außersichgeraten aller Erkenntnisvermögen über sich hinaus geschieht 'in vertice' als 'unitio amoris', ... es ist ein Hineingenommenwerden, dessen 'ablatio' von Bonaventura ... immer sponsal gedeutet wird."[254] Die Liebesglut bewirkt, daß der

---

250) Ebd. 275; H. U. von Balthasar zitiert hier Bonaventura, Itin (Itinerarium) Prol 4 (V 296a); Itin 4,3 (V 306b). Vgl. A. Rotzetter, Theologie und Spiritualität, in: ders. (Hrsg.), Geist wird Leib (= Seminar Spiritualität 1), Zürich u.a. 1979, 25.

251) Vgl. H II, 1, 275.

252) Vgl. H. Bürkle, Rationalität und Ekstase, in: Geist und Leben 59 (1986) 53 f.: "Die Hagiographien sind Zeugen dieses bleibend bedeutenden ekstatischen Elementes für den christlichen Glauben ... Für den christlichen Glauben ist das Rationale dem Ekstatischen gleichwertig und ihm notwendig zugeordnet. Es ist die eine Seite derselben Offenbarungswirklichkeit. Was im Geist erfahren wird, bleibt Teil des geschichtlich in die Erscheinung getretenen trinitarischen Geheimnisses im Sohn. Mit anderen Worten, es kann sich auch in der unmittelbaren Geisterfahrung nichts anderes ereignen als was in Leben und Werk Jesu von Nazareth worthaft wurde. Aber im Logos, im Wort, ist zugleich auch die der vernehmenden Vernunft eigene Rationalität mitbeteiligt. Der Logos, von dem Johannes (1, 1) sagt, daß er en archä, im Anfang, war, ist zugleich der, der im Wort in der Zeit kerygmatisch wird und damit den Bedingungen der ratio, des Verstandes, sich unterwirft. Damit aber verliert er nie das ihm eigene, aller Vernunft überlegene ekstatische Element." Vgl.J. Sudbrack, Christliche Meditation, in: Geist und Leben 43 (1970) 449 - 454; 454: "Rationalität und Glauben, Begreifen und Ekstase, Erblicken und Entrücken durchdringen sich." H. Waldenfels, An der Grenze des Denkbaren, 31 - 34; ders., "Spiritualität", 391 f.

253) Vgl. H II, 1, 276; H. U. von Balthasar bezieht sich hier auf Bonaventura, Brevil 5,6 (V 260a); Hex 13,11 (V 386a); vgl. auch H II, 1, 326.

254) H II, 1, 276; H. U. von Balthasar zitiert hier Bonaventura, Hex 2,29 (V 341a).

Mensch - aus sich herausgerissen - in Gott hineingezogen wird; in der Vereinigung mit Gott schaut er, wenn auch verhüllt, das Angesicht der allerschönsten Weisheit und erlebt maßlose Ekstasen des Geistes[255]. Kontemplation kann durch die Worte: Feuer, Salbung, Außer-sich-Sein, Schauen, Verkosten, Ruhe, Herrlichkeit umschrieben werden. Das Feuer des Geistes bringt die Seele zum Glühen; durch das Öl der Gnade wird sie belebt; in der Ekstase wird sie über sich hinausgerückt aus allem Geschaffenen ins Göttliche; im Schauen werden die Augen des Herzens durch das himmlische Licht erleuchtet; im Verkosten genießt die Seele die Gegenwart Gottes; in der Ruhe geht sie in Gott ein und schaut ahnend die Herrlichkeit voraus: unvergängliches Leben, ewige Liebe, nicht zerstörbares Glück durch Gott, der alles in allem ist.

Die Vereinigung des Menschen mit Gott geschieht im Heiligen Geist. Er bewirkt die Angleichung an Gott, er selbst ist die Heiligung des Menschen. Seine Heiligkeit und Heiligungskraft heiligen ihn. Für Bonaventura gibt es keinen sicheren Übergang von der Wissenschaft zur Weisheit außer der Heiligkeit, die allein vermitteln kann. Es gilt, sich vom Studium der Wissenschaft in das der Heiligkeit einzuüben, und wiederum von diesem ins Studium der Weisheit[256]. Mit Besorgnis betrachtet Bonaventura "den scholastischen Rationalismus seiner Zeit: mit Thomas von Aquin zieht er genauer als bisher die Grenzen zwischen Glauben und Wissen, aber nicht, um wie Thomas der Vernunft ihre eigenen Rechte zu sichern, sondern im Gegenteil, um sie in ihre Schranken zu weisen."[257] Die Vernunft ist nach Bonaventura die Voraussetzung für das Sich-Mitteilen Gottes in seinem Wort: "objektiv-gegenständlich als Verbum incarnatum, subjektiv-innerlich als Verbum inspiratum, und für beide fontal als Verbum increatum, das das innere Wesen Gottes und damit auch die ganze Welt ausdrückt"[258]. Das Verbum inspiratum kann mit dem Namen "Heiliger Geist" belegt werden - in der ganzen Fülle

---

255) Vgl. H II, 1, 276. 323 - 325.

256) Vgl. ebd. 283; H. U. von Balthasar stützt sich hier auf Bonaventura, Hex 19,3 (V 420b).

257) H II, 1, 283; vgl. Bonaventura, Brevil 1,1 (V 210b).

258) H II, 1, 285; vgl. Bonaventura, S theol 4,3 (V 568b); S 1 in Coena Dni (IX 249a).

seiner Offenbarungs- und Zeugnisfunktion. "Zentral ist die Theologie (als Verstehen der objektiven Offenbarung in der Kirche und nachvollziehend in den Einzelnen) seine Domäne."[259] Da die christliche Offenbarung - die Heilige Schrift - getragen ist von der göttlichen Inspiration, ist sie höchste Gewißheit[260]. Der Glaube ist "eingesprochenes, eingestrahltes, eingedrücktes Wort Gottes, ein Abstrahl des ewigen Geist-Lichtes in uns"[261]. Obwohl der Glaube zwischen Sehen und Nichtsehen steht, ist er dennoch gewiß, weil er auf einer mehrfachen Schau beruht: Schau der Engel, der Propheten, der Apostel. Bei der ewigen Schau geschieht das Sich-Ausprägen Gottes im geschaffenen Geist in vollendeter Weise: Nos vero omnes, revelata facie gloriam Domini speculantes, in eandem imaginem transformamur a claritate in claritatem, tamquam a Domini spiritu (2 Kor 3, 18). "Glorie ist Erscheinung des Herrn, und durch den Geist des Herrn, das Verbum inspiratum, wird die offene Glaubensschau, aber wesentlicher die ausprägende Anverwandlung an das Bild ermöglicht, in der Einheit von Ausdruck und Eindruck."[262] Die Theologie des excessus - sie ist nur scheinbar eine theologia gloriae - erfolgt im Hinblick auf die je größere Fülle des trinitarischen Gottes: das Übermaß an Offenbarkeit ist wesentlich Verborgenheit, die unfaßbare Überhelle verlangt den Glauben, die Unermeßlichkeit der Liebe des Gekreuzigten erfordert die restlose Selbstübergabe des Menschen, das Je-mehr an göttlicher Verschwendung ruft nach der totalen Armut, dem Aufgeben von allem[263]. Im Exzeß ist ein Moment der Anbetung enthalten, die Freigabe besagt, "gerade in der entzückten Begegnung", entflammte Anbetung, die Bereitschaft bedeutet, "die sichbietende Herrlichkeit an den Herrlichen selbst zurückzugeben"[264]. Die ekstatische Schau hat ein Zentrum: Jesus Christus, den Gekreuzigten und Auferstandenen[265]. Sie ist inhaltlich Christuserfahrung:

---

259) H II, 1, 285; vgl. Bonaventura, Brevil Prol § 3 (V 205a).

260) Vgl. H II, 1, 286 f.; vgl. Bonaventura, Qu de Theol 1 resp (Ed Tavard l.c.212, 12-13).

261) H II, 1, 286; vgl. Bonaventura, Brevil 7 (V 260b).

262) H II, 1, 287; vgl. Bonaventura, Hex 2,19 (V 339b); S feria 2 p Dom 2 in Quadr (IX 221b). Vgl. auch H II, 1, 306.

263) Vgl. H II, 1, 288.

264) Ebd. 350; vgl. Bonaventura, Perf vit ad sor 5,4 (VIII 118b).

265) Vgl. H II, 1, 353 - 361.

"geschaut wird die höchste Schönheit des Bräutigams Christus, sofern er der Glanz ist, gehört wird die höchste Harmonie, sofern er das Wort ist, geschmeckt die höchste Süßigkeit, sofern er die Weisheit ist, die beides umfaßt, Wort und Glanz; gerochen der höchste Duft, sofern er das ins Herz inspirierte Wort ist, umfangen das höchste Angenehme, sofern er das menschgewordene Wort ist, das leiblich unter uns wohnt und sich uns tastbar, küßbar, umarmbar macht durch glühendste Liebe, die unsere Liebe durch Ekstasis und Raptus hinübergehen läßt von dieser Welt zum Vater."[266] Die Beziehung zwischen Urbild (dem göttlichen Wort als Ausdruck des trinitarischen Lebens) und Abbild (dem geschaffenen Geist) ist eine im höchsten Sinn personale. "Die Realisierung dieser von Gott her immer realen Personal-beziehung durch den geschaffenen Geist - in Glaube, Gebet, Kontemplation - ist das, was Bonaventura Regressus, Reductio, Resolutio nennt und was für ihn der Grundakt menschenwürdigen Denkens und Daseins ist."[267] Die umfassende Rückgründung kann jedoch nur mit der Hilfe und Gnade des absoluten Geistes gelingen. Sie ist "demütig-gehorsame Antwort auf das ausstrahlende Licht"[268]. Die Wahrheit wird allein durch Christus im Heiligen Geist gewußt, so daß alle christliche Theologie "nur ministeriell zur Lehre des einzigen Theologen hin"[269] ist - Jesus Christus.

Gemäß diesem "inneren Lehrer" hat ein bedeutender Lehrer der Christenheit - Origenes - Theologie betrieben. Das origenistische Denken ist bis in seine Form hinein "ein Mitvollzug seines einzigen Gegenstandes: des Gottes, der Stimme, Rede, Wort und nichts anderes ist, aber Stimme, die wie ein feuriges Schwert in die Herzen stößt, Rede, die mit überirdischer Zartheit Liebesgeheimnis um Liebesgeheimnis über die Welt hin flüstert, Wort, das Aufblitz und Abglanz der verborgenen Schönheit des Vaters ist"[270]. Für Balthasar

---

266) Ebd. 323; H. U. von Balthasar zitiert hier Bonaventura, Brevil 5,6 (V 259b).

267) H II, 1, 307; Hervorhebung im Original; vgl. Bonaventura, De Don Sp Sti 1,9 (V 459a); De tripl via 2,14 (VIII 6b); Hex 21,18 (V 434a).

268) H II, 1, 333.

269) Ebd. 308; vgl. 328 f.

270) Ders., Origenes. Geist und Feuer. Ein Aufbau aus seinen Werken, Salzburg ²1952, 14; Hervorhebung im Original; vgl. ders., Theologie der Geschichte 78 f.; 78: "Die Schrift ist durch den Geist objektivierter und für alle Zeiten normgewor-

gibt es "in der Kirche keinen Denker, der so unsichtbar-allgegenwärtig geblieben wäre wie Origenes"[271]. Er stellt ihn an die Seite von Augustinus und Thomas. "Keiner der Großen von den Kappadoziern bis zu Augustinus, bis zu Dionysius, Maximus, Skotus Eriugena und Eckehart" konnte sich seiner "fast magischen Strahlungskraft"[272], seiner "Feuerseele"[273], dieser Stimme, die "reines, feuriges Wehen"[274] ist, entziehen. Zeit seines Lebens ist Origenes ein Geistgewehter, "ein Fühl- und Wirkorgan des Gottesgeistes"[275]. Die Flamme züngelt "empor zum Mysterium des überweltlichen Logos-Worts, das den Erdkreis nur darum erfüllt, um ihn selbst in seinem Feuer zu taufen, zu versengen und in Geist zu verwandeln"[276]. Die leidenschaftliche Liebe zum Wort ist kennzeichnend für Origenes.

Der Weg zu Gott ist ein Aufstieg, wobei jeder Schritt in die Höhe vor allem ein Gezogenwerden durch Gott ist. Bei Origenes ist alles "auf 'ascensiones in corde' ausgerichtet, alles von der verhüllenden Niedrigkeit zum strahlenden Taborlicht"[277], obwohl Kreuz und Schmerz nicht negiert werden: Origenes weiß wohl, daß die Nachfolge Christi Verfolgung mit sich bringt, hat er doch "die feurige Rede zum Martyrium"[278] verfaßt und dieses dann auch selber erleiden müssen[279]. Ascensio und descensio finden gleichzeitig statt. Man kann bei Origenes von einer Wortmystik sprechen, die ihren Mittelpunkt in der Passion des Wortes hat[280]. Aus dem Einssein mit dem Gott-Wort heraus

---

dener Logos im Gesamtzusammenhang seiner Menschwerdung. Sie ist, nach Origenes, Leib des göttlichen Sohnes, sofern er Logos, Wort-Wahrheit ist."

271) Ders., Origenes. Geist und Feuer, 12; vgl. ders., Die Heiligen in der Kirchengeschichte, 488.

272) Ders., Origenes. Geist und Feuer, 11.

273) Ebd. 14.

274) Ebd. 13.

275) Vgl. J. Kuhlmann, Unsere Heiligen. Organe des Heiligen Geistes, in: Geist und Leben 59 (1986) 428 f.

276) H. U. von Balthasar, Origenes. Geist und Feuer, 14; Hervorhebung im Original; vgl. ebd. 24.

277) Ebd. 21.

278) Ebd.

279) Vgl. ders., Die Heiligen in der Kirchengeschichte, 493.

280) Vgl. ders., Origenes. Geist und Feuer, 25.

werden Origenes "blitzhafte Einsichten in das Geheimnis der Kenosis, der Selbstentleerung Gottes"[281] zuteil. Entleerung ist Weisheit, "Abstieg Weisheit, Vergeblichkeit Weisheit, Schwäche und Ohnmacht Weisheit, - aber ausgeleerte, vergossene, gekreuzigte Weisheit"[282]. Ohne eine Öffnung, eine schmerzliche Wunde geht es in der Nachfolge der gekreuzigten Liebe nicht ab, da nur der durchbohrte Mensch ein wahrhaft liebender ist; seine Substanz fließt wirklich aus. Der aufsteigende Weg des Menschen zu Gott muß zu seiner innersten Form den Abstieg Gottes zum Menschen haben: Kenose des Ewigen Wortes in die Existenz im Fleisch. Die Richtung des Absteigens ist das Kriterium für die Echtheit des Aufsteigens der Seele zu Gott.

Balthasar hat sein Buch, das in die Schriften des Origenes einführt, "Geist und Feuer" genannt, da beides - Geist als Feuer und Feuer als Geist - im Innern des Origenes lodert. Er will nur noch reine Flamme sein. "Es ist ein Feuer, das zugleich Liebe und Weisheit ist, zugleich reine Glut und reines Licht, in derselben Doppelheit, in der diese Seele ihren Gott erlebte: Als das 'verzehrende Feuer' und als 'das Licht, in dem keine Finsternis ist'."[283] Das Feuer in Origenes ist als Liebe reine Ungeduld, die kein nur Vorläufiges erträgt, sondern es verzehrend zu Geist läutert; "als Einsicht ist es ein röntgenhaftes Durchstrahlen der endlichen Dinge bis zum Sichtbarwerden ihres Wesens"[284], eine Tiefenschau. Es handelt sich jedoch um ein reines Glühen im immer größeren Feuer Gottes. Ist das in Origenes brennende Feuer auch "ein Züngeln und Lecken nach oben", sich "aus dem verzehrten Stoffe der Endlichkeit" ins Unbegrenzte erhebend, so ist es "als Gottes Feuer, das die Eingeweide des Geistes verzehrt", gleichzeitig "das immer tiefer Herabgebranntwerden"[285]. Die Entleerung des Herzens schreitet fort, "bis daß es reiner Raum und reiner Äther des nur noch durchstrahlenden Lichts geworden ist"[286]. Wird der Vorgang des immer tieferen Abstiegs als das Entschei-

281) Ebd. 26.

282) Ebd.

283) Ebd. 27.

284) Ebd.

285) Ebd; Hervorhebung im Original.

286) Ebd.

dende erkannt, dann darf die Flamme der Sehnsucht ruhig emporschlagen, da dieser Aufstieg nicht länger "ein himmelstürmendes Stufenklimmen" ist, vielmehr "geistiger Weltbrand, geistige Opferfackel zu Gott"[287]. Nach Balthasar hat "die ganze Pneuma- und Vergeistigungs-Theologie bei Origenes"[288] ihre Berechtigung, wenn der Mensch sich in dem Maße Gott nähert, als er dem Urbild, Jesus Christus, nachfolgt, der absteigt bis ins Unterste, bis in die Scheol[289]. Die Sehnsucht des Herzens muß in sich bereits das Kennzeichen der göttlichen Kenose tragen: Wille zur Selbstentäußerung, zum von der kenotischen Gnade getragenen Abstieg, zur Angestaltung an den Gekreuzigten, aber nicht durch selbstherrliches Ergreifen des Kreuzes, sondern in einem reinen Geschehenlassen der Abstiegsbewegung Gottes, die durch Entäußerung und Gehorsam zum Kreuz führt. Da diese absteigenden Strahlen bereits "Verherrlichung des Urlichts" sind, bedürfen sie keines Wiederaufstiegs; sie sind - tief unten angekommen - "im Zentrum des Lichts, weil der Vater immer schon ewige Selbstverstrahlung war und Herrlichkeit und Verherrlichung in seinem gezeugten Sohn und im Hauch ihrer gegenseitigen Liebe"[290]. Gott offenbart sich in seiner Kenosis, die im Kreuzestod Christi ihren Höhepunkt erreicht. Entäußerung ist zugleich Verherrlichung. Die Kenose ist einer Meereswoge vergleichbar, die - immer dünner und durchsichtiger - "in ihrem Ausmünden nicht zurückkehrt, sondern im Sande versinkt und untergeht. Das Versinken und Untergehen des ausgeleerten <u>Wortes</u> ist als solches, unmittelbar und ohne stufenweisen Regreß, die 'Übergabe des Reiches an den Vater'."[291] Wer bereit ist, in der Nachfolge Christi sein Leben zu verlieren, wird es mehr und mehr gewinnen. Im Vorgang des Abnehmens, des Zunichte-Werdens wächst in dem vom Feuer des Geistes erfaßten Menschen Christus zu seiner Vollgestalt heran. Der Ausspruch: " 'Alles Erscheinungshafte bedarf des Kreuzes, ... alles Geistige des Begrabenwerdens', kann über die ganze Aufhebungslehre des Origenes gesetzt werden ... Alles nur Sinnliche muß vom Feuer Gottes verzehrt

287) Ebd.

288) Ebd. 34.

289) Vgl. ders., Homo creatus est, 21.

290) Ebd. 30.

291) Ders., Origenes. Geist und Feuer, 34; Hervorhebung im Original.

werden, wenn es vor sein Angesicht tritt, und nur durch dieses Feuer hindurch ... wird es gerettet."[292] Der Weg von der Materie zum Geistigen, vom geschaffenen zum absoluten Geist darf jedoch nur insofern ein Weg zum Tod sein, als er ein Weg zur Verklärung ist. "Denn mit Christus müssen die Sinne zusammen mit den Bildern und Gedanken sterben und zur Unterwelt fahren, - um unsagbar sinnlich-übersinnlich - zum Vater hin aufzuerstehen."[293] Es ist der Mensch als Ganzer, der - sterbend in Christus, verklärt im Feuer des Geistes - in das unvergängliche Leben eingeht.

---

292) Ebd. 32; vgl. H I, 410; ders., Homo creatus est, 25: "Der antike Weg führt, konsequent zu Ende gedacht und einseitig gelebt, zu einer Entweltlichung des gottsuchenden Menschen, denn Gott kann hier nur das Eine jenseits der verstreuten Vielheit sein; gewisse Nachklänge davon sind bei Augustin und andern Vätern unverkennbar. Der biblische Weg, der mit dem 'sehr gut' der Schöpfung anhebt und mit der Menschwerdung Gottes und der Auferstehung des leiblichen Menschen zu Gott hin endet, läßt Gott und Welt 'ungetrennt und unvermischt' in Ewigkeit ineinandersein."

293) H I, 410.

"Die Theologie war, solange sie eine Theologie der Heiligen war, eine betende, eine kniende Theologie. Darum ist ihr Gebetsertrag, ihre Fruchtbarkeit für das Gebet, ihre gebetserzeugende Macht so unabsehbar gewesen. Irgendeinmal geschah die Wendung von der knienden Theologie zur sitzenden Theologie."[294] Nach Ansicht Balthasars gibt es seit der Hochscholastik kaum mehr heilige Theologen; den Titel "Theologe" versteht er "im gefülltesten Sinn: als den eines Lehrers in der Kirche, dessen Amt und Sendung" darin liegt, "die Offenbarung in ihrer Fülle und Ganzheit auszulegen, also Dogmatik als den Mittelpunkt seiner Arbeit"[295] zu betrachten. Wirft man einen unbefangenen Blick auf die Geschichte der Theologie bis zur Hochscholastik, so wird ersichtlich, daß fast alle großen Heiligen, die "offenkundig von Gott eine Sendung in die Kirche hinein" erhielten, gleichzeitig "große Dogmatiker"[296] waren. Sie wurden "zu berufenen Trägern der kirchlichen Lebendigkeit" durch die Tatsache, "daß sie in ihrem Leben die Fülle der kirchlichen Lehre, in ihrer Lehre die Fülle des kirchlichen Lebens darstellten"[297]. Es ging ihnen um eine lebensnahe Theologie, um den erfüllten Begriff der Wahrheit, den das Evangelium präsentiert: "Wer nicht liebt, erkennt Gott nicht, denn Gott ist die Liebe" (1 Joh 4, 8). Die Theorie wird in der Praxis lebendig dargestellt, das Wissen im Tun.

Jede Wahrheit ist nach Balthasar erst dann eine wirkliche, wenn sie in die Tat, in einen Lebenswandel umgesetzt wird. "Denn Christus, das Urbild der Wahrheit, der sich selbst als die Wahrheit bezeichnet, ist nur darum für uns

---

294) H. U. von Balthasar, Verbum Caro, 224; vgl. ders., Schwestern im Geist, 22; M. Lochbrunner, aaO. 36: Die Abhandlung "Theologie und Heiligkeit" mit der Aussage " 'Irgendeinmal geschah die Wendung von der knienden Theologie zur sitzenden Theologie'- kündet einen mächtigen Grundimpetus der Theologie Balthasars an: die Heiligen als gelebte Theologie, Spiritualität als Ferment der Theologie." Vgl. ebd. 69: "Das Ideal, an dem Balthasar seine Theologie ausrichtet, ist also die Theologie der Heiligen. Hier erst klärt sich uns sein Theologieverständnis und kommt zu seiner Evidenz. Das Postulat nach einer Theologie der Heiligen durchzieht das ganze Werk." Vgl. J. Weismayer, aaO. 9.

295) H. U. von Balthasar, Verbum Caro, 195.

296) Ebd.

297) Ebd.

der Kanon der Wahrheit, weil er in seiner Existenz seine Essenz darlebt."[298] Eine wesentliche Aufgabe derer, die zum Lehren in der Kirche bestellt sind, besteht darin, "die Wahrheit der Offenbarung, die eine im menschlichen Leben Christi sich darstellende göttliche Wahrheit ist, so zu lehren und weiterzugeben, daß sie zugleich durch Wandel in der Wahrheit sowohl vom Lehrer selbst wie von den Hörern erkannt und daran verifiziert werden kann"[299]. Gott ist "propter nos homines" Mensch geworden, nicht, damit die Bücherschränke mit philosophisch-theologischen Werken ausgestattet werden. Theologie gerät ins Abseits, wenn sie dieses Prinzip negiert. Dogmatik muß so geartet sein, daß der Mensch begreift: Es geht um mein Heil. Erkenntnis, die nicht zum Handeln führt, Orthodoxie ohne Orthopraxie, ist ein lebensfremdes Spiel mit Begriffen. Die Betonung des kognitiven Elements darf nicht dazu führen, daß andere zentrale Persönlichkeitsbereiche ausgeschaltet werden. Das viele Reden über die "Objekte" des Glaubens läßt leicht vergessen, daß der christliche Glaube dort am fruchtbarsten war, wo die Anzahl der "Objekte" sich in Grenzen hielt. Der Katechismus der Märtyrer war klein!

Durch die Einheit von Lehre und Leben sind die großen Kirchenlehrer in der Lage, entsprechend ihrem besonderen Amt "zu echten Leuchten und Hirten der Kirche zu werden ... Irenäus, Cyprian, Athanasius, die beiden Cyrill, Basilius, Gregor von Nazianz, Gregor von Nyssa, Epiphanius, Theodor von Mopsvestia, Chrysostomus, Theodoret, Hilarius, Ambrosius, Augustinus, Fulgentius, Isidor: sie alle sind Bischöfe, um von den großen päpstlichen Kirchenlehrern Leo und Gregor zu schweigen."[300] Sie alle sind "totale Persönlichkeiten"[301]; die Diastase der späteren Zeit zwischen Theologie und Spiritualität ist ihnen unbekannt. Es handelt sich in der Theologie der Heiligen um eine "schmeckende" (vgl. Ps 34, 9) Erkenntnis, die den ganzen leibhaftigen Menschen miteinbezieht. Wie sich von Jesus her Theologie und Spiritualität nicht im geringsten entzweien lassen, da "seine 'Kenntnis' Gottes" eins ist "mit seiner hingegebenen Dienstgesinnung"[302], so sind die

298) Ebd. 196.

299) Ebd.

300) Ebd. 196 f.

301) Ebd. 197.

302) Ders., Einfaltungen, 18.

Nachfolger Christi angewiesen auf die Einheit von Erkenntnis Gottes und anerkennendem Tun[303]. Vom Propheten und Lehrer ist "die gleiche radikale Selbstübergabe an Gott in der Kreuzesnachfolge Christi gefordert wie von den mehr praktisch wirkenden Gemeindegliedern"[304], da christliche Sophia nur Kreuzesweisheit sein kann. Die personale Aneignung des Glauben, ein geistliches Leben, die persönliche Beziehung zu Gott sind für den Theologen unabdingbar. So unterschiedlich die Ämter und Charismen auch gestaltet sein mögen, in den mehr "theologischen" Charismen wird dennoch "nicht die geringste Diastase zwischen Theorie und Spiritualität gesehen"[305]. Nur im Heiligen Geist, auf den das Wort "Spiritualität" inhaltlich verweist, ist ein Verstehen der Wirklichkeit Gottes möglich[306].

Die Gestalt der Theologie hängt weitgehend davon ab, auf welche Weise Spiritualität - ob gegensätzlich oder ergänzend - ihr zugeordnet ist. Balthasar unterscheidet drei Formen von Theologie. Er nennt "die Reflexion über die Gesamtheit der Offenbarung Gottes in seinem Bund mit der Menschheit" Theologie in einem ausgezeichneten Sinn - "im Gefälle von Theos legon zur menschlichen Rede, dieses Gotteswort betreffend"[307]. In der "Apologetik" oder in der Theologie mit apologetischer Rücksicht wird das Kerygma in einer Begriffssprache vorgestellt, die vom Außenstehenden verstanden werden kann. In der "theologischen Dialogik" ist der Standpunkt Andersdenkender einbezogen; Einwände und Bedenken werden ernst genommen, wobei im Gespräch der Weg zur Mitte der christlichen Wahrheit gesucht wird[308]. Die Besinnung auf den Kern der Wahrheit kann aber auch zu Abgrenzungen führen. In der Abwehr von Fehldeutungen, Irrlehren muß Theologie besonders achtgeben, daß sie sich nicht durch zuviel Theoretisieren von der Praxis - sie ist christlich immer die Liebe - entfernt. Die Gefahr des Dualismus "zwischen einer polemischen Theologie, die sich in begrifflichen Subtilitäten ...

303) Vgl. ebd. 18 - 21.

304) Ebd. 20.

305) Ebd. 21; vgl. A. Rotzetter, aaO. 23 - 28.

306) Vgl. J. Weismayer, aaO. 9 - 11; H. Waldenfels, "Spiritualität", 376 - 379.

307) H. U. von Balthasar, Einfaltungen, 24.

308) Vgl. ebd.

zu verlieren droht, und einer innerkirchlichen, unangefochtenen Theologie, die sich aus der Fülle des Bundesgedankens heraus entfaltet"[309], sieht Balthasar bereits bei den Kirchenvätern gegeben. "Welcher Unterschied zwischen gewissen trinitarisch-polemischen Schriften Gregors von Nyssa und seinen 'mystischen' Schriften! Wir fühlen die Bruchstellen sogar in Reden Gregors von Nazianz, wo er beide Theologien ineinanderzuschmelzen versucht"[310]. Origenes stellt dagegen ein weithin ausstrahlendes Gegenbeispiel dar, "da er seine universale Theologie aus der einzigen Mitte der Schrift heraus entwickelt, die er von vornherein in ihrer Vieldimensionalität sieht: einmal im buchstäblichen (historischen) und geistlichen Sinn, sodann im tropologischen (Handeln in diesem Äon) und anagogischen (hin zum andern Äon) Sinn"[311]. Entscheidend ist, daß diese Dimensionen nicht im Nachhinein an den Schriftsinn herangetragen werden, sondern "die innern Erstreckungen des Schriftsinnes selbst"[312] sind. Einen Bruch zwischen theoretischer und spiritueller Theologie gibt es im Werk des Origenes nicht, vielmehr versucht er, vom Zentrum – der Bundestheologie – her, in sich ausweitenden Kreisen

---

309) Ebd. 26.

310) Ebd.; vgl. ders., Verbum Caro, 197: "Es wäre nicht nur müßig, sondern dem innersten Lebensgesetz der Kirchenväter zuwiderlaufend, ihre Werke in solche aufzuteilen, die sich mit dem Dogma, und solche, die sich mit dem christlichen Leben ('spiritualité') beschäftigen. Gewiß kennen sie die Polemik und damit die Apologetik. Aber auch diese bildet im Grunde keine eigene Wissenschaft für sich, sondern vornehmlich eine jeweils neue Anregung zu dogmatischer Entwicklung der Lehre. Wenn ein Irenäus, ein Basilius, Gregor von Nazianz oder Augustinus mit seinen Gegnern spricht, dann tut er es nicht in einem Vorhof der Theologie, sondern in der Herzkammer." Vgl. ebd. 230.

311) Ders., Einfaltungen, 27; vgl. H III, 2/ 2, 98 f.; ders., Pneuma und Institution, 301.

312) Ders., Einfaltungen, 27; vgl. 27 f.: "Henri de Lubac wurde nicht müde zu zeigen, daß die erste Achse im tiefsten identisch ist mit der Transzendenz vom Alten zum Neuen Bund, von Gesetz und Prophetie und Weisheit zum Evangelium Jesu Christi, der als solcher der spirituelle Sinn der gesamten Schrift ist. Und dieser spirituelle Sinn, der nicht nur in einem statischen Verstehen liegen kann, entläßt aus sich nochmals die Dimensionen der zweiten Achse: Erkenntnis verwirklicht sich in Tat und zugleich im Selbstüberstieg (dem gestorbenen und auferstandenen Herrn nach) zum Äon der kommenden Vollendung. Ist das die Grundstruktur der christlichen Offenbarung, so stehen wir damit wiederum jenseits jeder möglichen Diastase zwischen theoretischer und spiritueller Theologie." Vgl. J. Sudbrack, Vom Geheimnis christlicher Spiritualität: Einheit und Vielfalt, in: Geist und Leben 39 (1966) 36 f.

das gesamte Weltwissen einzuholen. Die "Philosophie" anderer Kulturen wird im menschgewordenen Logos zu ihrer "Wahrheit" geführt.

Augustinus gelingt es - wenn auch nicht völlig - , den Riß zwischen der nachorigenischen polemisch-abstrakten und der innerbiblischen Theologie zu schließen. Die Enarrationes in Psalmos sind "fast ganz innerbiblische Ausfaltungen"[313], in anderen Schriften ist "eine weitestgehende Durchblutung der abstrakten Formeln durch die biblische Kontemplation"[314] gewährleistet. Im Mönchtum des frühen Mittelalters wird die gefährliche Diastase noch einmal fast gänzlich überwunden, "freilich innerhalb der Klammer des Klosters, in einer Übersetzung der origenischen Synthese auf die Dimensionen und in die Bedürfnisse der mönchischen Existenz."[315] Mitte, Höhepunkt der einmaligen Zusammenschau findet sich bei Bernhard. Obwohl die Breite der Welt einbezogen ist, liegt "der steile Gipfel dieser Theologie" im Hohelied, im Lied der Lieder und der Liebe, im schönsten Lied "als dem zentralen Mysterium der Schöpfung und des Bundes, der Kirche und der Seele"[316], in der mystischen Vereinigung des Menschen mit Gott.

Das Gegenüber von Theologie und Spiritualität tritt erst wieder bei der Rezeption des Aristotelismus in den Vordergrund. Philosophische Denkmethoden werden in den Dienst der Theologie gestellt[317]. Die Möglichkeit einer

---

313) H. U. von Balthasar, Einfaltungen, 28.

314) Ebd. 28 f.

315) Ebd. 30.

316) Ebd.

317) Vgl. ebd. 31; ders., Verbum Caro, 199; M. Lochbrunner, aaO. 69 f.: "Die folgenschwere Bruchlinie, die durch die Theologiegeschichte schneidet, hat Balthasar wiederholt offengelegt. Von der Patristik bis zur Hochscholastik waren die großen Theologen auch Heilige. Mit dem Einbruch des Aristotelismus im 13. Jahrhundert sieht Balthasar die grundlegende Wende gekommen, die zu dem Dualismus zwischen Theologie und Spiritualität führte ... Albert, Bonaventura, Thomas sind die letzten großen Vertreter, die in ihrer 'scientia' die 'sapientia' mitenthalten hatten. Sie sind 'doctores', weil sie auch 'sancti' sind." Vgl. H II, 1, 13: "Die Bruchlinie, die ... um 1300 zu liegen kommt, ist in keiner Weise polemisch gemeint; sie entspricht nur einer bedauerlichen, aber unumstößlichen Tatsache." J. Sudbrack, Vom Geheimnis christlicher Spiritualität, 37: "Im 12. bis 13. Jahrhundert läßt sich eine deutliche Aufspaltung von Dogmatik und Spiritualität erkennen."

Verkennung der übernatürlichen Wahrheit ist ausgeschaltet, falls in der philosophischen Begrifflichkeit nichts anderes gesehen wird als ein Ansatz und eine Wegweisung zur endgültigen, göttlichen Wahrheit. Doch die "Anstrengung des Begriffs" verlangt "höchste Reife und eine heilige Genialität"[318]. Balthasar nennt Albert, Bonaventura, Thomas und vielleicht noch Scotus, die es fertigbringen, "sich durch die Fülle der einströmenden philosophischen Wahrheit in ihrem letzten Wahrheitsverständnis nicht irremachen zu lassen"[319]. Gottes Offenbarung läßt sich keineswegs in fertige, nicht mehr zu weitende Gefäße philosophischer Begrifflichkeit einbinden. Begriffe der Philosophie gehen "in ihrer Erhebung durch die assumptio humanae naturae in Christus ihres Gehaltes zwar nie und nimmer verlustig"[320], weil die Menschheit Christi in ihrer vollen Wahrheit im Logos subsistiert, müssen jedoch sakral verklärt werden. Die hohe Scholastik Alberts, Bonaventuras und des Aquinaten "bedeutet den einzigartigen Kairos, in welchem die Theologie eben noch die sich verselbständigende Weltwissenschaft ... zu durchstrahlen vermag"[321]. Nach Thomas erfolgt der Abfall in den Nominalismus, der nach Ansicht Balthasars "wohl erstmals ein unversöhnliches Gegenüber von (scholastischer) Theologie und Spiritualität entstehen läßt (Devotio moderna, Erasmus), aus dem die Reformation einen Ausweg suchen wird"[322]. Wohl unternehmen die Größten der Zeit es noch, die beiden auseinanderrückenden Pfeiler durch einen kühnen Bogenschwung zu verbinden, der sie in Entsprechung und Harmonie zwingt. Franziskaner und Predigerbrüder suchen - auf unterschiedliche Weise - , "den ganzen Bogen der Theologie zu bewältigen"[323]: Bonaventura bemüht sich, in seinen späten Synthesen "selbst noch die antischolastische Spiritualität der joachimitischen Franziskaner einzubergen"[324]; Eckhart, Tauler und Seuse stoßen das bei Thomas geöffnete Tor zur Mystik entschlossen auf. "Trotzdem haben sich die beiden Pfeiler, auf denen

---

318) H. U. von Balthasar, Verbum Caro, 201.

319) Ebd.

320) Ebd. 200.

321) Ebd.

322) Ders., Einfaltungen, 31.

323) Ebd.

324) Ebd. 31 f.

diese Wölbung ruht, zu weit auseinander entwickelt, als daß die Kuppel noch sicher aufgesetzt werden konnte."[325] Die Neuscholastik der Gegenreformation entwickelt sich "zum klassischen Zeitalter der Diastase zwischen theoretischer und affektiver Theologie"[326]. Während die "wissenschaftliche" Theologie immer "gebetsfremder und damit unerfahrener im Ton, mit dem man über das Heilige reden soll", wird, verfällt "die 'erbauliche' Theologie durch zunehmende Inhaltslosigkeit nicht selten falscher Salbung"[327]. Theoretische Theologie erschöpft sich in einem trockenen, vom Gegenstand nicht mehr gerechtfertigten und getragenen Distinguieren; spirituelle Theologie wird nicht mehr vom Zentrum der Offenbarung gespeist[328]. Die Synthese von objektivem Geheimnis und subjektiver Erfahrung ist nicht länger gegeben, die Mystik von der Theologie abgesondert, wodurch die theologische Wahrheit ein rationales Gesicht erhält. Die Verarmung liegt auf der Hand: Erfahrung ist leer an Wahrheit geworden und die Wahrheit ausgetrocknet. Nur in der Spannung von Theologie und Spiritualität bringt das Christentum reiche Frucht.

## 4.1 Gebetete Dogmatik, eine theologia spiritualis et mystica

Dogmatik hat nach Balthasar "die reine Auslegung der Offenbarung aus dem Glauben für den Glauben zum Inhalt"[329]. Es gilt, die Offenbarung selbst "im lebendigen Glauben zu verstehen, kraft der von Glaube und Liebe beseelten und erleuchteten Vernunft auszulegen"[330]. Der Glaube ist der Grundakt, auf

---

325) Ebd. 32.

326) Ebd.

327) Ders., Verbum Caro, 224.

328) Vgl. ders., Einfaltungen, 32.

329) Ders., Verbum Caro, 210.

330) Ebd.; vgl. A. Grabner-Haider, Glaubenssprache. Ihre Struktur und Anwendbarkeit in Verkündigung und Theologie, Wien u.a. 1975, 117 - 119; 118: "Der Prozeß der sprachlichen Festsetzung des Glaubens beginnt für die Kirche schon im Neuen Testament. Dort werden Bekenntnisse des Glaubens, Glaubensformeln ausgesprochen; und aus diesen werden dann Aussagen oder Normen des Glaubens abgeleitet. Diese Glaubensbekenntnisse werden in bestimmten Situationen der Glaubensgemeinschaft gesprochen; etwa im Gottesdienst beim Gedächtnis Jesu, oder bei der Taufe auf den Namen Jesu. Das Primäre und Ursprüngliche sind also die evokati-

dem alle Auslegung fußt[331]. Ihren Mittelpunkt besitzt die Dogmatik, ebenso wie die Offenbarung und der Glaube, in Jesus Christus. Für Balthasar ist die Dogmatik "nicht etwa ein 'Verbindungsglied' zwischen der Offenbarung und etwas anderem, zum Beispiel der menschlichen Natur oder der Vernunft oder der Philosophie", da die Natur mitsamt ihren Denkmöglichkeiten "in Christus in ihr wahres Zentrum gestellt"[332] und zu ihrer endgültigen, von Ewigkeit her gewollten Wahrheit gekommen ist. Ausschlaggebend ist vielmehr, daß der Glaubende Jesus Christus, den Mittler zwischen Gott und Mensch - durch den und für den und in dem alles geschaffen ist (vgl. Kol 1, 16) - , versteht und ihm vertraut. Heilige Theologen verlassen ihr Zentrum in Jesus Christus niemals. Wenn sie die Beziehung zwischen Natur und Übernatur erforschen, treten sie keineswegs aus dem Glauben heraus, machen sie sich nicht selbst zum Vermittler zwischen Gott und Welt, Offenbarung und Vernunft. Sie philosophieren als Glaubende, lebt doch selbst alle wahre Philosophie "jeweils von einem Anziehungspunkt, der ihr selbst transzendent ist"[333]. Wenn sie sich ihren weltlichen Aufgaben widmen, beten sie doch ständig und verrichten alles zur größeren Ehre Gottes (vgl. Eph 5, 19 f.; 1 Kor 10, 31). Persön-

---

ven Sprechakte des Glaubens." Vgl. W. Kasper, Art. Dogma/ Dogmenentwicklung, in: P. Eicher (Hrsg.), Neues Handbuch theologischer Grundbegriffe I, München 1984, 178: "Die mit dem Wort Dogma gemeinte Sache findet sich in der Schrift wie in der patristischen und scholastischen Tradition auch unter vielfältigen anderen Bezeichnungen. Erinnert sei vor allem an die vielfältigen, teilweise sehr frühen biblischen Bekenntnisformeln ... Bei den Kirchenvätern und Scholastikern waren an Stelle des Begriffs Dogma weithin andere Begriffe üblich wie Kerygma, Lehre, Symbolum, professio bzw. confessio." Ders., Art. Dogmatik, in: P. Eicher (Hrsg.), Neues Handbuch theologischer Grundbegriffe I, München 1984, 197: Die Dogmatik ist "ein Wissen aus Gründen und deshalb ein inneres Verstehen des Gewußten ... Sie ist fides quaerens intellectum (Anselm von Canterbury), in der das credibile ut credibile zu einem credibile ut factum intelligibile wird (Bonaventura, In Sent., prooem. q.2 ad 4)." Vgl. H. Fries, aaO. 108 f.; 119: "Die Wahrheit, von der die Offenbarung spricht und die in der Theologie angezielt wird, ist nicht eine Theorie, die nach einem geschlossenen und vollständigen System ruft, es sind vielmehr Ereignisse und Menschen."

331) Vgl. W. Kasper, Art. Dogmatik, 197: "Die Offenbarungswahrheit kann als solche nur im Glauben erfaßt werden. Der Glaube ist darum nicht nur Gegenstand (fides quae), sondern auch personale Voraussetzung (fides qua) dogmatischer Theologie; sie setzt das Glaubenslicht und den Glaubenssinn voraus und bedarf der Geistgaben der Wissenschaft und der Weisheit. Als Wissenschaft aus Glauben auf neuen Glauben hin ist die Dogmatik engagierte Wissenschaft."

332) H. U. von Balthasar, Verbum Caro, 210.

333) Ebd. 211.

liches Erleben hüllt sich bei den Kirchenvätern – Balthasar nennt als Beispiel unter anderen Gregor von Nyssa und Augustinus – sofort "in ein dogmatisches Gewand: alles wird ins Objektive gewendet, die subjektiven Zustände, Erfahrungen, Erschütterungen und Bemühungen sind nur dazu da, den sachlichen Inhalt der Offenbarung tiefer und reicher zu erfassen"[334]. Der dienende Charakter der Spiritualität, jeder Mystik, der ganzen Heiligkeit wird hervorgehoben, der kirchliche Auftrag betont. Es geht um die Auslegung "der einzigen Offenbarung für das kirchliche Heute"[335]. Im Dienst der Offenbarungsvermittlung tritt der heilige Theologe – vom Heiligen Geist im Innern belehrt – selbst völlig zurück[336].

"Die wahre Theologie, die Theologie der Heiligen, fragt im Glaubensgehorsam, in der Ehrfurcht der Liebe" – das Zentrum der Offenbarung immer im Auge behaltend – , "welches menschliche Denken, welche Fragestellung, welche Denkwege dazu angetan sind, den Sinn der Offenbarung selbst zu erhellen"[337]. Nicht ein unverbindliches Denken ist gefordert, das immer in der Gefahr steht, aus dem Zentrum der Offenbarung herauszuführen, sondern ein wahres Denken, das sich müht, die Offenbarung lebendiger erfaßbar zu machen. Bei aller logischen Richtigkeit ist ein Denken, das sich an der Peripherie bewegt, das der Neugier oder Eitelkeit verfallen ist, innerlich hohl, da das Bewußtsein von und die Ehrfurcht vor der Heiligkeit Gottes entschwunden sind. Liegt doch der Sinn der Offenbarung allein darin, den Menschen "in seiner ganzen, auch geistigen, auch verstehenden Existenz enger mit Gott zu verbinden"[338]. Theologie muß sich davor hüten, Antwort auf Fragen zu erteilen, die niemand gestellt hat. Sie besitzt "an der Gestalt der Offenbarung selbst den untrüglichen Maßstab für ihre eigene Form und

---

334) Ebd. 205.

335) Ebd. 206; vgl. W. Kasper, Art. Dogmatik, 197: Dogmatik ist "die Selbstreflexion und die Selbstvergewisserung der Kirche hinsichtlich des Wahrheits- und Geltungsanspruchs ihrer Glaubenslehre und Glaubenspraxis."

336) Vgl. A. Grabner-Haider, aaO. 118: Die Sprechakte des Glaubens der "Lehrer" oder "Väter" der Kirche "müssen mit dem bisher genormten Glauben voll verträglich sein (Kriterium der Orthodoxie), und ihre Lebensform muß mit der Botschaft Jesu konform gehen (Kriterium der Heiligkeit)."

337) H. U. von Balthasar, Verbum Caro, 212.

338) Ebd.

Struktur. Das, was substantiell gesehen der Offenbarung wichtig ist, hat auch für die Theologie das Wichtigste zu sein."[339] Sind die Proportionen der Offenbarung auch die der Theologie, dann können Themen, die in der Offenbarung nur am Rand erscheinen, für die Theologie nicht zentral sein. Theologie als "eine auslegende Verlängerung des Wortes der Offenbarung" muß darauf bedacht sein, daß ihre Wege "organisch vom Zentrum der Offenbarung ausgehen, sich gleichmäßig nach allen Seiten erstrecken und dabei auf die besonderen Artikulationen der Offenbarung achthaben"[340]. Da die Wesenszusammenhänge der Theologie von einem einmaligen Ereignis künden, darf von diesem unter keinen Umständen abgesehen werden. Die geschichtliche Offenbarung ist im tiefsten als ein je-heute zu vernehmendes und zu erspürendes Geschehen einzustufen, nicht als "vorausgesetztes Ergebnis", das "den Stoff der theologischen Reflexion bildet"[341].

Es sind die Heiligen, die mit Vehemenz "in die Aktualität des Offenbarungsereignisses"[342] zurückdrängen. Ihr Anliegen ist es, die Glaubenswege nicht nur in der Vergangenheit, sondern auch in der Gegenwart und für die Zukunft zu verstehen. Nach Balthasar wollen sie Gott "nicht als bloßes ens a se kennen, sondern einzig als den Vater Jesu Christi, und den Geist nicht als eine abstrakte Welt allgemeiner Gesetze und Geltungen, sondern als den Geist der Feuerzungen"[343]. Die gnadenhafte Erfahrungserkenntnis Gottes, die Gleichförmigkeit mit Christus bedeutet den Heiligen alles. Es geht ihnen um eine experimentale Erkenntnis, um ein Schmecken Gottes gegenüber einer rein kognitiven Beschäftigung mit der Wahrheit, um die innigste Präsenz Jesu Christi in ihrem Leben. Die Aussage, daß die Heiligen sich "von der immerströmenden Quelle des Lebens, die je-jetzt aus dem Munde des ewigen Wortes fließt"[344], nicht entfernen wollen, gibt Aufschluß über die Form ihrer

---

339) Ebd.

340) Ebd.

341) Ebd. 221; vgl. W. Kasper, Art. Dogma/ Dogmenentwicklung, 186: "Das Dogma spricht nicht nur 'über' die Wahrheit des Heils, sondern macht, wie alle Verkündigung, diese auch gegenwärtig; es ist verbum efficax, das im Glauben das gibt, was es sagt und fordert."

342) H. U. von Balthasar, Verbum Caro, 221.

343) Ebd. 222.

344) Ebd.

Theologie. Theologie der Heiligen ist "wesentlich ein Akt der Anbetung und des Gebets"[345]. Das Gebet ist die stillschweigende Voraussetzung ihrer Theologie, die Atmosphäre, in der sie sich entfaltet, die Denkform, aus der sie erwächst. Der Raum ihres Denkens ist von der Erleuchtung durch den Gottesgeist gereinigt und verklärt, so daß die Wahrheit Christi sich ungehindert ein- und ausprägen kann. Die Heiligen-Theologie ist eine theologia spiritualis. Der Geist führt den gläubigen Denker in die "Weisheit Gottes im Mysterium ein" (vgl. 1 Kor 2, 7). So ist Heiligen-Theologie "nichts anderes als die Mysterien-dimension der objektiven kirchlichen Dogmatik"[346] – theologia mystica. Mystische Theologie ist auf engste mit dem Christusmysterium verbunden[347]. Ist das Verborgene als solches auch offenbar, so bedarf es doch "einer besonderen, glaubenden, demütigen, anbetenden Haltung, um in 'den Reichtum der Herrlichkeit' Gottes einzudringen"[348]. Nur den vom Heiligen Geist Geführten kann es gelingen, dem objektiv geoffenbarten Mysterium auch subjektiv – stufenweise – zu entsprechen. Gottes offenbarendes Wirken erschließt sich ihnen im gegenwärtigen Geist Christi. Das Ereignishafte der Selbstenthüllung Gottes, das ständige Anwesen der Offenbarung erweist sich ihnen in der Teilnahme an seinem Geist. Nicht nur rückschauende, verarbeitende Reflexion ist für sie von Bedeutung, sondern Gotteserfahrung im Heiligen Geist, die sich allein in der Anbetung ereignen kann. Heiligen-Theologie ist verstehender, erfahrender und in die Tiefe schauender

---

345) Ebd.

346) Ebd. 228; vgl. ders., Pneuma und Institution, 300 f.: "Wenn bei den Kirchenvätern und im Mittelalter das Adjektiv 'mystikós, mysticus' sehr häufig vorkommen wird, so stets in direkter Abhängigkeit vom Substantiv 'Mysterion' im objektiven umfassenden Sinn der in Christus veranstalteten, geoffenbarten und in der Kirche Christi durchgeführten Heilsökonomie." Vgl. ebd. 323: "Mystisch ist ursprünglich alles, was mit dem unter den Gestalten des Menschlichen und Weltlichen in Bibel und Liturgie verborgenen Göttlichen zu tun hat." H. Mühlen, Mysterium - Mystik - Charismatik, 250 f.

347) Vgl. J. Sudbrack, Mystik: Selbsterfahrung - Kosmische Erfahrung - Gotteserfahrung, Mainz/ Stuttgart 1988, 31 f.: Das Adjektiv "mystikós" (= verborgen) meint im christlichen Sprachgebrauch etwas, das sich auf das Mysterium der Liebe Gottes zum Menschen, die in Jesus Christus erschienen ist, bezieht und es für den Menschen zugängig macht. "Der Blick trifft nicht die Erfahrung des Menschen, sondern das 'Objektive', Gottes Offenbarung in Jesus Christus. 'Mystisch' im urgemeinten Sinn entdeckt die Liebe Gottes."

348) H. U. von Balthasar, Pneuma und Institution, 299.

Glaube - gläubiges Offenbarungsverständnis. Alle bloße kirchliche Objektivität wird in kraftvolle Subjektivität umgewandelt, jede - im Hinblick auf die kirchliche Fülle - begrenzte Subjektivität schließt sich auf zur kirchlichen Objektivität.

Nach Ansicht Balthasars hat christliche Dogmatik auszudrücken, "daß der im Glaubensgehorsam Denkende in einem betenden Verhältnis zu seinem Gegenstand steht"[349]. Gehört Dogmatik als Glaubenswissenschaft auch in die Dimension der Rationalität, so sucht sie das Verstehen doch mit jener Vernunft, die aus dem Herzen lebt und um das Ausgerichtetsein des Menschen insgesamt auf Gott hin weiß. Theologische Arbeit ist von der Gebetspraxis - sie ist wiederum Norm des Lebens - nicht zu trennen. Die Glaubensgeheimnisse, die Gegenstand der wissenschaftlichen Arbeit sind, wollen auch "gefeiert" sein. Das Gebet ist die Grundlinie, die der Dogmatik die Richtung weist. Der intellektuelle Aspekt wird in der gebeteten Dogmatik aufgenommen, doch integriert in eine ganzheitliche Bewegung der Hingabe an Gott. "Die Theologie der Väter und noch des Mittelalters war doctrina sacra nicht nur dem Gegenstand, sondern auch der Form nach, weil in ihr die spirituelle Dimension des objektiven Mysteriums und die Einweihung durch den Heiligen Geist nicht nur im Ganzen als eine vage Atmosphäre (der 'Salbung'), sondern in den einzelnen Denkschritten - etwa bei Augustinus, Anselm, Wilhelm von Auvergne und Bonaventura - gegenwärtig bleibt."[350] Bei den heiligen Theologen ist theologische Erkenntnis mit gelebtem Glauben eng verbunden. Aus einer Gebetshaltung heraus werden die Glaubensinhalte erschlossen und bedacht. Ein antidogmatischer Pragmatismus ist den Kirchenvätern fremd. Theologische Formulierungen als Annäherungen an die Wahrheit haben für sie große Bedeutung, doch eine Lehre ohne Geist ist ihnen toter Buchstabe, da

---

349) Ders., Verbum Caro, 222; vgl. W. Kasper, Art. Dogma/ Dogmenentwicklung, 186: Das Dogma ist "eine Aussage von bleibender Zukunft. Zu diesem eschatologischen Charakter gehört auch die doxologische Struktur. Besonders im Sinn der Ostkirche ist das Dogma gedachte Liturgie, die Liturgie gebetetes Dogma. Deshalb gehören lex orandi und lex credendi unlösbar zusammen (DS 246)." Vgl. H. Fries, aaO. 95: Die Ostkirche "verstand unter 'Dogma' die nicht schriftlich fixierten Überlieferungen der Kirche; Liturgie, Dogma und Doxologie blieben dort engstens verbunden."

350) H. U. von Balthasar, Verbum Caro, 229.

nur der Geist Leben geben und auch ausstrahlen kann. Heiligen-Theologie spricht im Lobpreis. Wie die Doxologie "Ehre sei dem Vater und dem Sohn und dem Heiligen Geist" die ganze Glaubenslehre über den Dreieinigen in ihrer Substanz ausdrückt, so enthalten die hymnischen Texte der Kirchenväter reiche dogmatische Aussagen über Gott. Gebet und Dogmatik vereinend, vertrauen heilige Theologen darauf, das in beiden Verborgene mit dem gleichen Schlüssel zu erschließen. Ihre Theologie will nichts anderes sein als eine Auslegung des kirchlichen Credos, die sich aber im Geist der Freiheit und der Charismatik vollzieht. Inhalte des Glaubens, die im Gebetsakt erschaut werden, treten in die klare Formulierung. Der Theologie der Heiligen geht es um ein ganzheitliches Wissen aus Glaube, Erfahrung und rationalem Denken. "Die Gewißheit von der letzten Richtigkeit der Vera Religio beruht bei Augustin ... nicht auf bloßen Intuitionen des Herzens und Gewissens oder des Glaubens, sondern in einer Anschauung der Richtigkeit, die man im umfassenden Sinn eine ästhetische Anschauung nennen muß, die aber rational standhält und dem, der seines Geistes Auge reinigt, auch anschaulich gemacht werden kann."[351]

Die Gesamtheit der inwendigen Bundeswahrheit tritt dem Betrachter in der Gestalt Christi vor Augen, um danach reflektiert und in Worte gekleidet zu werden. Theologie der Heiligen will zentrale Meditation der biblischen Wahrheit sein; die alles Biblische durchziehende spirituelle, existentielle Dimension gilt es zu wahren, die betende Verwandlung des Dogmas ins Leben zu vollziehen. Die Offenbarung Gottes im Alten und Neuen Bund ist nicht vorrangig eine Lehre, sondern ein Tatereignis, das mit einem lebendigen Wissen, mit einem Leben im Heiligen Geist beantwortet sein will. Nach Balthasar offenbart Gott sich " - und damit sein Wesen! - dem Menschen in Taten, die zugleich zu verständlichen Worten werden; der Mensch beantwortet als Erwählter, Begnadeter, Eingeforderter diese Selbstenthüllung, indem er als ganzer (Seele und Leib, Gebet und Aktion, Innerlichkeit und Weltbezug) in seiner Existenz sich zu einer Antwort an Gottes Anruf zu gestalten versucht. Dann ist auch er in seinem Wesen ausgelegt und offenbar. Er wird damit zu einem 'Spiegel' (2 Kor 3, 18) Gottes in der Welt, wie es urbildlich

351) H II, 1, 140.

Jesus Christus als 'Abbild', 'Ausdruck', 'Abglanz' des Vaters war. Wäre dieser Spiegel rein, müßte man in ihm das ganze Urbild sich abspiegeln sehen. So müßte die christliche Praxis oder Spiritualität die ganze christliche Theorie oder Dogmatik im Spiegel ausdrücken."[352] Balthasar verifiziert seine Ansicht an den Paulusbriefen; aus ihren paränetischen Teilen könnte man den dogmatischen Teil in allem Wesentlichen rekonstruieren, falls er abhanden gekommen wäre[353]. Die Unterscheidung zwischen Theologie und Spiritualität ist in der Heiligen-Theologie nicht üblich. "Man bedarf ihrer, als eines Notbehelfs, wo Dogmatik sich (vor allem durch polemische Kontroverse) so verbegrifflicht hat, daß ein Teil der Saftigkeit, die das Wort Gottes überall auszeichnet, verlorengegangen ist."[354] Doch die Geschichte der Theologie läßt nach Balthasar klar erkennen, daß nur solche Theologien lebendig wirksam wurden, "die ihre Spiritualität nicht neben sich, sondern in sich trugen, ihrem Innersten einverleibt"[355].

Die Gotteserfahrung - das Schauen der Mysterien Gottes - ist Quelle der Theologie. Propheten, Apostel und Kirchenväter haben sich auf sie gestützt und so ihre Theologie entfaltet. "Gregor von Nyssa ... beginnt seinen Kommentar zum Hohenlied: 'Vernehmt das Geheimnis des Gesangs der Gesänge. Es ist die mystische Kontemplation.'"[356] Gemeinschaft mit dem Wort Gottes ist die Voraussetzung für das Wort von Gott. Die Art, von Gott zu sprechen,

---

352) Ders., Einfaltungen, 41; Hervorhebung im Original.

353) Vgl. ebd. 41. 58.

354) Ebd. 41; vgl. 41 f.: "Aber die Geschichte hat doch wohl erwiesen, daß Saft, in einer besonderen Schüssel aufgetragen, dem Hauptgericht seinen Geschmack nicht zurückzugeben vermag. Fleisch und Blut müssen ursprünglich zusammensein, um zu leben."

355) Ebd. 42; vgl. ders., Theologie und Heiligkeit, 487 f.: Jeder, der sich mit den heiligen Theologen beschäftigt, spürt, "daß sie alle mit ihrem Herzblut bezeugt und theologisiert haben und daß ein blutiges Martyrium für sie imgrunde nur eine fast selbstverständliche Form gewesen wäre, ihr Lebenszeugnis abzuschließen. Maximus Confessor beweist dies aufs genaueste. Und wenn wir zu den genannten andere Namen hinzufügen von Zeugen, deren Theo-logie wahrhaft das Leben der Kirche befruchtet haben - etwa Irenäus, Athanasius, Anselm, Bernhard, Franz, Bonaventura, Thomas ... - , so wird überdeutlich, daß nur 'Theologie' als die Einheit von Heiligkeit und Zeugnis im Leben der Kirche diesen Namen verdient."

356) J. Sudbrack, Mystik, 32 f.

muß der Art, vor Gott hinzutreten, angemessen sein. Die tiefe Ehrfurcht vor dem Sakralen und dem Mysterium hat sich in der theologischen Formulierung widerzuspiegeln. Das Merkmal scheuer Zurückhaltung zeigt sich besonders deutlich in den liturgischen Formen und Formulierungen der orthodoxen Kirche. In ihrer Liturgie ist das gesamte Lehrgut in hymnische Form gefaßt. Die Feier des Gottesdienstes erschließt, was orthodoxe Christen glauben, nicht so sehr das Studium von Büchern. Das Geheimnis Jesu Christi erscheint vor allem in der Schrift und im Sakrament. "Man muß von einer 'hierophanischen' Funktion der Liturgie ausgehen."[357] Einige Worte, eine bestimmte Sprechweise, der Zeugnischarakter der Liturgie können zu einer Offenbarung Gottes führen. Insbesondere die Eucharistie als "mystisches Gastmahl" offenbart die Glaubensgeheimnisse[358]. Eine andere Wirklichkeit bricht ein, die als Gegenwart, Feuer, Licht, Teilnahme an tieferer Weisheit nur empfangen werden kann. Wer in der äußersten Entblößung, in der Armut des Geistes, im Nichtwissen ausharrt, erlangt Erkenntnis als Gabe des fern-nahen Gottes. Er schöpft umsonst aus der lebendigen Quelle des Gottesgeistes, die nie versiegt. Im unaufhörlichen Bewegtsein der Seele durch den Heiligen Geist wird Gott wahrgenommen und genossen - in einer Liebesbegegnung, die ein tiefes Erkennen beinhaltet. Gregor von Nyssa schildert in seinem Kommentar zum Hohenlied "die Begegnung des Christen mit Gott: 'Die Seele, in der Liebe zu Christus verwundet, verlangt brennend nach der mystischen Vereinigung mit ihm. Der vollkommene Bräutigam (Christus) empfängt die vollkommene Seele, die zur vollkommenen Braut geworden ist, in der heißen und mystischen

---

357) Y. Congar, aaO. 138; vgl. ebd.: "Das Wort 'Hierophanie'... bedeutet: Erscheinung der Heiligkeit, des Heiligen und sodann Erscheinung Gottes."

358) Vgl. H.-J. Schulz, aaO. 60: "In diesem meinem Beitrag gilt es besonders zu zeigen, wie die eucharistische Liturgie von den ältesten Zeiten her das Ganze des Glaubens nicht nur impliziert, sondern auch sprachlich entfaltet zum Ausdruck bringt. Nur ein ganzheitlicher Glaubensausdruck ist der Feier des eucharistischen Mysteriums angemessen, da eben das Mysterium der Eucharistie schon als Geschehen das Ganze der Heilszuwendung der Drei Göttlichen Personen gegenwärtig und wirksam werden läßt." Vgl. 64: In seiner Anaphora entfaltet Basilius "eine trinitarisch-doxologische 'Theologia', die weit entfernt ist von späteren mehr philosophischen als theologischen Spekulationen über die innertrinitarischen 'Relationen', eine doxologische Theologie, die gleichwohl der überzeitlichen göttlichen Lebensfülle der Gemeinschaft der drei göttlichen Personen gilt und die von menschlichen Zungen im Verein mit der ganzen Schöpfung dargebracht wird: als ein nie endender ewiger Lobgesang."

Brautnacht. Und so ist es mit jedem, dem Christus, der himmlische Bräutigam, verliehen hat, seine Braut in mystisch und göttlicher Gemeinsamkeit zu sein.'"[359]

Nach Ansicht Balthasars gibt es gegenüber der Offenbarung "keine objektiv-unbeteiligte wissenschaftliche 'Objektivität' ", sondern nur "das personale Zueinander von Wort und Glaube, Christus und Kirche im Geheimnis des Hohenliedes. Wenn sie versteht, ist Kirche heilig, und soweit sie heilig ist, versteht sie."[360] Die Betrachtung des Christusmysteriums durch die Kirche wird umso tiefer und objektiver sein, je mehr sie als Braut an der Heiligkeit des Bräutigams teilnimmt, je mehr Licht und Gnade von ihm auf sie fallen. Im Licht Christi spiegelt sie seine Herrlichkeit wider und wird so in sein eigenes Bild verwandelt, von Herrlichkeit her auf Herrlichkeit hin, durch den Heiligen Geist (vgl. 2 Kor 3, 18). Das Ziel der Schau liegt darin, daß die "Dynamik der widergespiegelten Herrlichkeit das Leben der kontemplierenden Braut in die Verwandlung hineinnimmt"[361]. Die Herrlichkeit - sie ist nichts anderes als Glanz der Heiligkeit - wird der Braut nicht nur angespiegelt, sondern verwandelt sie zutiefst. Das bedeutet keineswegs, daß sie beginnen soll, "in sich selber die Herrlichkeit des Bräutigams zu betrachten, wohl aber daß die Mitteilungen vom Bräutigam her, so wie er selbst, theologisch-christologischer Natur sind"[362]. In diesen Bereich gehören "die höheren Gnaden des Sehen- und Erkennenkönnens"[363], die Partizipation sind am Schauen und Erkennen Christi; sie führen organisch "von den 'Gaben des Heiligen Geistes' zu den eigentlich mystischen Charismen und Gotterfahrungen"[364]. Die Lebensgnaden der Heiligen gehören aber ebenso hierher, sind sie doch nach Paulus selber Charismen, die einen theologischen Gehalt in sich bergen. Die Heiligen sind der Kirche von Gott her geschenkt, damit sie die innere Wirklichkeit Christi verdeutlichen. Die theologische Existenz Christi

359) J. Sudbrack, Mystik, 33.

360) H. U. von Balthasar, Verbum Caro, 217; vgl. ebd. 226.

361) Ebd. 219.

362) Ebd.

363) Ebd.

364) Ebd. 219 f.

wird in ihrer Existenz vergegenwärtigt[365]. Ihre Lebensweisheit ist von großer Bedeutung sowohl für das Glaubensverständnis der Kirche als auch für ein Glaubensleben in der Liebe. "Das Dasein der Heiligen ist gelebte Theologie."[366] Von den je helleren Strahlen der Gnade durchleuchtet, ist ihr Leben eine einzige Liebesflamme, die zu Gott emporlodert. Da das eine Leben zwischen dem Bräutigam Christus und der Braut Kirche der Ort der lebendig dargelebten Theologie ist und nicht etwa eine blasse Gelehrtenwelt, erscheint es durchaus angebracht, daß Augustinus, Richard und Bonaventura - es könnten noch andere Namen aufgezählt werden - eine innerlich erregte, leidenschaftsvolle Sprache sprechen. Der Psalmenkommentar des Augustinus gewährt Einblicke in die leidende oder jubelnde Innerlichkeit des Menschen im Gespräch mit seinem Gott[367]. Durch die Musik der Worte - sie wollen gehört, nicht gelesen sein - wird der Zuhörer in jene Erregung, Schwingung versetzt, die eine Öffnung für das Liebesmysterium mit sich bringt. "Wir erhorchen also die Gestimmtheit, gleichsam die inwendige Stimme der Kirche, die in der Zwei-Einsamkeit von 'Bräutigam' und 'Braut' ihr eigenes ... Leben innerlich durchbetrachtet ... Augustins eigene strömende Innerlichkeit breitet sich hier aus zum Mitströmen mit der 'Existenzialität' der Kirche."[368] Doch seine Lehre ist vorrangig objektive Dienstmystik, nicht so sehr subjektive Erfahrungs- und Zustandsmystik. Augustins innere Gnaden stehen insgesamt alle im Dienst des einen Offenbarungsgeschehens. Seiner dogmatischen Mystik geht es nicht primär um die Beschreibung von inneren Zuständen, an denen dann der in ihnen offenbar werdende objektive Gegenstand abgelesen werden kann. Dadurch, daß die betende Innerlichkeit Augustins - in einer Umkehr der Blickrichtung - "sich objektiviert zum schlichten Dienst eines Schriftaus-

---

365) Vgl. ebd. 220.

366) Ebd.

367) Vgl. ders., Aurelius Augustinus. Über die Psalmen, Einsiedeln ²1983, 9 - 13; ders., Augustinus, Bekenntnisse, 218: In den "Enarrationes in Psalmos" wird der alttestamentliche Wortsinn nicht mehr bloß existentiell, sondern christlich-theologisch als "geistlicher Sinn" interpretiert. "Er ist nichts anderes als der Dialog zwischen Christus dem Haupt und der Kirche als Braut und Leib, ein Dialog, der der Kern aller Theologie und aller Liturgie und aller Mystik innerhalb des Kirchenraums ist."

368) Ders., Aurelius Augustinus. Über die Psalmen, 9 f.

legers, leiht sie durch eben diese Selbstentsagung der Kirche das Organ für eine Selbstaussage von bisher unbekannter Eindringlichkeit"[369].

Für Balthasar ist Gregor von Nyssa neben Maximus Confessor der tiefste der Kirchenväter[370], wenn auch sein Meister Origenes genialer erscheint, sein Bruder Basilius ihm an apostolischer Kraft, der Freund Gregor von Nazianz an theologischer Prägungskraft, Dionysius an mystischer Versunkenheit überlegen sind. Doch niemand hat es wie Gregor von Nyssa verstanden, "das geistige Erbe Hellas' zum Ausdruck christlicher Erfahrung umzuprägen. Die Aneignung vollzieht sich bei ihm in jenem griechischen Geiste, dem das Religiöse bruchlos Begriff und Sprache, Logos wird, während der kühle Kristall des Gedankens sich unmittelbar entzündet und zu mystischem Leben erglüht."[371] Reißt ein Augustinus seine Zuhörer nicht selten durch menschlich wärmere Töne hin, so ist es doch häufig seine Lyrik, die so hoch entrückt. In Gregor aber ist die Harmonie zwischen Leben und System, existentieller Dramatik und Idee vollkommen.

Die negative Theologie steht bei Gregor von Nyssa – als Abgrenzung gegen den Rationalismus der Arianer – zunächst stark im Vordergrund. Der dreieinige Gott ist "allen Näherungsversuchen des grübelnden Denkens auf immer entrückt"[372]. Ist Gott als absolutes Sein[373] auch der Unendliche und Unzugängliche, so ist der abstrakte Gegensatz "von Gott-Sein und Geschöpf-Werden"[374] doch immer schon überbrückt durch die konkrete Beziehung des Menschen zu Gott, die – aller Erkenntnis vorausliegend – "immer bereits eine 'seinshafte' Verwandtschaft"[375] beinhaltet, wie sie zwischen dem Künstler

369) Ebd. 10.

370) Vgl. ders., Gregor von Nyssa. Der versiegelte Quell, Einsiedeln $^{3}$1984, 7.

371) Ebd; vgl. G. G. Blum, aaO. 6 - 8.

372) H. U. von Balthasar, Gregor von Nyssa, 10.

373) Vgl. ebd. 11: Für Gregor ist " 'Sein' kein Begriff, keine Idee mehr, es ist zuerst das, was im Scheitern aller begrifflichen Erfassung Gottes als negativer Rest zurückbleibt. In der Unmöglichkeit zu erfahren, was Gott ist, überwältigt uns die Erfahrung, daß Er ist."

374) Ebd. 19.

375) Ebd.

und seinem Kunstwerk anzutreffen ist. Lebendiges Werden und sehnsüchtiges Lieben des Menschen sind "unmittelbar Verähnlichung und Angleichung an Gottes Liebe"[376]. Das Geschöpf ist jedoch nie vollkommenes Bild, genauer Ausdruck, da Gott alle Grenzen und Formen sprengt. Weil das Bild der Seele der göttlichen Schönheit nachgestaltet ist, muß ihre Grundbewegung auf Gott gehen und nicht auf sich selbst[377]. Nur wenn der Mensch seinen Blick zum Urbild hinwendet, erblickt er sich selbst, wie er in sich ist. Der tiefste Sinn des Geschöpfs findet sich nicht in seiner Bewegung zu Gott, sondern umgekehrt in der Bewegung Gottes zu ihm. Nicht der Aufstieg ist das entscheidende Gleichnis für den mystischen Weg, sondern in der Inkarnation wurde der Abstieg zum christlichen Weg. Die Seele geht nun nicht mehr eigenmächtig zu Gott, sondern sie darf auf dem Weg Gottes zur Welt, der bis an die Grenze des Nichts führt, mitgehen. Steigt sie aus sich selbst auf, erfährt sie bald die Grenzen der eigenen Kräfte, gelangt sie zur Heiligkeit, ist auch sie begrenzt. Steigt die Seele dagegen ab, so fällt sie im Zunichte-Werden, im Untergehen in Gott hinein und erreicht die wahre, weil göttliche Heiligkeit[378].

Letztlich geht es im Christentum nicht um das Problem, wie der Mensch zu Gott aufsteigen kann, sondern um die Frage, was Gott getan hat, um zum Menschen zu gelangen. "Die Lösung ... für Werdungsphilosophie und Bildphilosophie bringt allein die Menschwerdung des Wortes."[379] Indem der Sohn individueller Mensch wird, hat er gleichzeitig die "allgemeine Menschennatur angenommen und vergöttlicht"[380]; alle Menschen stehen durch sie "gleichsam

376) Ebd. 20.

377) Vgl. J. Sudbrack, Wege zur Gottesmystik, Einsiedeln 1980, 43 f.: "Man kann die Problematik formulieren: Gott in uns - Gott vor uns. Dabei kann der 'Gott in uns' so sehr Oberhand gewinnen, daß er gleichsam verschmilzt mit dem eigenen Selbst. Aber auch der 'Gott vor uns' kann die Innerlichkeit so sehr vernachlässigen, daß sie nur in einer äußerlich bleibenden Willens-Bejahung und Verstandeslogik erhalten bleibt."

378) Vgl. H. U. von Balthasar, Gregor von Nyssa, 24 f.

379) Ebd. 21; Hervorhebung im Original. Vgl. ebd. 21 f.: "Nach Gregor ist der eigentliche Träger des Gottesbildes nicht die Einzelseele, sondern die eine, einzige Menschennatur, von der die individuellen Menschen nur Ausdruck und Darstellung sind."

380) Ebd. 22.

in unmittelbarer, seinshafter Kommunion mit ihm"[381]. Die Menschwerdung des Logos hat dem Menschen gezeigt, "was Gott in Sich ist"[382]. Er ist nicht "die Starre der Ewigkeit" und ein "ewiger Fels für die Welle des Werdens", sondern als innergöttlicher Liebesstrom ist Gott "ebenso Über-Werden wie Über-Sein"[383]. Gottes Wesen wird durch die Inkarnation des Wortes vom Menschen nicht etwa vollkommener "begriffen", aber der Mensch sieht "lebendiger hinein in Seine Unbegreiflichkeit"[384], die ihm nicht mehr ein Fremdes ist, sondern das ihn unendlich angehende Mysterium. Die immerwährende Sehnsucht zum unbekannten Gott "ist verwandelt in ein immer bebenderes, ergriffeneres Erwarten des immer Sich schenkenden, aber im Schenken immer größeren, unfaßbaren Gottes"[385]. Gregors Kommentar zum Hohelied bringt eine Fülle von Gleichnissen "für dieses Paradox über Wissen und Nichtwissen, über Strömen und Ruhe, über Suchen und Finden, über Abstand und Umarmung hinaus"[386]. Dem Menschen ist eine Seligkeit verheißen, die seine Sehnsucht transzendiert, ein Geschenk, das seine Hoffnung überragt, eine Gnade, die seine Natur übersteigt. "Das innere strömende Leben Gottes aber ist das dreifaltige."[387] Die Mystik Gregors geht folgerichtig den Weg "vom plotinischen Pathos des 'Allein zum Alleinen'" hin zu einem "christlichen Pathos der Seelen-Einwohnung der Drei Personen. Die Wunde, womit die Seele von Gott her versehrt wird, ist der Sohn, den der Vater wie einen Pfeil in die Welt gesandt hat. Und die Durchsichtigkeit der vergöttlichten Seele, darin sie wie im Spiegel Gott schaut, ist der Geist, der als Gnade ihr einwohnt. In dieses Trinitarische mündet auch der Hoheliedkommentar breit aus."[388] Es ist der Heilige Geist, der den Menschen dem Sohn einverleibt, der Sohn ist es, der ihn zum Vater führt. Der Vater aber schenkt dem Menschen beide: Sohn und Geist. Doch die Menschwerdung Gottes wird erst

381) Ebd.

382) Ebd. 23.

383) Ebd.

384) Ebd.

385) Ebd.; vgl. J. Sudbrack, Mystik, 151 f.; J. Weismayer, aaO. 43.

386) H. U. von Balthasar, Gregor von Nyssa, 23.

387) Ebd. 24.

388) Ebd.

vollkommen vollzogen sein, "wenn die gesamte Menschennatur, in all ihren Gliedern, durchlässig geworden ist für die Gnade der Menschwerdung, wenn aus dem Leibe 'Adams' der mystische Leib Christi geworden ist"[389].

## 4.2 Reflexion und Mysterium

"Will man den Weg von den maßgeblichen Hinweisen der Schrift zu einer kirchlichen Theologie verfolgen, so muß man sich zuallererst bewußt bleiben, wie sehr das Zentrum auch des offenbarten Mysteriums eben Mysterium bleibt."[390] Da die Wahrheit Gottes in der Liebe besteht, wird sie auch als enthüllte immer unendlich geheimnisvoll bleiben. Es ist eine Wahrheit, die den Erkennenden über alles wirklich Erkannte hinausweist, liegt doch die Liebe Gottes notwendig über jeder endgültigen Erkennbarkeit. "Anläßlich dieses Paradoxes einer zu erkennenden, aber die Erkenntnis übersteigenden Wahrheit wäre an die paulinischen Stellen zu erinnern, wo das christliche Erkennen seine übersteigende Erfüllung im Erkanntwerden durch Gott findet (1 Kor 8, 3; 13, 12; 2 Kor 5, 11; Gal 4, 9; Phil 3, 12)."[391] Indem Gottes Geheimnis sich erschließt, wird es erst als Geheimnis erkennbar. Das Denken innerhalb der personalen Glaubenshingabe geht davon aus, daß das Auszulegende Geheimnis ist und auch im Ausgelegtsein Geheimnis bleibt. Gottes Geheimnis wird als Geheimnis deutlich gemacht (vgl. Eph 6, 19; Kol 1, 26; 1 Tim 3, 16); es zeigt sich, daß Enthüllung durchaus mit Verhüllung und Geheimnis in Einklang stehen kann, daß Mysterium nichts Irrationales, der Vernunft Fremdes ist[392]. Geheimnis ist nicht "etwa ein Jenseits der Wahrheit, sondern ihre bleibende immanente Eigenschaft"[393]. In seiner Offenbarung erweist Gott seine je größere Fülle und damit sein unaufhebbares Geheimnis. Die Erkenntnis einer Wahrheit hebt ihren Geheimnischarakter keineswegs auf, sondern bringt ihn gerade ans Licht[394].

---

389) Ebd. 22.

390) Ders., Homo creatus est, 308.

391) TL II, 21.

392) Vgl. H. Mühlen, Mysterium - Mystik - Charismatik, 251.

393) TL I, 143; vgl. TL II, 64.

394) Vgl. TL I, 144; TL II, 64, Anm. 5.

Der im Glauben Denkende sieht etwas vom Mysterium, auflösen kann er es nicht. Die Grenzen seiner Annäherungen an das Mysterium bleibende Zentrum der göttlichen Wahrheit sind ihm bewußt. "Die zentralen Geheimnisse unseres Glaubens bleiben für den irdischen Verstand undurchschaubar, so in der Christologie das Wie der Einheit von Gottheit und Menschheit in Christus, in der Trinität das Wie der Einheit der Gottnatur und ihrer drei Hypostasen, in der Ekklesiologie das Wie der Kirche als Leib Christi aus lauter 'denkenden' und freien Gliedern (Pascal)."[395] Alle Nähe zur Wahrheit Gottes wird dem Reflektierenden bewußt im Abstand zu ihr, alles mündet ins Geheimnis. Obwohl die Anstrengung des Begreifens ihm nötig erscheint, ist das Mysterium der Liebe durch keinen Begriff einholbar. "Gott ist kein Gegenstand, der von Erkenntnis als Macht beherrscht werden kann ... In der Theologie wird die Erkenntniskraft für ein sie übersteigendes Geschäft in Anspruch genommen."[396] Von der Bibel her ist das Wort "Erkennen" in einem umfassenden Sinn zu nehmen. Weit entfernt davon, bloß theoretisch und abstrakt zu sein, umschließt es die ganzen konkreten Erkenntnismöglichkeiten des Menschen, die in den Dienst der Liebe zu treten haben[397]. So kann es theologische Erkenntnis stets nur auf der Grundlage des Glaubens geben. Ist sie auch ein Fürwahrhalten dessen, was die Erkenntnis transzendiert, hört sie dennoch nicht auf, "nach der Forderung Pauli wirkliche Erkenntnis zu sein, die, wie es gleich darauf heißt, 'in die ganze Fülle Gottes hinein erfüllt' werden soll (Eph 3, 19)"[398]. Nur ein "comprehendere incomprehensibile" ist des Theologen würdig. Christlich-theologisches Denken hat aus dem Bewußtsein heraus zu erfolgen, "auch im Verständlichsten mit dem Mysterium umzugehen und im Unverständlichsten vom höchsten Gotteslicht umfangen zu sein"[399].

Die Reflexion setzt die Anerkennung des Mysteriums voraus, auf das sie ausgerichtet bleibt. Nicht ein abstraktes Denken führt in die Tiefen Gottes

---

395) Ders., Homo creatus est, 308.

396) TL II, 28.

397) Vgl. ders., Kommentar zur Summa Theologica, 437 f.

398) TL II, 29; vgl. ders., Homo creatus est, 332.

399) H II, 1, 189.

ein, sondern ein inneres Schauen, eine Innen-sicht, die Ein-sicht vermittelt, der Blick ins Ganze. Aufgrund seines Sich-gebens wird Gott nicht anders faßbar denn als ewiges Du, das im Gebet anrufbar ist. Der tiefe und umfassende Blick gerät nicht so leicht in Gefahr, zu rein abstrakten Spekulationen zu gelangen. Gregor von Nyssa entfaltet seine Lehre aus einer neuen Gesamtschau heraus, in die Elemente der Tradition integriert sind. Sein größter Gegner, Eunomius, "suchte in seinem Rationalismus Gott zu 'erfassen' und 'gleichsam in der Spanne einer Kinderhand die unumfaßbare Natur Gottes ... einzuschließen' "[400]. Er vermeinte, Gott ohne jedes Geheimnis beschreiben zu können. Obwohl Gregor sich "diesem lästerlichen Tun"[401] entgegenstellt, muß er doch zugeben, daß menschliches Denken dazu neigt, jedes Mysterium in einen Gegenstand zu verwandeln. Doch wie kann im Denken selbst das Denken überwunden werden? Im Scheitern des Begrifflichen und seiner zupackenden Gebärde scheint das Mysterium auf. "In der Verzweiflung des Begriffs, ja in der Verzweiflung des endlichen Seins über den nicht zu sprengenden Kerker seiner Endlichkeit wird das Geschöpf seines Gottes inne."[402] Gregor spricht als erster christlicher Theologe von der mystischen "Nacht" und der "blendenden Finsternis" Gottes[403]. Die dem endlichen Geist mögliche Schau des Unschaubaren ist die unstillbare Sehnsucht, die "aus dem

400) Ders., Gregor von Nyssa, 17.

401) Ebd.

402) Ebd.

403) Vgl. ebd. 18; ders., Pneuma und Institution, 311: "Aufgrund dieser Transzendenz bleibt für alle Mystik die Spannung zwischen 'Einigung und Reflexion' und entsprechend zwischen 'Sprache und Erfahrung' grundlegend. Wie der Begriff, so ist und bleibt das Wort über seine Sphäre hinaus bezogen, in einer Entrückung, die mystische Aussage, auch in dichterischer Form, von sonstiger Dichtung unterscheidet. Das durchstreichende Paradox kennzeichnet durchgehend ihre Sprechweise: der mit Gott Geeinte fliegt und ruht in einem (Gregor von Nyssa), seine Erkenntnis ist 'gelehrte Unwissenheit' (Augustinus, Nikolaus von Kues), er lebt in 'hellichter Nacht' (Dionysius, Johannes vom Kreuz), in 'immanis quies' (Dionysius)." Vgl. J. Sudbrack, Von der Kraft und Zerbrechlichkeit des Wortes, in: Geist und Leben 57 (1984) 1 - 4; 4: "Ob man überhaupt anders aus der Verzweiflung am Wort ausbrechen kann in den Mut zum Wort? Ob man überhaupt anders von Gott sprechen darf als in einer Ahnung, daß auch die Ewigkeit Gottes nicht 'wortlos' ist?" Vgl. P. Mommaers, Der Mystiker und das Wort, in: Geist und Leben 57 (1984) 4 - 12; 12: "So bildlos und unmittelbar auch das Erkennen des Einen ist, es reißt sich nicht los von der Begrifflichkeit, sondern wirkt sich in ihr aus ... die Wesens-Begegnung treibt den lebendigen Verstand an."

niederbrechenden Versagen der Vorstellung "[404] zurückbleibt. Sehen heißt zugleich: Nicht-sehen. Die Sehnsuchtsmystik Gregors findet bei Augustinus und Dionysius ihren Nachhall und wird von beiden durch das Mittelalter zu Eckhart getragen[405]. Nach Gregor dem Großen bejaht der Liebende im letzten die Unsichtbarkeit Gottes, der wesenhaft unbegreiflich bleibt. "Es gehört zur Eigenart von Gregors Gottesbegriff, in der Nachfolge Gregors von Nyssa und fast noch nachdrücklicher als er die Dialektik nicht nur der irdischen Gotteserkenntnis, sondern ebenso auch der himmlischen Gottesschau hervorzuheben. Mit Augustinus sagt er zwar, Gott als Bräutigam verberge sich, um brennender gesucht zu werden, damit die Braut ihn tiefer und vielfältiger finde, aber das Suchen im Finden bleibt Kennzeichen der Seligkeit für Menschen und Engel."[406] So ist alles auf dem Wege zu einer unermeßlichen, alles übersteigenden Wirklichkeit. Der geschaffene Geist ist ein Wesen unendlicher Transzendenz. Die Identität von Ruhen in Gott und einem immer tieferen Bewegtwerden in die Abgründe Gottes hinein will besagen, daß Sehnsucht nicht mehr Unerfülltheit bedeutet, sondern "ein Moment der seligen Erfüllung innerhalb des ewigen Aufschwungs zu Gott"[407] ist. Das unruhige Herz des Menschen findet seine Ruhe in Gott, der sich selber in Jesus Christus als das bergende, selig erfüllende Ziel aller Aufstiegsbewegungen zu erkennen gibt.

In der Reflexion auf die biblische Gottesoffenbarung zeigt sich, daß "die Majestät und Überverständlichkeit der göttlichen Selbstoffenbarung nicht ohne Eingeständnis des Unzureichens menschlicher Begriffe empfangen und ausgedrückt werden kann"[408]. Gottes überragende Höhe übersteigt menschliches Denken und Reden. Namen, Begriffe sind als Verweise einzustufen, um überhaupt in Richtung auf Gott hin denken zu können. Haben sie auch die Möglichkeit, Gott wirklich zu bedeuten, so kann der Mensch in keinem

---

404) H. U. von Balthasar, Gregor von Nyssa, 17.

405) Vgl. H II, 1, 350: "Die über alle faßbare Gestalt hinausgerissene Sehnsucht ist die exakte Antwort auf die sich offenbarende Schönheitsgestalt Gottes."

406) H III, 1/ 1, 307; vgl. ders., Bibel und negative Theologie, 27 f.

407) Ders., Bibel und negative Theologie, 28.

408) Ebd. 25.

Begriff Gott im eigentlichen Sinn fassen[409]. Die Theologie sucht das Mysterium auf rationalem Weg, um im begründeten, argumentativen Gespräch Rechenschaft über Glaube und Hoffnung ablegen zu können; Rationalität und Sprache sind unlösbar verbunden, da ohne Begriffe, Argumente, Aufweise der Grundakt des menschlichen Geistes nicht Gestalt annehmen kann. Doch die suchende Bewegung des Denkens zum Mysterium hin läßt sich nicht in ein systematisches, endgültiges Gefundenhaben verwandeln. Es geht nicht um ein reines Entweder-Oder von Wissen und Unwissenheit, vielmehr um eine Verbindung von beiden, um ein verstandenes Nichtwissen, eine docta ignorantia[410]. "Gemäß seiner Majestät ist es unmöglich, Gott zu erkennen. Denn es ist nicht möglich, daß der Vater gemessen werde. Nach seiner Liebe aber – denn die ist es, die uns durch sein Wort den Weg zu Gott hin zeigt – lernen wir immerdar, im Gehorsam gegen ihn, daß Gott der so Große ist."[411] Gott ist unschaubar, selbst wenn dem Menschen "in der Gottmenschheit des Sohnes seine Schau vermittelt wird"[412]. Die Sichtbarkeit des Sohnes hat Hinweis auf die Unschaubarkeit des Vaters zu sein; der Sohn bleibt auch in seiner vollen Menschlichkeit der uneinholbar Andere[413]. "An der Menschheit des Sohnes ist nichts zu verstehen, wenn sie nicht von vornherein als die Menschheit des Sohnes des Vaters erfahren, geglaubt, angebetet wird ... Das Gewicht, das die Väter (zumal die von Origenes abhängigen) der Auferstehung und Himmelfahrt des Sohnes zuschreiben, macht aus ihrer Christologie

409) Vgl. H. Waldenfels, An der Grenze des Denkbaren, 156 f.: " 'Begriff' entsteht hier mithin neu vom 'Geheimnis' her: als 'einbegriffen' sein durch das 'Geheimnis': wie die Nacht ihr Antlitz öffnet, im Maße alles Licht erlosch ... Indem das 'Geheimnis' uns 'greift', spüren wir (passiv) seinen 'Griff'... Aber das Geheimnis greift uns, um uns ein-zu-begreifen. Es führt uns, um uns in sich hinein rück-zuführen (im re der re-ductio) ... Aber während der philosophische Begriff ins Geheimnis abbricht, ist im theologischen Begriff das Geheimnis die Fülle des Begriffs." H. Waldenfels zitiert hier E. Przywara, Analogia entis, München 1932, 55 f.

410) Vgl. H III, 1/ 2, 587. 891.

411) TL II, 63; H. U. von Balthasar zitiert hier Irenäus, Adv. Haer. IV, 20,1. Vgl. H II, 1, 60.

412) H. U. von Balthasar, Bibel und negative Theologie, 29.

413) Vgl. ders., Kosmische Liturgie, 90: "Dies zeigt sich auch in der Weise, wie Maximus die Menschwerdung des Logos beschreibt. Weit entfernt davon, unser Unwissen über Gott zu beheben, steigert sie es, sofern der Unerkennbare sich nunmehr als solcher geoffenbart hat."

nicht einseitig eine theologia gloriae, sondern eben eine Theo-logie überhaupt, wo alles auf den Öffnungswinkel des Endlichen zum Unendlichen ankommt, auf die im theologischen Akt immer neu sich vollziehende Gebärde der Anbetung vor dem Mysterium."[414]

Theologie hat im menschgewordenen Wort das Überwort zu suchen, jenes Urwort, das durch alle Einzelworte den in ihm schweigenden Vater ausdrückt als den grundlosen abgründigen Ursprung Gottes selbst, der im Sohn seine Sichtbarkeit hat und "im Heiligen Geist schon wieder über alle Gestalt hinaussteigt und verdämmert"[415]. Ist doch der Geist zugleich "das Erscheinende und das Nichterscheinende Gottes, er, der den Vater für uns im Sohn sichtbar werden läßt und der ebendeshalb die Grenzen der Erscheinung des Sohnes wieder durchsichtig werden läßt ins Grenzenlose des Vaters"[416]. Die Kirchenväter betonen immer wieder, daß die dem verklärten Menschen verheißene Schau Gottes nicht dessen ganzes Geheimnis enthüllt, sie ist vielmehr "die offene Schau seines Geheimnisabgrunds, ohne den er nicht Gott wäre"[417]. Das Mysterium ist unaufhebbar. Gott ist für die Reflexion kein "Gegenstand"; er bleibt über die Kategorie der Gegenständlichkeit unsagbar erhaben und kann "nur analogisch in die Kategorie des 'Andern', des 'Du' eingereiht werden"[418]. In der Tiefe des Gesprächs zwischen Gott und Mensch tritt das Seinlassen, Nichtverfügen, ein reines Anbeten ohne Aussage, ohne Festlegung in den Vordergrund. Der Mensch schweigt, um dem Schweigen Gottes Raum zu geben. Das Mysterium breitet immer eine Schicht von Schweigen vor sich aus, die den Menschen einlädt, dem Mysterium im

---

414) Ders., Die Gottesfrage des heutigen Menschen, 147; Hervorhebung im Original. Vgl. H. Waldenfels, An der Grenze des Denkbaren, 161: "Der westliche Mensch steht in der Gefahr, das Geheimnis im begreifen wollenden Zugriff - positiv - zu zerstören. Die Geschichte der negativen Theologie zeigt das deutlich genug. Zwar ist die theologia negativa nie ganz ohne Spuren geblieben, doch hat sie oft und lange genug ein eher verborgenes Dasein gefristet. Die Selbstverständlichkeit, mit der im Raum des Christentums über das Geheimnis Gott gedacht, gesprochen und geschrieben worden ist, füllt Bibliotheken."

415) H. U. von Balthasar, Die Gottesfrage des heutigen Menschen, 165.

416) Ebd. 165 f.

417) Ebd. 166.

418) Ebd. 167.

Schweigen zu nahen. Das Schweigen ist die Grundlage des Wortes, zu dem es unterwegs ist. Löst sich das Wort von der Grundlage des Schweigens, verliert es seine Tiefe und artet leicht in Geschwätz aus. Es gilt, auf Schweigen hin deutend zu sprechen. Schweigen und Wort sind aufeinander bezogen, sowie in Gott Reden und Schweigen eins sind[419]. Für Ignatius von Antiochien ist "Gott der, 'der sich geoffenbart hat durch seinen Sohn Jesus Christus, der sein aus dem Schweigen hervorgegangenes Wort ist'(Magn 8,2)"[420]. Das Wort, das Fleisch geworden ist, schließt den Schweige- und Mysterienraum in sich[421]. Deshalb läßt sich von ihm nicht ohne weiteres so sprechen wie von allem anderen. Kommt in der Theologie das Mysterium Trinitatis zur Sprache, dann darf die Rede nur indirekter Verweis sein. "Blickt man von der Schrift her auf die Scholastik, so kann man sich über die vollkommene Veränderung der geistigen Atmosphäre nur wundern. Zumeist wird eine These über die Undurchschaubarkeit des trinitarischen Mysteriums vorausgeschickt, dann aber mit immer tüfteligeren Distinktionen die Verhältnisse zwischen göttlicher Wesenseinheit und Hypostasendreiheit zu durchforschen gesucht."[422] Spricht hier Theologie noch aus einer Gebetserfahrung heraus, wird nicht eher abstrakt von Gott geredet, Theologie "als eine Art entpersönlichter, neutraler Analyse der Offenbarung"[423] gesehen? Der Theologe kann sich nicht ohne Verlust seiner Glaubwürdigkeit jenem "heiligen Schrecken" entziehen, "das die veritas, die Wahrheit selbst, anbeten heißt, die von einem Augustinus verherrlicht wurde"[424]. Nicht aus der Ferne des kühlen Betrachters wird Gottes Selbstoffenbarung in Jesus Christus als "einheitliche, organisch differenzierte Gestalt" wahrgenommen, "sondern durch das Einbezogenwerden in die Gestalt selbst, deren Stimmigkeit nur von innen erfahren und ermessen werden kann"[425]. Und es ist der Heilige Geist, der

---

419) Vgl. D. Steindl-Rast, Jesus als Wort Gottes in vergleichender religionspsychologischer Sicht, in: A. Paus (Hrsg.), Die Frage nach Jesus, Graz - Wien-Köln 1973, 40 f., 47 f., 66 f.

420) TL II, 107.

421) Vgl. ebd. 254 f.

422) Ebd. 148.

423) Vgl. R. McInerny, Thomas von Aquin: Kontemplation und Lehre, in: IKaZ 16 (1987) 505.

424) K. Hemmerle, Macht und Ohnmacht des Wortes, 97.

425) TL III, 186; vgl., ders., Du krönst das Jahr mit Deiner Huld, 124.

die Sehkraft hierzu verleiht. Ein bescheidwissendes, beherrschendes Denken wird an der Offenheit und Tiefe des Christusmysteriums immer vorbeisehen. Wer selber Bescheid zu wissen meint, erhält vom Geist Gottes keinen Bescheid mehr. Wer das Gebet und das unaussprechliche Seufzen des Geistes "durch ein gar nicht seufzendes Wissen"[426] ersetzt, kann nicht mehr von der Erkenntnis Gottes in Besitz genommen werden. Denn nicht der gewußte Begriff, ein totes Immerschon-Wissen überwölbt das geschichtliche Gotteswort, "sondern der seufzende Tröstergeist, der als solcher die Freiheit und alle Gaben der Einsicht verbürgt"[427].

Ist das Ganze des Mysteriums auch nicht durchdenkbar und aussagbar, so ist der Theologe doch aufgerufen zum Bekenntnis und zur Zeugenschaft. Als Angerufener, Angegangener kann er nicht dabei bleiben, nur zu schweigen[428]. Leo der Große sagt im Hinblick auf die Menschwerdung Gottes: Genau das, was es uns unmöglich macht zu reden, läßt es auch nicht zu, daß wir schweigen[429]. Ist das Geheimnis auch das Unsägliche, so weiß sich der von ihm ergriffene Mensch dennoch verpflichtet, im Nachdenken und Reden auf seiner Spur zu bleiben. Die Richtung, die er einzuschlagen hat, um das Geheimnis als Geheimnis in angemessener Weise zu bedenken und zu benennen, ergibt sich aus der Einsicht, daß nicht der Mensch sich des Geheimnisses bemächtigen darf, sondern im Gegenteil es das Geheimnis ist, das ihn erfaßt. Wenn das Denken vom Fassen-Wollen abläßt und sich in Gelassenheit, Einfalt und Sammlung begibt, hat es die dem Geheimnis gemäße Denkart gefunden[430]. Gefordert ist eine Kunst des Denkens und Sprechens, eine Logik, die in die Kunst des Schweigens, in Sigetik umschlägt. "Beachtet man den Zusammenhang von Logik und Sigetik mit der spirituellen Seite menschlichen Lebens, dann wandelt sich Logik als Sigetik in Mystagogie: Die Kunst des Schweigens weist ein in die Haltung der Offenheit für das Geheimnis,

---

426) Ders., Verbum Caro, 153.

427) Ebd. 154.

428) Vgl. H. Waldenfels, An der Grenze des Denkbaren, 97 f.

429) Leo d. Gr., Sermo XXIX , In Nativitate Domini IX, cap.I, PL 54, zitiert nach K. Hemmerle, Macht und Ohnmacht des Wortes, 98; vgl. H. Waldenfels, An der Grenze des Denkbaren, 164. 167.

430) Vgl. St. Kušar, aaO. 233.

das uns trägt, in dem wir leben, uns bewegen und sind (vgl. Apg 17, 28)."[431] In der Tiefe der Kommunion - sie hebt die Analogie zwischen Schöpfer und Geschöpf keineswegs auf - offenbart sich die "Gegenständigkeit" als Inständigkeit: Interior intimo meo[432]. Der endliche Geist wird in den unendlichen Gott hinüber-geboren und als Ganzer durchlässig für die ihn durchflutenden Wasser des göttlichen Lebens. Vor lauter Nähe senkt er die Augen, "statt das idein und die idea als das Höchste zu erstreben"[433]. An die Stelle der episteme setzt er den Gehorsam. "Gewiß nicht einen 'blinden' Gehorsam, der auf das Denken verzichtet, aber auch nicht einen 'sehenden', sehenwollenden Gehorsam, sondern den, der genau jener In-ständigkeit entspricht und entspringt, die zuhöchst das Bewegtsein des Menschen durch den Heiligen Geist ist."[434] Schweigen aus innerem Reichtum ist das Angemessenste, was man von Gott sagen kann. Die Bejahung der göttlichen Erhabenheit geht über jede Reflexion hinaus, die via eminentiae in die Aussagekraft menschlicher Worte und Begriffe nicht mehr ein[435]. "Gott ist jenseits alles durch Zwecke (Gutes) und Sätze (Wahres) Begründbaren das Warumlose, und nur das ist Gottes würdig und ihm gemäß, was als freier Huldigungsakt warumlos erfolgt."[436] In der Anerkenntnis, daß jenseits alles Zweckhaften das Umsonst der Liebe waltet, in der freien Hingabe an die Weisheit der grundlosen Liebe wird das Wissen des Menschen zur Weisheit. Das absolute Wagnis der Hingabe ist die einzig angemessene Antwort auf die Grundlosigkeit der nur in sich selbst gründenden Liebe und eröffnet den Zugang zu einem tieferen und weiteren Denken, zur Weisheit. Das Angerufenwordensein des Menschen durch Gott trägt - für keine Reflexion einholbar - eine unabsehbare Verheißung in sich und stellt an den Menschen die absolute, nur mit dem eigenen Leben einlösbare Forderung.

---

431) H. Waldenfels, An der Grenze des Denkbaren, 100.

432) Vgl. H. U. von Balthasar, Die Gottesfrage des heutigen Menschen, 170 f.

433) Ebd. 173.

434) Ebd.

435) Vgl. ders., Bibel und negative Theologie, 25.

436) H III, 1/ 2, 391 f.; Hervorhebung im Original.

Für Balthasar läßt sich das Mysterium der armen Liebe Gottes nicht durch Logik und Begriffe bewältigen[437]. Der Standpunkt, von dem aus die Liebe bedacht und bezeugt wird, kann nicht außerhalb des Liebesmysteriums in der "reinen Logizität"[438] der Wissenschaft liegen, sondern nur im Drama der Liebe selbst. Balthasar ist der Ansicht, daß die sapientia des 12. Jahrhunderts mehr war und mehr sagen wollte "als die scientia, die man seit dem 13. Jahrhundert daraus gemacht hat. Gott ist sicher kein wissenschaftlicher Gegenstand, weil er überhaupt kein Gegenstand ist."[439] Die lebendige Geschichte Gottes mit den von ihm Erwählten ist zutiefst Begegnung, Zueinander. Gott offenbart sich nirgends in einem bloßen An-Sich, das überhaupt nicht denkbar ist, sondern in Taten, die von ihm künden, in Führungen, Verheißungen und Erfüllungen. Diese Ereignisse verfügen sich immer wieder ins Wort hinein, zuletzt in eine Wortgestalt, die - vom Heiligen Geist verantwortet - Gottes Geschichte mit den Menschen bezeugt. Der Gottesgeist ist es auch, der das Heilsgeschehen in alle Zukunft immer neu gegenwärtig und ereignishaft werden läßt[440]. Gott erweist sich mit zwingender Logik als Jener, der in sich selbst die Liebe ist. "Ist aber Gott in sich selbst 'das, worüber hinaus etwas Größeres nicht gedacht werden kann' (Anselm), und hat er in seiner Selbstoffenbarung an den Menschen, ihn liebend und rettend, gerade dieses Größte (besser: für das Denken uneinholbar Je-Größere) aufscheinen lassen, das ihn frei läßt, weil er des Menschen nicht bedarf, um zu lieben, und den Menschen freisetzt, weil dieser nie freier sein kann als vom absoluten Geist der göttlichen Freiheit durchweht, so erhält die 'Gestalt', in der gerade dies sich ereignet und als ereignet 'gesehen' werden kann, den Charakter einer Selbstevidenz. Sie zu sehen braucht es freilich 'die Augen des Glaubens'."[441] Die Selbstevidenz Gottes bleibt eine solche des Glaubens,

---

437) Vgl. M. Albus, Geist und Feuer, 75.

438) Vgl. H. U. von Balthasar, Glaubhaft ist nur Liebe, 54.

439) In: M. Albus, Geist und Feuer,75; vgl. H. Waldenfels, An der Grenze des Denkbaren, 174: "Man muß sich nur klarmachen, daß wie Gott nicht Objekt, so auch Christus kein Anschauungsobjekt sein will. Ein Anschauungsobjekt bildet ein Gegenüber, an dem wir uns in der 'Theorie',...im begreifen wollenden Zugriff einüben wollen."

440) Vgl. H. U. von Balthasar, Einfaltungen, 45 f.

441) Ebd. 53.

da die Logik der Liebe von keinem außenstehenden Betrachter erfaßt wird. In der Synthese "Jesus ist der Christus" ist die innere Logik der Liebe jedoch so offen und universal geworden, daß jeder Bereitwillige in ihr Innerstes eingehen und im glaubenden Mitvollzug ihre Stringenz erfahrend einsehen kann[442].

Theologie ist Meditation der Offenbarungsgestalt[443], "um durch Verstehen, Einsicht, sapientia tiefer und richtiger in den Vollzug zu gelangen (fides quaerens intellectum)"[444]. Sie sucht dem ursprünglichsten Zueinander von Gott und Mensch antwortend zu entsprechen, die einmalige Offenbarungsgestalt wenigstens umrißhaft zu schauen. Kontemplative Theologie findet von Augustinus über Anselm bis ins 12. Jahrhundert hinein ihre Blütezeit. Sie ist ein Sich-Vertiefen in einzelne Ereignisse des Heils, ihre göttlichen Dimensionen auslotend, ein Abwägen von Situationen und ein Vergleichen von Worten, um neue Durchblicke zu erreichen und zu einer Zusammenschau zu gelangen. Vor allem aber ist sie ein Denken auf Gott hin, "um die Größe seiner gnädigen Selbsterschließung zu preisen und zu verherrlichen"[445], ein betend-anbetendes Sich-Einsenken in die Wahrheit selbst. Der ganze Mensch mit Herz und Vernunft will auf den Gnadenerweis Gottes durch Nachfolge antworten. Das existentielle Moment wird hervorgehoben: da Theologie Weisheit, sapientia (sapere: schmecken, experimentell verkosten) ist, wird sie höher eingestuft als bloß theoretische Wissenschaft[446]. "Im Übergang zur Hochscholastik und mit der Präzisierung des Wissenschaftsbegriffs durch den aufkommenden Aristotelismus"[447] wird das Problem, ob Theologie überhaupt eine Wissenschaft ist, aktuell. Nach Thomas von Aquin gibt es eine doppelte

---

442) Vgl. H III, 2/ 2, 105: "Die Glaubensentscheidung ist Voraussetzung nicht nur dafür, daß das Ereignis Jesu richtig gesehen werden, sondern auch dafür, daß es sich richtig sehen lassen kann." Vgl. ebd. Anm. 2.

443) Vgl. ders., Einfaltungen, 53, Anm. 6: Ohne den Begriff der Gestalt "wird man das Zentrum der Theologie nicht fassen können; vgl. mein Buch 'Schau der Gestalt' (= Herrlichkeit I, Einsiedeln ²1968)."

444) Ebd. 56.

445) Ebd. 57.

446) Vgl. ebd. 43.

447) Ebd.

Wissenschaft von Gott: geht die eine "von Evidenzen der menschlichen, an die Sinnlichkeit gebundenen Vernunftprinzipien" aus, "um dem Urgrund der Dinge entgegenzudenken"[448] – die Philosophie oder Natürliche Theologie –, so verfährt die andere nach der Art des Göttlichen selbst, so daß es an sich erfaßt wird, was aber auf Erden nur unvollkommen gelingt[449]. Eine Teilnahme und Angleichung an die Selbsterkenntnis Gottes ist aber trotzdem möglich, wenn der Mensch durch den ihm eingegebenen Glauben der Ur-Wahrheit um ihrer selbst willen anhängt. "Thomas stellt deshalb eine Analogie (nicht eine Identität) fest zwischen der Struktur der natürlichen Vernunft (sinnlich Gegebenes, bearbeitet durch das Licht der reinen Vernunft, das der Grundverfaßtheit von 'Sein im ganzen' entspricht) und der Struktur der theologischen Vernunft (historisch Gegebenes: Bibel, zusammengefaßt im Credo, Kerygma, geglaubt und progressiv verstehend verarbeitet durch das Glaubenslicht, das eine gewisse Teilnahme an der Selbstschau Gottes und an der Gottesschau der Seligen besagt)."[450] Die theologische Arbeit hat nach Thomas durchaus echt wissenschaftlichen Charakter, da die menschliche Vernunft auch in dieser zweiten Art von "Wissenschaft" aufgerufen ist, das dem Glauben Vorgegebene mit der eigenen Denkkraft – unterstützt von der Gnade – zu durchdringen, Zusammenhänge aufzuweisen, Schlüsse zu ziehen[451]. Die Vernunft sucht – erleuchtet durch den Glauben – zu verstehen, was Gott ihr geschenkt hat[452]. Bei Thomas heißt die Theologie noch "sacra

448) Ebd. 44.

449) Vgl. ebd.

450) Ebd; vgl. ders., Homo creatus est, 322; H. Fries, aaO. 109 f.: Thomas "gelangt zu einer 'theologia naturalis', ... in der Gott als Grund und Ziel des Welt- und Selbstverständnisses erkannt werden kann auf dem Weg der sogenannten Gottesbeweise ... Davon unterscheidet sich eine andere Theologie, 'sacra doctrina' genannt, in der Gott als Ursprung einer übernatürlichen Offenbarung bedacht wird. Damit ist Gott nicht so sehr Objekt als Subjekt eines Theologie genannten Glaubensverständnisses. Die beiden Ordnungen, die in der theologischen Summa entfaltet und dargestellt werden, sind in einer inneren Einheit verbunden ... Wie das Verhältnis der beiden Ordnungen bestimmt wurde, zeigen die bekannten Leitsätze: Die Gnade setzt die Natur voraus, vervollkommnet und vollendet sie." Vgl. ebd. 116 f.; W. Kluxen, Thomas von Aquin und die Philosophie, 221 f.; H. Jorissen, Zur Struktur des Traktates 'De Deo' in der Summa theologiae des Thomas von Aquin, 249 f.

451) Vgl. H. U. von Balthasar, Einfaltungen, 44 f.

452) Vgl. R. McInerny, aaO. 501 f.

doctrina"[453]. Die Wortverbindung "kann sowohl die Heilige Schrift als auch deren Lehrinhalt und die daraus erarbeitete wissenschaftliche Theologie bezeichnen. Diese Unbestimmtheit ist insofern sinnvoll, als sie einerseits die grundlegende Bedeutung des konkreten Bibeltextes festhält, andererseits aber gestattet, den gesamten Offenbarungsinhalt unter den Aspekt des 'Wissens' zu bringen, und zwar sogar 'wissenschaftlichen Wissens'."[454] Doch Theologie ist eine Wissenschaft eigener Art. Sie ist - gerade wenn sie Gott-Rede sein will - immer eine Rückführung aller menschlichen Rede in das Mysterium Gottes. In einem gewissen Sinn wird sie als Wissenschaft hineingesprengt in das letzte, unbegreifliche Geheimnis[455]. Die negative Erkenntnis dessen, was Gott nicht ist, wird von Thomas als die letzte auf Erden zugängliche hingestellt[456]. "Das Äußerste des menschlichen Wissens von Gott ist, daß man weiß, man wisse Gott nicht, da das Wesen Gottes alles übersteigt (excedens), was wir von ihm verstehen."[457] In der Finsternis des Nichterkennens, im Nichtwissen wird der Mensch - entsprechend seinem Pilgerstand - aufs engste Gott verbunden. Über jede Überlegung hinaus wird er - wort- und wissenlos - in einer einfachen Begegnung mit Gott vereint. Die höchste Einigung bedeutet nicht eine Aufhebung der Unfaßbarkeit Gottes, sondern ihre tiefste Epiphanie. "Es bleibt der 'Überschwang' (excedens) und damit 'die Unkenntnis', und diesen Überschwang verstehen oder, was dasselbe ist, wissen, daß man Gott nicht kennt, ist das Letzte im menschlichen Wissen von Gott."[458]

---

453) Vgl. H. Jorissen, Zur Struktur des Traktates 'De Deo' in der Summa theologiae des Thomas von Aquin, 243: "Thomas will eine streng offenbarungstheologische Gotteslehre vorlegen. Die auf die göttliche Offenbarung reflektierende Theologie (sacra doctrina; doctrina secundum revelationem divinam) wurde schon im ersten Artikel der Summa theologiae von 'philosophischen Disziplinen' abgegrenzt. Hauptaufgabe der Theologie ist die Vermittlung der Gotteserkenntnis."

454) W. Kluxen, Thomas von Aquin und die Philosophie, 220.

455) Vgl. P. Imhof/ H. Biallowons (Hrsg.), Glaube in winterlicher Zeit. Gespräche mit Karl Rahner aus den letzten Lebensjahren, Düsseldorf 1986, 72 - 74.

456) Vgl. H. U. von Balthasar, Kommentar zur Summa Theologica, 444.

457) Thomas v. A., De Pot. 7, 5 ad 14, zitiert nach TL II, 93.

458) TL II, 93 f.

Die Gestalt der Theologie hat nach Balthasar unabgeschlossen zu bleiben, solange sie theologia viatorum ist. Allein der Kyrios Jesus Christus besitzt den Überblick über die endgültige Offenbarungsgestalt, welche sein Bund mit der Menschheit eschatologisch hat[459]. Doch kann ein Zukünftiges im ganzen unbekannt sein? Ist das in zweitausend Jahren Kirchengeschichte Gedachte und Gelebte kaum mehr als ein Ansatz, so daß ein wahres Denken und Leben aus dem Geheimnis erst noch bevorsteht? Christus ist die Vergegenwärtigung der Trinität "im offenbaren Geheimnis: Sacramentum Trinitatis"[460]. Dem Christusereignis kommt in dieser Eigenschaft einerseits zu, daß es das ist, "worüber hinaus nichts Größeres an Selbsterweisen der innerlich unendlichen Gottesliebe gedacht werden kann", zum anderen ist das Christusereignis deshalb das, "was nach jeder Richtung hin auch ins Unendliche ausgelegt werden kann"[461]. Und es läßt sich zwischen die erste und zweite Feststellung "die Bemerkung einschieben, daß das, worüber hinaus nichts Größeres denkbar ist, vom Menschen überhaupt nicht komprehensiv gedacht werden kann"[462]. Daraus folgt, daß "die unendlichen Auslegungen, die der Geist Gottes durch die Geschichte hin bietet, nicht Wiederholungen des schon Gewußten sind, sondern je neue Einführung in das Nie-zu-Bewältigende"[463]. Ein bis ins Letzte in endlichen Worten und Taten aussagbarer Gott wäre ein Götze und nicht mehr Gott. Die dem Glaubenden für das ewige Leben verheißene Schau Gottes "wird die Unerschöpflichkeit des in der Christusgestalt offenbarten Inhalts erst recht erweisen", da die schauende Partizipation am Ereignis der dreifaltigen Liebe "die ewig neu sich vertiefende und erweiternde Erfüllung über jeden Wunsch hinaus sein"[464] wird.

---

459) Vgl. ders., Einfaltungen, 68.

460) Ders., Spiritus Creator, 138.

461) Ebd. 138 f.

462) Ebd. 139.

463) Ebd.; vgl. TL II, 254 f.

464) Ders., Spiritus Creator, 139.

## 4.3 Diastase

"Während im Frühmittelalter bis etwa zu Bonaventura die Theologie und die (objektive) Mystik untrennbar waren - wofür Augustinus und Dionysios, Gregor der Große und Erigena, die Zisterzienser und Viktoriner, und noch die Joachimiten und Franziskanerspiritualen zeugen - wird der 'Mystiker' künftig zusehends auf seine subjektive Herrlichkeitserfahrung festgelegt und zur Ausnahme gestempelt, während die 'Regel' von der konsequenzlogisch-konzeptualistischen Kirchenmetaphysik repräsentiert wird."[465] Erfahrung und Denken sind auseinander gerissen, die Tatsache, daß Denken in der Erfahrung erkannt und sich als Denken nur in dem Maße konstituiert, wie es sich in der Erfahrung realisiert, nicht in Betracht gezogen. Für ein existentielles Denken ist das Denken nur als "Akt", als "Leben" denkbar. Doch die Mechanisierung des Denkens verhindert, daß Denken ein Wagnis der Freiheit und Liebe wird. Eine existentielle Theologie hat ihr Fundament gerade im Gebet als bejahender Antwort auf den Anruf der Liebe. Die Intellektualisierung der Theologie wird dieser konkreten Erfahrung nicht gerecht. Sie verführt zu der Annahme - sie wird erhärtet durch einen immensen Traditionsstoff "an teils dogmatisch, teils schulmäßig 'Erarbeitetem', objektiv 'Schon-gedachtem' "[466] - , über Gottes Handeln in Schöpfung und Bund endgültig Bescheid zu wissen. "Der neuscholastische Zirkel ist beinah ausweglos: da die biblische Eröffnung der Tiefen Gottes, die mit dem 'Heiligen Geist' zusammen auch der Geistbegabte 'durchforscht' (1 Kor 2, 10-12), das philosophische Mysterium des Seins scheinbar zu überspringen einladet, und mit dem Schwund des philosophischen Geheimnisbewußtseins auch das theologische dahinschwindet, das doch nach dem Axiom 'gratia supponit, non destruit, elevat naturam' ein gesteigertes und vertieftes Gefühl für das Herrlichkeitsmysterium sein müßte. Von einem solchen Gefühl aber strahlen die klerikalen neuscholastischen Lehrmittel mit ihrem apologetischen Bescheidwissen über Alles und Jedes überhaupt nichts mehr aus und wirken entsprechend auf die kirchliche Predigt und Unterweisung zurück, wenn nicht gar auf das Gebet und die Betrachtung der Christen, zu deren Haltung doch eine solche Aufgeklärtheit

465) H III, 1/ 2, 387; vgl. ebd. 385 f.

466) Ebd. 386.

in unüberwindbarem Widerspruch steht."[467] Es wird nicht bedacht, daß die Einführung in die Tiefen der Gottheit nach Paulus in der Weise der Überwältigung durch das Niegesehene, -gehörte und -gefühlte sich vollzieht, während in seinen Augen jedes Wissen, das zu wissen meint, bereits als Nichtwissen entlarvt ist (vgl. 1 Kor 8, 2). Das gilt auch für kirchliches und dogmatisches Wissen, unterliegt es doch "dem gleichen Paradox aller christlichen Wahrheit, daß der geschenkte Inhalt die Form des Gefäßes jeweils um ein Unendliches übertrifft"[468]. Die Vorstellung, durch die theologische Arbeit werde das Gebiet der noch zu erforschenden göttlichen Wahrheit immer begrenzter, der Spielraum, der dem glaubenden Denken verbleibt, immer enger, ist absurd. Das Fortschreiten in der theologischen Erkenntnis kann nicht darin liegen, eine - nachdem die wichtigsten Umrisse festgelegt sind - immer "detailliertere Kleinarbeit" zu erbringen, bis zuletzt "das fertige Gebäude der 'aufgearbeiteten', nach allen Seiten hin 'dogmatisierten' Lehre dasteht"[469]. In der Theologie darf nicht so gedacht werden, daß aus gegebenen und gesicherten Prämissen nur automatische Konklusionen zu ziehen sind, vielmehr haben alle Denkschritte aus einem primären Horchen auf den lebendigen Gottesgeist heraus zu erfolgen[470]. Es ist die Geduld, die - neutestamentlich betrachtet - "die Herzen offenhält, während die Ungeduld keine Ruhe hat, bis sie alles lebendig Wachsende als ein Ewig-Gleiches und Endgültig-Totes ins Spiritusfläschchen eines Handbuchs eingesperrt hat"[471].

In der Neuscholastik geht mit dem Gespür für die Gottherrlichkeit - sie durchwaltet das Gesamte der Offenbarung, wird jedoch "von der Begriffslogik entweder gar nicht wahrgenommen oder verschwiegen und methodisch totgeschlagen" - gleichfalls "das Sensorium für die Schöpfungsherrlichkeit (als 'Ästhetik')" verloren, welches "die ganze Theologie der Väter und das Früh-

---

467) Ebd. 386 f.

468) Ders., Theologie der Geschichte, 80.

469) Ebd.

470) Vgl. ebd. 81.

471) Ders., Homo creatus est, 321.

und Hochmittelalter durchklärt hatte"[472]. Dieses Sensorium geht nun an die Künstler und Dichter, aber auch an die großen Naturwissenschaftler.
Wird das Verhältnis des Menschen zu Gott nicht mehr als Anbetung reiner Liebeshingabe verstanden, liegt es nahe, es als spekulatives Wissen zu deuten und damit aus der Atmosphäre des Gebetes in die des Begriffs zu rücken, was zur Folge hat, daß die Kategorie der Herrlichkeit schwindet. Wer von einer fixistischen "kirchlichen Lehre" als Gegenstand ausgeht, verfehlt unweigerlich die spirituelle, existentielle Dimension, die alles Biblische durchwaltet. Eine Statik, eine Theo-logik ist nur dann zu rechtfertigen, wenn sie vorher die Dynamik des Offenbarungsereignisses erfahren hat und aus ihr heraus versucht, ein Bezugsnetz von Begriffen herzustellen, das in etwa geeignet erscheint, göttliches Handeln in menschliches Verstehen einzubergen[473]. Amtliche Theologen, "die die Strahlungskraft der Christusoffenbarung auch geschichtsmächtig und ursprünglich"[474] zu vertreten in der Lage sind, werden in der Zeit nach Thomas von Aquin rar. Es sind jetzt "vorwiegend Laien, die aus einer hinreichenden theologischen Bildung und mit einer stärkeren Vision und Gestaltungskraft als die Schultheologen das Anliegen weitertragen und jene Wirkung ins Breite und Tiefe verbürgen, die den Fachtheologen nicht mehr unmittelbar eignet"[475]. Diese großen Träger christlicher Geistigkeit werden nicht selten als "Vertreter der kirchlichen 'Opposition'" eingestuft und erleiden "entsprechende Schicksale als Verbannte, Verkannte, Verfehmte"[476]. Geht man dieser Oppositionsbewegung einmal nach, wird ersichtlich, "daß sie sich meistens gegen eine Verengung der christlichen Theologie auf Seelsorger-Ausbildung, Fachschaft und zeitlosen Schul-

---

472) H III, 2/ 1, 387.

473) Vgl. M. Lochbrunner, aaO. 49 f.

474) H II, 1, 13.

475) Ebd.

476) Ebd.; vgl. H. Waldenfels, An der Grenze des Denkbaren, 32: "Es müßte die Frage geklärt werden, woher es kommt, daß Mystiker in der Kirche sehr oft mit Verdächtigungen rechnen mußten: nicht nur Meister Eckhart, auch Johannes vom Kreuz und Ignatius von Loyola. Die merkwürdige Einschätzung der Frauen würde deutlich; sie hatten zu schweigen in der Kirche trotz Hildegard von Bingen, Katharina von Siena und Teresa von Avila." Vgl. H. U. von Balthasar, Die Heiligen in der Kirchengeschichte, 493; TL III, 292.

betrieb sträubt und ein Verständnis der Offenbarung Aug in Auge zur Weltgeschichte und jeweiligen Gegenwart fordert"[477].

Eine handfeste Theologie in Thesen in immer systematischerer Gestalt ist kein Ersatz für eine Gott-Rede, worin ersichtlich wird, daß sie noch Fühlung hat mit dem redenden Gott. Im Gegensatz zu einem durch künstliche Abstraktionen zustande gebrachten körper- und seelenlosen Reden, das sich als "wissenschaftlich" ausgibt, ist eher eine konkrete Sprache anzustreben, spricht doch auch die Heilige Schrift in den verschiedensten Tonlagen, sowohl in klaren Begriffen wie in Metaphern und Bildern, in nüchterner Prosa wie in Dichtung, Spruch- oder Gebetsform. Die Wahrheit Gottes kann nicht in trockenen Sätzen definiert, klassifiziert, überblickt werden. Definieren bedeutet immer auch abgrenzen gegenüber anderen Inhalten, die damit ausgeschlossen sind. Die Universalität der Wahrheit ist aber so umfassend, daß sie von keiner beschränkenden Definition umgriffen wird. Vielmehr setzt alles Definieren den umfassenden Horizont der Wahrheit voraus, innerhalb dessen es sich vollzieht. Abzulehnen ist die Reduktion der Wahrheitserkenntnis auf eine rein theoretische Evidenz, aus der alle lebendigen, subjektiven Entscheidungen eliminiert worden sind, bedeutet sie doch eine so erhebliche Einengung des Raumes der Wahrheit, daß diese ihre Universalität und damit ihr eigentliches Wesen verliert. Wird das Feld der Wahrheit auf ein vermeintlich isolierbares rein Theoretisches eingeengt, so gerät das Gebiet des Guten dadurch außerhalb des erkenntnismäßig Nachprüfbaren und wird nicht selten einer privaten Glaubenswelt überlassen[478]. "Wie vieles wußten doch noch die Kirchenväter: ein Klemens, ein Origenes, ein Gregor von Nyssa, ein Augustinus über das Wesen der Wahrheit, wie bohrend und ursprünglich hat ein Anselm darüber nachgedacht, wie breit und souverän hat ein Thomas sie beschrieben, verglichen mit den kargen Sätzen, die heutige Lehrbücher christlicher Philosophie darüber zu äußern wissen!"[479] Allein der Aufschwung des Herzens zu Gott als der absoluten Wahrheit, die Hingabe des Menschen im ganzen – in der Einheit von Denken und Leben – verhindert die Gott-

---

477) H II, 1, 13.

478) Vgl. TL I, 15 - 20.

479) Ebd. 17.

bemächtigung im Denkvorgriff, schließt ein Herangehen an die Offenbarung mit "vorgefaßtem Begriff"[480] aus. Gibt es auch zur Zeit der Väter schon "eine mit allen Mitteln der distinguierenden und definierenden ratio arbeitende begriffsklärende Methode", nämlich diejenige der scharfen Diskussion mit den Häretikern, so muß doch betont werden, "daß diese Methode im Aufbau der Theologie im ganzen keineswegs die ausschlaggebende ist"[481]. Das gilt selbst für kontroverstheologische Werke wie Irenäus' "Adversus Haereses", Athanasius' "Contra Arianos", Hilarius' "De Trinitate", in denen die polemische Denkform eingebettet ist "in eine umgreifende spirituell-sapientiale, die sich immer wieder und sehr nachdrücklich, als die entscheidende Sache, explizit ausspricht"[482].

Die Zeit nach Thomas von Aquin kennt den heiligen Theologen im Sinne der alten Einheit nicht mehr, vielleicht weil es schwerer fällt - in einer Spätzeit, da die rationale Differenzierung sich weiter ausgebreitet hat - , die spirituelle Dimension des objektiven Mysteriums "genuin zum Leuchten zu bringen"[483]. Herrscht der Wille vor, die Theologie - unter Einsatz aller zur Verfügung stehenden rationalen Mittel - angesichts der aufkommenden exakten Wissenschaften nicht allein als spirituelle "Weisheit", sondern als "Wissenschaft" zu etablieren, besteht die Gefahr, daß jenes in der Theologie der Väter und noch des Mittelalters als Voraussetzung und Atmosphäre stets gegenwärtig bleibende spirituelle Medium mehr und mehr ausfällt. Wird der Versuch unternommen, die Theologie dem als Ideal empfundenen Wissenschaftsbetrieb der Neuzeit anzugleichen, erscheint ein Auseinanderstreben von Dogmatik und Spiritualität des empirischen Subjekts unvermeidlich. Die "Überfrachtung der Theologie mit weltlicher Philosophie" hat "den spirituellen Menschen der Theologie entfremdet", und es beginnt sich neben der Dogmatik - "denn um diese zentrale Wissenschaft von der Auslegung der Offenbarung geht es hier stets - eine neue Wissenschaft vom 'christlichen Leben' aufzutun: herkommend von der mittelalterlichen Mystik und in der devotio

480) Vgl. ders., Verbum Caro, 201.

481) Ebd. 230.

482) Ebd.

483) Ebd.

moderna endgültig verselbständigt. Auf diesem Seitenweg finden sich fortan die Heiligen."[484] Nach Ansicht Balthasars gibt es auch später noch heilige Kirchenlehrer. Er nennt Johannes vom Kreuz, Canisius, Bellarmin, Alphons von Liguori. Doch Johannes ist Kirchenlehrer als Mystiker und nicht als Dogmatiker, Canisius ist sicher kein Dogmatiker, sondern Kirchenlehrer als Vermittler der Lehre an das Volk, Bellarmin ist es als Kontroversist, Alphons als Moralist[485]. Keiner der Genannten hat die Mitte seiner Lebendigkeit in der Dogmatik, auch Franz von Sales nicht, der - als eigentlicher Begründer der "spiritualité" - ihr "einen anerkannten, wenn auch nie wirklich festlegbaren Platz innerhalb der kirchlichen Wissenschaften gesichert hat"[486]. Dogmatik und Spiritualität werden einander immer fremder. Es handelt sich keineswegs bloß um eine relative Verselbständigung der Disziplinen, die mit dem Ausbau der theologischen Forschung unvermeidbar gegeben ist, könnte doch sonst der synthetische Standort jederzeit wieder bezogen werden. Vielmehr verhindert das Fehlen jenes objektiv-spirituellen Mediums, in welchem die Theologie der Väter sich bewußt entwickelte, die Reintegration von dogmatischer und spiritueller Theologie. Die Gegenwart des Spirituellen ist für die Dogmatik und die Spiritualität "auf keinem andern Weg zurückzugewinnen als dem einer aus elementarer Begegnung des Glaubenden mit der Offenbarung stammenden Erschütterung, wodurch er irgendwie ein für allemal weiß, wie in Theologie gedacht und geredet werden darf und wie nicht"[487].

Theoretische ("dogmatische") und praktische ("ethische", "existentielle", "spirituelle") Theologie können nach Balthasar nur in einer engen Wechselwirkung sachgemäß arbeiten und sich angemessen entfalten[488]. "Eine Dog-

---

484) Ebd. 201 f.

485) Vgl. ebd. 202.

486) Ebd.

487) Ebd. 230.

488) Vgl. ders., Einfaltungen, 63 f., 32 - 34. Vgl. M. Lochbrunner, aao. 70: "Den Weg der Heiligen, die sich von der Theologie verlassen fühlen, schildert Balthasar in 'Herrlichkeit III/ 1' unter dem Leitbegriff Metaphysik der Heiligen. Die Linie verläuft von Meister Eckhart (etwa 1260 - 1328), Johannes Tauler (nach 1300 - 1361), Jan van Ruisbroeck (1293 - 1381) zu den Frauen Angela von Foligno (1248 - 1309), Juliana von Norwich (etwa 1342 bis nach 1413), dem anonymen Traktat des 16. Jahrhunderts 'The Cloud of Unknowing', Caterina von

matik, die in lebensferne Rabulistik, eine Moral, die in evangeliumsferne Kasuistik ausarten, geraten aus der Mitte an den Rand und verzerren sich."[489] Die Schwäche der theoretischen Barocktheologie liegt für Balthasar darin, daß sie nicht länger zentrale Meditation der biblischen Offenbarung ist, sondern von einer festumrissenen Lehre als Gegenstand ihren Ausgang nimmt und dadurch die besondere Lebendigkeit, die allem Biblischen eignet, einbüßt. Die sogenannte affektive Theologie des Barock – sie ist der Sache nach bereits das, was im 19. Jahrhundert "Spiritualität" genannt wird – verfehlt dieses biblische Zentrum gleichfalls[490]. Sie geht – "in weiterer

---

Siena (um 1347 - 1380), Caterina von Genua (1447 - 1510), bis hin zu Ignatius von Loyola (1491 - 1556) und Franz von Sales (1567 - 1622) und hat ihren Abschluß im französischen Oratorium, gegründet von Pierre de Bérulle (1575-1629), und dessen geistigen Nachfahren Charles de Condren (1588 -1641), Francois Fénelon (1651 - 1715) und Jean-Pierre de Caussade (1675 - 1751). Die 'Metaphysik der Heiligen' läßt den tragischen Verlust der verlorengegangenen Einheit zwischen Theologie und Spiritualität ermessen." Vgl. jedoch H III, 1/2, 410: "In Eckharts Schule, in klarer Wahl seines christlichen Weges und in Ablehnung seiner spekulativen Verstiegenheit, wird jene 'Metaphysik der Heiligen' grundgelegt, die das gesamte christliche Denken bis in die Neuzeit, mit Einschluß von Ignatius, Franz von Sales, Fénelon, Newman geprägt und zu einer einzigen Geistesfamilie zusammengeschlossen hat. Hierin ein Ereignis bloßer 'Spiritualität' abseits von der sogenannten strengen oder wissenschaftlichen Theologie zu erblicken, wäre töricht und sicher unzutreffend: vielmehr ereignet sich hier Theologie bzw. theologische Metaphysik zentral, sowohl theoretisch wie der geistesgeschichtlichen Auswirkung nach." Vgl. ebd. Anm. 2.

489) H. U. von Balthasar, Einfaltungen, 63.

490) Vgl. J. Sudbrack, Vom Geheimnis christlicher Spiritualität, 37: Zugleich mit der Aufspaltung von Dogmatik und Spiritualität im 12. - 13. Jahrhundert löst sich "die Schrifttheologie als selbständige Wissenschaft ab, so daß im Spätmittelalter die Spiritualität immer klarer auf schrift- und dogmen-fremde Bahnen gerät. Von der vierfachen Sinnfülle bleibt nur erbauliches Sentiment, leeres Moralisieren und freie Spekulation übrig; der Weg zu einer psychologischen Spiritualität ist offen. Auch diese selbst kann die Einheit des Daseinsvollzugs nicht bewahren und spaltet sich - besonders seit dem 17. Jh. - in die Teilwissenschaften von Aszese und Mystik." Vgl. H. U. von Balthasar, Verbum Caro 228 f.: "theologia spiritualis wird so, in einer nicht unbedenklichen Vereinfachung und Verengung, zumal im 19. Jahrhundert, zur 'aszetisch-mystischen Theologie', wobei Aszese die aktive Leistung des Glaubenden, Mystik die fortschreitend passive Erfahrung des Göttlichen besagt. Man sieht aber deutlich, daß man bei dieser Verschiebung ins Pragmatische und Psychologische den in die Subjektivität eingehenden und sie sich anverwandelnden Offenbarungsgehalt, das Wort als Bräutigam, wie es in der alten theologia spiritualis oder mystica immer vorhanden war und mitgedacht wurde, fast gänzlich aus den Augen verlor und damit eine fatale Kluft zwischen einer vom Subjekt abgelösten, in sich schwebenden 'Dogmatik' und einem ihr gegenüberstehenden psychologischen Subjekt

Vereinseitigung der bereits einseitig gewordenen Mönchs- und Nonnentheologie des frühen und späten Mittelalters"[491] - anthropozentrisch vor und nicht soteriologisch. Selbst bei so berühmten Theologen wie Franz von Sales, Bérulle und Fénelon geht es - sieht man genauer hin - "wesentlich um das Fortkommen des frommen gottseligen Ich"[492]. Balthasar verweist auf Henri Bremond (1865-1933), der die "ganze großartige und doch verborgen tragische Geschichte dieses Zeitalters"[493] in seiner zwölf Bände umfassenden "Histoire littéraire du sentiment religieux en France" zusammenfaßt. Er stellt die klassische Spiritualität der Franzosen im Grand Siècle als "Métaphysique des Saints" vor[494], die sich weitgehend abseits von der Entwicklung der dogmatischen Theologie vollzieht. Die Inhalte der kirchlichen Dogmatik werden zwar anerkannt, aber nicht mehr in den Mittelpunkt der Betrachtung gerückt. Der religiöse Eifer drückt sich nicht selten in einem ständigen Bereden, gegenseitigen Beobachten, Psychologisieren aus; eine vielleicht sogar ungewollte Anthropozentrik kennzeichnet manche Systeme. Pascal, Marie de l'Incarnation und Ignatius von Loyola bilden Ausnahmen. In seinen Pensées überschreitet Pascal die Grenze auf jene bei Origenes aufgezeigte Synthese hin, Marie de l'Incarnation und Ignatius übersteigen "die Beschäftigung mit

---

entstand, und beide, so getrennt und die entscheidende Mitte entbehrend, nicht mehr zusammenzubringen sind."

491) H. U. von Balthasar, Einfaltungen, 32 f.

492) Ebd. 33; vgl. H III, 1/ 2, 469: "Das heißt, daß die Hauptsache: alles Objektiv-Heilsgeschichtliche, Menschwerdung, Erlösung, Rechtfertigung, Kirche und christliches Leben in der Welt - offenbar weil zur dogmatischen Theologie gehörig - ausgeklammert bleibt, und für diese 'spirituelle Theologie' nurmehr ein anthropozentrischer Gesichtspunkt übrigbleibt."

493) Ders., Einfaltungen, 33.

494) Vgl. Ders., Verbum Caro, 202: "Bremond hat in seiner 'Métaphysique des Saints', ohne es zu wollen, den Finger auf diese empfindliche Stelle der modernen Theologie gelegt. Was hätten die Kirchenväter allein schon zu diesem Titel gesagt? Brauchen, fordern die Heiligen wirklich eine eigene Metaphysik? ... Daß Bremond es überhaupt unternehmen konnte, eine so umfassende 'Histoire littéraire du sentiment religieux' zu schreiben, ohne den gleichzeitigen Stand der Theologie als dogmatischer Wissenschaft auch nur erwähnen zu brauchen, ist eine Tatsache, die an sich schon zu den alarmierenden Fragen der Kirchengeschichte gehört."

dem frommen Ich in Richtung auf eine Sicht des Evangeliums im ganzen"[495]. Doch auch Ignatius und seine Schüler vermochten nicht, die beginnende Entfremdung zwischen Dogmatik und Heiligkeit aufzuhalten. Das von Ignatius seiner Gesellschaft als Grundlage ihrer Heiligkeit hinterlassene Buch der Exerzitien empfiehlt zwar am Ende sowohl die scholastische wie die positive theologische Methode - auf Scholastik wie auf Patristik ist das gleiche Gewicht zu legen[496] - in seiner Substanz enthält es jedoch nichts, "was die

---

495) Ders., Einfaltungen, 33; vgl. Verbum Caro 230 f.: Es "sei daran erinnert, daß die spiritualité du Grand Siècle im Lichtschein von Ignatius, Theresia und Johannes vom Kreuz, mit Pascal und Franz von Sales, Lallemant und Balthasar Alvarez, Bérulle und Condren, Fénelon und Mme de Guyon, Marie de l'Incarnation und Caussade trotz aller Wendungen zum Empirisch-Psychologischen im wesentlichen doch (nicht anders als die Spiritualität des Mittelalters von Bernhard bis Seuse) auf die volle Klarheit und Ganzheit des theologischen Aktes hinzielte, womit die 'Braut' auf Ruf und Hingabe des 'Bräutigams' antwortet. Daher der (trotz aller barocken Schmückung) im Grunde erschreckende Ernst, die allesfordernde Unerbittlichkeit dieser Spiritualität in der Form des ignatianischen Más und der Indiferencia, des sanjuanischen Nada, des fénelonschen Amour pur und caussadischen streng durchgehaltenen Jaworts, der Abspiegelung der états Christi in Seele und Leben des Gläubigen bei Bérulle, des an einen theologischen Nihilismus grenzenden Radikalismus der Opfertheorie Condrens, und auch bei Franz von Sales (und unmittelbarer noch bei Frau von Chantal) unter aller Blumigkeit des 'Theotismus' die Herausschälung der echten Liebe durch alle Schmerzen, Verlassenheiten, Höllen. Was hier überall verfolgt und angestrebt wird, ist die Bloßlegung der reinen und nackten Struktur des antwortenden bräutlichen Jaworts, somit eines entscheidenden Stücks dogmatischer und - verborgener oder offener - marianischer Theologie. Dies alles reflex zusammenzusehen bleibt Aufgabe einer kommenden totalen Theologiegeschichte."

496) Vgl. F. Weinhandl, Ignacio de Loyola. Die Exerzitien und aus dem Tagebuch. Mit Zeichnungen von Federico Barocci und einer Dokumentation, München 1978, 187 f.: "Elfte Regel. Man lobe die positive und scholastische Lehre. Denn gleichwie es den positiven Lehrern, wie dem heiligen Hieronymus, dem heiligen Augustinus, dem heiligen Gregorius usw. mehr eigen ist, fromme Gefühle im Herzen zu erwecken, um in allen Stücken ganz Gott unseren Herrn zu lieben und ihm zu dienen, so ist es hinwieder mehr die Eigentümlichkeit der scholastischen Lehrer, wie des heiligen Thomas, des heiligen Bonaventura, des Magister Sententiarum (Petrus Lombardus) usw., das zum ewigen Heile Notwendige bestimmt auszusprechen oder für unsere Zeiten genau darzustellen, und alle Irrtümer und falschen Lehren aufzudecken und zu bekämpfen. Denn da die scholastischen Lehrer der neueren Zeit angehören, so genießen sie nicht nur das richtige Verständnis der heiligen Schrift und der Werke der älteren heiligen Lehrer, sondern, indem sie auch selbst durch göttliche Kraft erleuchtet und mit übernatürlicher Einsicht begabt sind, werden sie durch die Beschlüsse der Kirchenversammlungen und durch die Satzungen und Bestimmungen unserer heiligen Mutter, der Kirche, gefördert."

Scholastik, wenn auch nur ungenannt, voraussetzen würde"[497]. Da die eigenen scholastischen Studien des Ignatius in seinen Schriften und im persönlichen Lebenswerk "so gut wie keine Spur"[498] hinterließen, ist es nicht weiter verwunderlich, wenn seine Schüler der ausgesprochenen Empfehlung nicht die verdiente Aufmerksamkeit schenken. Keinem der zahlreichen frühen Kommentatoren ist es gelungen, "die besondere Haltung des Exerzitienbuches zum Strukturprinzip einer Dogmatik zu machen"[499]. Die Gründe hierfür können nur vermutet werden. Vielleicht sind in den Exerzitien die Ansatzpunkte für eine "Theologie der Exerzitien" nicht für jeden deutlich genug erkennbar oder aber die Barockzeit war "infolge ihrer Überfeinerung und Formalisierung der Problemstellungen, ihres theologischen Rationalismus"[500] diesem Unternehmen nicht gewachsen; vielleicht nahm man aber auch die Aufspaltung des kirchlichen Denkens in Dogmatik einerseits, Aszese und Mystik andererseits als gegeben hin, so daß der Versuch einer Überbrückung den meisten Theologen, die die Summa theologiae des Thomas kommentierten und dozierten, kein Anliegen mehr bedeutete. Erst im 20. Jahrhundert[501] ist ein "wirklicher Versuch, die 'Theologie der Exerzitien' - jenseits von Scholastik und Spiritualität - ans Licht zu fördern"[502], unternommen worden. Damals brachte die theologische Grundvision der Societas Jesu nicht "die erwartete theologische Frucht: die Wiedereinsenkung der gesamten Theologie in den Kern des ursprünglichen Zueinanders von berufendem und sendendem Gott und versöhntem, im Gehorsam gesendetem Menschen"[503]. Dabei hätte

---

497) H. U. von Balthasar, Verbum Caro, 203; vgl. H III, 1/ 2, 383 f.; 384: "So holt geschichtlich das Denken die christlichen Inspirationen nicht ein, es sucht nicht damit Schritt zu halten, sondern schneidert ihnen aus dem riesigen Arsenal des schon Gedachten ein notdürftiges Gewand zurecht. Die Neuscholastik, in deren Zeit der Impuls des Ignatius fiel, war durch den Ballast des Schongedachten, scheinbar im Traditionsschatz Besessenen besonders schwer belastet, so daß die ursprüngliche ignatianische Vision der Divina Majestas und Gloria sich keinerlei ursprünglichen Denkausdruck mehr verschaffen konnte."

498) Ders., Verbum Caro, 202.

499) Ebd. 204.

500) Ebd.

501) Vgl. ebd.: Balthasar verweist auf Erich Przywara, Karl Rahner, Gaston Fessard.

502) Ders., Einfaltungen, 33.

503) Ebd. 34.

die Öffnung der Societas Jesu (der neu Jesus Zugesellten) über sich selbst hinaus zur Gesamtkirche und durch diese wiederum zur Welt auch eine Öffnung ihrer Theologie und Spiritualität mit sich bringen können. Doch die Rückkehr zum Mitvollzug der Heiligen Schrift bei Ignatius hat "nicht die Tiefenwirkung gehabt wie bei den Reformatoren"[504]. Sie konnte den Zwiespalt zwischen scholastischer und spiritueller Theologie nicht überwinden. Balthasar nennt Denis Petau, Thomassin, die Mauriner und andere große Editoren, die versuchten, "die Einheit von den Quellen her wiederzugewinnen. Viele mühten sich um die Sichtung, Übersetzung, Verständlichmachung der Väter. Aber setzte sich ihre Anstrengung hinreichend in lebendige dogmatische Erkenntnis um?"[505]

Das Studium der Philosophie und Theologie brachte für viele Spirituelle, denen es um einen adäquaten Ausdruck ihres Offenbarungsverständnisses, ihrer Kontemplation und Liebeshingabe zu tun war, nicht den erhofften Ertrag. Einige sahen sich genötigt, ihre lebendige Frömmigkeit – vorbei an den Studien – am betrachteten Evangelium zu nähren, andere versuchten eine Synthese zwischen den tradierten Formeln der Scholastik und dem, was sie – entsprechend ihrer göttlichen Sendung – meinten vertreten zu müssen. Manchmal dienten einzelne Steine aus dem Gesamtgebäude der Scholastik als Unterbau für die eigene Lehre. "So entstand etwa die Liebeslehre eines Franz von Sales, der 'Theotimus', dessen theoretischer erster Teil in seiner Schwäche deutlich absticht von den nachfolgenden, ungebundenen Aufschwüngen zu Gott."[506] Auf gleiche Weise entstand der "Aufstieg zum Berge Karmel", welcher – falls "die trockenen und oft nicht ganz verdauten scholastischen Einschübe wirklich von Johannes vom Kreuz selber stammen" – den Versuch unternimmt, "die leichte Taube in den schweren Panzer scholastischer Begrifflichkeit"[507] zu kleiden. Nach Ansicht Balthasars zeigen die letztgenannten Beispiele deutlich, was sich hier ereignete und was die Ausdrucksmöglichkeiten eines Franz von Sales und eines Johannes vom Kreuz von

---

504) Ebd.

505) Ders., Verbum Caro, 204.

506) Ebd. 205.

507) Ebd.

denen eines Ephrem, eines Gregor von Nyssa oder Augustinus unterscheidet. Die Kirchenväter waren sich noch der Tatsache bewußt, daß Paulus mit Entschiedenheit "alle subjektiven Charismen - nicht ablehnte oder zerstörte, wohl aber von der Gefahr des Subjektivismus erlöste, indem er sie fremdzwecklich einordnete in die sachliche Struktur der Kirche"[508]. Jede Spiritualität ist in erster Linie ein kirchlicher Auftrag. Geht der Mystik die kirchliche Dimension der Sendung verloren, wird sie wesenhaft Mystik des Einzelnen. Die religiöse Erfahrung tritt zuweilen ungebührlich in den Vordergrund, die Seele flüchtet sich zur Erholung von der harten und drückenden Hirtenfron im alten Äon "in den 'geistlichen Sinn', der zum 'mystischen' (mehr denn als 'eschatologischen') wird; die Wendung von Origenes ... zum Mönchtum steht dahinter, hier droht auf eine neue Art die gefährliche Diastase."[509] Die Theologie eines Evagrius, Makarius, Diadochus von Photike, Cassian läßt - bei näherem Zusehen - bereits eine gewisse Verselbständigung der Spiritualität von der Dogmatik erkennen; ihre Theologie erscheint jedoch "immer noch dogmengesättigter als die entsprechende der Spirituellen des Grand Siècle"[510]. Steht auch die Lehre der "Kirchenlehrer" Franz von Sales und Johannes vom Kreuz keineswegs zur dogmatischen Theologie in Widerspruch, ist doch offenkundig, daß sie primär subjektive Erfahrungs- und nicht objektive Dienstmystik ist. Die Spanier legen den Akzent in verstärktem Maß auf die subjektive Erfahrungsweise des objektiven Mysteriums. Es sind Zustände, die Teresa von Avila und Johannes vom Kreuz beschreiben; sie sind der eigentliche Gegenstand der Betrachtung[511], "am Zustand wird, vergröbernd gesprochen, der objektive Gegenstand", der in ihm "offenbar wird, abgelesen. Die spanische Mystik steht hier fernab von der Mystik der Bibel: der johanneischen Mystik der Apokalypse, in der der entrückte Seher

508) Ebd.

509) Ders., Einfaltungen, 29 f.

510) Ders., Verbum Caro, 205.

511) Vgl. H III, 1/ 2, 468: "Der unbedachte Zug zur Selbstbespiegelung - Teresa von Avila muß zu ihrer Selbstrechtfertigung sich beobachten, über sich nachdenken, sich schildern; sogar eine so schlichte und aufrechte Natur wie Marie de l'Incarnation wird gezwungen, minutiöse Berichte über sich selbst und ihre mystischen Erfahrungen zu verfassen - legt sich wie Mehltau (oder soll man sagen: wie Puder?) über die berühmte Spiritualität des Grand Siècle." Vgl. jedoch H II, 2, 465 - 531.

sich im Dienst der Offenbarungsvermittlung völlig vergißt, der Mystik der Patriarchen und der Propheten, der Mystik Marias und Josephs, der Mystik des Paulus und des Petrus, ... - der dogmatischen Mystik aber auch einer Hildegard von Bingen und noch der Mechthilden, Brigittas und der zwei Katharinen."[512] Wird der Akzent auf die eigene Erfahrung gelegt und nicht länger auf die in Sachlichkeit und Dienstlichkeit auszurichtende Botschaft, werden Stufen, Abläufe, Gesetzmäßigkeiten des inneren Erlebens wichtiger als der objektive Auftrag, so gerät die Dogmatik zuletzt in den Hintergrund. Der "unmittelbare Zusammenhang mit der inhaltlichen Lehre von Gott, von der Schöpfung und der Erlösung ist nicht mehr ohne weiteres ersichtlich", viel offenkundiger sind nicht selten "Zusammmenhänge, Parallelen und Analogien mit den religiösen Zuständen und Phänomenen im außerchristlichen Raum"[513].

Da die Berührungspunkte zwischen Dogmatik und Spiritualität seltener werden und beide Welten als voneinander geschieden erscheinen, werden die Heiligen und Spirituellen immer häufiger von den Dogmatikern übersehen, ignoriert. Keine moderne Dogmatik hält es für nötig, neuere Kirchenlehrer zu zitieren, während - gleich hinter der Bibel - die großen Heiligen der Väterzeit und Scholastik als höchste Autoritäten angeführt werden. Für die Theologie sind die vielen modernen Heiligen bis hin zu Therese von Lisieux nicht weiter relevant, vielleicht auch, weil sie nicht den Mut aufbringen, dogmatisch zu sein. "Die Heiligen, eingeschüchtert vom Stacheldraht der Begrifflichkeiten, der um die evangelische Wahrheit gezogen ist, wagen es nicht mehr, an der echten und notwendigen Auslegung des Dogmas als Gleichberechtigte mitzuarbeiten."[514] Das Dogma der prosaischen Arbeit der Schule überlassend, werden sie zu Lyrikern, die eine undogmatische religiöse Sprache hervorbringen. Sie schildern ihre subjektiven Zustände, beschreiben, auf welche Weise sie Gott erleben. Der Ton liegt nicht auf Gott, sondern auf der Erfahrung, da über das Wesen Gottes der dogmatische Fachmann zu urteilen hat. Der verhängnisvolle Weg, die Geschichte der mystischen Zustände bis in alle Einzelheiten offenzulegen, endet zwangsläufig "in den psychologischen Laboratorien und

---

512) Ders., Verbum Caro, 206; vgl. J. Sudbrack, Mystik, 37 f.

513) H. U. von Balthasar, Verbum Caro, 206.

514) Ebd. 207.

ihren Experimenten und Statistiken"[515]. Das kirchliche und charismatische Zeugnis wird als rein private Aussage eingestuft, die "mit profanen und sehr oft unter-christlichen Mitteln angeblich adäquat erfaßt werden kann"[516].

Nimmt man den Ertrag eines Mystikers wie Dionysius für die Dogmatik und stellt ihn neben den dogmatischen Ertrag großer moderner Mystiker – Balthasar verweist besonders auf Johannes vom Kreuz – , vergleicht man die spirituelle Tiefe eines patristischen Schriftkommentars mit der eines modernen theologischen Lehrbuchs, so wird man sich der "Verarmung, die durch diese gegenseitige Entfremdung beider kirchlichen Welten für die lebendige Kraft der heutigen Kirche und ihre glaubwürdige Verkündigung der ewigen Wahrheit"[517] gegeben ist, bewußt. Man hält Ausschau nach einer Instanz, die einem ungetrennt und in einem Blick die Weisheit und die Heiligkeit zeigt. Man sucht "den lebendigen Organismus der kirchlichen Lehre und nicht diese seltsame Anatomie: auf der einen Seite die Knochen ohne Fleisch: die überlieferte Dogmatik, auf der andern Seite das Fleisch ohne Knochen: jene ganze fromme Literatur, die aus Aszetik, Spiritualität, Mystik und Rhetorik eine auf die Dauer unverdauliche, weil substanzlose Kost vermittelt"[518]. Entsprechend dem Urbild der Offenbarung in der Schrift bilden nur Theologie und Heiligkeit zusammen, in einer untrennbaren Einheit "jene einzigartige 'Gestalt', die im Licht der Gnade vom gläubigen Auge 'gesehen' werden kann, ja in der Welt unübersehbar bleibt, in ihrer Einmaligkeit von Evidenz und – Ärgernis"[519]. Der erneute Dialog zwischen Dogmatik und Spiritualität ist dringend erforderlich, der Ruf nach einer Theologie der Heiligen unverzichtbar[520]. Geschah auch irgendeinmal "die Wendung von der knienden zur

515) Ebd.

516) Ebd.

517) Ebd. 208.

518) Ebd.

519) Ebd.

520) Vgl. M. Lochbrunner, aaO. 71: "Das innertheologische 'Schisma' zwischen Theologen und Heiligen, das die scientia von der sapientia trennt, hat den kirchlichen Organismus nicht weniger Blut gekostet als die beiden großen Schismen der Lehre, die die Kirche gespalten haben, Orthodoxie und Reformation. Wie aber können die Heiligen zu einem 'locus theologicus' werden?"

sitzenden Theologie"[521] und ist damit der Riß in die Theologie hineingetragen, so darf man dabei nicht stehen bleiben. Es kann nicht darum gehen, "das Rad der Geschichte zurückzudrehen und eine Renaissance der Patristik zu ungunsten der scholastischen Philosophie und Theologie zu beantragen"[522], zumal die Fortschritte der Scholastik offenkundig sind. Läßt sich die Geschichte auch nicht rückgängig machen, muß doch das Wesen der Tradition – und damit auch der Theologie – darin gesehen werden, "daß ihr Fortschritt sich in tieferer, mutigerer Auseinandersetzung mit den Quellen vollzieht"[523], vor allem mit denen der Schrift. Die unerschöpfliche Fülle der patristischen Theologie gilt es ebenfalls wahrzunehmen. "Wie viele Themen theologischer Forschung sind doch bei den Vätern angeschlagen, die später, in der fortschreitenden Systematisierung, als unbequem, als scheinbar belanglos, abwegig fallen gelassen wurden!"[524] Von der Spätscholastik zur Neuscholastik hat sich dieser Ausscheidungsprozeß mit einer enormen Geschwindigkeit fortgesetzt. Ein ungeheurer Reichtum an Gesichtspunkten, Durchblicken, Anregungen wurde nicht aufgegriffen und bedacht, der unheilvolle Riß in der Theologie weiter vertieft. Es ist an der Zeit, die Einheit von Theologie und Heiligkeit wieder zu sehen und an ihr zu arbeiten, denn die Theologie kommt "in einem primären und nicht erst nachträglichen Akt aus spiritueller Erfahrung"[525] und soll solche Erfahrung ansprechen. Wie Fleisch und Blut ursprünglich zusammensein müssen, um zu leben, so hat auch nur eine Theologie, die ihre Spiritualität in sich trägt, überhaupt eine Chance, überzeugend aufzutreten. "Sola experientia facit theologum"[526]. Spiritualität darf für die Theologie nichts Sekundäres bleiben, ist es doch der Glaube als subjektiver Akt, der

521) Vgl. H. U. von Balthasar, Verbum Caro, 224.

522) Ebd.

523) Ebd. 225.

524) Ebd.

525) A. Rotzetter, aaO. 28.

526) M. Luther, WATR 1; 16,13 (Nr.46, 1531), zitiert nach G. Ebeling, Die Klage über das Erfahrungsdefizit in der Theologie als Frage nach ihrer Sache, in: ders., Wort und Glaube III, Tübingen 1975, 10. Vgl. G. Ebeling, aaO. 27: "Wäre es nicht sowohl für die bedrohte Einheit der Theologie als auch für den überforderten Theologen wesentlich, wenn ein Wissen um den zentralen Erfahrungsbezug der Sache der Theologie als Kompaß präsent wäre, und zwar ein Wissen aus Erfahrung?"

die Theologie "erst konstituiert. Er löst eine neue Denkrichtung aus und begleitet sie in der Weise ständiger Betroffenheit. Theologie ist eine aposteriorische Wissenschaft. Sie gründet in einer konkreten, geschichtlichen und individuellen Erfahrung, deren Ort - nach H. Ott - das Gebet ist."[527] Voraussetzung für die systematisch-wissenschaftliche Reflexion über den Glauben ist das lebendige Verhältnis zu Gott. Der betende Glaube ist für eine Theo-Logie unverzichtbar. Die Kirchengeschichte zeigt, daß konkrete geistliche Erfahrungen für das Entstehen von Theologie und neuen theologischen Schulen grundlegend sind. Theologie ist ein Akt der Spiritualität. "Nun muß aber auch Spiritualität theologisch verantwortet werden, wenn sie nicht bloß unreflektiertes und unkontrolliertes Leben bleiben will."[528] Die geglaubte und gelebte Wahrheit soll zur gewußten, durchdachten und ausgedrückten Wahrheit werden. In prüfender Tätigkeit, im aktiven Suchen ist an einer Glaubensreflexion zu arbeiten, die von der Liebe beseelt ist und gleichzeitig den Verstehensformen entsprechend artikuliert wird. Spiritualität hat Theologie in einem echten Sinne zu sein - reflexes Denken der vom Geheimnis gezeichneten Glaubensexistenz. Eine kritische Sichtung der Ausprägungen christlicher Spiritualität - bei der es gilt, "ein Gespür für die 'Unterscheidung der Geister' zu entwickeln"[529] und die Fähigkeit zu erwerben, die Dinge zu bewerten und auszurichten - erscheint deshalb notwendig.

---

527) A. Rotzetter, aaO. 23; Hervorhebung im Original.

528) Ebd. 28; vgl. A.M. Sicari, Theologie und Heiligkeit. Dogmatik und Spiritualität bei Hans Urs von Balthasar, in: K. Lehmann/W. Kasper (Hrsg.), Hans Urs von Balthasar, 191 - 206.

529) A. Rotzetter, aaO. 36; Hervorhebung im Original; vgl. W. Fürst, Praktisch-theologische Urteilskraft. Auf dem Weg zu einer symbolisch-kritischen Methode der Praktischen Theologie, Zürich - Einsiedeln - Köln 1986, 417 - 537. 624-660.

" 'Erfahrung' - so vieldeutig und konturlos das Wort sein mag - ist heute allenthalben groß geschrieben."[530] Liegt für den Menschen eine cognitio Dei experimentalis, "ein nicht nur notionelles, sondern existentielles Erfahren des Göttlichen"[531] im Bereich des Möglichen? Besteht für den Christen die Möglichkeit, die Gnadengegenwart des Gottesgeistes in sich zu erfahren? "Es gibt unübersehbar viele und unvergleichbar verschiedene Äußerungen über die mystische Erfahrung. Wer es versucht, unvoreingenommen die Zeugnisse christlicher Erfahrung anzuschauen, wird erstaunt sein, in welcher Buntheit Gott erfahren wird."[532] Erfahrung ist ein komplexer Vorgang. Balthasar stimmt der dreifachen Abstufung des Begriffs der christlichen Geisterfahrung durch Jean Mouroux[533] zu. Nach ihm kann christliche Erfahrung mit Sicherheit nur aus dem Gesamt des menschlichen Verhaltens gewonnen werden. Drei Ebenen sind zu unterscheiden: die Ebene der "empirischen Erfahrung", deren Symptome - Begeisterung, Tröstung, eine gefühlshafte Erfahrung des Göttlichen - immer ambivalent bleiben, die Ebene der "experimentellen Erfahrung", die auf einer bewußt angewendeten Technik fußt - und damit auf einer vom Subjekt hervorgerufenen Erfahrung - , schließlich die dritte Ebene - Mouroux nennt sie "expérientiel" - , die für ihn allein in Frage kommt und eine Erfahrung, gewonnen aus der Totalität des Lebens der Person, anspricht. "Es wird eine Existenz aus dem (paulinisch verstandenen) Glauben sein, der aber wiederum in seiner Isolierung genommen mit Thomas (und entgegen der

---

530) TL III, 350; vgl. J. Sudbrack, Wege zur Gottesmystik, 9: "Die wahren Mystiker aller Religionen waren mißtrauisch gegen diejenigen, die einfach aus dem Überschwang der Erfahrung redeten, ohne Bewußtheit, ohne auf sich zu schauen und zu fragen: was es denn eigentlich sei um die mystische Erfahrung ... Geht es um Erleben? Erfahren - ein Begriff, den H.-G. Gadamer für einen der schwierigsten der Philosophie hält?"

531) H. U. von Balthasar, Pneuma und Institution, 302.

532) J. Sudbrack, Auf Gott hin ausgespannt. Der Weg des Meditierens, Freiburg - Basel - Wien 1983, 80; vgl. ders., Mystik, 36 f.; J. Moltmann, Gotteserfahrungen: Hoffnung, Angst, Mystik, München 1979, 46 f.

533) Vgl. TL III, 352 f.; H. U. von Balthasar bezieht sich hier auf das grundlegende Werk J. Mouroux': L'expérience chrétienne. Introduction à une Théologie (Aubier, Paris 1952); vgl. J. Mouroux, Art. Erfahrung, Religiöse, in: K.Rahner/ A. Darlap u.a. (Hrsg.), Sacramentum Mundi I, Freiburg - Basel - Wien 1967, 1123-1126.

Glaubensgewißheit der Reformatoren) nicht als ein unfehlbares Kriterium beansprucht werden darf, sondern sich in den Ausprägungen einer gelebten Glaubensexistenz (also durch Zeichen) als echt zu bewähren hat."[534] Da die Kirche als ganze wie auch der einzelne Christ im Dunkel des Glaubens wandeln, ist jede Erfahrung des Geistes umhüllt von der Dunkelheit des Glaubens. Der Mensch erfaßt den Heiligen Geist nur durch die Vermittlung seiner Zeichen hindurch[535], seine Erfahrung ist eine indirekte, ein unmittelbar fassendes Erfahren ist ihm versagt. "Von daher muß die durch die ganze christliche Tradition hindurchgehende Aussage über das 'geistliche Fühlen' oder 'Schmecken' (<u>sapere, delectatio</u>) beurteilt werden: solche Begriffe sind auf der ersten, untersten Stufe unbedingt ambivalent, aber sie können sich durch Erhebung auf die dritte Stufe innerlich läutern und wandeln und ihre primitive Unmittelbarkeit einbüßen: als in eine Gesamtstruktur eingefügtes Einzelelement gewinnen sie eine neue Valenz."[536] Die Gefahr eines nur kontemplativen Vor-Schmeckens der "visio beatifica" ist immerhin gegeben. Die entscheidenden christlichen Erfahrungen müssen "aus der jeweiligen Erkenntnis der sich zeitigenden 'Früchte'"[537] (vgl. Mt 7, 16-18) erkannt werden, womit das Kriterium der "delectatio" relativiert und auf das Gesamtergebnis einer Existenz verwiesen wird. Eine vom Geist gelenkte Existenz wird nach Balthasar an zwei Merkmalen zu erkennen sein. Das erste Merkmal besteht darin, daß der Geist als Exeget Christi "immer neu auf die Zeugnisablage (<u>martyrion</u>) verweisen wird. Nicht die Enthusiasten, sondern die echten Martyrer sind der geistliche Ort, an dem, wie immer, so heute, die Erfahrung des Geistes in der Kirche Christi am authentischsten gemacht

---

534) TL III, 353; vgl. ebd. 352: "Die Verifikation dieser innern Auslegung des In-Christus-Seins durch den Geist ergibt sich einzig aus dem Gesamtduktus der glaubend-hingegebenen Existenz."

535) Vgl. H I, 398: "Daher wird im 'Mystischen' jede tiefere Erfahrung Gottes ein tieferes Einfahren in die 'Nicht-Erfahrung' des Glaubens sein, in den liebenden Verzicht auf Erfahrung, bis in die Tiefen der 'Dunkeln Nächte' Johannes'vom Kreuz, die die eigentlichen mystischen Einübungen in die letzten Verzichte bedeuten." Vgl. J. Sudbrack, Wege zur Gottesmystik, 26 - 30; 28: "In bruchloser Übereinstimmung bekennen die christlichen Mystiker, daß Gott gerade auf den Gipfeln der Erfahrung in unendlicher Entfernung erlebt wird." J. Moltmann, aaO. 51. 59 f., 63.

536) TL III, 354; Hervorhebung im Original.

537) Ebd. 355.

werden kann."[538] Das zweite Merkmal "ist der auf die eschatologische Zukunft offene Charakter jeder christlichen Erfahrung"[539]. Nicht mit dem Hervorheben der eigenen Erfahrung wird der Christ seinen Anspruch zu bekräftigen suchen, sondern in der Auseinandersetzung mit der geschichtlichen Wirklichkeit hat sich seine Glaubwürdigkeit zu erweisen. " 'Pneumatologie' wird sich im nüchternen Sich-Aussetzen der jeweiligen Geschichte bewähren, vom 'Ganzen' sollte nur in der Haltung der hoffenden Erwartung gesprochen werden."[540]

"Euch ist es gegeben, die Mysterien des Himmelreichs zu erkennen" (Mt 13, 11; vgl. Lk 8, 10; Mk 4, 11). Das mit diesem Satz angesprochene Gnadengeschenk ist "der von Gott verliehene lebendige Glaube"[541]; er wird jedem Getauften und im Glaubensleben stehenden Christen, jedem, der aus einer ganzheitlichen, bewußt vollzogenen Gebundenheit an Gott lebt, zuteil. Alles, was "innerhalb dieser allgemein christlichen Haltung des rechten Empfangs des objektiven Mysteriums" noch weiter zu unterscheiden ist - "zum Beispiel die Dinge, die Paulus unter dem Titel 'Charismen' abhandelt (zumal Charismen bestimmter Art, wie 'Zungenreden', 'Prophetie' und dgl.) oder auch die Phänomene, die er mit großer Zurückhaltung über sich selber aussagt, etwa 'Entrückung in den dritten Himmel' (2 Kor 12, 4) - gehört zunächst in die umfassende Klammer hinein"[542]. Alle Charismen haben nach Paulus nur Bedeutung und Wert auf dem Hintergrund des Überschwangs der Liebe als Antwort auf die überschwengliche Liebe Gottes, auf seine entgegenkommende Gnade[543]. Im Neuen Testament werden die subjektiven Formen, in denen der

---

538) Ebd.; Hervorhebung im Original; vgl. ebd. 378 f.

539) Ebd. 355.

540) Ebd.

541) Ders., Pneuma und Institution, 300.

542) Ebd.

543) Vgl. TL III, 367: "Große Theologie wie die des Aquinaten hat deshalb die 'Gaben des Geistes' verstanden als eine vom Heiligen Geist dem lebendig glaubenden, hoffenden, liebenden Menschen geschenkte Vervollkommnung, die ihm einen 'instinctus divinus' verleiht, damit er 'geeignet sei, göttlich bewegt zu werden'... Thomas kann dieser Erhöhung der 'göttlichen Tugenden' durch die Geistesgaben auch das Erlangen gewisser 'Charismen' hinzufügen, so wenn er sagt, daß mit der neuen 'Sendung' des Geistes in das Herz des Glaubenden eine neue

geschenkte Glaube sich ausdrücken kann, zwar unterschieden, aber ohne einen Wertakzent auf sie zu legen oder ein besonderes psychologisches Interesse an ihnen zu bekunden. Die Mannigfaltigkeit der persönlichen Erfahrung lebt aus der Fülle des objektiven Geheimnisses. Außergewöhnliche Charismen – sie werden von Paulus weder überbewertet noch abgewertet – sind "Teilaufträge Einzelner für die Gemeinschaft, die den damit Begabten auf keine höhere Vollkommenheitsstufe stellen"[544]. Der Weg, der alles übersteigt (vgl. 1 Kor 12, 31), ist für alle der gleiche, nämlich die Liebe. Sie allein bleibt, während prophetisches Reden ein Ende hat, Zungenrede verstummt, Erkenntnis vergeht (vgl. 1 Kor 13, 8 f.). Bei charismatischen Phänomenen ist zu bedenken, daß diese nach Paulus zum Wohl der kirchlichen Gemeinschaft verliehenen Gnaden – sollen sie richtig weitergereicht werden – im lebendigen kirchlichen Geist entgegenzunehmen sind: "in Glaube, Hoffnung, Liebe, Gehorsamsbereitschaft"[545]. Nur ein durch Liebe wirklich geläuterter Geist vermag von Gott herkommende Visionen so aufzunehmen, wie sie geschenkt wurden, da Bilder des göttlichen Lebens auf keinen Fall "mechanisch" weitergegeben werden können. Nach Balthasar liegt ein tiefer Sinn darin, "daß die abschließende Schau der Bibel, die Apokalypse, gerade dem Liebesjünger anvertraut wurde (jedenfalls seinem Umkreis entstammt)"[546]. Gotteserfahrung ist in ihrem Zentrum Liebe[547].

Der menschgewordene Gottessohn ist die Mitte der ekstatischen Schau. Mystik im christlich-theologischen Sinn kann nie rein formal sein, sondern sie ist Erfahrung des Gekreuzigten (Leidensmystik) und Auferstandenen

Erkenntnis des Sohnes, nämlich 'eine gewisse experimentelle Erkenntnis' oder, mit einem 'neuen status gratiae' zusammen, 'die Gnade des Wunderwirkens oder der Prophetie' geschenkt wird. Solche Gaben sind deswegen 'unverfügbar', weil die wesentlichen Gnadengeschenke, deren Begleitung sie nach Thomas sind, es wesentlich waren." H. U. von Balthasar bezieht sich hier auf Thomas v. A., S.Th. I/II, 68,1; S.Th. I, 43,5 ad 2; S.Th. I, 43,6 ad 2. Vgl. H. U. von Balthasar, Pneuma und Institution, 316 f.

544) Ders., Pneuma und Institution, 320; vgl. H I, 399 f.

545) Ders., Pneuma und Institution, 318.

546) Ebd.

547) Vgl. J. Sudbrack, Auf Gott hin ausgespannt, 81.

(Lichtmystik)[548]. Ist christliche Mystik inhaltlich Christuserfahrung, wobei es gleich ist, ob sie "im Paradigma der kontemplativen Schau ... oder der Gottesgeburt im Herzen"[549] beschrieben wird, so erscheint alles Weitere als sekundär. Gilt im Christentum "der Vorrang des Gehaltes vor der Gestalt"[550], muß ein Interesse am Stil, an der Form religiöser Tiefenerfahrung in den Hintergrund treten. Für einen christlich-theologischen Begriff der Mystik gibt es aber noch ein anderes Kriterium: "Christliche Mystik ist nicht esoterisch (oder doch nur in einem relativen Sinne); ob sie im Sinne der besonderen ekstatischen Schau 'da' ist, erweist nicht die Intensität der Empfindung, auch nicht die visionäre Größenordnung oder andere Formen phänomenaler Außerordentlichkeit, sondern die Änderung des praktischen Lebens."[551] Christliche Mystik ist ohne radikale Umkehr nicht möglich. Dem Glaubenden in der Nachfolge Christi sind keinerlei unmittelbare Gotteserfahrungen verheißen. Im Neuen Testament liegt die Betonung auf der Koordinate "Offenbarung-Glaube"[552]. Das Verhalten des Menschen Gott gegenüber ist Antwort auf das vorausgehende "Tatwort" Gottes, unbedingte Bereitschaft, auf Gottes Wegen zu wandeln. "Die archetypisch zu befolgende Methodos ist Christus, der in die Welt kommt, um den Willen des Vaters zu tun ... Ist Christus 'der Weg' (hodos: Joh 14, 6), so bestimmt er die Richtung der Nachfolge ('methodos'), in die er ausdrücklich ruft und auch, gemäß seinem

548) Vgl. D. Mieth, aaO. 153. 157 f.; J. Sudbrack, Mystik, 32: " 'Mystisch' meint zuerst Jesus selbst als Sichtbarkeit und Mysterium des Heilswirkens Gottes, sammelt in sich den Sinn beider Testamente und ist weiterhin lebendig in der Kirche ... Erst über diesen Ursinn wird 'mystisch' zum Beiwort für die Kontemplation der göttlichen Geheimnisse."

549) D. Mieth, aaO. 153; vgl. ebd. 159: "Während die Gottesgeburt stärker aus der paulinischen Tauftheologie stammt, nimmt die Gottesschau eher ihren Ausgang aus dem johanneischen Sehen und Erkennen."

550) Ebd. 153.

551) Ebd; vgl. ebd. 160: "Wenn man von den beiden Kriterien her denkt, die H. Urs von Balthasar für die christl. Mystik aufgestellt hat, das Kriterium des theol. Gehaltes und das Kriterium der praktischen Verifikation der Schau, dann erscheint es als Aufgabe, den christl.-theol. Ort der Mystik zu bestimmen." Vgl. ebd. 162.

552) Vgl. J. Weismayer, aaO. 29 - 31; H. U. von Balthasar, Pneuma und Institution, 305 f.: "Nirgends im Verhalten Jesu, in der Anweisung an seine Jünger ist auch nur die Spur einer technischen Anweisung zum Versenkungszustand zu finden, sowenig wie eine Verführung dazu, nach besonderen religiösen 'Erfahrungen' zu begehren oder zu streben."

Muster, einübt ... Auf diesem Weg gilt nun die entscheidende Maxime, daß nicht die **Erfahrung** einer Einigung mit Gott den Maßstab der Vollkommenheit (der höchsten Aufstiegsetappe) darstellt, sondern der **Gehorsam**, der auch in der Erfahrung der Gottverlassenheit mit Gott genauso eng verbunden sein kann wie in der erfahrenen Einigung."[553] Der Nachfolgende ist nach Paulus "dem gesamten Schicksal Christi gleichgestaltet: mitgekreuzigt, mitbegraben, mitauferstanden, mitaufgefahren"[554]. Es liegt nicht in menschlichem Ermessen, zu welchem Zeitpunkt jeweils der eine oder andere Aspekt der Gleichgestaltung in einem Leben der Nachfolge hervorzutreten hat. Deshalb hält es Balthasar für unumgänglich, einige Schematisierungen innerhalb der christlichen Mystologie[555] kritisch zu hinterfragen. Gegen eine breite Strömung ostkirchlicher Mystik ist geltend zu machen, daß - da die Verklärung auf dem Tabor nur eine Episode im Leben Jesu darstellt, in der außerdem ein Gespräch über das bevorstehende Leiden stattfand (vgl. Lk 9, 31) - "die Erblickung des 'Taborlichtes' nicht als höchste Stufe des mystischen Weges gedeutet werden kann"[556]. Unmöglich ist es aber auch, "den Schematismus der drei Wegstufen 'Reinigung-Erleuchtung-Einigung' so anzuwenden - Johannes vom Kreuz tut es neben vielen anderen - , "daß alles, was als 'dunkle Nacht der Seele und des Geistes' erfahren wird", zur Reinigungsstufe gehört, "als wäre die primäre Absicht Gottes bei diesem Leidenszustand die Seele selbst - ihre Loslösung von irdischen Dingen und die Läuterung ihrer tiefsten Gründe - und nicht viel eher das Werk Christi, in das einzelne Glieder in besonderer Weise einbezogen werden"[557]. Im Christlichen geht es in erster Linie um Stellvertretung und "Gemeinschaft der Heiligen", wogegen die neuplatonische Schematik individuell bleibt. Christliches Vollkommenheits-

---

553) H. U. von Balthasar, Pneuma und Institution, 314; Hervorhebung im Original.

554) Ebd. 315.

555) Vgl. ebd. 307: "Irene Behns Unterscheidung zwischen Mystik als ursprünglicher Erfahrung und Mystologie (bzw. Mystographie) als Reflexion in einem bestimmten Kategorialsystem und Reden und Schreiben darüber (eventuell auch ohne die ursprüngliche Erfahrung) wird deshalb hier unentbehrlich. Dazu käme noch Mystagogie: die theoretisch-praktische Hinleitung zur Erfahrung von Mystik unter Lenkung solcher, die der Erfahrung schon teilhaft geworden sind." Vgl. J. Sudbrack, Mystik, 23 f.

556) H. U. von Balthasar, Pneuma und Institution, 315.

557) Ebd.

ideal ist die schlichte Bereitschaft, ein verzichtendes Raumgeben, die Weggabe eigener Erfahrung hinein in die Erfahrung Christi, welche die "der kenotischen Verdemütigung"[558] ist. Manche Mystiker haben leider die Tendenz – Balthasar verweist auf Teresa von Avila – "persönliche und einmalige Erfahrungen als höhere Stufen des 'normalen' christlichen Weges zu Gott hinzustellen"[559]. Werden besondere Gottesbegegnungen als außerordentliche Phänomene ausgelegt, so ist damit die Gefahr einer elitären Glaubensdimension gegeben. Nach Balthasar neigen Evagrius, Eckhart und Johannes vom Kreuz sogar dazu, ihren ganzen einzigartigen Weg "zu einem Modell für 'christliche Gotteserfahrung überhaupt' zu stilisieren"[560].

In der Nachfolge Christi kann es die verschiedensten Formen der Erfahrungsintensität geben bis hin zur Erfahrung der Nichterfahrung. Nicht der Grad seiner religiösen Erfahrung ist der Maßstab, an dem der Mensch in Gottes Gericht gemessen wird, sondern seine Gottes- und Nächstenliebe. "Die Geschichte der christlichen Mystik kennt Mystikerinnen, die mit höchster subjektiver Intensität das Leiden Christi miterlebt haben; aber wieviel war an dieser Intensität echter Auftrag, wieviel subjektive Aufsteigerung, vielleicht sogar Begierlichkeit, eine Ausnahmerolle zu spielen?"[561] In der christlichen Mystik muß das objektive Mysterium stets den Vorrang über das subjektive Widerfahrnis behalten. Der Akzent ist auf die Entfaltung des christlichen Lebens im Heiligen Geist zu legen und nicht auf außergewöhnliche Erfahrungen. Entscheidend ist, daß der Mensch sich selbstlos hingibt, ohne danach zu fragen, wieviel er selbst in der Begegnung mit Gott erlebt und auf welche Weise sich die Liebesbegegnung vollzieht. Wichtig ist allein, ob Gott im Menschen findet, was er sucht[562]. In den Begriff christlicher

---

558) H I, 398.

559) Ders., Pneuma und Institution, 319; vgl. D. Mieth, aaO. 154 f.

560) H. U. von Balthasar, Pneuma und Institution, 319.

561) Ebd. 320 f.

562) Vgl. D. Mieth, aaO. 162: Eine theologische Mystik "entsteht aus der Eigenart des theol. Offenbarungscharakters selbst. Daher kann sie im christl. Sinne durchaus auch alltäglich sein. Sie widersetzt sich religiösem Leistungsvermögen, religiöser Erfahrungsveredelung, überhaupt allen Techniken der sog. Bewußtseinsmystik. Es kommt in Zukunft sehr darauf an, gegenüber der Vielfalt

Mystik lassen sich nach Balthasar drei Momente in einer bestimmten Reihenfolge integrieren. Er nennt an erster Stelle den "Primat des Mysteriums, angesichts dessen die volle Bereitschaft des Glaubens - ob erlebend oder nicht - die erwartete Antwort ist", danach folgt "die personale Erfahrung, die jeder seinen Glauben lebende Christ unfehlbar auf irgendeine Art vom Mysterium des Kreuzes und der Auferstehung Christi und der Spendung seines Geistes machen wird", und - qualitativ davon abgehoben - erscheinen an letzter Stelle gewisse zum Nutzen der Gemeinschaft "einzelnen Gläubigen geschenkte Sondererfahrungen, die, um recht verwaltet zu werden, große Reinheit der Gesinnung voraussetzen, während sie selbst kein Maßstab für diese Gesinnungsreinheit sind"[563]. Von diesen drei Momenten aus können die nötigen Maßstäbe für eine "Unterscheidung der Geister" gewonnen werden.

Der übliche Fachausdruck "Unterscheidung der Geister"[564] für eine Unterscheidung und Bewertung der Charismen rührt her von der in der frühjüdischen Literatur bezeugten Lehre von den zwei Geistern, die den Menschen begleiten und beeinflussen. Für die richtige Einschätzung eines Sachverhaltes gewinnt die Erkenntnis, ob der Geist der Wahrheit oder der Geist der Lüge einen Menschen bewegt, entscheidende Bedeutung[565]. Ein Prozeß des geistigen Unterscheidens des an sich Gegensätzlichen wird notwendig, Kriterien müssen gesucht werden, Wahrheit und Lüge zu trennen. Ist die Überzeugung von den beiden im Menschen wohnenden Geistern auch nicht Gegenstand der Offenbarung, so kann der von Paulus in 1 Kor 12, 10 (vgl. 1 Kor 2, 12-16) gebrauchte Ausdruck doch nur von diesem Ursprung her einsichtig gemacht

---

mystischer Theologien diese theol. Mystik zu sichten und zu retten." Vgl. H. U. von Balthasar, Pneuma und Institution, 34 - 37; 35: "Weil Gott sein Wesen nicht anders offenbart und zur Teilnahme daran einlädt, als indem er seinen menschgewordenen Sohn für die Welt preisgibt, gibt es christlich keinerlei Weg zur Erfahrung Gottes 'in sich' als den Weg der Nachfolge Christi unter der Führung des Geistes Christi."

563) H. U. von Balthasar, Pneuma und Institution, 323 f.

564) Vgl. TL III, 355 - 375; ders., Pneuma und Institution, 325 - 339; J. Weismayer, aaO. 127 - 136; H. Waldenfels, "Spiritualität", 382 - 387. 396 - 398; G. Ruhbach, Theologie und Spiritualität. Beiträge zur Gestaltwerdung des christlichen Glaubens, Göttingen 1987, 109 - 121.

565) Vgl. TL III, 357 f.

werden[566]. "Es geht um die Frage, wie man zu erkennen vermag, daß eine Gabe, eine Anlage, ein Antrieb vom Geist Gottes kommt."[567] Paulus und Johannes liefern eine erste Regel für die Beurteilung der wahren Geistesgaben: sie sind am Bekenntnis zu Jesus Christus als dem Kyrios zu erkennen (vgl. 1 Kor 12, 3). "Traut nicht jedem Geist, sondern prüft die Geister, ob sie aus Gott sind; denn viele falsche Propheten sind in die Welt hinausgezogen. Daran erkennt ihr den Geist Gottes: Jeder Geist, der bekennt, Jesus Christus sei im Fleisch gekommen, ist aus Gott. Und jeder Geist, der Jesus nicht bekennt, ist nicht aus Gott" (1 Joh 4, 1-3a). Die wahren Geistesgaben werden ersichtlich am rechten Christusverständnis; sie zeigen sich darin, daß sie zu Christus als der Mitte des Glaubens hinführen. Als Kriterium der Unterscheidung zwischen Wahrheit und Lüge dient allein das Bekennen oder Leugnen der Gottessohnschaft Jesu (vgl. 1 Joh 2, 22). Jesus Christus ist das Urcharisma; alle anderen Gaben müssen sich an ihm messen. Er ist die einzige Wahrheit, die in der Kirche zu gelten hat."Eine zweite Regel für die Echtheit von Charismen liegt in der Einordnung in das Ganze der kirchlichen Gemeinschaft, im 'Aufbau' der Gemeinde (vgl. 1 Kor 14; 1 Joh 4, 6). Dazu ist notwendig, daß die einzelnen Gaben nicht aus ihrer Rangordnung (vgl. 1 Kor 12, 28; Eph 4, 11) herausgelöst werden."[568] Das einzelne Charisma lebt aus dem Austausch mit anderen Charismen, die alle dem Aufbau der Gemeinde zu dienen haben. "Charismen sind nicht ekstatisch-exklusiv, sondern diakonisch auszulegen."[569] Werden die paulinischen Charismen auch vom Geist Gottes verteilt, so bedürfen sie dennoch - besonders in der Art,

---

566) Vgl. J. Weismayer, aaO. 127 f.; H.-J. Klauck, aaO. 87: "12[10] '... die Fähigkeit, die Geister zu unterscheiden': διακρίσεις πνευμάτων ist statt mit 'Unterscheidung(en) der Geister' aus philologischen und inhaltlichen Erwägungen heraus besser wiederzugeben mit 'Auslegung von geistgewirkten Äußerungen', d. h. Deutung der Prophetie." Vgl. H. Waldenfels, "Spiritualität", 382 f.: Der Text 1 Kor 2, 12 - 16 macht deutlich: " Es gibt eine Mehrzahl von 'Geist'. Die Mehrzahl von 'Geist' bzw. 'Geistern' ruft nach einem unterscheidenden, das heißt kritischen Verhalten. Das kritische Verhalten ist selbst geistgewirkt, so daß der geisterfüllte Mensch unter der Wirkung des Geistes zu seiner Kritik gelangt. Insofern als der gemeinte Geist der Geist Gottes ist und sich als Geist Christi mitteilt, ist christlich die Erkenntnis des Geistes Christi der Weg der Erkenntnis des Geistes Gottes."

567) J. Weismayer, aaO. 128.

568) Ebd.

569) G. Ruhbach, aaO. 115.

wie sie von charismatisch Begabten dargelebt werden – einer Unterscheidung der Geister, welche nach Paulus ein Charisma des einen Heiligen Geistes ist und eine "Kunst der Ausübung des prüfenden Unterscheidens, dokimazein."[570] darstellt. Zählt Paulus das Charisma der Unterscheidung der Geister auch unter den Charismen des Gottesgeistes auf, so sieht er in ihm doch ein Vermögen, das er der inneren Wachheit und Sensibilität jedes wahrhaften Christen zutraut[571]. Die Unterscheidung der Geister ist dem Glaubenden aufgetragen "im Sinn der Klärung und der Wegweisung für die Gemeinde"[572]. Paulus benutzt mit Absicht das wenig gebrauchte Wort charisma anstelle von pneuma, um Verwechslungen mit einem unchristlichen Ekstatikertum auszuschalten, um den Geschenkcharakter zu betonen "und schließlich um durch den Hinweis auf das Urcharisma Jesus Christus selbst zu unterstreichen, daß Charismen nicht naturhaft, sondern personhaft zuteil werden und damit ein Verhältnis begründen, in dem sich Geber und Empfänger nicht aus dem Auge verlieren. Damit wird das Charisma vom Enthusiasmus einerseits und vom Doktrinalismus andererseits abgegrenzt."[573] Für eine Unterscheidung der Geister ist beides erforderlich, ein Leben des Glaubens und ein Denken des Glaubens, vita spiritualis und theologisches Bemühen. Die Bestimmung des Charismas muß im einzelnen offen bleiben, da sich das unter geistlichem Leben Gemeinte mit menschlichen Kriterien nur annäherungsweise beschreiben läßt. "Im Vollzug ergibt sich die Unterscheidung der Geister, nicht per definitionem."[574]

Sprechen aus Gott und im Sinne Gottes und Reden aus sich selbst – verbunden mit dem Anspruch eines Sprechens gemäß Gott – sind oft schwer zu unterscheiden. Nach 1 Joh 4, 1 (vgl. 1 Thess 5, 21) ist die Bemühung um das Erkennen der Stimme Gottes, der Anregung seines Geistes von der Gemeinde insgesamt gefordert. "Die Hierarchie, der in besonderer Weise die Prüfung

570) TL III, 359; Hervorhebung im Original.

571) Vgl. G. Ruhbach, aaO. 115: "Nicht ein einzelner, nicht ein Berufsstand, nicht die Institution und ihre Repräsentanten allein üben 'Unterscheidung der Geister' aus, sondern die ganze Kirche ist daran beteiligt."

572) Ebd. 113.

573) Ebd. 113 f.

574) Ebd. 114.

der Geister obliegt, muß sich bewußt bleiben, daß die geistgewollten und -geführten Neuaufbrüche innerhalb der Kirche in seltenen Fällen von ihr ausgehen, sondern aus den Reihen der nichtamtlichen Gläubigen aufblühen - man denke an Franz von Assisi, Ignatius, Teresa von Avila und viele andere - oder von geistentzündeten Priestern erweckt werden - einem Franz von Sales, Vinzenz von Paul, Philipp Neri, Bérulle, der wie Newman erst spät Kardinal wurde."[575] Für das kirchliche Amt ist es oft schwer einzusehen, daß ein charismatischer "Geist" auch dann als echt erfunden werden kann, "wenn er eine bestimmte Kritik an kirchlichen Verhältnissen übt oder etwas zeitgemäßes Neues in die Kirche einzuführen beauftragt ist, das dem Amt nicht von vornherein einleuchtet"[576]. Heilige und spirituelle Persönlichkeiten als Gaben des Geistes an die Kirche zu verstehen, gelingt meistens erst im nachhinein, wenn der Versuch gelungen ist, aus eingefahrenen Bahnen der Routine zum "Ernstfall" christlichen Lebens zurückzufinden[577]. Es gehört zum Schicksal der Charismen, daß sie zunächst in Spannung zum Herkömmlichen, Festgefügten stehen, da das Neue, Dynamische als Gefährdung des Bisherigen eingestuft wird[578]. Oft ist ein mühseliger Lernprozeß nötig, um zu begreifen, daß ein charismatischer Aufbruch das unterscheidend Christliche wieder zum Vorschein bringt und nicht zerstört. Der junge Orden der Jesuiten wird von außen her "von angesehenen Theologen noch über den Tod des Ignatius hinaus als eine Gemeinschaft von 'Alumbrados' verdächtigt, von Menschen also, die ihre eigene Gebets- und Gotteserfahrung über die Lehre und die Anliegen der Kirche"[579] stellen. Innerhalb des Ordens werden "die Schriften aus dem Umkreis der Deutschen Mystik auf den ordensinternen Index der verbotenen Bücher"[580] gesetzt: Tauler, Ruusbroec, Seuse, Mechthild von Magdeburg. Die Tragödie der Maria Ward gewährt Einblick in die ungeheuren Spannungen, die zwischen Charisma und Amt aufbrechen können. "Es gibt in

---

575) TL III, 292.

576) Ebd.

577) Vgl. ders., Cordula oder der Ernstfall, Einsiedeln 1966, 5 - 21.

578) Vgl. J. Weismayer, aaO. 136; K. Rahner, Schriften zur Theologie VII, Einsiedeln - Zürich - Köln 1966, 77 - 90.

579) J. Sudbrack, Ignatius von Loyola und sein Orden - Ursprung aus der Erfahrung, in: Geist und Leben 56 (1983) 269.

580) Ebd. 270.

der Kirche keine Heiligkeit, die nicht ihre eigentliche Bewährung am Widerstand der innerkirchlichen Beharrungskräfte zu bestehen hätte; gegenüber dem neuen Boten von Gott her scheint der bisherige Gläubige in possessione zu sein: ist er nicht mit allem Nützlichen ausgerüstet und was bedarf er neuer Propheten?"[581] Es sind die Bescheidwissenden, insbesondere geistliche Personen, die den Charismatikern ein wahres Martyrium bereiten. Die Wahrheitsfrage läßt sich meistens nicht anders beantworten als in einem gemeinsamen Ringen um die Wahrheit. Nicht ein kritikloses Zudecken der Fehler und Sünden in der Kirche ist das Ideal, sondern mitleidende, auch Negatives aufdeckende Liebe.

Zur Beurteilung charismatischer Phänomene wird jeweils zu untersuchen sein, ob sie den Blick auf das Ganze christlicher Spiritualität freigeben, ob sie ins Zentrum des Christseins hineinführen oder aber einen Teilaspekt absolut setzen. Immer muß es um das Leben mit Gott durch Jesus Christus im Heiligen Geist gehen, nicht um einen Kult der Erfahrung, ist Gott doch wesenhaft nur durch Nichterfahrung hindurch erfahrbar[582]. "Die überlieferten klassischen 'Regeln zur Unterscheidung der Geister' (vom Pastor Hermae über Origenes, Antonius, Evagrius, Diadochus, zu Bernhard, Dionys dem Kartäuser und zum Exerzitienbuch Ignatius' von Loyola weisen immer wieder, in verschiedenster Weise, auf die Gebrochenheit solcher Erfahrung, die sich erst dort zu einer Eindeutigkeit klärt, wo der Christ und Beter eine gewisse Endgültigkeit der Loslösung von sich selbst und seinen Erfahrungserwartungen erreicht hat."[583] Stets ist zu unterscheiden "zwischen Gelassenheit in die personalen Verfügungen des Heiligen Geistes und der leeren impersonalen Transzendenz des eigenen Geistes"[584], zwischen gotthöriger und selbstherrlicher Vernunft. Zielt in der echten Gelassenheit alles auf die Anbetung der trinitarischen Liebe hin - in einer unendlichen Verflüssigung des Herzens -, führt die falsche Gelassenheit - weil gebetslos - zu einer Versteinerung des Herzens. Während in der wahren Gelassenheit die verheißene Geistesgegen-

581) H. U. von Balthasar, Schleifung der Bastionen, Einsiedeln 1952, 13.

582) Vgl. ders., Pneuma und Institution, 336.

583) Ebd. 337.

584) H III, 1/ 2, 412.

wart des lebendigen Gottes erwartet wird, bleibt der falschen lediglich ihre eigene Geistesgegenwart übrig. Die Aufgabe der Geistunterscheidung ist oft mühsam und langwierig. Alles Bemühen um eine verantwortete Unterscheidung der Geister erfordert große geistliche Erfahrung[585]. Eine Unterscheidungslehre ergibt sich nicht von selbst, sondern verlangt auch als Charisma ein Abwägen und Prüfen der Argumente, ein Berücksichtigen der jeweiligen Situation und Person. "Was Gott in der Mitte eines Menschen von ihm will, kann nur recht vernommen werden, wenn es eingeborgen ist in die Umkreise des Lebens - in die Gemeinschaft der Kirche, in die Vernunft des Urteilens, in eine gewisse Zeitspanne des Hin- und Her-Überlegens, in die Umwelt dessen, zu dem Gott spricht."[586] Oft zeigt sich erst nach langdauerndem Suchen die konkrete Form einer Berufung, der von Christus zugedachte Weg[587].

Die Exerzitien des Ignatius[588] sind aus einem solchen Prozeß der Suche nach dem richtigen Weg hervorgegangen. Sie sind eine Anleitung zur Erfahrung und Entscheidung und wollen dem suchenden Menschen helfen, den ihm zugewiesenen Weg zu finden. "Hilfe für diese Entscheidungsfindung ist für Ignatius die 'Unterscheidung der Geister'. Er ist überzeugt, daß Gott jeden innerlich bewegt; aber diese Bewegungen und Impulse, die von Gott herkommen, sind von jenen zu unterscheiden, die in die Irre führen, die Täuschung sind, die nicht den Weg darstellen, den Gott weist."[589] Will der Mensch den ihm zugedachten Weg finden, muß er für Gottes Anregungen vollkommen offen und verfügbar sein, hat er allein auf die Eingebungen des Gottesgeistes zu horchen und einzig nur das zu ersehnen und zu erwählen, was dem Willen Gottes entspricht[590]. In der Wahl des für den einzelnen von Gott verfügten

---

585) Vgl. TL III, 362; G. Ruhbach, aaO. 116.

586) J. Sudbrack, Geistliche Führung, 108.

587) Vgl. J. Weismayer, aaO. 196 f.

588) Vgl. J. Sudbrack, Ignatius von Loyola und sein Orden, 278 - 281; H I, 286 f.

589) J. Weismayer, aaO. 197; vgl. TL III, 360 f.

590) Vgl. H III, 1/ 2, 456: "Wie Caterina von Siena in ihre indifferente Liebesbereitschaft hinein mit den Stigmen des Liebeswillens Gottes begabt und in ihre Sendung eingesetzt wurde, so erhält der Jesuit in der Gelassenheits- und Kontemplationsschule der Exerzitien die Sendung, die ihn befähigt, aus der

Lebensweges fallen göttliche und menschliche Freiheit in Reinheit zusammen[591]. Im Ja zu Gottes Willen wird der Mensch wahrhaft Person, sich entscheidend für einen Lebensstand - Ehe oder geweihtes Leben - und die Sendung ergreifend, die Gott ihm anvertrauen will. Er wird als ganzer durchsichtig auf den ihn Sendenden. Sich in Indifferenz dem Auftrag Christi zur Verfügung stellend, ist er Repräsentant seines Herrn, ohne deswegen sein Person-Sein aufzugeben. Die Vollendung des Reiches Gottes, das "Ich lebe, aber nicht ich, Christus lebt in mir" als das Allwirken Gottes darf im aktiven Mit-Wirken des Menschen - in Gelassenheit, Hingabe und Dienst - gesucht werden. Es handelt sich um eine aktive Indifferenz, nicht um ein bloßes Geschehenlassen, da der besondere Wille Gottes aktiv gesucht werden muß, um dann aktiv ergriffen und durchgeführt zu werden[592]. Die Selbstvernichtung ist bei Ignatius genau so radikal wie bei Franz von Assisi oder Eckhart, "dennoch übernimmt sie die thomanische Metaphysik der Zweitursachen, letztlich der ernstgenommenen analogia entis, wodurch die innere Synthese der beiden im Mittelalter nebeneinander laufenden Hauptströmungen - 'Scholastik' und 'Mystik' - gelingt"[593].

Grundprinzip der Exerzitien ist die fruchtbare Spannung zwischen der Klugheit, mit deren Hilfe Ignatius seine Lebensentscheidung trifft, und der intuitiven Gewißheit von Gott her. Rationales Bedenken steht hier nicht gegen innere Erleuchtung, Reflexionserkenntnis nicht gegen eine Erfahrung des Geistes. Christliche Entscheidung vollzieht sich als Einheit von vernünftiger Überlegung und wachem Hinhören auf den Geist Gottes mit seinen für den einzelnen bestimmten Impulsen[594]. Die Exerzitien des Ignatius kennen die

---

transzendentalen Universalität (der grundsätzlichen Bereitschaft zu allem) heraus ohne geistige Einschränkung einen partikulären Auftrag zu erfüllen."

591) Vgl. TL III, 361.

592) Vgl. H III, 1/ 2, 457 f.; J. Weismayer, aaO. 44 f.

593) H III, 1/ 2, 459.

594) Vgl. F. Brüngel, "Erfahrung des Geistes", in: H. Vorgrimler (Hrsg.), Wagnis Theologie. Erfahrungen mit der Theologie Karl Rahners, Freiburg - Basel - Wien 1979, 23 f.; B. van der Heijden, Karl Rahner. Darstellung und Kritik seiner Grundpositionen, Einsiedeln 1973, 201 - 203; J. C. Scannone, Die Logik des Existentiellen und Geschichtlichen nach Karl Rahner, in: H. Vorgrimler (Hrsg.), Wagnis Theologie, 82 - 89, bes. 85 f.

sogenannten "drei Wahlzeiten", die nicht gänzlich voneinander getrennt auftreten, sondern Aspekte einer Wahl bedeuten. Sie können folgendermaßen charakterisiert werden: Die erste Wahlzeit ist der Idealfall: eine Offenbarung im strikten Sinn, in der jeder Zweifel über den Willen Gottes unmöglich ist, eine Gewißheit, in welcher der Mensch so eindeutig von Gott berührt wird, daß er der Stimme Gottes folgt, ohne zu zweifeln; die zweite vollzieht sich in der Zustimmung zum Ergebnis längerer Betrachtungen der eigenen inneren "Gestimmtheiten", Bewegungen, an deren Grundausrichtung der Wille Gottes erkannt werden soll; die dritte Wahlzeit - sie wird beim Nicht-Gelingen der zweiten eingesetzt - besteht in der rationalen, auf Gott ausgerichteten Reflexion, die allerdings auch in der zweiten nicht völlig fehlt, da die "Geister" keine blinden Antriebe sind, sondern in Erkenntnissen und Werterfassungen bestehen. Die zweite Wahlzeit ist als der Normalfall anzusehen. Die Wahl ergeht durch die Erkenntnis der guten Geister. Ausgehend von seiner geistlichen Erfahrung, gewinnt Ignatius eine Methode der gläubigen Findung des konkreten Individualwillens Gottes. In der Zeit vor Ignatius kennt man entweder die Vorstellung von einer Inspiration, die jeder nachträglichen Prüfung entzogen ist und somit keiner impliziten Logik bedarf, oder wenn man das Moment der Regelhaftigkeit anerkennt, geht es um eine Form der Wahl, die man nicht selber vollziehen muß und die deshalb auch keine Logik der existentiellen religiösen Erkenntnis und der richtigen Entscheidung erfordert. "Wenn es beim hl. Ignatius eine solche Methode und eine solche Logik gibt, dann deshalb, weil er sie auf ein Prinzip bzw. einen Logos bezieht, in dem sie begründet sind. Nach Rahner übernimmt die 'consolación sin causa' (der 'gegenstandslose Trost') in der ignatianischen existentiellen Logik eine ähnliche Funktion wie die der ersten Prinzipien in der allgemeinen Logik und Ontologie. Sie ist daher jenes Prinzip, welches die Regeln der Unterscheidung der Geister begründet und ermöglicht, so daß diese infolgedessen nichts anderes sind als der konkrete, geregelte Einsatz dieses Prinzips und seiner Grundevidenz."[595] Man kann das Prinzip des gegenstandslosen Trostes als spekulativ-praktisch bezeichnen, da es, obwohl prak-

595) J. C. Scannone, aaO. 86; vgl. ebd. 88 f.

tisch, "ein spekulativer Logos mit Weisheitscharakter ist"[596]. Die Logik existentieller Heilsentscheidungen im Licht der Gnade wird durch Ignatius reflexe Wissenschaft, Wissenschaft der Heiligen für die christliche Existenz. "Damit ist natürlich nicht bestritten, daß schon vor Ignatius in der Lehre von der 'Unterscheidung der Geister' usw. Vorläufer der von ihm entwickelten Wissenschaft der Heiligen gegeben waren, noch daß das, was Ignatius zu einer 'Wissenschaft' erhoben hat, in der Folge nur schlecht verstanden und wenig weiterentwickelt wurde."[597]

Die Exerzitien - sie erstreben eine "Wahl" aus der Betrachtung des Lebens Jesu Christi, "eine Existenz aus der Fülle der christlichen Idee"[598] - sind zur Schule der Heiligkeit für die folgenden Jahrhunderte geworden. Nach Balthasar setzt Ignatius "unmittelbar an dem johanneischen Punkt an, wo Wissen und Leben identisch zu werden haben"[599]. Seine "Geistlichen Übungen" stellen "jenen einfachen, christlichen Begriff der Wahrheit" wieder her, "der die Einheit von Einsicht und Tat ist"[600], von Geist und Leben, von theoretischer und praktischer Vernunft. Ignatius bezieht sein Wissen aus der Offenbarung, "die ihm ebenso unmittelbar aus der Schrift und der Kirche zukommt wie aus der innern Erleuchtung des Geistes, zumal aus jener universalen Geisteingießung am Flusse Cardoner"[601]. Es ist der Heilige Geist, der den

---

596) Ebd. 87; vgl. Anm. 12: "Es ist spekulativ, weil es ein logisches und spekulativ-theologisches Prinzip ist, aber es ist nach der Form der Weisheit, weil es mehr 'weiß', als es reflektieren und theoretisch ausdrücken kann." Vgl. K. Rahner, Im Anspruch Gottes. Bemerkungen zur Logik der existentiellen Erkenntnis, in: Geist und Leben 59 (1986) 241 - 247.

597) K. Rahner, Im Anspruch Gottes, 243 f.

598) H. U. von Balthasar, Verbum Caro, 203; vgl. R. García-Mateo, Martin Luther - Ignatius von Loyola - Teresa von Avila, in: Geist und Leben 59 (1986) 351-353. 356 f.

599) H. U. von Balthasar, Verbum Caro, 203.

600) Ebd.

601) Ebd.; vgl. H III, 1/ 2, 460, Anm. 4; R. García-Mateo, aaO. 347 f.: Die Gotteserfahrung des Ignatius vollendet sich "mit der 'Erleuchtung' am Fluß Cardoner: ... 'In Andacht versunken, ging er so dahin und setzte sich eine kleine Weile nieder mit dem Blick auf den Fluß ... Wie er nun so dasaß, begannen die Augen seines Verstandes sich ihm zu öffnen. Nicht als ob er irgendeine Erscheinung gesehen hätte, sondern es wurde ihm das Verständnis und die Erkenntnis vieler Dinge sowohl über das geistliche Leben wie auch über die Wahrheiten des

Menschen innerlich belehrt; die Geisteinbrüche ermöglichen eine Bekehrung des Denkens: zum vollen Begriff der Wahrheit gehört der Begriff der Liebe, die je größere Wahrheit ist nur in der je tieferen Liebe zu erreichen. Der Prozeß des Lebens im Heiligen Geist ist die Voraussetzung dafür, daß objektive Wahrheit auch subjektive Wirklichkeit wird, daß die abstrakte Logik des Erkennens eingebettet bleibt in eine Lebenslogik. Die umgreifende Sphäre trinitarischer Logik muß auf irgendeine Weise erfahren werden, damit der Mensch im Horchen und Gehorchen darauf die Wahrheit zu erkennen und auf sie hin seine Entscheidung zu treffen vermag. In der zweiten Vorbemerkung des Ignatius zu den Exerzitien heißt es: "Denn nicht die Überfülle des Wissens sättigt und befriedigt die Seele, sondern das Spüren und Verkosten der Wahrheit selbst im Innern."[602] Der Sinn der Offenbarung Gottes liegt nicht in der ständigen Vermehrung des Wissens, sondern darin, daß der Mensch mit dem dreieinigen Gott, dem Grund und Ziel seines Lebens, Gemeinschaft hat, eine lebendige Beziehung eingeht.

---

Glaubens und über das menschliche Wissen geschenkt. Dies war von einer so großen Erleuchtung begleitet, daß ihm alles im neuen Licht erschien ... Dieses Ereignis war so nachdrücklich, daß sein Geist wie ganz erleuchtet blieb. Und es war ihm, als sei er ein anderer Mensch geworden und habe einen anderen Verstand erhalten, als er früher besaß.'" R. García-Mateo zitiert hier Ignatius von Loyola, Der Bericht des Pilgers, hrsg. von B. Schneider, Freiburg ²1986, Nr. 30. Vgl. F. Weinhandl, aaO. 12 f.; F. Ciardi, Menschen des Geistes. Zu einer Theologie des Gründercharismas, Vallendar/ Schönstatt 1987, 52 - 55.

602) F. Weinhandl, aaO. 64 f.; vgl. J. Sudbrack, Die "Anwendung der Sinne" als Angelpunkt der Exerzitien, in: M. Sievernich/G. Switek (Hrsg.), Ignatianisch. Eigenart und Methode der Gesellschaft Jesu, Freiburg - Basel - Wien 1990, 96-119, bes. 105 - 110.

Die im Lauf der Jahrhunderte der Kirche geschenkten Charismen des Geistes haben als neue Beleuchtungen und Interpretationen des Evangeliums nach Balthasar nicht nur eine eminent praktische Bedeutung, sondern sie sind zugleich auch wesentlich theologischer Natur: "Sie zeigen den genauen Punkt, auf welchen der Heilige Geist in einer bestimmten Epoche die Kirche aufmerksam machen möchte. Durch Augustin auf die Gnade, durch Bernhard und Bonaventura auf bestimmte Formen der menschgewordenen Liebe, durch Franz auf die Demut und Armut, durch Hildegard auf große Zusammenhänge der Heilsökonomie und des zwischen Himmel und Erde sich austauschenden mystischen Leibes."[603] Da es immer ein Grundaspekt der Offenbarung ist, der neu in Erscheinung tritt, ein Gesichtspunkt, der die ganze Offenbarung durchzieht, kann die Theologie als Auslegung der Offenbarung von ihm nicht absehen. Ist der Heilige in seiner Existenz ein "Beweis" für die Wahrheit der Offenbarung, muß theologische Beweisführung auf einen engen Kontakt mit der Heiligkeit Wert legen und den Versuch wagen, sich ihr im Geist anzugleichen, "in dem einen Heiligen Geist der vielen heiligenden Gaben, unter denen es auch Weisheit und Wissenschaft und Rede aus Gott (Prophetie) gibt"[604]. Die auf objektiver und subjektiver Heiligkeit gegründete Kirche wird nach Ansicht Balthasars "von nichts stärker befruchtet als von einer Zusammenarbeit von Theologie und Heiligkeit, die miteinander die jeweils aktuelle Auslegung und Darstellung der objektiven Offenbarung Gottes in Christus geben können"[605]. Zweierlei ist notwendig, um die in der Väterzeit bis hin zu den großen Scholastikern überaus fruchtbare Synthese erneut anzubahnen: zum einen "eine theologische Hagiographie, d.h. die Bemühung, aus den großen und kirchlich bedeutsamen Heiligkeitssendungen den theologischen Gehalt herauszuschälen, der auch dort vorhanden sein kann, wo der Heilige selbst nicht ausgesprochener Theologe war, wie z.B. bei Aloisius, Vinzenz von Paul, Jean Eudes, Vianney, Therese von Lisieux"; zum anderen

---

603) M. Kehl/ W. Löser (Hrsg.), In der Fülle des Glaubens. Hans Urs von Balthasar-Lesebuch, Basel - Freiburg - Wien 1980, 371.

604) TD II, 1, 113.

605) M. Kehl/ W. Löser (Hrsg.), aaO. 371.

"eine konsequente Sorge in Gegenwart und Zukunft für die Beschäftigung der Heiligen auch mit theologischer Auslegung der Schrift, der Theologen mit dem Leben und den Problemen der Heiligen und der Heiligkeit"[606]. Eine erneuerte Hagiographie wird in den Augen Balthasars eine enorme Bereicherung für die ganze Kirche bringen - auch in der Lehre. Es gilt, die häufig abstrakt und schematisch bleibende Schultheologie "durch ein vertieftes, nicht nur historisch-deskriptives, sondern wahrhaft theologisch-erklärendes Studium der Heiligen"[607] zu verlebendigen.

Balthasar verweist auf Ignatius, der - obwohl kein Schultheologe - in seinen "Geistlichen Übungen" eine herausragende "Lehrsendung" in der Kirche beanspruchen kann. Die Exerzitien sind nicht einfach in das Gebiet der Praxis einzuordnen, sondern erfordern ein durchdringendes theologisches Studium, will man ihren Gehalt annähernd ausschöpfen; auch dem theoretischen Theologen können sie entscheidende Hinweise und Anregungen geben, da sie die Gottesfrage neu aufwerfen. "Die theologische Sendung von Ignatius kreist um die Zentren: 'Wahl', 'Indifferenz', 'Gehorsam'. Mittelpunkt der Exerzitien ist die Wahl, die zentrale Begegnung mit Gott ist Begegnung mit einem wählenden Gott."[608] Gott wird erfahren als einer, der "in unbegreiflicher Freiheit wählend herabfährt auf den Erwählten"[609] mit der Absicht, ihn für seine nicht vorhersehbaren Pläne in Beschlag zu nehmen. Die Haltung der

606) Ebd. 371 f.; vgl. G. L. Müller, aaO. 306: "Durch die innere Geschichte der Gnade und der Sendungen, durch den Einblick in die geheimen Seelenführungen des Heiligen Geistes wird erst über eine bloße Orientierung an den Glaubensartikeln hinaus die lebendige Auswirkung des Heilsplanes Gottes in der Gemeinschaft der Heiligen erkennbar, der er sich schenkt, die er zum Abbild seines dreieinigen Lebens macht, und in deren Austausch der Personen er die Geschöpfe, die 'theologischen Personen', einbezieht. Hagiographie als eminent theologische Aufgabe müßte dann über eine biographisch-psychologische und aszetisch-mystische Engführung hinausgehen, die nur die Konsequenz der Trennung von Theologie und Spiritualität ist und die große Gefahr der anthropozentrisch empfindenden Neuzeit darstellt. Es müßte eine übernatürliche Phänomenologie der großen Sendungen entwickelt werden, um darin das Wort Gottes und die Inkarnationen der Gnade zu erkennen, zu verstehen, auszulegen und fruchtbar zu machen für das Selbstverständnis des Christentums."

607) M. Kehl/ W. Löser (Hrsg.), aaO. 372.

608) Ebd.; Hervorhebung im Original; vgl. H. U. von Balthasar, Spiritus Creator, 308f.

609) M. Kehl/ W. Löser (Hrsg.), aaO. 372.

vollkommenen Bereitschaft auf seiten des Menschen ist Voraussetzung für ein Wählen der Wahl Gottes; die rein kreatürliche Freiheit wird aufgegeben zugunsten einer Teilnahme an der Freiheit Gottes im Mitvollzug seiner Wahl. Die Exerzitien enthüllen ein Gottesbild, das sein Zentrum "in einer personalen Souveränität der je-einmaligen Entscheidung" hat, ein Gottesbild, "wie es erschienen ist und einzig zugänglich bleibt im je-einmaligen Erscheinen, Begegnen und Erwählen Christi"[610] und seinem Ruf zur Nachfolge. Ein Menschenbild wird vorgestellt, das seine Mitte besitzt im anbetenden Lob, in ehrfürchtiger Verehrung, im selbstlosen Dienst Gottes[611] und in der Bereitschaft "zu einem nie, weder im ganzen noch im einzelnen, aus der eigenen Natur abzulesenden, vorauszuberechnenden Willen Gottes"[612]. In jedem Augenblick des Lebens ist die je-neue persönliche Wahl Gottes mitzuvollziehen; die analogia electionis "hat zur alles durchformenden Form des christlichen Lebens zu werden"[613]. Um die Theologie der Exerzitien zu fundieren, ist ein Bild der Trinität zu entwerfen, in dem "das dreifaltige Leben als die gegenseitige Wahl und das gegenseitige Wählen-lassen in der Liebe als Bestimmung und Indifferenz in der grundlosen personalen Freiheit Gottes (unbeschadet der Nezessität der Prozessionen) beschrieben"[614] wird. Man gewinnt dieses Bild aufgrund des in Jesus Christus geoffenbarten Gottesbildes, was einen doppelten Vorteil hat: das trinitarische Leben wird von der Offenbarung Gottes im Fleisch her konkret, das Leben Jesu Christi kann bis ins einzelne trinitarisch ausgelegt werden. Die ganze Mystik des Ignatius ist, verfolgt man sie auf ihre Quellen zurück, eine trinitarische.

"Die Theologie der Heiligen ist zunächst und vor allem implizite Theologie. Die Explizierung bleibt Aufgabe der rationalen Theologie."[615] Nach Ansicht Balthasars könnte vor allem die Christologie durch die Erfahrungen der Heiligen bereichert werden. Sie ist leider bis heute "bei dem formalen

---

610) Ebd.

611) Vgl. H III, 1/ 2, 458; ders., Homo creatus est, 23 f.

612) M. Kehl/ W. Löser (Hrsg.), aaO. 372.

613) Ebd. 373.

614) Ebd.

615) M. Lochbrunner, aaO. 72.

Rahmen von Chalkedon stehengeblieben"[616], der durch die gesamte Glaubenserfahrung der Kirche durchaus ausgefüllt werden könnte. Sind auch die inneren Erfahrungen des leidenden Messias - sie machen das Zentrum der Erlösungslehre aus - von rein menschlichen Gefühlen des Schmerzes her nicht zugänglich, so gibt es doch "die kirchlichen Gnaden der Passionsteilnahme, Erfahrungen der Heiligen, die in gar keiner Weise verständlich zu machen sind als durch eine Anteilgabe an den christologischen Zuständen"[617]. Theologie darf sich der Mühe nicht entziehen, "das unabsehbar weite Feld der 'Dunkeln Nächte'"[618] in den Blick zu nehmen, kritisch zu untersuchen und dogmatisch auszuwerten[619]. Der Versuch muß unternommen werden, mystische Erlebnisse für das Glaubensverständnis fruchtbar zu machen. Nicht das Phänomen als solches ist von Bedeutung, "nicht einmal die aus Gnade miterlösende Funktion ist das Einzig-Wichtige, sondern daß etwas von der Passion durch die Gnade des Hauptes immer wieder im Leib gegenwärtig gesetzt wird und daß der Leib das, was ihm geschieht, vom Haupt her und auf das Haupt hin verstehen sollte"[620]. Die Mitte der Christologie Balthasars, die Theologie des Karsamstags, ist ohne die mystischen Erfahrungen der Adrienne von Speyr nicht denkbar. Erstmals in der Kirchengeschichte war es ihr auferlegt, die Nachfolge des toten Christus am Karsamstag antreten zu dürfen. "Adriennes Erfahrung ist in der Theologiegeschichte einmalig, sie versetzt uns jenseits des Entweder-Oder von Origenes und Augustinus. Sie rechtfertigt den Überschwang der christlichen Hoffnung über die Furcht und

---

616) H. U. von Balthasar, Verbum Caro, 214.

617) Ebd. 215.

618) Ebd.

619) Vgl. ders., Spiritus Creator, 87: "Es ist seltsam und beschämend für die katholische Theologie, daß kein Theologe je auf den Gedanken kam, die so zahlreichen Dokumente über die Erfahrung der Gottverlassenheit bei kanonisierten und nichtkanonisierten Christen zum Gegenstand einer christologisch-ekklesiologischen Studie zu machen." Vgl. ders., Mysterium Paschale, 154 - 158. 175 - 182; 154: "Damit aber neben dieser konziliaren und Schul-Dogmatik das Personale theologisch primär zum Zuge kam, bedurfte es immer wieder einer Gegenbewegung, die von einer impliziten Theologie der großen Heiligen und ihrer Christusbegegnung ausging und sich mehr oder weniger glücklich in ihrem Gefolge in eine explizite Passionstheologie umzusetzen versuchte." Vgl. H. Schürmann, Im Knechtsdienst Christi. Priesterliche Lebensformen, Freiburg - Basel - Wien 1985, 80 - 82.

620) H. U. von Balthasar, Verbum Caro, 215 f.; Hervorhebung im Original.

gibt doch dem ganzen Problem durch die trinitarische Auslegung einen wohl noch nie gekannten - aber ganz christlichen - Ernst."[621] Für Adrienne kann der Inhalt mystischer Erlebnisse legitim nichts anderes sein als eine Vertiefung der Glaubenswahrheiten, die keineswegs an ihren Rändern erweitert, sondern in ihrem Zentrum erhellt und für das christliche Leben verlebendigt werden[622]. Die Objektivität des Auftragsgehorsams steht im Vordergrund, die genaue Durchgabe dessen, was Gott der Kirche mitteilen will; mystische Zustände sind eigens für das jeweilige Objekt geformt und können deshalb nur im Zusammenhang mit dem zugehörigen Inhalt beschrieben werden. Die implizite Theologie der Adrienne von Speyr beschränkt sich nicht auf das Thema des Descensus; es werden auch andere heilsgeschichtliche Christusmysterien angesprochen. Als "Kurzbeschreibung ihres so weit verzweigten Charismas" kann die "Ausweitung des Ignatianischen in das Gesamttheologische"[623] gelten.

Theologie und Heiligkeit sind aufeinander verwiesene Größen[624]. Es kommt darauf an, die Theologie heilig und die Heiligkeit theologisch zu sehen. Dogmen sind von ihrem Ursprung her Sprache der Anbetung. Die Berührung von dogmatischer und spiritueller Theologie, die vom Gebet beseelt ist, erscheint für die Substanz und den lebendigen Vollzug des Glaubens unverzichtbar. Neben der schöpferischen theologischen Theorie und Forschung hat das Christentum die Begegnung mit den Heiligen nötig, sind sie doch "der

---

621) Ders., Erster Blick auf Adrienne von Speyr, Einsiedeln 1968, 59; Hervorhebung im Original.

622) Vgl. ders., Adrienne von Speyr (1902 - 1967). Die Miterfahrung der Passion und Gottverlassenheit, in: Geist und Leben 58 (1985) 65.

623) Ebd. 62.

624) Vgl. G. L. Müller, aaO. 305: "Ein rein wissenschaftliches Interesse an der objektiven Lehre und Institutionalität erweist sich der personalen Selbsterschließung Gottes gegenüber als inadäquat, ebenso die Vorstellung einer prinzipiell durchführbaren Scheidung von wissenschaftlicher Theologie und gelebter Spiritualität und Frömmigkeit. Nur eine 'Theologie der Heiligen' kann eine solche halbseitige Lähmung des mystischen Leibes überwinden, indem in ihrem Horizont der ursprüngliche Zusammenhang von objektiver und subjektiver Heiligkeit aufgeht, wie ebenso von Institution und Charisma, Lehre und Leben, Aktion und Kontemplation, Orthodoxie und Orthopraxie, von methodisch-wissenschaftlicher Theologie und spiritueller Grunderfassung der personalen Mitte des Christentums."

eigentliche, vom Geist selbst geschriebene Kommentar der Evangelien, viel aufschlußreicher als die fünf Bände von Billerbeck"[625]. Die Geschichte der Gnade im lebendigen Heiligen hat für die wissenschaftliche Theologie große Bedeutung. Ist Spiritualität die subjektive Seite der Dogmatik[626], so gehört in die theologische Reflexion auch der induktive Weg einer Erfahrung des Glaubens. "Die Theologie von heute soll deshalb eine 'lebendige und mutige Mystagogie in diese Erfahrung' sein, eine Theologie, die den Bruch zwischen lebendiger Frömmigkeit und abstrakter Theologie zu heilen vermag."[627] Gefordert ist ein neues Durchdenken der Theologie im Lichte experimenteller Erfahrung. Dabei sind die Mystiker und ihre Aussagen über Inhalte des christlichen Glaubens als gültige theologische Quellen ernstzunehmen.

Der Dialog zwischen Dogmatik und Spiritualität muß immer wieder gesucht werden; gibt es eine frömmigkeitskritische Aufgabe der Theologie, so darf es auch eine Kritik der Frömmigkeit an der Theologie geben. Wahrheitsfindung vollzieht sich im Dialog: Standpunkte öffnen sich zueinander, eine Haltung entsteht, die zu neuem Hören offen bleibt, ein Lernprozeß wird in Gang gesetzt, der es ermöglicht, den eigenen Standpunkt zu übersteigen. Ergeben Dialoge gemeinsam auch kein überblickbares System - es kommt dem Menschen nicht zu, je einen Überblick über die Offenbarung des lebendigen Gottes zu gewinnen - , so entsteht doch ein reiches Orchester, "dessen verschiedene Instrumente zueinander passen: ihr Zusammenstimmen beweist, daß sie sich allesamt nach einer gleichen (sie alle überspielenden, aber in sich begreifenden) Partitur richten"[628]. Die Einheit kann nicht von unten

625) H. U. von Balthasar, Spiritus Creator, 87.

626) Vgl. ders., Verbum Caro, 227.

627) H. D. Egan, "Der Fromme von morgen wird ein 'Mystiker' sein", in: H. Vorgrimler (Hrsg.), Wagnis Theologie. Erfahrungen mit der Theologie Karl Rahners, Freiburg - Basel - Wien 1979, 101. Vgl. P. Imhof/ H. Biallowons (Hrsg.), Karl Rahner. Im Gespräch, Bd. 2: 1978 - 1982, München 1983, 257: "Ich habe früher einmal gesagt, auch wenn das pathetisch und übertrieben klingt, daß der Christ der Zukunft ein Mystiker sein muß oder nicht mehr sein wird ... Für mich ist in meiner Theologie die Gegebenheit einer echten, ursprünglichen Erfahrung Gottes und seines Geistes von fundamentaler Bedeutung. Diese geht logisch (nicht notwendig zeitlich) der theologischen Reflexion und Verbalisation voraus und wird von dieser Reflexion nie adäquat eingeholt."

628) H II, 1, 20.

herauf gebaut werden, sondern sie vollendet sich von oben her. Das erste und das letzte Wort hat der dreieinige Gott.

## 6.1 Spiritualität als subjektive Seite der Dogmatik

Bei den großen Aufträgen und Sendungen fällt ins Auge, daß der Raum der Glaubensformulierung im tiefsten verlebendigt und durchseelt erscheint durch das geistige Martyrium, eine Zeugenschaft, die mit dem Blut des Geistes abgelegt wird. Die Dramatik der bezeugenden Nachfolge ist das Band zwischen Spiritualität und Theologie, die als solche in keiner Weise aufgehoben werden, sondern in die höhere, überaus fruchtbare Einheit des Zeugnisses eingehen. Es ist notwendig, mit Hoffnung und Mut den ganzen Weg durch beide nur scheinbar weit voneinander entfernten Landschaften zu gehen, da die wechselseitige Erhellung, welche die Dogmatik in der Heiligkeit, die Heiligkeit in der Dogmatik erfährt, der beste Hinweis darauf ist, daß man sich nicht verirrt und verstiegen hat. "Die Heiligen aller Zeiten sind der Beweis für die Wahrheit der Kirche, die selbst wiederum nur Verweis auf die Wahrheit der Christologie ist."[629] Sie bieten der Welt je neu "so etwas wie einen Spiegel und ein Gleichnis der Christologie dar"[630], sie sind "die lebendige, fleischgewordene Exegese Jesu"[631], als inkarniertes Dogma leben sie die Wunder der Gnade vor. Die Heiligen - ihre Existenz setzt die dogmatische Auslegung des Evangeliums durch die Kirche voraus: eine Trinitätslehre, eine Christologie und Ekklesiologie - "sind der existentielle Beweis dafür, daß diese Auslegung des zentralen Faktums der Offenbarung, nämlich Jesus Christus, sachgemäß erfolgt ist"[632]. Hätten sich namhafte Fehler eingeschlichen, "so müßten sich diese an Verbildungen in der Existenz der Heiligen anzeigen"[633]. Erhalten die Heiligen ihre Legitimation durch die kirchliche Auslegung des Evangeliums, erfährt die Dogmatik der Kirche - "in

629) Ders., Zugänge zu Jesus Christus, 19.

630) Ebd. 18.

631) Ebd. 19.

632) Ebd. 20.

633) Ebd.

ihren großen Linien natürlich, nicht in den Einzelmeinungen der Theologen"[634] – ihre Beglaubigung in den Heiligen.

Beide – Spiritualität und Dogmatik – geben Zeugnis von der unmittelbaren Gegenwart Jesu Christi, von den lebendigen inneren Dimensionen des Wortes Gottes. Das Auseinanderreißen von "Subjektivität" und "Objektivität" ist kein geeigneter Weg, um die Fülle Christi zu erfahren und zu erkennen, ist doch nur die Spannungseinheit fruchtbar, nicht ein Entweder-Oder. Ein konkret-schöpferisches Denken ist anzustreben, das nicht rein reproduktiv und begrifflich, sondern existentiell ist. Wahres Wissen kann allein durch die Tat errungen werden[635]. Wird spekulative Vernunft, die dem aktuellen Gebrauch der praktischen Vernunft verbunden ist, von ihr abgetrennt, so erhält man blutlose Begriffe, die – in abstrakter Ein- und Ausschließung – eine bloße Schullogik, eine objektivistisch erstarrte Lehre außerhalb des wirklichen Lebens ergeben. Wahrheit ist immer konkret, das heißt zusammengewachsen, aus zwei Hälften zum Ganzen gefügt. "Die Lehre verwirklicht sich im Leben, das Leben vergewissert sich der Lehre, Dogmatik und Existenz übersteigen sich wechselseitig."[636] Die Versöhnung von Doxographie und Biographie, von theologischem System und religiöser Erfahrung darf sich nicht allein im privaten Bereich abspielen, sondern sie muß selbst Theologie werden, sie soll gewissermaßen "öffentlich, kommunikabel, geschichtlich belangvoll"[637] gelin-

634) Ebd.

635) Vgl. TL I, 197: "Je größer der Einsatz des Subjekts für eine von ihm verkündete Wahrheit wird, um so weniger genügt hier die bloße Beteuerung, daß dem wirklich so sei, daß die Aussage Glauben verdiene, um so mehr ist erfordert, daß die Aussage selbst durch einen erhöhten Einsatz unter Beweis gestellt werde. Dieser Einsatz kann aber kein anderer sein als die Tat. Das Subjekt wird durch sein Leben, sein Handeln und nötigenfalls sein Leiden beweisen, daß es als Totalität hinter seiner Aussage steht."

636) M. Lochbrunner, aaO. 73; vgl. K. Neumann, Der Praxisbezug der Theologie bei Karl Rahner, Freiburg - Basel - Wien 1980, 335 - 338.

637) Vgl. J. B. Metz, Glaube in Geschichte und Gesellschaft, Mainz ²1978, 195; 196: "Wie müßte eine Theologie aussehen, der es gelingt, dieses Schisma zwischen Dogmatik und Lebensgeschichte zu beenden und in schöpferischer Vermittlungskraft das lang Entzweite wieder zusammenzuführen? Ich möchte eine solche Theologie, versuchsweise und um die Absicht zu kennzeichnen, lebensgeschichtliche Dogmatik nennen, eine Art theologische Existentialbiographie ... Biographisch soll eine solche Theologie heißen, weil die mystische Biographie der

gen. Eine lebensgeschichtliche Dogmatik könnte Mystagogie für alle diejenigen sein, denen es schwerfällt, "bei der von der Theologie veröffentlichten Lehre wirklich 'dabei zu sein', von ihr gemeint und betroffen zu sein"[638], wird doch der Mensch selbst in seiner religiösen Erfahrungsgeschichte zum objektiven Thema der Dogmatik erhoben, die Einheit von Sein, Leben und Erkennen wieder gesucht. "In der lebensgeschichtlichen Vermittlung von Theorie und Praxis artikulierte sich theologische Reflexion als mystische Biographie eines Lebens aus dem Glauben, als Geschichte seiner alltäglichen Bewährung"[639]; es würde sich zeigen, daß die Erfahrung des christlichen Volkes ein eigener, nicht so leicht zu ersetzender theologischer Gesichtspunkt ist - eine ursprüngliche, verlebendigende Kraft.

Leben mit Christus im Heiligen Geist und gläubiges Offenbarungsverständnis sind aufeinander bezogen. Für Balthasar ist "Spiritualität die subjektive Seite der Dogmatik: Wort Gottes, sofern es aufgenommenes und in der Braut sich entfaltendes ist"[640]. Der wissenschaftlichen Objektivation des Glaubens geht eine existentielle Subjektivität voraus. "Es liegt im Wesen des Wortes Gottes, daß es als Samenkorn im Acker der Herzen ein- und aufgehen will, daß es gleichsam nur in einer 'Momentaufnahme' als ein reines, objektives An-sich erfaßt werde"[641]; sieht man genauer hin, so erscheint auch diese als unmöglich, "da der dem göttlichen Wort zugeordnete Glaubensakt ja bereits die unausweichliche Voraussetzung ist, um seiner in Objektivität überhaupt ansichtig zu werden"[642]. Die wissenschaftliche Reflexion des

---

religiösen Erfahrung, der Lebensgeschichte vor dem verhüllten Antlitz Gottes, in die Doxographie des Glaubens eingeschrieben wird."

638) Ebd. 197.

639) Ebd. 196 f.

640) H. U. von Balthasar, Verbum Caro, 227; vgl. H. Waldenfels, "Spiritualität", 386; J. Sudbrack, Vom Geheimnis christlicher Spiritualität, 27; J. Weismayer, aaO. 14: "In seinem Aufsatz 'Spiritualität' geht von Balthasar vom verkündeten und angenommenen Wort Gottes aus. Es soll als Samenkorn im Acker der Herzen ein- und aufgehen. Spiritualität bezeichnet das Wort Gottes als aufgenommenes und sich entfaltendes; sie ist 'die subjektive Seite der Dogmatik'. So ist Spiritualität wesentlich eine, weil ihr Subjekt die Kirche ist, sie ist zugleich aber mannigfaltig, weil die Kirche ihr Leben in vielen Personen lebt."

641) H. U. von Balthasar, Verbum Caro, 226.

642) Ebd.

Christusglaubens muß "unter der Spiritualität als Bedingung und Ziel betrieben werden"[643], gibt es doch "keinen außerhalb des Zueinander von Braut und Bräutigam gelegenen neutral-objektiven Standort, von dem aus das Geheimnis ihrer gegenseitigen Offenbarung (der spontanen des göttlichen Bräutigams, der antwortenden der Braut) verstanden und beurteilt werden könnte"[644]. Die Braut, in deren Glaubensakt sich eine Dogmatik entfalten kann, ist die heilige Kirche; sie ist apriorisch Mutter der Gläubigen und nicht aposteriorisch Resultat ihrer einzelnen Glieder, obwohl sie als Wirklichkeit nur in diesen sein kann. Spiritualität weist deshalb notwendig eine analoge Gestalt auf: "die einer unbedingten Einheit, sofern das Subjekt die Kirche selbst ist und jedes andere Subjekt nur durch Teilnahme an der kirchlichen Subjektivität zu einem christlichen Subjekt wird, und die einer nachfolgenden Mannigfaltigkeit, insofern Kirche als Wirklichkeit immer ein univerale in rebus, das heißt in personis ist"[645]. Das Eingefügtsein in die Gemeinschaft der Kirche und das jeweils persönliche Betroffensein von der Wirksamkeit des Gottesgeistes sind zusammenzusehen[646]. Als Typos der Vermittlung von virgo ecclesia und virgo anima kann die Subjektivität und Bräutlichkeit Marias gelten: die virgo Maria ist durch ihre heilsgeschichtlichen Vorrechte Fruchtbarkeitsgrund der apriorischen Wirklichkeit "ecclesia" und zugleich einzelne Person in einer Reihe mit der "anima". In Maria als Urbild der Kirche ist die eine und einzige Begegnung mit Christus in ihrer umgreifenden Fülle personal-menschliche Realität geworden.

Spiritualität als das vom Heiligen Geist getragene Gegenüber des Menschen zu Christus, als Geistdurchwirktheit der Existenz soll durch wissenschaftli-

---

643) A. Rotzetter, aaO. 23; vgl. K. Neumann, aaO. 338: "Theologie kommt aus gelebter Spiritualität und zielt auf Spiritualität, die nichts anderes ist als Glaube, Hoffnung und Liebe."

644) H. U. von Balthasar, Verbum Caro, 226.

645) Ebd. 227; vgl. Spiritus Creator, 247 - 263.

646) Vgl. J. Sudbrack, Art. Frömmigkeit/ Spiritualität, 12: "Zwischen der einzigen und der jedem Christen persönlichen Spiritualität liegen die Leitbilder der Heiligen, der Ordensgründer, der Lehrer der Spiritualität und, wie es in unseren Zeiten sichtbar wird, die Frömmigkeitshaltungen schlichter, einzelner Menschen, die für viele verbindlich werden." Vgl. ders., Vom Geheimnis christlicher Spiritualität, 40 - 42.

che Bemühungen dem menschlichen Erkennen greifbar gemacht werden[647]. Diese "Theologie der Spiritualität" wird im deutschen Sprachraum mit der dogmatischen Theologie in Zusammenhang gebracht[648]. Für Balthasar ist eine theologia spiritualis die "objektiv-kirchliche Lehre von der Aneignung des Offenbarungswortes im Leben von Glaube, Hoffnung und Liebe"[649], was miteinschließt, daß zumindest die Grundartikulationen des christlichen Lebens mit zum Inhalt einer Dogmatik gehören. Da es der Gottesgeist ist, der die Wahrheit Christi in den Herzen der Gläubigen ein- und ausprägt, gehört die theologia spiritualis zum dritten Glaubensartikel: Credo in Spiritum Sanctum ... vivificantem. "Der Heilige Geist ist die Intimation Christi im Herzen der Kirche und des einzelnen Glaubenden"; Ethik, kirchliche und persönliche Frömmigkeit, Liturgie und Kontemplation haben in diesem dritten Artikel ihren dogmatischen Standort und wären "hier aus der kirchlichen Gesamterfahrung, die immer vor allem eine Erfahrung der Heiligen ist, zu entfalten"[650]. Das Leben der Heiligen bedarf eines theologischen Kommentars, da in den qualifizierten Sendungen "mehr gezeigt wird als nur ein beliebiges weiteres Exempel für eine ohnehin schon bekannte Sache"[651]. Es wäre die Frage zu stellen, was ein christliches Leben als Zeugnis für Christus bedeutet, welche theoretische Struktur eine solche Existenz hat und wie sie sich praktisch vollzieht. Was macht den Heiligen eigentlich zum Heiligen? Welche Prozesse durchläuft ein Leben, das sich total auf Christus einläßt? Die Vielzahl von Dokumenten, in denen Heilige ihre Gotteserfahrung bezeugen, wäre kritisch zu deuten und als Impuls für die heutige Zeit auszulegen; dabei

---

647) Vgl. A. Rotzetter, aaO. 23: Spiritualität "meint zunächst die existentielle und subjektive Betroffenheit durch das Christusereignis ... Spiritualität realisiert in einem doppelten Sinn den Geist Jesu Christi: Zuerst und vor allem verwirklicht sie die Sache Jesu in einem Leben der Nachfolge. Sie wird sich dieser Nachfolge bewußt im Akt der Meditation und Reflexion. Diese kann dann wiederum wissenschaftliche Formen annehmen." Vgl. ebd. 29, Anm. 72: "Als Mystik ist Spiritualität eine Intensivierung der Gnadenerfahrung und darum eine Verlängerung der Dogmatik."

648) Vgl. J. Weismayer, aaO. 18.

649) H. U. von Balthasar, Verbum Caro, 228.

650) Ebd. 216.

651) Ebd. 220.

könnten sich die Lehren der Mystiker - die Reflexionen der eigenen mystischen Erfahrungen - als hilfreich erweisen.

In jeder qualitativen Sendung wird ein Besonderes, unverwechselbar Umrissenes hingestellt. Benedikt, Franz von Assisi, Dominikus - um nur einige Namen zu nennen - sind nicht zusammenzählbare Einmaligkeiten. Nach Ansicht Balthasars ist die "Mitte der Sonderheit einer Spiritualität" jedoch nicht "die Person des Trägers, sondern die Sendung von oben, die sich deshalb auch nie empirisch-psychologisch aufrechnen und abgrenzen läßt"[652]. Gegenüber den "Psychologisierungstendenzen der Heiligkeit"[653] ist die Objektivität des Sendungsauftrags an die Heiligen herauszustellen. Die Besonderheiten sind im letzten nicht bestimmt "durch die allgemein geschöpfliche Perspektivität der Wahrheit, nicht durch die geschichtliche, epochale und personale Situationsbedingtheit des Subjekts, nicht durch die mit der Überschreitung der objektiven Lehre in die subjektive Aneignung und Erfahrung notwendig gegebene Individualisierung"[654]. Sind auch alle diese Gesichtspunkte theologisch richtig und von Bedeutung, so müssen sie doch der von Christus her erfolgenden freien Austeilung der Gaben und Charismen untergeordnet werden. Der Ursprung jeder Sendung liegt transzendent im freien Verfügen des Hauptes der Kirche, "und ihr Ziel und ihre Auswirkung liegen wiederum transzendent und damit unkontrollierbar in der Fülle des mystischen Leibes. An diesem Punkt, wo der maximale Begriff der Sonderheit erreicht ist, weil sie von oben eingestiftet wird und so aus den Tiefen der Ewigkeit verbürgt erscheint, ist der Begriff schon wieder über sich selbst hinaus."[655] Sich auf Christus und die Kirche übersteigend, enthüllt er seine marianische Dimension[656]. Das Je-Besondere des einzelnen Charismas wird

652) Ebd. 234.

653) Vgl. M. Lochbrunner, aaO. 37.

654) H. U. von Balthasar, Verbum Caro, 234.

655) Ebd.

656) Vgl. ebd. 234 - 238; G. L. Müller, aaO. 303: In Maria und den Heiligen der himmlischen Kirche existiert "unbestreitbar subjektive Heiligkeit in der Kirche in vollkommener Deckungsgleichheit mit der objektiven Sendung"; so bildet die himmlische Kirche "den nicht mehr zerstörbaren Kern der subjektiven Heiligkeit, weil hier die Person im existentiellen Ja-Wort vollkommen von der objektiven

stets geformt aus dem Stoff des Kirchlich-Allgemeinen, es kann als das Besondere des Allgemeinen bezeichnet werden, was aber nicht bedeutet, daß eine Deduktion des Besonderen aus dem Allgemeinen möglich ist[657].

Es ist Jesus Christus, der den verschiedenen Formen von Spiritualität - aus der Einheit seiner dreieinigen Liebe - ihren einzig zulässigen Sondersinn zumißt. Christliche Spiritualitäten sind Ausformungen der einen Sendung Jesu Christi - sie ist sein absoluter Liebesgehorsam - in die Mannigfaltigkeit der von ihm verfügten Sendungsgnaden[658]. "Kein wahrhaft Gesendeter hat je mit seiner aufgetragenen Botschaft eine besondere, neue Spiritualität zu verkünden geglaubt oder beabsichtigt"[659]; vielmehr kommt bei den repräsentativen Sendungen - will man sie im Sinn des Heiligen Geistes verstehen - "alles darauf an, durch das besondere, neugeöffnete Fenster hindurch in die Mitte des Evangeliums hineinzuschauen, und je unmittelbarer und tiefer das jeweilige Fenster den Blick dorthin lenkt, um so echter und kirchlicher ist die Spiritualität"[660]. Gerade von den herausragenden Sendungen gilt, daß sie den "Gegenstand selbst", das Evangelium Jesu Christi, in umfassender Weise widerspiegeln[661]. Vertieft man sich in das Studium von konkreten Gestalten der gelebten Spiritualität, hat deshalb die theologische Deutung ihrer Sendung im Vordergrund zu stehen. "Die großen Sendungen sind zweifellos Signale, die der Heilige Geist in die Geschichte der Kirche hineingibt, um ihr theologisch und praktisch den Weg zu weisen, den sie selber anders gewählt

---

Sendung durchdrungen ist."

657) Vgl. H. U. von Balthasar, Sponsa Verbi, 327.

658) Vgl. ders., Spiritus Creator, 256; G. L. Müller, aaO. 297: "Gott bereitet in Erwählung, Berufung und Sendung die Bahn, die in der Spontaneität der Freiheit gehorsam zu gehen ist. Eröffnet sich in der Teilhabe an der Sendung Christi mit Übernahme der darin beschlossenen je eigenen Sendung der Spielraum der Person, die sich über ihr Selbst hinaus auf Gott und den mystischen Leib hin transzendiert, dann ist der Mensch nicht nur Objekt des Wirkens Gottes, sondern in der Tat ein Mit-Wirkender, ein Mit-Spieler im Theodrama."

659) H. U. von Balthasar, Spiritus Creator, 261.

660) Ebd.

661) Vgl. F. Ciardi, aaO. 134 - 142. 202 - 209.

und vielleicht verfehlt hätte."[662] Das theologische Geheimnis des Zusammenwirkens zwischen Gottesgeist und Inspiriertem darf niemals auf dem Weg psychologischer Analyse aufgelöst werden. Christliche Spiritualität ist nichts Affektives, sie läßt sich nicht einfach in den Bereich des Gefühls und der Psychologie einfügen, sie gehört vielmehr einer Ordnung an, die man als "geistlich" bezeichnet. Sie ist nichts Irrationales, sondern eine Denkweise, die darauf abzielt, menschlicher Erkenntnis ein Feld zu erschließen, in das hineinzugehen sie aufgerufen ist. "Das Verständnis ist und gibt der Heilige Geist, nicht dem Einzelnen in seiner Sonderung, sondern der Kirche, an deren Erfahrung der Einzelne nur teilbekommt, am tiefsten der Heilige, der seine private Erfahrung ganz von der kirchlichen überformt werden läßt."[663]

Inhalt und Wahrheit des christlichen Glaubens sind konkret. "Das Konkrete ist kein störender Gegensatz zum allgemeinen Wesen, sondern dessen – konkrete – Verwirklichung."[664] Ist der Glaube an Ereignisse und Personen gebunden, so gehören Geschichte und Geschichtlichkeit zum Inhalt dessen, wonach theologisch zu fragen ist, wenn auch theologische Erkenntnis die Grenze gegenüber dem Individuum und der in ihm liegenden Besonderheit stets im Auge zu behalten hat. "Die Inspiration, die zu einem neuen Menschsein nach dem Wohlgefallen Gottes, d.h. zur Lebensgeschichte Jesu führt, ist einem rein wissenschaftlichen Zugang letztlich verschlossen. Ebenso wie die Inspiration, die in dieser oder einer andern Form eine menschliche Biographie bestimmt. Wissenschaft kann immer nur das Ableitbare, Vergleichbare, Allgemeine, Begründbare, nie aber das Unableitbare, Einmalige, Besondere, Grundlose einer menschlichen Persönlichkeit ansichtig machen."[665]

---

662) H. U. von Balthasar, Aktualität von Lisieux, 128; vgl. ders., Kommentar zur Summa Theologica, 371: Wenn "der Heilige Geist die Kirche in alle Wahrheit Christi einführen wird, wenn anderseits die Charismen im besonderen Sinn Gaben des Geistes sind, und wenn diese Gaben bei Paulus ausgesprochen intellektuellen, den Glauben auslegenden Charakter besitzen, so ist es nur wahrscheinlich und angemessen, daß sie auch im Lauf der Kirchengeschichte diesen Charakter beibehalten und somit ihre Funktion innerhalb der Theologie nach wie vor besitzen."

663) Ders., Verbum Caro, 214.

664) H. Fries, aaO. 119.

665) A. Rotzetter, aaO. 34.

Die Lebensgeschichte des Heiligen, seine Sendung erreicht unter der Führung des Gottesgeistes eine innere Einheit und Geschlossenheit; sie ist deshalb als ein Ganzes zu sehen, das um so unverständlicher wird, je mehr man es seziert. Geprägt von der Kunst Gottes, wird der Heilige immer dem Nichtverstehen ausgesetzt sein; allein einer ganzheitlichen Betrachtungsweise erschließt sich seine geistige Gestalt. Je intensiver "man sich mit Therese befaßt, desto weitere Horizonte erschließen sich, was zweifellos ein Merkmal der 'großen Heiligen' ist: sie leben in der Unendlichkeit Gottes, und diese schimmert durch ihre menschliche Beschränktheit hindurch. Dabei verschwimmen ihre Umrisse nicht, wie man annehmen könnte, ineinander, sondern jede große Sendung hat in der Topographie des himmlischen Jerusalem ihren exakten Platz: die Sendungen stehen in bestimmten Abständen und Beziehungen zueinander, treten zu Sternbildern zusammen; mit jener Kunst der himmlischen Geometrie, von der Claudel spricht, könnte man messen, wie Therese sich zu Johannes vom Kreuz und zu Theresia von Avila stellt, aber auch zu Jeanne d'Arc, zum Evangelisten Johannes, zu Thomas und Augustin."[666] Die Form der göttlichen Aufträge, der sich die natürliche Anlage der Person als Material unterwirft, müßte im Mittelpunkt solcher Berechnungen stehen, da kein geniales Werk von einem "noch so ausgiebig vorbereiteten Material aus konstruierbar"[667] ist. Nach Ansicht Balthasars verschwenden Psychologen und Psychoanalytiker daher bei dem Versuch, mit ihren Methoden dem Phänomen "Therese" gerecht zu werden, nur Zeit. "Gegen alle diese Ansätze von unten spricht die vollendete Klarheit der theresianischen Form, die bis zur wasserklaren Durchsichtigkeit herausgearbeitete Sendung."[668] Alle repräsentativen Sendungen haben eine Richtigkeit, die für sich selber spricht. "Vielleicht fehlt es heute weniger an Heiligen selbst als an solchen, die ein Auge und ein Ohr für ihr Dasein und ihre Botschaft haben. Wo Schallwellen nicht von einem Gehörgang empfangen werden, ergeben sie keinen Ton, geschweige Musik."[669]

---

666) H. U. von Balthasar, Aktualität von Lisieux, 127; vgl. ders., Verbum Caro, 242 f.

667) Ders., Aktualität von Lisieux, 128.

668) Ebd.

669) Ders., Zugänge zu Jesus Christus, 21.

Hat Theologie in der Gemeinschaft der Glaubenden auch den Dienst der Reflexion, muß sie doch von dem Wissen beseelt sein, daß das Singulare in seiner Unverrechenbarkeit ihrem Zugriff entzogen bleibt. "Keine Sendung und damit auch keine Spiritualität läßt sich in ihrem lebendigen Zentrum definieren, denn sie stammt aus der unendlichen und je-größeren Lebendigkeit des göttlichen Lebens."[670] Sie ist eine Erscheinungsweise der geheimnisvollen Gegenwart Gottes unter den Menschen durch seinen Heiligen Geist. Der Gottesgeist ist die Instanz, welche die Situationen des Lebens Jesu und die des Lebens des Gesendeten einander zugestaltet; er ist es, der neue, bisher unbeachtete Reichtümer aus der Fülle des menschgewordenen Logos erschließt; auf die Fragen der Zeit antwortet er niemals in Form einer abstrakten Abhandlung, sondern in Gestalt einer übernatürlichen, konkreten Sendung. "Die Sendungen der Heiligen sind so sehr Antwort von oben auf die Fragen von unten, daß sie nicht selten zunächst als das Unverständliche wirken, als Zeichen, denen im Namen aller Rechtdenkenden widersprochen werden muß, bis der 'Beweis der Kraft' erbracht ist. Bernhard, Franziskus waren solche Beweise, und Ignatius und Teresa: sie alle wie feuerspeiende Berge Flüssig-Brennendes aus der innersten Tiefe der Offenbarung emporwerfend, aller waagrechten Tradition zum Trotz die senkrechte Gegenwart des lebendigen Kyrios jetzt und heute beweisend, unwiderleglich."[671] Können auch diese konkreten Normen, in denen der Heilige Geist das Wort Gottes der Kirche auslegt, "niemals unabhängig von den 'formaleren' Normen von Schrift, Tradition, Lehr- und Hirtenamt angewendet werden"[672], so ist doch zu bedenken, daß die formalen Normen schließlich "um der gelebten Normen der Heiligkeit willen da sind"[673]. Über der einen und einzigen Objektivität des christlichen Dogmas darf nicht das konkrete Leben des Geistes im Menschen übersehen werden, vielmehr gehören beide eng zusammen, da es

670) Ders., Verbum Caro, 243.

671) Ders., Theologie der Geschichte, 82.

672) Ebd.

673) Ebd. 83; vgl. ders., Homo creatus est, 163: "Nichts an der Kirche ist 'objektiv heilig', was nicht von der subjektiven Heiligkeit des Hauptes der Kirche ausgegangen ist und auf die subjektive Heiligkeit des Leibes Kirche hinzielt und diese vor Verirrungen in falsche Subjektivität bewahren will."

derselbe Heilige Geist ist, der Theologie wie Heiligkeit ermöglicht und schafft.

Jedes echte Phänomen "fällt senkrecht vom Himmel herab. Dennoch fügt es sich, als ein solcher Aerolith, sogleich in die Landschaft der Tradition ein: verleiht der biblischen Botschaft neues Leben, überbrückt die vermeintlichen Abstände zwischen Offenbarungszeit und Gegenwart, wirkt als Zeichen für die Aktualität, die liebende Nähe der wahren Welt in dieser sichtlosen Existenz. Oft wird himmlische Antwort erteilt auf offene Fragen einer Epoche, mit denen die Menschen nicht fertig werden: neue Keime werden der Kirche eingestiftet, die durch Jahrhunderte sich fruchtbar entwickeln."[674] Lebendige Auslegung der Offenbarung bedeutet: Exegese in Existenz, Gebet, spekulativem Denken. Hervorzuheben ist, daß die inspirierte Richtigkeit der Akzentsetzung auch bei wenig spekulativen Heiligen nicht absehbare Auswirkungen im Leben und Denken der Kirche haben kann. Balthasar verweist auf die Benediktregel, das Testament des Franziskus, die Exerzitien des Ignatius, das Leben und Wort der Therese von Lisieux[675]. Thereses Augenmerk liegt weniger auf der historischen Offenbarung, sondern auf ihrem Widerschein im christlichen Leben. Wichtig ist ihr der Weg des Heils; der "kleine Weg", die "kleine Lehre" tritt ins Zentrum, welche Schrift und Dogmatik voraussetzt und in sich enthält, aber "von der Kontemplation der gelebten christlichen Existenz"[676] lebt. Für Therese reduziert sich die Vielheit der Glaubensartikel – sie alle werden gerade in dieser Reduktion lichtvoll – auf den Kreislauf der Liebe zwischen Christus und der Kirche als Grund, Sinn und Ziel. "Soll vollkommene Liebe verstanden und erwidert werden, ist keiner der Glaubensartikel entbehrlich. Das Hohelied, das für Johannes vom Kreuz und die ganze theologische Tradition der Kirche eine Art innerstes Heiligtum war, ist auch für Therese ein Grundbuch ihrer Spiritualität."[677] Therese ist bemüht, die Bedingungslosigkeit ihrer Liebe – sie macht ihre große Sendung aus – zu einem allen "kleinen Seelen"

---

674) H I, 402.

675) Vgl. ders., Aktualität von Lisieux, 132.

676) Ebd.

677) Ebd. 131.

zugänglichen Weg zu gestalten. Sie erstrebt für sich nichts, was nicht auch den anderen zukommen kann. Die Differenz zwischen dem Unnachahmlichen und dem Nachahmbaren auslöschend, "hat sie hintergründig auch eine verblüffende Art, das unterscheidend Göttliche im unterscheidend Menschlichen zur Geltung zu bringen, 'Theologie' und 'Anthropologie' gegenseitig durchsichtig werden zu lassen"[678]. Balthasar zeigt dies an drei Querschnitten durch ihre Lehre, die alle drei ein Beweis sind für die Aktualität ihrer Theologie: an der fraglosen Einheit von Gottes- und Nächstenliebe, an der paradoxalen Einheit von Kindlichkeit und Passion, an ihrer Theologie der Hoffnung.

Für Therese ist Gott "Alles". Die Liebe zu Gott wird so radikal gelebt, daß für den Mitmenschen als einem winzigen Etwas in ihrem Herzen eigentlich kein Platz mehr frei sein dürfte. Dennoch erweist sich bei Therese die Gottesliebe gerade erst in der Nächstenliebe als christlich echt, "womit ein theoretisch unlösbares Problem praktisch gelöst wird"[679]. Die Liebe zwischen Therese und Gott bleibt kein in sich geschlossener Dialog, sie ist vielmehr ein Gespräch, das die Welt einbezieht. "Je reiner und vollkommener ihre Liebe zu Gott wird, desto fruchtbarer wird sie im Sinne Gottes für die Welt: 'Wie ein Wildbach, der sich ungestüm ins Meer wirft, alles, was ihm unterwegs begegnet, hinter sich herzieht, ebenso, o mein Jesus, zieht die Seele, die in den uferlosen Ozean Deiner Liebe untertaucht, alle Schätze mit sich, die sie besitzt. Herr, Du weißt, ich habe keine andern Schätze als die Seelen, die Du mit der meinen vereinigen wolltest'(Ms C 33v)"[680]; Therese denkt keineswegs an eine begrenzte Anzahl von Seelen: ihre Liebe gilt allen. "An der Stelle, wo sie im Herzen der Kirche ihre Sendung, die Liebe, entdeckt, versteht sie diese Liebe von vornherein apostolisch: 'Ich möchte Missionar sein nicht nur ein paar Jahre hindurch, ich möchte es von Anfang der Welt

678) Ebd. 129.

679) Ebd. 130.

680) Ebd. 134; H. U. von Balthasar zitiert hier nach der französischen Faksimile-Ausgabe von P. François de Sainte-Marie, Manuscrits Autobiographiques de Sainte Thérèse de l'Enfant-Jésus (= Ms), Office Central de Lisieux 1956. Diese Ausgabe umfaßt u.a. die faksimilierten Manuskripte A, B und C und zusätzliche Einzelstücke.

gewesen sein und es bleiben bis zur Vollendung aller Dinge'(Ms B 2v)"[681]: der Durst nach Seelen wird nicht durch aufsehenerregende Werke gestillt, sondern durch eine Selbsthingabe in Schmerzen. Es ist die Kenose als Selbstentäußerung, welche Kommunikation schafft[682]. Die in Thereses Leben verwirklichte Einheit von Gottes- und Nächstenliebe ist "schlechterdings theologisch begründet: sie ist Nachfolge des Sohnes, der nichts als den Willen des Vaters tut. Dieser Wille aber ist die Preisgabe des Sohnes (und des ganzen Gottes in ihm) an die Welt."[683] Die Gestalt der kleinen Therese zeigt eindrucksvoll, daß dieses theologische Mysterium nicht widersinnig ist, sondern im Gegenteil allen Sinn der Welt in sich birgt. Ihre "kenotische" Existenz eröffnet, da sie kommunikationsauslösend ist, einen existentiellen Zugang zum Gott Jesu Christi.

Die Einheit von Kindlichkeit und Passion - "de l'Enfant Jésus et de la Sainte Face" - ist keineswegs willkürlich, sondern weist in einen alles begründenden theologischen Hintergrund. Von den beiden Extremen des Lebens Jesu her erschließt sich Therese das Geheimnis des Gottmenschen. Beide, Kindheit und Passion, "offenbaren zusammen die gleiche Grundhaltung des Sohnes gegenüber dem Vater und den Menschen: Wehrlosigkeit, Überlassenheit,

---

681) H. U. von Balthasar, Aktualität von Lisieux, 134.

682) Vgl. H. Waldenfels, Das "Kenotische" als Grundzug missionarischer Kommunikation, in: ders. (Hrsg.), "... denn Ich bin bei Euch"(Mt 28, 20). Perspektiven im christlichen Missionsbewußtsein heute (FS J. Glazik u. B. Willeke), Zürich - Einsiedeln - Köln 1978, 330: "Zu wenig bedacht worden ist die Tatsache, daß eine kontemplative, dem Schweigen und der inneren Einsamkeit verpflichtete und dazu bereits im Alter von 24 Jahren verstorbene Ordensfrau, die kleine Thérèse von Lisieux, von der Kirche dem heiligen Franz Xaver als Patronin der Mission beigesellt wurde." Vgl. ebd. 331: "Was im Leben der kleinen Therese überaus mächtig zum Ausdruck kommt, hat bei anderen Zeitgenossen Frankreichs seine Entsprechung ... Charles de Foucauld macht in seinem schweigenden Leben in der der missionarischen Aktivität verschlossenen islamischen Umwelt Nordafrikas Gott präsent; ihm folgen seither ungezählte 'kleine Brüder und Schwestern', die arm unter den Armen leben und der schweigenden Präsenz Gottes beredtes Zeugnis verleihen ... Die Wehrlosigkeit und Armut, der Wille, nichts mehr - und sei es das Heiligste - für sich zu behalten, erscheint hier als Weg zur Eröffnung eines Horizontes, der dem anderen, will er sein Menschsein in ähnlich radikaler Liebe verwirklichen, keine andere Wahl läßt, als sich seinerseits in die Wehrlosigkeit und Armut und den Willen, nichts mehr für sich zu behalten, hinein zu öffnen."

683) H. U. von Balthasar, Aktualität von Lisieux, 134 f.

Verletzbarkeit"[684]. Thereses Selbstpreisgabe an den Gott, von dem sie sich, wie ein Kind vom Vater, unermeßlich geliebt weiß, ist allein christlich möglich, "im Geheimnis des ewigen Sohnes Gottes, der ein Menschenkind wird. Und nur aufgrund seines absoluten Vertrauens auf den Vater kann dieser ihm die Passion zumuten."[685] Auch die unbegreiflichsten, schmerzlichsten Gaben des Vaters sind gut, da ein Vater seinem Kind auf keinen Fall etwas Schlechtes zukommen läßt. Für Therese spiegeln sich Kindheit und Passion ineinander, wobei die Passion vom Kindsein aus zu verstehen ist und nicht umgekehrt. "Nur weil der Sohn Gottes immer Kind des Vaters bleibt, wird die Erlösung der Menschheit überhaupt möglich."[686] Thereses eigene kindliche Hingabe, ihre restlose Bereitschaft, den Willen Gottes zu erfüllen, ihre bis ins Extreme getriebene Indifferenz ist verbunden mit einer Zuversicht ohne Grenzen. Sie vertraut bis zur Kühnheit auf die Vatergüte Gottes. Ihre "gewagte Hingabe" (téméraire abandon) verweist in ihrer Tiefe auf die vollkommene Hingabe des Sohnes an den Willen des Vaters, die völlig eins ist "mit dem Willen des Sohnes, der immer vom Vater erhört wird"[687].

Thereses Theologie der Hoffnung stellt nach Ansicht Balthasars die zahlreichen Ansätze zu einer solchen richtig, indem sie weder von dem Bedürfnis ausgeht, den derzeitigen Zustand der Welt zu verändern, noch die laue Erwartung hegt, daß letztlich das Drama zwischen Gott und Mensch eine befriedigende Lösung finden wird. Theologie der Hoffnung ist "für Therese vielmehr die genaue Fortsetzung ihrer 'audace téméraire', die nur zusammen mit ihrer absoluten Indifferenz, ja mehr noch: mit ihrer absoluten Bereitschaft, jeden noch so schwierigen und harten Willen Gottes zu tun, bestehen kann"[688]. Thereses besonderer Wahnsinn ist es, "vermessentlich für <u>alle</u> Sünder" zu hoffen, "und zwar im Maße als sie für die Sünder einzustehen, zu <u>zahlen</u> bereit ist. Die Entschränkung des Horizontes der Hoffnung ereignet sich proportional zur Entschränkung ihrer bräutlich-kirchlichen Bereitschaft,

---

684) Ebd. 136.

685) Ebd. 137.

686) Ebd.

687) Ebd. 138.

688) Ebd. 139.

sie ist eigentlich Hoffnung der Kirche als Immaculata, und nur aufgrund der Communio Sanctorum Hoffnung, an der alle teilhaben dürfen."[689] Spätestens seit Augustinus[690] kommt eine grenzenlose Hoffnung in der offiziellen Theologie des Westens nicht mehr recht zum Tragen, da sie durch das angeblich sichere Wissen blockiert ist, daß eine Anzahl Menschen ihr Endziel, die "visio beatifica" nicht erreicht. Gegen eine systematisch ausgebaute Lehre von der doppelten Prädestination hat aber seit dem Mittelalter und bis in die Neuzeit hinein ein ganzer Zug heiliger Frauen Protest eingelegt. Balthasar nennt Hildegard, Mechthild von Hackeborn, Mechthild von Magdeburg, Juliana von Norwich, Caterina von Siena, Marie de l'Incarnation und Madame Guyon[691]. Sie alle kennen "aus der Kühnheit des Herzens und einem unmittelbaren Zugang zum Heilsmysterium"[692] eine Hoffnung, die von keiner Grenze weiß. Ist auch die Theologie der Frauen von der Zunft nie ernstgenommen und integriert worden, so müßte dies unbedingt, "nach der Botschaft von Lisieux, beim heutigen Neubau der Dogmatik geschehen"[693]. Nach Balthasar muß dabei beachtet werden, daß es weder in der theresianischen Sendung noch in der ihrer Vorgängerinnen lag, die ganze Tiefe des Problems von Verdammnis und Gerechtigkeit Gottes auszuschöpfen, sondern daß es erst Adrienne von Speyr vergönnt war, das Entscheidende zu zeigen. Therese hebt den Gedanken hervor, daß Gottes Liebe durch seine Gerechtigkeit niemals eine Beschränkung erfahren kann. Sie hofft blind auf die Barmherzigkeit Gottes[694]. "Es ist unerläßlich, diese Hoffnung genau dort zu situieren, wo Therese dem Herrn begegnet: in der Kindheit und in der Passion. Das heißt in der vollen Ungeschütztheit der göttlichen, geschmähten, vergessenen Liebe, der man nicht anders als in der Ungeschütztheit des eigenen Herzens begegnet."[695] Die eigentlich karmelitanische Berufung liegt darin, "an den

689) Ebd.; Hervorhebung im Original.

690) Vgl. ders., Was dürfen wir hoffen?, 52 - 59.

691) Vgl. ebd. 79 - 92; H III, 1/ 2, 434 - 455.

692) Ders., Aktualität von Lisieux, 140.

693) Ebd.

694) Vgl. ders., Schwestern im Geist, 316 - 320; ders., Was dürfen wir hoffen?, 83 f., 120 - 127.

695) Ders., Aktualität von Lisieux, 141.

Ort zu treten, wo Weltsünde und leidende Liebe Gottes aufeinander prallen"[696]. In einem fürchterlichen, sie unerbittlich auslöschenden Leiden zahlt Therese für ihre vermessene Hoffnung. Sie teilt die seelische Finsternis der Sünder, erlebt die inneren Verzweiflungen der Atheisten mit, erduldet die Anfechtung, daß mit dem Tod alles ins Nichts versinkt. Behält Therese in diesem Dunkel auch die Hoffnung, so doch wie etwas, "das unwirksam geworden ist: Sie hat die Kraft der Hoffnung andern - unendlich vielen, ihrer immer wachsenden Familie - abgegeben."[697] Thereses Theologie der Hoffnung konnte existentiell deshalb alles mit Gott wagen, "weil sie ebenso existentiell bereit" war, "für dieses Wagnis alles Eigene bis in die reine Sichtlosigkeit preiszugeben"[698].

## 6.2 Geistliches Leben - Dogma im Vollzug

Was auf den ersten Blick an der Kirche statisch zu sein scheint, ist nach Balthasar "nur entweder Antrieb oder Sediment ihrer Dynamik"[699]. Das gilt auch vom Dogma[700]. Es ist die vollkommene Norm alles geistlichen Lebens allein deshalb, weil das wahre geistliche Leben nichts anderes bedeutet als das "Dogma in actu"[701]. Dogma gibt es eigentlich nur, "damit der Lauf des Glaubens nicht links oder rechts vom Mysterium abweiche, sondern unter seiner Glaubens- und Lebensformung verharre"[702]. Das geistliche Leben soll keineswegs reguliert, sondern vor Verfall und Selbsttäuschung geschützt werden. Die christliche Wahrheit als Norm geisterfüllten Lebens ist nicht im Sinn einer verobjektivierten, theoretischen Lehre aufzufassen, zielt sie doch auf die lebendige Erfahrung hin, welche ihrerseits wieder in die geglaubte Wahrheit der Kirche mündet. Das Dogma wird in einem Prozeß der personalen Aneignung aktualisiert, geistliches Leben vom Dogma bestimmt und getragen.

---

696) Ebd.

697) Ebd. 142.

698) Ebd. 130.

699) Ders., Katholisch, 37.

700) Vgl. W. Kasper, Dogma/ Dogmenentwicklung, 184 f.

701) Vgl. H. U. von Balthasar, Katholisch, 38.

702) Ebd.

Wie das Dogma nur in seiner geistigen Bezogenheit Heilssinn gewinnt, so ist echtes geistliches Leben nur als Konkretion des Dogmas vorstellbar[703]. Die Offenbarung besteht nicht in erster Linie in der Mitteilung einer Summe von Sätzen, vielmehr in der Selbstmitteilung Gottes durch Jesus Christus im Heiligen Geist, von der die Kirche zunächst ein globales Gesamtbewußtsein hat; seine Entfaltung ist stets auch im Zusammenhang mit dem Wirken des Gottesgeistes, im Zusammenhang der Geistesgaben, des geistgewirkten Glaubenssinns zu interpretieren[704]. Es gilt, Artikulationen der Wahrheit des Glaubens nicht nur von außen - als zu glaubende Inhalte - zu kennen, sondern sie "von innen zu sehen: als die Kundgabe der einen, einzigen, unteilbaren Wahrheit Gottes"[705], die sich als ewige, den Menschen anfordernde Liebe vorgestellt hat. Man muß sich um die "Einfaltung" bemühen, um die Konzentration der Glaubensinhalte "auf ihre Mitte, die nicht eine Idee

---

703) Vgl. W. Kasper, Dogma/ Dogmenentwicklung, 187: "Ein Dogma ist eine kirchliche Aussage. Als solche ist es Symbolum, d.h. Erkennungszeichen des rechten Glaubens. Das Dogma hat also seinen 'Sitz im Leben' in der Kommunikationsgemeinschaft Kirche und muß im Zusammenhang mit der kirchlichen Liturgie, Verkündigung, Katechese, Apologetik und der gesamten kirchlichen Praxis interpretiert werden." Vgl. ebd. 189: "Das Wort Gottes bewahren heißt vor allem, es in die Tat (action) umzusetzen. So sind Dogmen weniger das Ergebnis einer dialektischen Reflexion über Texte als der Ausdruck einer beständigen und im Leben erprobten Wirklichkeit."

704) Vgl. ebd. 190: "Dogmenentwicklung ist ein geistliches Geschehen; in ihm führt der Hl. Geist die Gläubigen in alle Wahrheit ein und läßt das Wort Christi in Überfülle unter ihnen wohnen (DV 8). Dies geschieht durch den übernatürlichen Glaubenssinn des gesamten Gottesvolkes, die Gaben und Gnaden des Geistes (LG 12), durch innere Einsicht und geistliche Erfahrung (DV 8)." Vgl. W. Beinert, aaO. 60 f.: "Nach der Theologischen Prinzipienlehre ist eine der Erkenntnisquellen für die Glaubensreflexion der Glaubenssinn der Gläubigen. Das II. Vatikanische Konzil hat diese ein wenig vergessene Wahrheit neuerlich ins Gedächtnis zurückgebracht in einer Terminologie, die ganz von der Sprache einer Theologie des Heiligen geprägt ist ... Wenn Melchior Cano als einen seiner 'loci theologici' die 'Autorität der Heiligen' geortet hatte, sah er ihr Privileg darin, daß 'der Sinn aller Heiligen der Sinn des Heiligen Geistes selber ist'. Hinter beiden Aussagen steht die Erfahrung, daß die pneumatische Verwurzelung die Heiligen in besonderer Weise dazu befähigt, ihren Begegnungen mit Gott normative Bedeutsamkeit für das Leben der Kirche zu geben ... Die Autorität der Heiligen gewinnt in dieser Sicht für die Theologie eine erkenntnistheoretische Bedeutung."

705) H. U. von Balthasar, Einfaltungen, 11.

ist, sondern ein Ereignis, eine Geschichte, eine Person"[706]. Nach Balthasar dürfen Dogmen "nichts anderes sein als Momente an der sich manifestierenden und in der Offenbarung immer Geheimnis bleibenden Liebe; sind sie das nicht mehr, dann hat die Gnosis über die Liebe gesiegt, die menschliche Vernunft sich Gottes bemächtigt, und in diesem Augenblick ist - zuerst in der Theologie, dann in der Kirche, dann in der Welt - Gott 'tot'."[707]

Gottes Selbsterschließung vorausgesetzt, ist geistliches Leben, mystische Erfahrung nichts anderes als das konkrete Realisieren der objektiven Offenbarung[708]. Wie in der Praxis Theorie zur Erscheinung kommt, läßt sich an der "experimentellen Dogmatik"[709] Adriennes besonders deutlich zeigen. Die Mystik Adriennes gründet sich auf den Dogmen der Kirche und aktualisiert sie als erfahrbare Realität. Ihre Aussagen über Inhalte des christlichen Glaubens beruhen auf experimenteller Erfahrung. Überblickt man die Charismatik der kirchlichen Jahrhunderte, fällt ins Auge, daß Adriennes Erlebnisse "etwas Einmaliges, Ausnahmehaftes an sich haben, aber mehr was die eingeschlagenen Wege als das angestrebte Ziel betrifft, das immer die Verlebendigung des Glaubens, die Existentialisierung des Dogmas, die Radikalisierung der konsequenten christlichen Haltung war"[710]. Für Adrienne ist Mystik eine besondere Sendung, die nur in restloser Bereitschaft zum Wort Gottes hin richtig ausgeführt werden kann. Jede psychologisierende Selbstbespiegelung

---

706) H. Fries, aaO. 97; vgl. H. U. von Balthasar, Einfaltungen, 12: "Wir falten ein. Nicht aus Resignation, sondern um den Ursprung wiederzugewinnen. Wir sind auf den Sandbänken des Rationalismus gestrandet, wir tasten uns zum steilen Fels des Mysteriums zurück." Vgl. ebd. 13: "Wir falten ein. Wir zeigen zuerst, daß zwischen christlichem Denken und Leben (Theologie und Spiritualität) eine solche Einheit besteht. Daß jedes nur durch das andere und mit ihm zusammen eine eigene Wahrheit haben kann. Wir führen dann vor, wie innerhalb der Theologie, die in viele und immer zahlreichere Fächer zu zerfließen scheint, die Einheit des Dogmas alle Ausfächerungen regiert und richtet."

707) H. U. von Balthasar, Einfaltungen, 11 f.

708) Vgl. W. Beinert, aaO. 58: "So wird der Heilige lebensnotwendig für die Kirche. Er ist das fleischgewordene Zeugnis für ihre Heiligkeit. Sie steht und fällt damit, daß wahr ist: die Gnade siegt, das Heil geschieht, die Welt ist erlöst. Diese Wahrheit aber buchstabieren die Heiligen mit ihrem Leben. Sie sind die Grammatik kirchlicher Dogmatik und theologischer Argumentation."

709) Vgl. H. U. von Balthasar, Erster Blick auf Adrienne von Speyr, 75 f.

710) Ebd. 60.

wird abgelehnt, da sie unweigerlich "zur Ablenkung von der Hauptsache – Gottes Wort – und damit zu einer Verzerrung des Auftrags"[711] führt. Adriennes Verfügbarkeit zu Gott hin, ihre reine Dienstbereitschaft, ihr Jawort sind als sekundäre Antwort auf das primäre Wort Gottes einzustufen. "Offenbarung" – sie ist Gottes Wahrheit und Lehre für die Welt – bleibt in einigen Punkten summarisch. "Mystik" ist dazu da, manches ursprünglich nur Angedeutete näher auszuführen, den Kern des Glaubens – unter dem Wehen des Gottesgeistes – in neuer Weise zum Leuchten zu bringen. Das Hauptkriterium für die Echtheit der Mystik ist "die Belebung der Offenbarungslehre"[712]. Auch für Balthasar ist echte christliche Mystik "wesenhaft Charismatik, das heißt ein von Gott (Röm 12, 3–6!) zugeteilter Dienst an der Gesamtkirche – und als Dienst hat ja Adrienne ihren Auftrag verstanden – , und zwar nicht zu peripheren Auswüchsen der Theologie, nicht zum Ausbau von 'Seitenkapellen' im Dom der bestehenden Dogmatik, sondern im Gegenteil zu ihrer zentralen Vertiefung und Verlebendigung"[713]. Adriennes "Theorie der Mystik" kennt kein Entweder-Oder, wie es zum Beispiel Emil Brunner in seinem Buch "Die Mystik und das Wort" aufgerichtet hat: entweder Mystik – religiöse Erfahrung wird zum letzten Kriterium – "oder Wort, dem der reine Glaube entspricht. Adrienne dagegen zielt von vornherein auf eine Glaubenserfahrung, die in Korrespondenz steht mit der biblischen Glaubenserfahrung des Alten und Neuen Bundes."[714] Die völlige Durchlässsigkeit für das Wort Gottes ist dabei von entscheidender Bedeutung. "Dort, wo Wort Gottes nicht nur mit dem exegetischen und theologischen Verstand, sondern mit dem ganzen Herzen, der ganzen Existenz gehört, wo der Selbsterschließung des Herzens Gottes in Feuer und Nacht standgehalten wird: dort ereignet sich, was – nicht im vagen religionsgeschichtlichen und -philosophischen, sondern

---

711) Ebd. 32.

712) A. von Speyr, Das Wort und die Mystik, 1. Teil: Subjektive Mystik, Einsiedeln 1970, 35; Hervorhebung im Original.

713) H. U. von Balthasar, Erster Blick auf Adrienne von Speyr, 50; Hervorhebung im Original.

714) Ebd. 77; vgl. H. Mühlen, Mysterium - Mystik - Charismatik, 248 f.

im katholisch-kirchlichen Sinn - Mystik genannt zu werden verdient."[715] Alle Worte des Neuen Testamentes werden als Ausdruck des trinitarischen Lebens aufgenommen; jeder Satz als Wort Gottes bekommt Anteil an der göttlichen Qualität des Je-mehr. Die jedem Gotteswort einwohnende Eigenschaft des Je-größer und damit Je-unerschöpflicher ist für die christliche Mystik nicht einfach das transzendental-Wortlose, wohl aber das Unsagbare der ewigen Liebe, die durch das vom Vater gesprochene menschgewordene Wort hindurchscheint. "Es ist keineswegs so, daß der nichtchristliche Mystiker, von allen Grenzen der Weltlichkeit befreit, sich dem Absoluten einschwingen könnte, während der christliche Mystiker immer an die starren Gitter der historischen Offenbarung und der kirchlichen Dogmen stieße und daran hängen bliebe."[716] Vielmehr muß betont werden: die wahre Fülle des ewigen Lebens ist der dreieinige Liebesaustausch Gottes - über ihn hinaus ist keine größere Gottesvorstellung möglich - , und "die weltlichen Formen der Offenbarung dieser Liebe" sind "lauter offene 'Pforten des ewigen Lebens'"[717] - wie Adrienne hervorhebt. Dogmen können als Sätze verstanden werden, die so an der von ihnen ausgesagten Wahrheit partizipieren, daß sie zugleich - über sich selbst hinaus - in das Mysterium Gottes hinein weisen[718], von dem der Mensch in der geistlichen Erfahrung berührt wird, das

715) H. U. von Balthasar, Erster Blick auf Adrienne von Speyr, 78; vgl. ebd. 88 f.; 163 (Aussage Adriennes von Speyr über sich selbst): "Man bezahlt mit seiner Person. Alles, was man sagt, ist immer in einem Zusammenhang mit dem, was man direkt geschenkt bekommt und erlebt hat, mit dem, wofür man bereit ist, sein Leben einzusetzen. Es ist immer persönlich. So ergibt sich eine merkwürdige Mischung von Subjektiv und Objektiv. Alles, was man als Antwort auf einen Auftrag sagt, wird einem schon objektiv eingegeben, muß aber trotzdem subjektiv aufgenommen und angeeignet werden."

716) Ebd. 89.

717) Ebd.

718) Vgl. Y. Congar, aaO. 100 f.: "Mein Lehrmeister Thomas von Aquin hat das Dogma folgendermaßen definiert: 'perceptio veritatis tendens in ipsam' (eine Wahrnehmung der Wahrheit, die auf diese hinzielt)." Vgl. auch B. Forte, Gedächtnis, Prophetie und Begleitung. Eine Einführung in die Theologie, Zürich 1989, 226 f.: "Sogar die Glaubensaussage, ein besonders autoritativer Ort der Gegenwart des Wortes in der lebendigen Tradition, bedarf ständig der rigorosen hermeneutischen Bemühung. Nur unter dieser Bedingung wird sie nicht zu einem sterilen, bloß wiederholenden Wort, sondern enthüllt sie die reichen Sinngehalte, die in ihrer ursprünglichen Ausarbeitung enthalten sind, und erschließt neue Wege. 'Ein Artikel (des Glaubens) ist die Erfassung der göttlichen Wahrheit mit der

in sein Leben wirklich eingreift und es im existentiellen, seinshaften Sinn verändert. Leben, geistliche Erfahrung und theologisches Denken sind zur Einheit zusammengebunden.

Es ist ein Verdienst Adriennes, die Mystik "aus einer Winkelexistenz, in die sie, mehr und mehr verkannt, ja verachtet, von der offiziellen Theologie und Verkündigung verwiesen und totgeschwiegen wurde", wieder zurückgeholt zu haben ins Zentrum des Heilsgeschehens - in den "Austausch zwischen dem Wort Gottes in Christus und dem Hören und Beantworten dieses Wortes durch die Braut-Kirche"[719]. Adriennes Mystik ist radikal antipsychologisch; es ist eine theologische und heilsgeschichtliche Mystik, "die sich selbst nur als Charisma im Dienst der Gesamtkirche versteht"[720]. Mit Nachdruck ist die Objektivität ihrer Mystik zu betonen: Adriennes subjektive Gnaden mit den damit verbundenen ungewöhnlichen persönlichsten Erfahrungen erschließen den Weg, um zu den objektiven theologischen Tiefen des Mysteriums vorzustoßen. Ihre einzigartige Gabe, das christliche Geschehen zu verkosten, wird in objektive theologische Reflexion über die wesentlichen Elemente des Christentums umgesetzt. Ganz neue Aspekte des Glaubenswissens werden eröffnet, ohne jedoch im geringsten der kirchlichen Tradition zu widersprechen. Gott führt Adrienne in letzte, kaum mehr sagbare Geheimnisse wie das des Karsamstags ein, verleiht ihr die Fähigkeit, neues Licht auf ein Mysterium zu werfen, das in der kirchlichen Tradition im Halbdunkel verblieb. "Beim Lesen Adriennes fragt man sich oft, warum Gott soviel Licht erst unserer Zeit geschenkt hat. Gewiß ist in bestimmtem Sinn nichts bei ihr neu, und Bergson sagt mit Recht, daß die Mystik 'nie etwa anderes getan hat, als den Buchstaben des Dogmas abermals zu schreiben, aber diesmal mit Feuer'. Und doch ist es, als erkläre man uns wie zum erstenmal die Mysterien Gottes."[721]

---

Hinwendung auf diese selbst'." B. Forte zitiert hier Thomas v. A., S. Th. II-II q. 1 a. 6 sed contra (Zitat von Isidor).

719) H. U. von Balthasar, Erster Blick auf Adrienne von Speyr, 78.

720) Ebd. 46.

721) P. Catry, Spuren Gottes, in: H. U. von Balthasar u.a. (Hrsg.), Adrienne von Speyr und ihre kirchliche Sendung. Akten des römischen Symposiums 27. - 29. September 1985, Einsiedeln 1986, 35. P. Catry zitiert hier H. Bergson, Les deux sources de la morale et de la religion (Paris 1946) 251.

Adrienne hat keine Scheu davor, "die verborgensten Winkel der Offenbarung, an die der Theologe kaum zu rühren wagt, zu durchleuchten"[722]. Trotzdem findet sich bei ihr keinerlei Neugier für Abgelegenes oder Extremes. "Ihr Denken hält sich immer in der Mitte des Dogmas auf, dessen Reichtümer sie unermüdlich entfaltet."[723] Diese Mitte ist Jesus Christus, in dem alle Schätze der Weisheit verborgen sind; nach Paulus wird vom "Pleroma" Christi aber auch seine Kirche erfüllt, "deren ganze Heiligkeit, die subjektive Marias und der Heiligen, die objektive des Amtes und der Sakramente, aus Christus stammt, der aber selber die Darstellung und Ausstrahlung der ganzen Fülle des dreieinigen Gottes ist"[724]. Adrienne von Speyr führt in eine Welt ein, "die alle Grenzen des abstrakten Geistes sprengt", in der sich "Himmel und Erde in immerwährendem Austausch" begegnen, "jenseits von aller Trennung wie auch von aller Vermischung"; im "Kern dieser geschenkten und entgegengenommenen Einheit" vollzieht sich "eine Öffnung für die Glaubensgeheimnisse in allen ihren Aspekten und Forderungen", so daß Adriennes Werk aufgrund einer Fähigkeit zur Integration "im weitesten Sinn als 'katholisch' bezeichnet werden"[725] kann. Der allem Systematischen anhaftende Geist der Schwere ist ausgeschaltet; niemals führt die Wahl eines Gesichtspunktes zur Ausblendung eines anderen, der nach den Gesetzen einer abstrakten Logik mit ihm zunächst unvereinbar zu sein scheint. "Verwandtschaften einander zugewendeter Facetten im Mysterium werden ebenso gezeigt wie die in Gott paradox gelingende Synthese scheinbar unähnlichster Bezirke."[726] Die in Adriennes Werk entfaltete Schau ist eine solche der Ganzheit. Das Gefüge wird weder von unten her aufgerichtet noch von oben her aus einem Begriff abgeleitet, sondern stets wird alles vom Mysterium gewählt, die betrachtete Ganzheit ausgelegt. Herrscht auch jedesmal ein Aspekt vor, so klingt doch in ihm das Ganze - Himmel und Erde - mit auf[727]. In Adriennes Werk ist alles

722) H. U. von Balthasar, Adriennes Charisma, in: ders. u.a. (Hrsg.), Adrienne von Speyr und ihre kirchliche Sendung, 173.

723) Ebd. 174.

724) Ebd.

725) J. Léonard, Geschmeidigkeit und Humor, in: H. U. von Balthasar u.a. (Hrsg.), Adrienne von Speyr und ihre kirchliche Sendung, 40.

726) Ebd. 41.

727) Vgl. ebd.

mit allem verbunden, den Elementen wird ihr ganzes Zusammenspiel belassen; trotzdem entsteht dadurch "keine nebelhafte, verworrene Theologie", da der "Geist der Geschmeidigkeit" sich bei ihr "mit der forderndsten Genauigkeit"[728] eint. Tiefer Sinn für das Mysterium und klarste Logik können also durchaus zusammengehen.

Adriennes Spiritualität will keine besondere, von anderen abgegrenzte sein, sondern eine katholische, die alles, was die Kirche glaubt und liebt, umfaßt. Ihre Mystik bleibt streng auf die christliche Offenbarung bezogen; sie ist nach Balthasar "trinitarische, christologische und ekklesiologische Mystik"[729]. Trotzdem ist sie als Mystik von der alltäglichen Glaubenserfahrung des Christen abgehoben, da dem Mystiker besondere Aspekte der christlichen Offenbarung vor Augen geführt werden und er dazu in einen besonderen Zustand versetzt wird. Der Geist der Charismen taucht den Gesendeten in die ursprünglichen Offenbarungsinhalte und -ereignisse, um durch einen so Erwählten den christlichen Glauben im ganzen zu vertiefen."Für Adrienne ist diese Werkzeuglichkeit der kirchlichen Mystik und die entsprechende Diensthaltung des Mystikers Gott wie der Kirche gegenüber ein Hauptmerkmal für die Echtheit seiner Erfahrungen."[730] Unerbittlich unterwirft Adrienne die gesamte "Psychologie der Mystik" einer durchsichtigen "Theologie der christlichen Mystik"; von ihr allein her können die Maßstäbe von echt und unecht zuverlässig gewonnen werden. "Daß eine solche Unterwerfung unter die Theologie die Mystik aber gerade nicht auf eine allgemeine, für jedermann gültige und zugängliche 'Glaubenslehre' und 'Glaubenshaltung' nivelliert und damit das Mystische als das Außergewöhnliche, Einmalige, Persönliche einfach eliminiert" – in Reaktion gegen die sogenannte psychologische Mystik der großen Spanier wurde dies häufig versucht "zugunsten einer angeblich patristischen 'Mystik', die das mystische Element mit dem lebendigen Glauben, der innern Teilnahme am liturgischen Mysterium, somit die Charismata mit den Dona Spiritus Sancti gleichsetzt – : daß diese Nivellierung nicht geschieht, verhindert der dauernde Blick auf die Gestalt der biblischen

728) Ebd. 43.

729) In: A. von Speyr, Das Wort und die Mystik, 1. Teil: Subjektive Mystik, 10.

730) Ebd. 11.

Offenbarung, in der im Alten und Neuen Bund immer wieder Einzelne, Auserwählte zugunsten der Gesamtheit besonderer 'mystischer' Offenbarungsgnaden gewürdigt worden sind."[731] Nach Balthasar ist die Verklammerung zwischen Inhalt und Form der Offenbarung in Adriennes Theorie der Mystik "der Ausweis ihrer Katholizität, die weder eine Ausweichen ins subjektiv-Enthusiastische noch ein solches in den Objektivismus einer für jeden Christen identischen Glaubensform erlaubt, sondern die Kirche und ihre Geschichte unter die Lebendigkeit des freien personalen Gotteswortes stellt, ohne daß anderseits die Distanz zwischen der norma normans der in der Heiligen Schrift beschlossenen Offenbarung und der norma normata der Kirche und ihren Lebendigkeiten auch im mystischen Leben einen Augenblick vergessen würde"[732]. Adrienne beginnt im Gegenteil in ihren Büchern stets bei den normierenden Ursprüngen. Ihr Leben und ihre Sendung kommen dank der Offenheit dem Wort Gottes gegenüber in einer Mystik zum Ausdruck, die objektiv, theologisch und biblisch ist. Adrienne ist als Subjekt eingefordert in die Objektivität des Glaubens hinein, welche ihre ganze Existenz durchwirkt. Zu allem und jedem verfügbar, was Gott ihr zeigen will, ist ihre Seele einer vollkommen leeren photographischen Platte vergleichbar. Adriennes Durchsichtigkeit ist diejenige Marias, sie ist ganz objektiv: es wird ausschließlich das von Gott Geoffenbarte aufgenommen, die Klarheit der göttlichen Selbstmitteilung ist durch keinerlei psychologische Selbstbeobachtung beeinträchtigt. "Was von Adrienne im Gebet erfahren und uns durch ihre Schriften mitgeteilt wird, sind nicht nur menschliche Spekulationen oder Anschauungen und noch weniger sentimentale Banalitäten volkstümlicher Frömmigkeit ..., sondern vielmehr der eigentliche Inhalt unseres Glaubens: Gott selbst."[733] Jede persönliche Sicht wird in eine kirchliche, diese wie-

---

731) Ebd. 13 f.

732) Ebd. 14.

733) J. Fessio, Wie liest man Adrienne von Speyr?, in: H. U. von Balthasar u.a. (Hrsg.), Adrienne von Speyr und ihre kirchliche Sendung, 160. Vgl. A. von Speyr, Das Wort und die Mystik, 1. Teil, 237: "Was der Mystiker bei sich selber ist, verliert jedes Interesse, weil er jetzt ganz Funktion der Schau werden soll. Und weil diese letztlich nicht für ihn gemeint ist und er sie irgendwie weitergeben und fruchtbar werden lassen muß, da sie der Kirche gehört, ist er selber nur ein Instrument in der Hand Gottes, und seine ganze Anstrengung hat darin zu bestehen, die Durchsichtigkeit, die Gott braucht, nicht zu trüben,

derum in eine christologische, jede christologische Sicht in eine trinitarische überführt und rückgegründet.

Im Zentrum von Adriennes Leben und Auftrag steht der Hiatus zwischen Kreuz und Auferstehung - der Karsamstag. Ein bedeutender Aspekt ihrer Sendung ist die Schau und Auswortung der Hölle und des Höllenabstiegs Christi[734]. Nach Balthasar wies zu Beginn der Passionszeit 1941 noch nichts darauf hin, "daß das mystische Mitleiden mit Christus - solches hat es in der Kirchengeschichte seit dem Mittelalter ja vielfach gegeben - auf eine ausgesprochen objektive Theologie des Descensus hindrängte. Indes wird dieses Thema doch bald klar und erhält in den Jahren bis etwa 1950 seine breiteste Auslegung."[735] Das Mysterium des Karsamstags widersetzt sich jeder vereinfachenden Reduktion auf einen oder wenige Aspekte. Stets ist das Ganze der Aussagen Adriennes zu bedenken; im Lauf der Jahre treten ständig neue, unentdeckte Ansichten und andere Weisen des Verstehens hinzu; es entsteht ein vielfältiges, nach allen Richtungen sich ausbreitendes Geflecht von unerhörter Bedeutungsfülle. Türen gehen auf, die bisher verschlossen waren, sie gehen auf "in einer Zeit der Kirchengeschichte, für die es evident geworden ist, daß die Verkündigung des Dogmas von der Hölle in dem üblich gewordenen Sinn nicht mehr länger möglich ist"[736]. Gibt es auch - besonders bei den Kirchenvätern - manche Ansätze, die den biblischen Aussagen gerecht zu werden suchen, vor allem eine später fast völlig verflachte oder abhandengekommene Theologie vom Abstieg Christi ins Totenreich[737], gibt es den großen systematischen Versuch des Origenes, den Entwurf Dantes, den gewaltigen Denkversuch Schellings, so waren diese vielfachen Ansätze doch zu keiner wirklichen Einheit zu bringen. Die Theologie des Karsamstags

---

alle Hindernisse aus dem Weg zu räumen." Ebd. 138: "Das Sichvergessen des Mystikers begründet schließlich die Möglichkeit, daß er die ihm zugewandten Schauungen in Gestalt verwandelter übernatürlicher Erfahrungen andern zuführen und auf diese Weise zu einer reinen 'Durchgabe' werden kann."

734) Vgl. W. Maas, Das Geheimnis des Karsamstags, in: H. U. von Balthasar u.a. (Hrsg.), Adrienne von Speyr und ihre kirchliche Sendung, 128 - 146.

735) In: A. von Speyr, Kreuz und Hölle I, 8.

736) Ebd. 9.

737) Vgl. H. U. von Balthasar, Theologie des Abstiegs zur Hölle, in: ders. u.a. (Hrsg.), Adrienne von Speyr und ihre kirchliche Sendung, 140 f.

wurde nach Ansicht Balthasars "immer leerer, immer vernachlässigter und vergessener. Und doch steht der Karsamstag als geheimnisvolle Mitte zwischen Kreuz und Auferstehung, somit eigentlich im Zentrum der gesamten Offenbarung und Theologie. Und hier im Zentrum wie ein unerforschter, unerforschlicher weißer Fleck auf der Landkarte!"[738] Adrienne von Speyr ist befugt, hier Linien auszuziehen, die ansatzweise auf eine stets unerreichbar bleibende Mitte hinzielen, Aspekte aufzuzeigen, die im letzten keine klar überblickbare Gesamtform ergeben, kein überschaubares theologisches System, sondern die ein unauslotbares Geheimnis umkreisen, das zweifellos zu immer reicheren Weisen der Schau einläd, sich aber dennoch gerade in der Enthüllung immer wieder verhüllt. Die Hölle als dogmatische Wahrheit kann nur "im Rahmen der Trinitätslehre, der Christologie und Soteriologie einen sinnvollen und im Glauben verstehbaren Ort haben. Dieser Ort wird ihr hier zum erstenmal ernsthafterweise zugewiesen."[739] Kernpunkt der Aussagen Adriennes ist der Satz, "daß die Höllenerfahrung Christi am Karsamstag eine sowohl trinitarische wie soteriologische Erfahrung ist, die den 'notwendigen' Abschluß des Kreuzes wie die 'notwendige' Voraussetzung der Auferstehung bildet"[740]. Es ist Adrienne vergönnt, diese Erfahrung charismatisch nachzuvollziehen und in ihrer ganzen Furchtbarkeit und gleichzeitigen Heilsbedeutung auszuwerten. Obwohl der Ernst des Dogmas von der Hölle keineswegs verharmlost wird, ist doch festzuhalten, "daß selten der Heilige Geist seiner Kirche eine größere und erlösendere Schau als diese geschenkt hat, die auch hier den theologischen Grundsatz anzuwenden erlaubt: Glaubhaft ist nur Liebe."[741] Fehlt bei Adrienne auch keiner der früheren Lösungsansätze, so muß dennoch – über alles Traditionelle hinaus – die Neuheit der zentralen Aussagen hervorgehoben werden, die erst eine Zusammenfassung bisheriger Fragmente zu einem lebendigen Ganzen ermöglicht. In der Mystik Adriennes geht es vorrangig um nachvollziehende Erfahrungen und nicht um abstrakte begriffliche Lehren. Zwischen der gelebten Erfahrung und der in ihr liegenden theologischen Wahrheit besteht deshalb ein schwebendes Gleichgewicht,

---

738) In: A. von Speyr, Kreuz und Hölle I, 10.

739) Ebd.

740) Ebd.

741) Ebd.

ebenso zwischen der persönlichen Leidenserfahrung Adriennes und "der Objektivierung in der Aussage für den Chronisten, der zugleich amtlicher Vertreter der Kirche und irgendwie begleitender Freund ist"[742]; es ist gleichfalls vorhanden zwischen der sinnenhaften und der geisthaften Seite der Erfahrung[743]. Mit Nachdruck ist zu betonen, "daß dieses Gleichgewicht nur in einer solchen Mystik überhaupt möglich ist, die gar nicht in sich und für sich erfährt, sondern von sich weg auf Christus und die Kirche hin erfährt, also in einer Mystik des (ignatianischen) reinen Gehorsams"[744]; außerdem muß unterstrichen werden, "daß die Möglichkeit der Objektivierung des Erfahrenen durch sofortige Weitergabe an einen Beauftragten der Kirche (und damit die Forderung absoluter Durchlässigkeit oder vollkommener 'Beichthaltung') die conditio sine qua non für das hier Zustandegekommene ist"[745]; weiter ist anzumerken, daß die sinnliche Seite der gemachten Erfahrungen "nichts anderes ist als ein passender Ausdruck für die betreffende Wahrheit, in keinem Augenblick von ihr loszulösen"[746].

Der objektiv-theologische Inhalt der Karsamstagserfahrungen Adriennes besteht nach Balthasar[747] in den folgenden Aussagen: Christi letzter Gehorsam gegenüber dem Vater ist darin zu sehen, daß er "zur Hölle" (oder "Unterwelt", Hades, Scheol) abfährt, wobei Hölle den Ort bezeichnet, wo Gott nicht ist, wo es keine Teilnahme an seinem Leben mehr gibt. Hölle ist mit dem angefüllt, wovon Gott sich ewig abwendet: mit der Gesamtheit der Weltsünde, von welcher der Gekreuzigte die Welt befreit hat. Christus begegnet in der Hölle seinem eigenen Erlösungswerk: dem Grauen der von

---

742) Ebd. 11.

743) Vgl. ebd. 12: "Man muß hier kurz erinnern, daß die von Augustin ausgebaute und bis Johannes vom Kreuz und bis heute kritiklos übernommene Theorie der aufsteigenden Stufenleiter von körperlicher, imaginärer und (zuhöchst) reingeistiger Vision biblisch durchaus anfechtbar ist (vgl. die prophetischen und apokalyptischen Schauungen, die allesamt von Bildern begleitet sind), da sie letztlich dem Wesen des Menschen und des menschgewordenen Gottes widerspricht."

744) Ebd. 11; Hervorhebung im Original.

745) Ebd 11 f.

746) Ebd. 12.

747) Vgl. H. U. von Balthasar, Erster Blick auf Adrienne von Speyr, 57 f.; vgl. TL II, 315 - 327.

den Menschen abgelösten Sünde[748]; er durchmißt die Gestaltlosigkeit der Hölle, geht durch die endgültige Verlorenheit; jedes geistigen Lichtes vom Vater her beraubt, erfährt er das zweite Chaos, muß er in der äußersten Nacht des Gehorsams den Vater dort suchen, wo er ihn niemals finden wird[749]. Dennoch ist die Hölle ein letztes Geheimnis des Vaters, der als Schöpfer die Freiheit der Menschen in Kauf nimmt. In der Finsternis der Hölle - sie ist das vom richtenden Gott aus seiner Schöpfung Wegverdammte - lernt der menschgewordene Sohn "experimentell" etwas bislang dem Vater "Vorbehaltenes" kennen. Die Hölle ist, so betrachtet, in ihrer letzten Möglichkeit ein trinitarisches Ereignis, zu dem der Vater am Karsamstag dem Sohn den "Schlüssel" übergibt[750].

Vier wichtige Themenkomplexe der Theologie Adriennes sind nach Balthasar um das Ereignis des Karsamstags gruppiert. An erster Stelle ist der Gehorsam des Sohnes gegenüber dem trinitarischen Heilsplan des Vaters zu nennen. Scheint dieser Gehorsam am Kreuz auch sein größtes Ausmaß erreicht zu haben, so bleibt doch noch "etwas Unvermutbares, was Adrienne den 'Übergehorsam' nennt und was erst Christi Kenntnis des Gesamtgeschicks des sündigen Menschen abschließt: den Zustand des Todes, eines Todes ohne Hoffnung"[751]. Weiter hebt Adrienne hervor, daß die Öffnung vom Tod zum Himmel - das Fegfeuer - zum Geheimnis des Karsamstags gehört. Erst durch die Erlösungstat des Gottessohnes gibt es ein Fegfeuer[752]. Es entsteht als

---

748) Vgl. A. von Speyr, Kreuz und Hölle I, 65 f.

749) Vgl. ebd. 104 f.; H. U. von Balthasar, Theologie des Abstiegs zur Hölle, 143 f.: Der tote Christus "begegnet auf diesem Gang noch einer Realität, die Adrienne mit dem Wort 'Effigien' bezeichnet hat ... Sie sind das, was Gott von jedem Sünder von sich weg verdammen, also in die Hölle werfen mußte, um ihn als den lebendigen Menschen zu retten ... Die Effigien sind nicht unreal, weil der sündige Mensch der Sünde etwas von seiner lebendigen Wirklichkeit weggeschenkt hat. So hat jeder erlöste Sünder etwas wie ein Abbild seiner selbst in der Hölle ... denn was geschieht mit diesen Effigien? Adrienne sieht, daß sie beim Durchgang des Herrn durch die Hölle 'ausgelöscht' werden. Und trotzdem sagt sie auch: 'Der Mensch kann, wenn er in die Sünde zurückfällt, wenn er gleichsam bereut, sie bereut zu haben, sie erneut zum Leben bringen.'"

750) Vgl. A. von Speyr, Kreuz und Hölle I, 106 f.; H. U. von Balthasar, Epilog, 93 - 98.

751) H. U. von Balthasar, Theologie des Abstiegs zur Hölle, 141.

752) Vgl. A. von Speyr, Kreuz und Hölle I, 94 f.

Gemeinschaftswerk von Vater und Sohn am Karsamstag, ist die Einheit von Gerechtigkeit und Liebe, da der Vater in seiner Gerechtigkeit sich empfänglich zeigt für die Barmherzigkeit des Sohnes. Mit dem Durchgang Christi durch das Reich der Sünde wird nach Adrienne ebenso die Beichte grundgelegt. Balthasar faßt ihre Einsichten folgendermaßen zusammen: "Wie das Kreuz die erste totale Beichte der Weltsünde vor dem Vater ist, so ist Ostern die große Absolution des Himmels, die der Auferstandene den Jüngern zur Verwaltung schenkt: 'quibus remiseritis peccata.' Und das Fegfeuer ist gleichsam die dem Sünder im Jenseits angebotene Gnade einer totalen – nurmehr auferlegten, an ihm durchgeführten Beichte."[753] Ausführlich umkreist Adrienne einen dritten Aspekt, der nach Balthasar besonders tief in das Mysterium des Karsamstags einführt: "Der tote Sohn ist auf dem <u>Rückweg zum Vater</u>, und dieser paradoxe Weg durch die Finternis ist kein Umweg. Der Vater, Schöpfer Himmels und der Erde, hat die gefährliche menschliche Freiheit geschaffen, die sich verlieren konnte und sich tatsächlich verloren hat, ein unbegreifliches Geheimnis, in das er jetzt, im Finstern, den menschgewordenen toten Sohn einführt: Die erlösende Barmherzigkeit dringt in die unfaßliche Finsternis der göttlichen Gerechtigkeit ein."[754] Schließlich ist noch der Karsamstag Marias und der glaubenden Kirche zu bedenken, der gleichfalls von einem Übergehorsam gekennzeichnet ist. Trotz allen Nichtverstehens gibt es in der äußersten Müdigkeit dennoch Gebet, Begleitung und in Maria das Bewußtsein, daß im tiefsten bei Gott alles seine Richtigkeit hat, daß von einem Scheitern der Sendung des Sohnes nicht die Rede sein kann[755].

Die wesentlichen subjektiven Erfahrungsmomente – sie sind viel grauenhafter als alles, was phantastische mittelalterliche Höllenvorstellungen ahnen lassen – können so beschrieben werden: Erfahrung des endgültigen Verlustes Gottes, das Untergehen im Chaosschlamm des Widergöttlichen, die Abwesenheit von Glaube, Hoffnung und Liebe, das Fehlen deshalb auch jeder menschlichen Kommunikation, "die Verwandlung des Denkens in ein sinnloses Klappern

753) H. U. von Balthasar, Theologie des Abstiegs zur Hölle, 141.

754) Ebd. 141 f.; Hervorhebung im Original.

755) Vgl. ebd. 142.

lebloser Logik ... Die gemachte Erfahrung war so real, daß es lächerlich und lästerlich wäre, angesichts ihrer von der Nichtwirklichkeit der Hölle oder auch nur von Apokatastasis im 'systematischen' Sinn zu reden."[756] In sinnenhaften Bildern wird die durch das Kreuz von der Menschheit abgetrennte "Hamartia", die Sündenmasse erfahren: als stinkender, unendlich alle Ufer überbordender Strom "der sich fortwälzenden Sünde, irgendwie ins Bodenlose hinuntergestrudelt"[757]. Angesichts der Erfahrungen Adriennes und anderer Mystiker[758] wird man sich hüten zu behaupten, es gäbe die Hölle nicht oder keiner sei darin. "Daß Einer mit Sicherheit darin war, und tiefer als jeder mögliche Andere, das ist der furchtbare Ernst der Karsamstagserfahrung Adriennes, die sie in der Nachfolge so vieler in der katholischen Tradition gemacht, aber wohl tiefer und klarer ins Wort gebracht hat, als es je zuvor geschah."[759] Adrienne erweckt mitnichten den vulgären Origenismus wieder zum Leben. Dem Gericht des Weltenrichters will sie auf keinen Fall vorgreifen. "Sie weiß weder, was Origenes nach der üblichen Meinung zu wissen scheint, noch auch das Gegenteil, was Augustinus mit Sicherheit weiß."[760] Dennoch läßt sie die Hoffnung auf ein mögliches Heil aller offen[761], hierin Maurice Blondel sehr nahe, der, die Möglichkeit der Hölle durchaus nicht in Frage stellend, "die Aussage wagt: 'Gäbe es auch nur einen einzigen Verdammten, so könnte das Herz des Erlösers, aufgrund der Forderungen seiner

---

756) Ders., Erster Blick auf Adrienne von Speyr, 59; vgl. A. von Speyr, Kreuz und Hölle I, 28 f., 33 f., 36 f.

757) H. U. von Balthasar, Theologie des Abstiegs zur Hölle, 143.

758) Vgl. ebd. 142: "Im letzten Band meiner Theodramatik habe ich zahlreiche Beispiele von echten Höllenerfahrungen angeführt, in denen die Verwerfung durch Gott als endlos erlebt wird, von Angela von Foligno über Mechthild von Magdeburg zu Tauler, Ruusbroek, Hadewijch, Teresa von Avila, Johannes vom Kreuz, Marie de l'Incarnation und den von Henri Caffarel herausgegebenen Aufzeichnungen des Camille C (Paris 1981): 'un abandon total, plénier et éternel.' Johannes vom Kreuz hat die Erfahrung so beschrieben: 'Die Seele fühlt aufs lebendigste ... die Qualen der Hölle. Sie fühlt sich gottlos, von Gott gestraft und verworfen, Gegenstand seines Unwillens und Zornes. Es kommt der Seele vor, daß dieser Zustand ewig dauern wird' (Dunkle Nacht II, 8). Genau hier schließen die Schilderungen Adriennes an, aber sie beschreibt ihre Erfahrung, ähnlich wie der oben zitierte Blondel, als eine Form der Nachfolge Christi."

759) Ebd. 144.

760) Ebd.

761) Vgl. ders., Was dürfen wir hoffen?, 64 - 68. 79 - 92.

Liebe, sich noch über die zu geringe Zahl der Erwählten beklagen: der Gute Hirt denkt an nichts anderes als an sein verlorenes Schaf; der Vater ist vorweg streng und drohend, um nachher weniger strafen zu müssen' (26. 8. 1889)."[762] Auch für Balthasar ist das "Ernsteste, was es gibt, nicht die Strafgerechtigkeit Gottes, sondern seine Liebe"[763]. Der Ernst, vor den die Menschen gestellt sind, "ist der Ernst einer alles Recht übersteigenden Liebe"[764].

Die philologische Exegese mit ihrer historisch-kritischen Methode hat wiederholt Einwände gegen die Descensusauslegung Adriennes erhoben. Die Frage steht im Raum, ob die mystische Schau von Heiligen der Maßstab für die Auslegung des Wortes Gottes sein kann. Nach Balthasar darf man nicht verlernen, mit pneumatischen - statt ausschließlich mit philologischen - Augen auf den Logos der Schrift zu blicken[765]. "Mystiker, Heilige sind der eigentliche, vom Heiligen Geist selbst geschriebene Kommentar der Glaubenswahrheiten der christlichen Botschaft. Sie sind die Exegese des Pneuma, und darum darf dieser Weg der Offenbarungsvermittlung nicht von vornherein verdächtigt werden. Es wäre, im Gegenteil, eine theologische 'Inventarisierung' der Mystik hinsichtlich der Descensus-Thematik eine lohnende und die Theologie promovierende Aufgabe."[766]

## 6.3 Die Geschichte der Heiligen - Wegweisung ins Mysterium

Die Geschichte des Reiches Gottes hat die Wiederherstellung des ursprünglichen Einheitsverhältnisses zwischen Gott und Mensch - es ist infolge der Sünde zerfallen - zum Ziel. "Die kraft Gottes Zusage im Wortwechsel mit ihm lebende Welt und Menschheit hat ihre Geschichte darin, daß sie in Geschichten verflochten ist. Gott begegnet in Geschichten, sagt sich durch sie

---

762) Ders., Theologie des Abstiegs zur Hölle, 145.

763) Ders., Kleiner Diskurs über die Hölle, 7.

764) Ebd. 15.

765) Vgl. ders., Spiritus Creator, 104.

766) W. Maas, Das Geheimnis des Karsamstags, 137; Hervorhebung im Original; vgl. E. Salmann, Gnade und Leid. Dogmatische Erwägungen zur Leidensmystik bei Anna Katharina Emmerick, in: Geist und Leben 57 (1984) 322 - 336, bes. 327 f., 335 f.

hindurch zu und ist darin 'Autor': Gewißmachend und Heil bringend ist er dies im Zusammenhang jenes Geschehens, in dem aus dem alten Menschen ein neuer Mensch wird und der neue sich zum alten verhält."[767] Alles kommt darauf an, aus einer gegebenen Mitte heraus zu denken, von einem Schlüsselereignis auszugehen, welches allein die Bedeutung der vorausgehenden wie der folgenden Ereignisse erschließen kann und gleichzeitig deren Vollendung vorgegeben sein läßt. Dieses Schlüsselereignis – es ist als ganz bestimmtes Ereignis dennoch universal – ist die Vereinigung von Gottheit und Menschheit als leiblich-sprachliche Selbstmitteilung Gottes in Jesus Christus. Die Wahrheit ist nicht blaß, blutleer, abstrakt, sondern greifbar, konkret, sie ereignet sich. Deshalb ist die Leibhaftigkeit des Wortes ebenso wahrzunehmen wie die Worthaftigkeit des Leibes. "Was aber hat Gott denn gewagt, indem er seinen Bund mit Israel in Jesus Christus konkret, das heißt Jemand werden ließ? Er hat gewagt, sich selbst, nicht mehr nur in seinem Bund, sondern in sich selbst, zu dekouvrieren."[768] Wer auf Jesus Christus blickt, sieht das Ganze. Er ist Gottes ganze Rede und Antwort, seine ganze Erscheinung und Offenbarung. Gottes Wort ist, um dem leibhaftigen Menschen als solchem verständlich zu sein, Fleisch geworden, um ihm "gerade durch sein Fleisch-, das heißt Sterblicher-Mensch-Sein, den Vater zu offenbaren"[769]. So gibt es im Leben Jesu, in seiner Geschichte nichts, "was nicht in der gesamtmenschlichen, leibseelischen Sprache Ausdruck und Darstellung des Vaters wäre"[770]. Sind bereits die symbolischen Taten und Zustände der Propheten im Alten Testament menschlicher Ausdruck bestimmter Verhaltensweisen des Bundesgottes, so haben in Jesus Christus "diese Verhaltensweisen endgültig und vollständig die Gestalt (μορφή ) des Menschen (ἀνθρώπου ) angenommen (Phil 2, 7)"[771]. Als Wort, das Fleisch geworden ist, ist es die Eigenart Jesu Christi, "fast mehr durch Taten und Gebärden des Fleisches zu reden als durch gesprochene Worte ... Was an ihm als Wort in menschlicher Sprache zu begreifen ist, bleibt ein geringer Teil des Überwortes, durch das Gott sich

767) O. Bayer, Art. Theologie. B. Aus evangelischer Sicht, 198.

768) H. U. von Balthasar, Homo creatus est, 263.

769) Ebd. 265.

770) Ebd.

771) Ebd.

in ihm ausspricht."[772] Im Antlitz Christi läßt Gott seine eigenen Züge durchscheinen. Wer sieht, wie Christus sich für die Menschen verschwendet, kann an seinem Handeln ablesen, wie Gott der Vater den Menschen gegenüber gesinnt ist. Jesus Christus gibt nicht nur Schilderungen Gottes, sondern lebt den Menschen in seinem Tun und Verhalten, in seinem ganzen Sein die Gesinnung Gottes vor. Wer ihn sieht, schaut Gott. "Diese Transparenz ist für den glaubenden Christen das eigentlich Unbegreifliche Gottes: Nicht, daß man nichts Gültiges über Gott aussagen kann, ist seine Unfaßlichkeit, sondern daß sein inneres dreieiniges Leben der Liebe, das Ineinander von Vater, Sohn und Heiligem Geist, sich so in die Welt hinein zu offenbaren vermochte, daß wer mit glaubenden Augen Jesus sieht, Gott sieht, in Jesus Gott anzubeten vermag."[773] Was Gott dem Menschen zu sagen hat, sagt er ihm leibhaftig. Das über alles Begreifen hinaus umfassende Wort ist Fleisch geworden, Wort, "das den Worten menschlicher echter Hingabe darin gleicht, daß es ein leibhaftiges, leiblich getanes Wort ist"[774]. Das Wort Christi, welches in letzter Konsequenz er selber als der Gekreuzigte ist, gilt es - Silbe um Silbe - zu leben, in die Tat umzusetzen, in den Situationen des Daseins zum Klingen, zum Leuchten zu bringen. Immer geht es um das Eindringen des Wortes Gottes bis in alle Fibern des "Fleisches", bis ins innerste "Herz"[775]. Mit Gott im Bunde sein fordert ein je neues Aufeinander-Zugehen von Gott und Mensch, eröffnet eine Geschichte, die unabsehbare Augenblicke und Wendungen des Mitseins in sich birgt.

"Wegen der Geschichtlichkeit der Offenbarung, ihrer Vieldimensionalität im Glauben der Kirche und wegen der Selbstmitteilung Gottes an personale Geschöpfe ist die Geschichte der Kirche in ihren Personen selbst Zugang zur Offenbarung. Denn das Wesen des Christentums erschließt sich nicht in den lehrhaften Objektivationen einer universalen Idee."[776] Das Wort Gottes ist für die Jünger Jesu der lebendige Mann aus Nazareth, der Nachfolge ver-

772) TL II, 109.

773) Ders., Du krönst das Jahr mit Deiner Huld, 92.

774) Ebd. 131.

775) Vgl. ebd. 173.

776) G. L. Müller, aaO. 22.

langt, dem man sich nur übergeben kann, dessen Wahrheit getan sein will. Logik und Ethik sind voneinander untrennbar, da die Gesetze der Wahrheit erst in denen der Tat zur Vollendung gelangen. Am lebendigen Menschen und seinem Tun muß man ablesen können, was unmittelbare und personale Christus-Nachfolge bedeutet. Es sind die Heiligen, in denen Gott personal und ekklesial die Geschichte der Menschheit schreibt. "In der Geschichte der Heiligen zeigt Gott den Sinn der Geschichte als eschatologische Gottesgeschichte mit den Menschen im Neuen Bund, sofern die Vielfalt der Charismen des Geistes und alle Möglichkeiten der Nachfolge Jesu ausgeschöpft werden zum Aufbau des Leibes Christi, 'damit wir zum vollkommenen Menschen werden und Christus in seiner vollendeten Gestalt darstellen' (Eph 4, 13 b)."[777] Immer offenbart sich Gott als ein Gott von Personen; die Heiligen repräsentieren das Wirken Gottes in Personen, "deren Charisma für alle von Bedeutung ist. Er zeigt sich als Gott, der im Geist seines Sohnes wirksam ist in den Leidenden und denen, die ihren Glauben durch den Tod besiegeln, in den großen Betern und Büßern, den leidenschaftlichen Gottsuchern, den Gott und den Nächsten Liebenden, den Glaubensboten, den Ausleidern der Gottesferne, den Lehrern und Reformern der Kirche."[778] Immer handelt es sich um einen Weg, der zu gehen ist; er führt durch das Dunkel und die Not des gegenwärtigen Lebens in die Klarheit der ewigen Vollendung. Dies wird durch Lebensbeispiele anschaulicher als durch bloße Begriffsbestimmung, da die Aussagekraft eines heiligmäßigen Lebens durch nichts überboten werden kann. Die Heiligen zeigen auf je verschiedene Weise, wozu die Kraft Gottes den Menschen befähigt. Sie sind Ort einer Theophanie, lebendige Ikone des unfaßlichen Gottes. "In den Heiligen reflektiert sich gerade die einmalige Erlösungstat Christi und erweist zugleich ihre Fülle, indem sie sich im Reichtum menschlicher Möglichkeiten aus-gestaltet."[779] Nicht die weithin verbrauchten Worte der Verkündigung führen zu einer Neugeburt des Glaubens, sondern die Heiligen sind die aktuelle Antwort auf die Frage nach der Möglichkeit eines Glauben-Könnens im Zeitalter der "Gott-ist-tot-Theologie".

---

777) Ebd.

778) Ebd. 23.

779) Ebd. 146.

Der Zeugnischarakter ihrer Existenz ist der Zugang, das Wesen des Menschen als Verweis auf den unsagbaren Gott, als capax Dei zu begreifen.

Die heutige Zeit braucht eindeutig Heilige. "Nicht Erlasse bloß und noch weniger die Einsetzung neuer Studienkommissionen, sondern Gestalten, an denen man sich wie an Leuchttürmen orientieren kann."[780] Nach Balthasar gibt es in allen Religionen das Verlangen nach "Vermittlern zum Unsagbaren, Unanschaulichen, Unzugänglichen"[781]. Dieses Moment - man könnte es folkloristisch nennen - und das theologische Moment sind schwer zu scheiden. Ist das "Bedürfnis nach entgegenkommender Versichtbarung christlich nicht durch Gott selber gestillt worden? Der 'Pater immensae maiestatis' ist nicht mehr der Abgerückte: 'Wer mich sieht, sieht den Vater.'"[782] Christus ist die Ikone des Vaters, jeder Heilige eine Ikone Christi. Die theologische Frage ist, was der Mensch bei der Heiligenverehrung eigentlich verehrt: "Gottes Anwesenheit, Gnade, Sendung, siegreiche Macht in einer Kreatur" oder "die Antwort dieses Menschen auf die Gnade und durch sie?"[783] Jede Art von scharfer Grenzziehung erübrigt sich, wenn man das Verhältnis Christus-Kirche und das Mysterium der communio sanctorum ins Auge faßt. Der mystische Leib Christi "wird von geschaffenen Personen gebildet, die aber doch über sich hinausgehoben und von einer göttlichen Kraft informiert sind, welche uns nah an den Kern des Mysteriums, die hochzeitliche Einigung zwischen Gott und der Menschheit durch Christus heranführt: per ipsum et cum ipso et in ipso."[784] Das einzig Notwendige besteht darin, mit den Heiligen zusammen auf den sie faszinierenden Punkt zu schauen, "zu dem hin sie sich selbstvergessen übersteigen"[785]. Immer muß es um die unzerlegbare theandrische Welt gehen, "deren ausstrahlender Mittelpunkt Christus ist, die aber die Heiligen als die Hingegebenen in sich einhüllt"[786]. Nicht das außer-

780) H. U. von Balthasar, Cordula oder der Ernstfall, 131 f.

781) Ders., Katholisch, 60.

782) Ebd.

783) Ebd.; vgl. ders., Du krönst das Jahr mit Deiner Huld, 186 f.

784) Ders., Katholisch, 61.

785) Ebd.

786) Ebd.

gewöhnliche Format der Heiligen ist ausschlaggebend, sondern daß sie ein heimlicher Anruf sind, den Versuch zu wagen, in Richtung auf das Mysterium zu gehen, sich in das Anliegen Jesu Christi hinein zu übersteigen, die ganze Existenz in das Mysterium Christi einzusenken. Verweisen die Heiligen auch stets auf das Soli Deo Gloria, so muß doch jede Rede von der alleinigen Ehre Gottes, "wenn sie das Christliche wirklich zur Sprache bringen will, mit des hl. Irenäus von Lyon Formulierung die Gestalt annehmen: 'Gloria Dei, vivens homo'"[787]. Zwischen dem, was Gott in sich selbst ist und dem, was er im Menschen sein will, sind keine starren Grenzen zu ziehen. Die Gnade Gottes nimmt den Charakter von Sendungen oder Charismen an, um sich in den Menschen durchzusetzen. Und doch reflektiert das Licht, welches Gott der Welt in den Heiligen schenkt, auf ihn selbst. Im "Licht der Heiligen, das ja nur Gottes Licht in der Welt ist, sehen wir das Licht."[788] Mehr denn je ist es heute notwendig, der Geschichte der Heiligen, ihrem Weg und Leben nachzugehen. "Es gibt kein besseres Gleichnis für Gottes Wirklichkeit als ihre Existenz. In ihnen bricht sich Gottes unergründliches Geheimnis, wie das Licht der Sonne sich auslegt im Spektrum des Regenbogens."[789] Sie verstrahlen, indem sie Gott handelnd antworten, ein Licht, das nicht von ihnen stammt, sondern vom Wort, das sie empfangen haben.

Die Heiligen sind die wahre, glaubhafte Durchgabe des trinitarisch-christologischen Mysteriums in die Welt hinein. Sie strahlen am meisten die Wahrheit und Herrlichkeit Gottes aus, weil sie nur noch Schale und Gefäß sein wollen[790]. Durch die Heiligen hindurch kann der Geheimnisstrahl der trinitarischen Liebe ungeschmälert bis in die letzten Winkel dringen, da sie aus der vollen Öffnung des Herzens für das Licht Gottes existieren. "Wenn Gott am transparentesten wird, muß das Geschöpf sich zum Transparentesten

---

787) G. L. Müller, aaO. 307; Müller bezieht sich hier auf Irenäus, Adv. haer. IV, 20,7 (SChr 100/2, 648).

788) H. U. von Balthasar, Du krönst das Jahr mit Deiner Huld, 189; Hervorhebung im Original.

789) J. Sudbrack, Heilige Menschen. Eine lebendige Theologie von Gottes Geheimnis, in: Geist und Leben 57 (1984) 321.

790) Vgl. W. Beinert, aaO. 21: "Der heilige Mensch wird zum Medium der Erscheinung Gottes. In ihm ereignet sich Hierophanie."

machen. Wenn Gott das Geschöpf am höchsten in Liebe zu sich erhebt, muß es sich am tiefsten in Ehrfurcht unter ihm demütigen: nur Knecht und nur Magd des Herrn. Das Geschöpf wird also von sich aus dem Schöpfer und seiner Offenbarung am meisten entgegenkommen, wenn es sich ganz werkzeuglich von ihm zu seinen Zwecken benützen läßt. Es wird dann am lebendigsten sein, durch die Einwohnung göttlichen Lebens in ihm, wenn es sich selber am totesten stellt unter der Hand des göttlichen Töpfers. Es wird seine eigene Wahrheit, soweit sie der göttlichen gegenübersteht, in nichts anderem suchen als in der reinen Distanzstellung der Instrumentalität, die sich selbst nur als ein Konsekutives und in keiner Weise als ein Eigenthematisches gebärdet. In diesem Zurücktreten vor Gott bis zur Durchsichtigkeit der Sache, die man nicht mehr achtet, über die der Blick einfach hinweggleitet, unmittelbar (immediate) zum Urbild hin, das sich darin ausdrückt, liegt die Objektivität der geschöpflichen Haltung. Denn so ist es richtig, so entspricht es dem Verhältnis der Analogie: daß alle Wahrheit vom Grunde Gottes her stammt und daß die Wahrheit der Erscheinung keine andere ist als die: die Erscheinung des Grundes zu sein."[791] Die Heiligen rufen in einen offenen Raum, in dem sich erst der Anspruch Gottes offenbaren, mitteilen kann. "Die Existenz in diesem offenen Raum heißt Glaube - Bejahung des Übernommenseins durch Gott in Christo - und birgt eben damit die Hoffnung in sich: auf die Teilgabe am ewigen Leben der Liebe, das sich in der Öffnung des Raumes schon anbietet. Seine Existenz auf diese drei stellen, heißt leben vom Ernstfall her. Nur eine solche Existenz ist Zeugnis (martyrion) für die Wahrheit, aus der sie lebt."[792]

Berufung ist Anwort der Existenz auf einen Ruf. Christsein im "Ur-sprung" heißt: "Erhorchen des rufenden Wortes und Freiwerden zur erwarteten Antwort"[793]. Die Heiligen sind der Beweis für die Möglichkeit des Christ-

---

791) TL I, 268 f.

792) Ders., Cordula oder der Ernstfall, 45.

793) Ders., Rechenschaft 1965, 8; vgl. K. Hemmerle, Heiliges Leben in heutiger Zeit, in: W. Beinert (Hrsg.), Die Heiligen heute ehren, Freiburg - Basel - Wien 1983, 224: "Und doch kann ohne Erinnerung, ohne Ursprung, ohne Gebundenheit an den Anfang der Faden sich nicht weiterspinnen ins Offene und sich weiterspannen zum Ziel. Vielleicht braucht diese Not unserer Zeit besonders die Heiligen, das

seins. In ihren konkreten Lebensbedingungen haben sie vorbehaltlos dem Willen Gottes Folge geleistet. Sie können deshalb Führer sein auf dem sonst unmöglich scheinenden Weg zu einer "Existenz im Liebestod"[794]. Ihre Geschichte zeigt, daß der Weg des Heils notwendig Selbstüberschreitung und Selbstopfer, radikale Selbst-losigkeit und Hingabe ist. Die Transzendenz zeichenhaft transparent machend, werden die Heiligen Wegweiser zu Gott. Da sie sich vom Heiligen Geist leiten lassen, der die Kirche auf dem Weg durch die Zeit führt, können sie selbst Leitbilder sein. "In den Heiligen vollzieht sich stets der nächste Schritt auf der Wanderschaft zu Gott."[795] Über ihre eigene Zeit hinaus tragen sie bei zum Überschritt der Kirche ins Eschaton[796]. Weil sie dank ihres Gehorsams gegenüber dem dynamischen Wirken des Gottesgeistes grundsätzlich nicht konservierend, sondern initiierend tätig sind, bringen sie der Kirche ständig zum Bewußtsein, daß sie sich auf der Pilgerschaft befindet. Die Heiligen sind die fortdauernde Erinnerung "an die eschatologische Prägung der Glaubensgemeinschaft, die als solche gerade dadurch zusammengehalten wird, daß sie ihre Hoffnung auf die bleibende und endgültige Zukunft über jede innergeschichtliche Erwartung hinaus richtet"[797]. Heilige schärfen den Blick der gesamten Kirche dafür, da sie in ihrer Existenz immer neue Weisen der christlichen Praxis zur Anschauung bringen, die aus dem einen und gleichen Glauben der Kirche hervorgehen. So halten sie nicht nur der Kirche ihrer Zeit den Spiegel vor, sondern bringen im Ertrag ihres Lebens "ein Stück der Realisierung des Evangeliums bleibend für alle weitere Geschichte ein"[798]. Weist die Linie der Sünde nach unten, tragen die Heiligen "in den Raster von Raum und Zeit die aufwärts weisende Linie

heilige Leben, jenes, das beim Anfang bleibt und ihn in der Unschuld des Horchens auf den gegenwärtigen Ruf neu zum Leuchten bringt."

794) Vgl. H. U. von Balthasar, Cordula oder der Ernstfall, 20 f.

795) W. Beinert, aaO. 58.

796) Vgl. ebd. 60.

797) Ebd. 62.

798) Ebd.

der Gnade ein. So ist die Heilsgeschichte zu einem wesentlichen Teil Heiligengeschichte."[799]

Die Heiligen sind aufgrund ihres Geschickes, Boten und Mittler Gottes zu sein, die nicht eigenen Worte, sondern das Wort Gottes zu verkünden und zu leben haben, in einzigartiger Weise Repräsentanten Gottes in der Welt. Ihr Reden und Tun, ihr ganzes Leben ist jener Ort, an dem Gottes Selbstmitteilung konkret wird, und Mittel, wodurch Gott seine Offenbarung kundgibt[800]. Heilige sind "die lebendige Theologie von Gottes Geheimnis. Sie enthüllen und verbergen zugleich."[801] Ist Gott auch ganz anders als seine Heiligen, so spricht doch jeder Heilige ein Wort über Gott. "Auch das Wort, das Gott selbst in Jesus Christus gesagt hat, enthüllt und verhüllt zur gleichen Zeit; es zeigt uns Gottes Oster-Licht, das aber gebrochen bleibt vom Leid des Karfreitags."[802] Die Welt braucht die Heiligen, "die Gottes Wort immer neu ausworten", da "selbst die Herrlichkeit Gottes in Jesus ein dunkles Licht bleibt"[803]. In Christus zum Gnadeninstrument und -kanal werdend, sind die Heiligen ausersehen, in der Kraft seines Geistes in das Mysterium der Liebe Gottes einzuführen. Indem Christus in den Heiligen wirkt, bleibt die Erfahrbarkeit des Heils, das mit ihm gekommen ist und weiterwirken will, erhalten. Die Heiligen bewahren das Christentum davor, eine theoretische Sache zu sein; sie machen den Buchstaben wieder lebendig,

---

799) Ebd.; vgl. H. U. von Balthasar, Reinhold Schneider. Sein Weg und sein Werk, Köln/ Olten 1953, 167 - 185.

800) Vgl. H III, 1/ 2, 446 f.: Eine Stimme ertönt hier, die "nichts ist als der Weiterhall des biblischen Wortes, gleichsam im Resonanzgefäß des Heiligen Geistes und der kirchlichen Seele, wobei das begrenzte Evangeliumswort als das vernommen wird, was es in Wahrheit ist: als die sich auswortende Tiefe des unendlichen Seins selbst. Dabei verliert das biblische Wort nichts an Präzision und Umriß: es ist klärendes, belehrendes, unerbittlich enthüllendes und richtendes, wo es sein muß auch drohendes, aber ebenso tröstendes, verheißendes, stärkendes, schöpferisches Wort, nicht ohne Klage über die Sünder, zumal in der Christenheit, aber ohne sich je das Geringste von seiner absoluten Hoheit zu vergeben ... Caterinas kirchenpolitische Sendung hat logischerweise diese exegetische Seite: daß Gott in ihr Herz sich - Vater, Sohn und Geist - auslegt, wie sie lebend zur Auslegung Gottes vor den Menschen werden soll."

801) J. Sudbrack, Heilige Menschen, 321.

802) Ebd.

803) Ebd.

da in ihnen die christliche Wahrheit Gestalt anninmmt, anschaubar wird[804]. Heilige bewegen sich in der Christuswirklichkeit, reden und handeln aus dem Mysterium Jesus Christus, den sie in sich tragen und von dem sie durchwaltet sind. Ihre Geschichte bedeutet deshalb lebendige Verkündigung des Evangeliums in Wort und Tat. Heilige sind Vorbilder der Christusnachfolge, "in ihrem Leiden prägt sich die Passion Christi signifikant aus. Ihr Leben wird denen, die nach ihrem Beispiel Christus nachahmen wollen, zur 'regula seu norma vivendi'"[805]. Denn was hätte alle Theorie für eine Bedeutung, wenn sie nicht zur Praxis, zu blutvollem Leben werden könnte. Und welchen Sinn hätte alle Praxis, wenn hinter ihr nicht die Tiefe der Gedanken stünde. Es ist die Theologie des persönlichen Beispiels, die überzeugt, die Theologie des Martyriums, die das letzte Wort hat. Theologie muß sich auf die Ebene des Zeugnisses begeben; der Biographie ist ein theologischer Rang einzuräumen. Der Blick auf Jesus Christus - als Weg, Wahrheit und Leben - und "auf andere Wegnachfolger, die ihrerseits zum Weg werden"[806], zeigt: "Die Geschichte der Menschen, ihre Biographie, wird zur Mystagogie, zur Wegweisung ins Mysterium Gottes. Das leuchtet ein, wo wir auf die Geschichte der Heiligen als der vom Heiligen Geist Gottes in Jesu Nachfolge geprägten Menschen achten: Maria, Petrus, Paulus, Johannes, Augustinus, Dominikus, Franziskus, Ignatius, Teresa von Avila - Menschen, die ihrerseits dann vorbildhaft und gruppenbildend gewirkt haben."[807] Nur das Existentielle kann

---

804) Vgl. H. Waldenfels, "Spiritualität", 394: Die theologische Lehre verliert "ihre vermeintliche Abstraktheit und Lebensferne, weil die aus der Kirchengeschichte gewonnene Phänomenologie christlichen Verhaltens die in vielen Lebenssituationen gewonnenen Geisterfahrungen zur Sprache bringt, als Theologie des Subjekts deutet und zugleich zur Anfrage und zum Angebot in der heutigen Zeit wird." Vgl. A. Rotzetter, aaO. 30 - 36.

805) G. L. Müller, aaO. 247; vgl. W. Beinert, aaO. 54: Heilige sind "die manifesten Zeugen Christi. Der Sieg seiner Gnade vollzieht sich in der Gegenwart, und so vermag die Gnade bei den Menschen neuen Raum zu gewinnen. Der Heilige wird durch den Heiligen Geist zum Weg der Gotteserfahrung für die Kirche."

806) Vgl. H. Waldenfels, "Spiritualität", 389.

807) Ebd. 393 f.; vgl. K. Hemmerle, Heiliges Leben in heutiger Zeit, 215 f.: Es ist gut, "Gestalten, Erfahrungen, Bewegungen, Reflexionen zu benennen, auf welche der Blick bei der Suche nach der Spur heiligen Lebens heute fiel. Therese von Lisieux, Charles de Foucauld, Josef Cardijn, Madeleine Debrêl sind hier zu nennen, die theologische Reflexion eines Hans Urs von Balthasar und die für ihn so wichtige Erfahrung der Adrienne von Speyr, nicht zuletzt aber gegenwärtige

Fundament einer wirklich lebendigen Theologie sein. Biographien der kanonisierten und auch nichtkanonisierten Heiligen sind die Fortschreibung jener Ur-Biographie, welche "die Biographie Jesu von Nazaret als Mystagogie ist. Christlich lautet die Stufenleiter der Erkenntnis: 'Nehmt mich zum Vorbild, wie ich Christus zum Vorbild nehme' (1 Kor 11, 1)."[808] Paulus scheut sich nicht, "seine ganz auf die Existenz Jesu hinblickende Existenz seinen Gemeinden als das nachzuahmende Vorbild (typos, eigentlich: Abdruck, Form) hinzustellen"[809]. Wie Paulus, so werden nach ihm alle echten Heiligen zu lebendigen Modellen der Christusnachfolge[810]. Ihre Geschichte will auf das immer wieder neue und doch eine Geheimnis Gottes in Jesus Christus aufmerksam machen. Nie geht es "um die Privatschicksale der Heiligen, sondern um ihre exemplarische Stellung: sie demonstrieren die Situation der Kirche, die ja nur im vollen Sinn Kirche ist, wo sie heilig ist."[811] Theologie der Heiligen fordert das Zeugnis durch die ganze Existenz, was nur heißen kann: sie verlangt das Zeugnis der Heiligkeit, den Erweis des Geistes. "Wie das johanneische Begriffspaar 'Geist und Leben' unterstreicht, ist im Christentum der Geist die Lichtung des Lebens und dieses die Konkretisierung des Geistes. Für die theologische Theorienbildung heißt das, daß das Prinzip der Spekulation kein anderes sein kann als das der existentiellen Verwirklichung, bildhaft gesprochen, daß Jesus durch die gleiche Tür in das sein Geheimnis umkreisende Denken eintreten will wie in die sich ihm erschließende Lebenswirklichkeit."[812]

Die Heiligen haben ihre Theologie als ihr geistliches Leben und ihr geistliches Leben als ihre Theologie[813]. Sie weisen auf, daß "heilige Theologie" und

---

geistliche Bewegungen, in denen Leidenschaft für heiliges Leben brennt, wie Schönstatt oder die Fokolar-Bewegung."

808) H. Waldenfels, "Spiritualität", 396.

809) H. U. von Balthasar, Die Heiligen in der Kirchengeschichte, 489; Hervorhebung im Original.

810) Vgl. F. Ciardi, aaO. 355 f.; 356: "Wenn sie als lebendige Abbilder das Beispiel Christi wieder hervorbringen, 'haben sie die einzige Pflicht, ihre Anhänger zu Christus zu führen und vor diesem zu verschwinden.'"

811) H. U. von Balthasar, Die Heiligen in der Kirchengeschichte, 493.

812) E. Biser, Jesus - Der Helfer und die Hilfe, in: J. Sauer (Hrsg.), Wer ist Jesus Christus?, Freiburg - Basel - Wien 1977, 192.

813) Vgl. K. Neumann, aaO. 336, Anm. 58.

"theologische Heiligkeit" möglich und notwendig sind, daß zwischen Denken und Leben, Reflexion und Erfahrung ein ursprünglicher Zusammenhang besteht. Den Heiligen geht es nicht primär um den "gedachten" Gott, sondern um die Begegnung mit Gott; sie sind auf der Suche nach dem lebendigen Gott, an dessen Geheimnis sie im Glauben teilnehmen dürfen. Eine bloß schulmäßige Theologie - sie kann an sich durchaus einsichtig sein - genügt nicht, um das Herz des Menschen anzurühren und ihn vor das Christusereignis zu stellen[814]. Deshalb fordert Balthasar seit vierzig Jahren eine Wiedergewinnung der "Heiligen-Theologie"[815]: Einsicht durch Fahrt, Gewißheit im Flug, zugesichert durch den Gottesgeist, der den Glaubenden trägt und ihn einbirgt in die Gelöstheit der schwebenden Liebe.

814) Vgl. K. Hemmerle, Heiliges Leben in heutiger Zeit, 218: "Das Fragwürdigwerden eines bloß systematischen, verfügenden Denkens bricht einer neuen Offenheit für das Geheimnis Bahn. Gerade was sich nicht im Machbaren und Verfügbaren erschöpft, läßt mich leben, gerade von dorther kann Menschsein nur gelingen und erfüllt werden." Vgl. B. Forte, aaO. 220f.: "Der nicht statische und bloß wiederholende, sondern lebendige und anspornende Kontakt mit den Meistern der Vergangenheit kann das Glaubensdenken für neue Pfade der Prophetie aufschließen. Die Botschaft besonders begnadeter Männer und Frauen kann zur reflexen Erfahrung des Mysteriums beitragen, sie aufmerksamer und für die Überraschungen der Ankunft bereiter machen."

815) Vgl. K. Rahner, Schriften zur Theologie IX, Einsiedeln - Zürich - Köln 1970, 156 f.: "Die Theologie der Zukunft wird - hoffentlich - sich ihres Dienstcharakters für die christliche Existenz und den eigentlich religiösen Selbstvollzug des Menschen deutlicher bewußt werden. Sie ist keine Wissenschaft um ihrer selbst willen, sie muß als solche vielleicht keine betende und kniende Theologie sein, weil sie eine kritische Theologie werden muß, aber sie sollte doch mehr als in den letzten hundert Jahren vom Gebet herkommen, sich nicht in bloßer theologischer, historischer und spekulativer Gelehrsamkeit erschöpfen, sie sollte soweit wie möglich die Existenz des Menschen im realen Leben erhellen und ihm den Mut geben, sich anbetend einzulassen auf die Unbegreiflichkeit des Daseins, in deren Grund Gott in seiner Gnade waltet, sich auf diese Unbegreiflichkeit einzulassen in tapferer Hoffnung und in Liebe, die Gott und den Menschen in einem meint."

# 7 Ausblick: "Visio beatifica" - Teilnahme am Lebensereignis Gottes selbst

"Die kirchlichen Heiligen sind die Mittler, durch die wir das reine (das allzu reine) Licht Gottes betrachten können. Sie führen immer zu ihm. Sie sind Herbergen unterwegs, aber nicht das Reiseziel."[816] Nach Aussagen der Bibel (vgl. Ex 33, 20) ist der Mensch unfähig, den Glanz, die Lebendigkeit Gottes zu ertragen, es sei denn, daß Gott ihm ein ganz neues Auge schenkt. Von der Herrlichkeit des Gott-Feuers geblendet und doch in seinen Bann gezogen und bestrickt, erfährt er Gott, den Heiligen, als mysterium tremendum und fascinosum in einem. Im Feuer des lebendigen Gottes kündigt sich an, was erst durch den verwandelnden Tod hindurch endgültig sichtbar wird: das wunderbare Antlitz Gottes, gebildet aus fließendem Licht. Die Schau Gottes bedeutet nichts Theoretisches, sondern sie ist eins mit lebenspendender Kommunikation. Christliches Leben zielt auf das Erleben und die Schau der Schönheit des trinitarischen Lebens hin, auf die Teilnahme am Lebensereignis Gottes selbst. "So ist einerseits alle Offenbarung ein Sichtbarwerden Gottes, und der Glaube hängt an jenen Begegnungen, in denen Gott gesehen worden ist; so hängt die kirchliche Tradition (rücklaufend) an den Autopten, den Augenzeugen. Anderseits hat historische Offenbarung (vorlaufend) einen Richtungssinn auf die eschatologisch vollendete Schau Gottes hin."[817] Es ist der Glaube, der das Geheimnis der überhellen Gottesliebe und der ewigen Hochzeitlichkeit verhüllend enthüllt[818]. Schon in diesem Leben fängt die

---

816) P. Catry, aaO. 30.

817) H II, 1, 47; vgl. ebd. 48: "So bleibt die Schau des menschgewordenen Sohnes noch eine Schau im Glauben: Erfüllung, da Gott bereits auf die Erde kommt, Verheißung, da die endgültige Herabkunft der Herrlichkeit Gottes noch aussteht." Ders., Kommentar zur Summa Theologica, 387: Für Thomas müssen zwei Dinge gleichzeitig festgehalten werden: "es gehört zum konkreten Wesen der geschaffenen Geistnatur, auf die Übernatur Gottes als Endziel irgendwie ausgerichtet zu sein; aber es gehört nicht zum Zustand dieser Natur im vorbereitenden Pilgerstand (sondern erst zum erreichten Endstand), Gott ohne Spiegel und Rätsel zu schauen." Vgl. J. Kuhlmann, Die Schau des Unschaubaren, in: Una Sancta 4 (1981) 346 - 349.

818) Vgl. H. U. von Balthasar, Schwestern im Geist, 435: "Es gibt im Glauben schon hienieden ein Schauen. Zwar nicht des Wesens Gottes, aber seiner Liebe. Diese Liebe ist hier die Fülle der göttlichen Heilsveranstaltungen, wie die Seele sie in der Welt schaut, aber wie sie sie auch in sich selber, in ihrem Leben,

Schau des göttlichen Lichtes an; es ist allerdings ein Schauen von ferne, eine Schau "durch die heiligen Schleier"[819]. In Jesus Christus wird die Gegenwart Gottes erfahren, "aber verhüllt und somit auch, als Erfüllung, verheißend"[820]. Zur Schönheit Gottes auf dem Antlitz Christi findet nur jener Mensch Zugang, der im eigenen Rein- und Lichtgewordensein das Licht Gottes schauen lernt. "Selig, die reinen Herzens sind, denn sie werden Gott schauen" (Mt 5, 8). Die Schau kann nur gelingen, wenn das schauende Auge durch Glaube, Hoffnung und Liebe gestärkt und geklärt worden ist. Dennoch ist die Seligkeit der Schau auf Erden nur blitzhaft, sie bleibt unvollkommen und vorübergehend, die Schau wird oft genug zur leidenden Nichtschau. Auch in der "visio beatifica" kann Gott nicht umfassend geschaut werden. "Wer Gottes Wesen schaut, der sieht in ihm, daß er unendlich ist und unendlich erkennbar ist, aber diese Weise unendlich zu sein, kommt ihm (dem Schauenden) nicht zu; so kann einer mit Sicherheit wissen, daß ein Satz beweisbar ist, ohne selber den Beweis zu beherrschen."[821] Da Gott unendlich ist, "läßt er sich in nichts Endliches so einschließen, daß ein Endliches ihn so unendlich erfaßte, wie er selber unendlich ist"[822]. Wer Gott schaut, erkennt damit weder die unendlichen Möglichkeiten Gottes noch das unbegreifliche trinitarische Ereignis, kraft dessen Gott Gott ist. Man muß dem Paradox standhalten, "daß Gott - gerade in seinem trinitarischen Sich-Ereignen - als der sich Offenbarende und in Sohn und Geist Übereignende - der Je-Geheimnisvollere bleibt"[823]. In Ewigkeit ist er, um mit Goethe zu sprechen, ein heilig öffentlich Geheimnis. Die Gottesschau der Seligen ist keinesfalls Aufhebung des Mysteriums, sondern seine höchste und beglückende Gegebenheit[824]. Sie ist

---

Lieben und Glauben selber erfährt und schaut."

819) Vgl. H II, 1, 210.

820) Ebd. 47.

821) TD IV, 372; H. U. von Balthasar zitiert hier Thomas v. A., S.Th. I, 12,7 ad 3.

822) TD IV, 372; Balthasar zitiert hier Thomas v. A., S.Th. I, 12,7 ad 1.

823) TD IV, 373; vgl. ders., Kosmische Liturgie, 353: Gott bleibt "ewig 'der unbegriffen Begriffene'." H. U. von Balthasar zitiert hier Maximus, Amb.; 91, 1076 D.

824) Vgl. H. U. von Balthasar, Der Zugang zur Wirklichkeit Gottes, 35, Anm. 7: "Die Unbegreiflichkeit Gottes wurde nachdrücklich vor allem durch das IV. Laterankonzil und das I. Vatikanum gelehrt. Vgl. DS 800: 'Firmiter credimus et simpli-

wirkliche Schau, die jedoch Raum läßt für das göttliche Geheimnis, das niemals "gegenständlich" werden kann[825]. Gott ist "sich ewig je-jetzt ereignendes Leben"[826], nicht ein überblickbares Objekt.

"Die umfassende Bewegung des Theodramas zielt am Ende über eine bloße visio Dei beatifica hinaus" auf die Partizipation der Geistgeschöpfe "an der hervorquellenden Liebe Gottes in den trinitarischen Hervorgängen"[827]. Nur von Gottes Dreifaltigkeit her kann es Teilnahme an der göttlichen Natur geben, da Gott von sich selbst, von seinem inneren Leben, nur mitteilen kann, "wenn dieses Mit im Teilen seinem eigenen Leben schon gemäß ist: wenn Gott also schon Füreinandersein ist, und zwar ein so absolutes, daß in ihm nicht Drei einander gegenüberstehen und nachträglich etwas von sich dem andern mitteilen, sondern diese Drei selbst schon die Frucht des Mitteilens sind"[828]. Der Vater ist die "Frucht" seiner Hingabe an den Sohn; "er existiert als diese Hingabe, und der Sohn existiert als der Empfang, die Verdankung, die Rückgabe"[829]; und doch verschließt die Rückgabe die beiden

---

citer confitemur, quod unus solus est verus Deus, aeternus, immensus et incommutabilis, incomprehensibilis, omnipotens et ineffabilis ...', ferner DS 3001. Dabei ist zu beachten, daß der Satz von der unmittelbaren Gotteschau der Seligen zusammen mit dem Satz über die Unbegreiflichkeit Gottes zu lesen ist. Die visio beatifica ist in keiner Weise Aufhebung des Geheimnisses Gottes, sondern höchste und selige Gegebenheit des unbegreiflichen Geheimnisses. Vgl. K. Rahner, Über den Begriff des Geheimnisses in der katholischen Theologie: Schriften IV, 51 - 99." Vgl. H. U. von Balthasar, Kommentar zur Summa Theologica, 298, Anm. 1; TD IV, 371.

825) Vgl. H II, 1, 123: Am Ende der Civitas Dei wird von den Auferstandenen gesagt, "sie würden Gott mit ihren verklärten leiblichen Augen schauen, nicht unmittelbar, da er Geist ist, aber auch nicht mittelbar, so wie wir jetzt Gott aus der Weltordnung erschließen, sondern so ähnlich, wie wir heute, wenn wir unter lebendigen Mitmenschen, die ihre Lebensbewegungen ausdrücken (exserentes), leben, 'sofort sehen und nicht bloß glauben, daß sie leben'. Auf entsprechende Weise wird der verklärte Kosmos und zumal die verklärte eigene und fremde Seele unmittelbarer Ausdruck des lebendigen und allwaltenden Gottes sein." Vgl. TD IV, 376: "Wenn Augustinus seinen 'Gottesstaat' mit vier Begriffen schließt, die den Inbegriff der himmlischen Seligkeit umschreiben sollen: vacare, videre, amare, laudare, so müßten diese zumindest mit der ganzen Lebendigkeit spontanen, freien Lebens und Erfindens gefüllt werden." Ebd. 368 f.

826) TD IV, 389; vgl. ders., Credo. Meditationen zum Apostolischen Glaubensbekenntnis, Freiburg - Basel - Wien 1989, 88 - 90.

827) G. L. Müller, aaO. 307.

828) H. U. von Balthasar, Du krönst das Jahr mit Deiner Huld, 127.

829) Ebd.

nicht in sich, "sondern öffnet sie zur Vollendung des Mit, das absolut gesetzt wird im gemeinsamen Geist"[830]. Gottes Ewigkeit ist ewig jung und überraschend, da das "Zeugen und Sich-zeugen-Lassen, Aushauchen und Sich-hauchen-Lassen" ewiger Akt und ewig vollkommenes Ereignis ist, "das nie vom Akt Abstand nehmen kann"[831]. Das Moment des Je-Neuen und damit das der Überraschung kann auch denen zugesprochen werden, "die am Wesen des lebendigen Gottes im Himmel unmittelbaren Anteil erhalten. Nicht nur die Tiefen der Freiheit Gottes werden ihnen in der Allzeit, der Überzeit, in der sie leben dürfen, in alle Ewigkeit zur Durchforschung mit dem Heiligen Geist zusammen offenstehen, auch ihre eigene Freiheit ... wird im Füreinandersein stets Anlaß zu neuer Überraschung in der Liebe bieten."[832] Im Himmel kann es keine Gewöhnung geben, kein "Immer-schon-Wissen", sondern nur immerwährendes Staunen und ewige Dankbarkeit. "Die Überantwortung der göttlichen Hypostasen aneinander ist ewig immer neues Geschenk, reine Offenbarung, über die der Beschenkte nie verfügen kann, als wäre es das Selbstverständliche ..., es ist das immer neu Wunderbare."[833]

Der Sohn hat durch seine restlose Hingabe an die Menschheit "den Ort seines Entspringens aus dem Vater freigelegt für unser Geborenwerden aus Gott"[834]. Das Eingelassensein des Geschöpfs in die Seinssphäre Gottes, sein Hineingenommenwerden in den trinitarischen Liebesprozeß, die Partizipation am Lebensereignis Gottes - sie macht die eigentliche Tiefe der ewigen Seligkeit aus - ist an einigen Stellen der Theologiegeschichte genauer bedacht worden. Balthasar nennt Johannes vom Kreuz, der die Teilnahme am trinitarischen Austausch "als den Scheitelpunkt der auf Erden erreichbaren Gottesnähe" schildert, "nur durch einen 'dünnen Schleier' von der ewigen Seligkeit getrennt"; weiter verweist er auf die rheinisch-flämische Mystik (Eckhart, Tauler, Seuse, Ruusbroec), welche "die Gottgeburt und die aus ihr folgenden trinitarischen Beziehungen des Glaubenden in das Zentrum der

830) Ebd.

831) Ders., Homo creatus est, 178.

832) Ebd. 44; vgl. TD IV, 369 f.

833) Ders., Homo creatus est, 43.

834) Ebd. 178.

christlichen Dogmatik" stellt, schließlich auf die Patristik, weil das Theologumenon der Gottgeburt gerade bei den Kirchenvätern eine theologische Fülle besitzt, die unentbehrlich erscheint, "um die Teilnahme an den trinitarischen Beziehungen und am ewigen Leben ohne Verengungen, in der Weite der Communio Sanctorum zu entfalten"[835]. Bereits auf Erden ist dem Menschen eine "Teilnahme am innergöttlichen Leben - am Geborenwerden in und aus Gott und am Besitz seines Heiligen Geistes - zugesagt"[836], wenn sie auch noch unter der Hülle des Glaubens verborgen bleibt. Johannes vom Kreuz wie auch Eckhart und die Väter stellen zwar nicht ausdrücklich Erörterungen über den Endzustand an; sie reden "von einem Geschehen, das mit der Taufe anhebt (so die Väter) und sich mit Fortschritt und Vollendung des Christen im Diesseits entfaltet (so die Mystiker)"[837]. Dennoch geht ihr Bestreben dahin, etwas so Endgültiges und Göttliches zu beschreiben, daß "dessen inchoativer Zustand auf Erden fraglos vorausweist auf das letzte selige Schicksal des begnadeten Menschen"[838]. Es gilt, an der substantiellen Gleichheit des irdischen Glaubenslebens und des jenseitigen, gottgleichen Lebens, in dem sich die Partizipation am trinitarischen Austausch in Offenheit vollzieht, festzuhalten. Bei Johannes vom Kreuz wird dies ausdrücklich betont: "was er schildert, ist nur noch durch einen dünnen Schleier vom

835) TD IV, 392; Hervorhebung im Original.

836) Ebd. 389.

837) Ebd. 431.

838) Ebd; vgl. J. Sudbrack, Mystik, 68: "Bei der Überformung der Seele ereignet sich sehr häufig solches Liebeshauchen von Gott zur Seele und von der Seele zu Gott, mit erhabenster Liebesentzündung in der Seele. Dies ist es, was sich in den Seligen des anderen Lebens und bei den Vollkommenen im Diesseits vollzieht. Und wenn es geschieht, daß Gott in seiner Huld sie in die Heiligste Dreifaltigkeit einbezieht, darin die Seele gottförmig wird und Gott durch Teilhaben (besitzt), wie wäre es dann unglaublich, daß sie sein Werk begreifend, gedenkend und liebend wirkt, oder richtiger, daß es in der Heiligsten Dreifaltigkeit mit ihr zusammen gewirkt wird, in der Weise der Heiligsten Dreifaltigkeit." J. Sudbrack zitiert hier Johannes vom Kreuz, Der Geistliche Gesang 39,4. Vgl. J. Sudbrack, Mystik, 68 f.: "Da nun die so erhobene Seele Gott so nahe ist, daß sie in Liebesflammen aufgeht, im Empfangen des Vaters und des Sohnes und des Heiligen Geistes, wie soll es unglaubhaft erscheinen, daß sie ein Weniges von der ewigen Seligkeit voraus verspürt. Allein die Wonnen bei den inneren Flammenstößen des Heiligen Geistes sind so verklärend, daß sie der Süße des ewigen Lebens dabei innewird." J. Sudbrack zitiert hier Johannes vom Kreuz, Die Lebendige Flamme I,6.

Himmel getrennt"[839]. Wie ein Negativ vermag die weiselos gewordene Seele "das Positiv des dreieinigen Lebens in sich aufzunehmen. Dies nun ist 'ein gewisser Vorgeschmack des ewigen Lebens, obschon man in diesem Leben noch nicht zum vollen Genuß wie in der Glorie gelangt ist'."[840] Johannes vom Kreuz erfindet - um diese Erfahrung im Übergang zu schildern - das Bild von den göttlichen Fackeln, welche die Seele so durchglühen, "daß diese zugleich '<u>innerhalb</u> ihres Strahlenglanzes ist' und dies ein Flammen mit dem Heiligen Geist zusammen zu erwirken scheint", daß sie jedoch "anderseits der Schattenwurf der göttlichen Lichter ist, aber ein vom Glanz völlig durchlichteter Schatten"[841]. Bleibt auch die Seele als Schatten das Andere Gottes, so ist sie doch als durchlichteter Schatten das von Gott durchgöttlichte Geschöpf. "Die Durchleuchtung der geschaffenen Seelenvermögen durch die göttlichen Fackeln aber ist, schon auf der Schwelle zum Übergang ins ewige Leben, Offenbarung des dreieinigen Lebens, wenn auch noch überschattet."[842] Zerreißt der Schleier, wird "das Mithauchen des Geistes zwischen Vater und Sohn"[843] die innerste Seligkeit sein[844]. Das Geschöpf lebt endgültig nicht Gott gegenüber, vielmehr innerlich in Gott. Es schaut im ewigen Leben die göttlichen Personen nicht nur mit Augen, die durch übernatürliches Licht gestärkt sind, sondern es ist den Hervorgängen der göttlichen Personen aufs innigste verbunden und hat so an der Seligkeit der Heiligsten Dreifaltigkeit teil[845].

---

839) TD IV, 431.

840) Ebd. 394; H. U. von Balthasar zitiert hier Johannes vom Kreuz, Llama II, 21.

841) TD IV, 394; Hervorhebung im Original.

842) Ebd. 394 f.

843) Ebd. 431.

844) Vgl. ebd. 396: "So wird das Hauchen des Heiligen Geistes durch Vater und Sohn auch ein Hauchen der Seele; 'der Geist formt und befähigt die Seele, damit sie in Gott die gleiche Liebeshauchung vollziehe, die der Vater im Sohn und der Sohn im Vater vollbringt und die dieser selbe Heilige Geist ist, den sie ihr in dieser Verwandlung zuhauchen. Wäre doch die Verwandlung nicht echt, wenn die Seele nicht in unverschleierter und offenbarer Weise hinübergebildet würde in die drei Personen der Heiligsten Dreifaltigkeit'..." H. U. von Balthasar zitiert hier Johannes vom Kreuz, Cantico (Version A) Strophe 39, 3.

845) Vgl. DS 3815.

Die Teilnahme der Geistgeschöpfe am innergöttlichen Geschehen hat schlechthin mysterialen Charakter[846]. Ruhe und Bewegung, Sein und quellendes Leben, Verharren und Steigerung liegen mühelos ineinander. "Vorstellbar sind diese Vereinigungen nicht, nur abstrakt kann gesagt werden, daß die in der Potentialität des irdisch-kreatürlichen Daseins liegenden Positivitäten nicht verschlungen werden von der vermeintlich absoluten Positivität eines 'reinen Aktes'. Man wird vielmehr eingeladen zu erkennen, daß der 'Akt', in seiner Fülle, das heißt trinitarisch erfaßt, von sich her diese kreatürlichen Positivitäten in sich vor-enthält, sie deshalb aus sich entlassen und ohne sie zu schädigen wieder in sich einbergen kann."[847] Nach Ansicht Balthasars ist es Ruusbroec, der – im Gegensatz zu den deutschen Mystikern, die "von der einzigen Positivität der – neuplatonisch vorgestellten – Einheit"[848] ausgehen – wohl am deutlichsten eingesehen hat, daß aus der Positivität der Andersheit des ewig vom Vater gezeugten Sohnes sich die Möglichkeit der positiven Andersheit der Kreaturen ableitet. Er beschreibt den trinitarischen Austausch der Personen, der die Andersheit selbst in der tiefsten Vereinigung nicht aufhebt, als den Schoß alles Lebens der Kreaturen mit ihren besonderen Merkmalen[849]. Ruusbroec geht vom Mysterium der Dreifaltigkeit aus, um von ihm her das Geschöpf zu denken. "Das Entscheidende dürfte darin liegen, daß Gott der Vater, der fruchtbare Grund der Gottheit, ein einziges Wort, in dem er sich selbst und alles ausspricht, aus sich heraus gebärend, im Ausgeborenen die personale Andersheit des Sohnes und <u>in dieser</u> die kreatürliche Andersheit der zu schaffenden Welt betrachtet."[850] Daraus folgt, daß er die Andersheit primär innerhalb der Identität seiner eigenen Gottheit betrachtet. In der ewigen Geburt des Sohnes aus dem Vater sind alle Geschöpfe "aus-

---

846) Vgl. TD IV, 397 f., Anm. 1.

847) Ebd. 365; vgl. ebd. 445 f.; G. L. Müller, aaO. 309: "In der durch Christus vermittelten Communio sind im hochzeitlichen Austausch Gott und Mensch zueinander offen, ohne daß sich das Geschöpf vor der Unendlichkeit auflösen müßte, weil die göttliche Frei-gebigkeit im Sohn alle kreatürlichen Freiheiten lassen kann als Raum der Gewährung kreatürlicher Spontaneitäten, die dennoch im Heiligen Geist, dem Geist der Liebe, zum vielstimmig-harmonischen Chor der Liebe geeint sind."

848) TD IV, 365.

849) Vgl. H III, 1/ 2, 425 f.

850) TD IV, 420; Hervorhebung im Original.

gegangen ewiglich, bevor sie in der Zeit erschaffen waren. Da hat Gott sie angesehen und sie mit Unterschied in sich erkannt als lebende Ursachen und in einer Andersheit von sich; als ein anderes jedoch nicht in jeder Hinsicht, denn alles, was in Gott ist, ist Gott."[851] Einerseits hängt das geschaffene Wesen des Menschen an seiner Idee in Gott und ist seinem wesentlichen Sein nach eins mit ihr; darum ist es der Wille Gottes, daß der Mensch in diesem göttlichen Licht (seiner Idee in Gott) aus sich selber herausgehen und dieses Bild, das sein eigentliches Leben ausmacht, übernatürlicherweise erstreben und es mit ihm besitzen soll, (aktiv) wirkend - innerhalb der trinitarischen Fruchtbarkeit - und (passiv) genießend - innerhalb des Einsseins der Personen im Grund der Gottheit - in ewiger Glückseligkeit[852]. "Anderseits 'gibt es im göttlichen Wesen dank der Geburt des Sohnes nach ewigem Ratschluß ein ewiges Ausfließen und eine Andersheit mit Unterschied', wodurch Gott seine Gleichheit in seinem ewigen Bild erkennt und spiegelt, das 'die Weisheit Gottes ist, darin Gott sich selber und alle Dinge in einem einzigen Nun, ohne Vor und Nach anschaut'."[853]

Auch bei seiner innersten Schauung fühlt das Geschöpf den Unterschied zwischen sich und Gott, der jedoch in der gnadenhaft geschenkten Liebe -

---

851) Ebd; H. U. von Balthasar zitiert hier Ruusbroec, Die Zierde der geistlichen Hochzeit III, 5; vgl. H III, 1/ 2, 426 f.: "Man kann den Gedanken des Urbilds in Gott (platonische) Metaphysik nennen, kann ihn aber auch biblisch als 'Erwählung vor Grundlegung der Welt' (Eph 1,3) lesen, und zwar, da diese Erwählung in Jesus Christus erfolgt (ebd.), sie mit Bonaventura und Eckhart theologisch in der trinitarischen Zeugung grundgelegt sein lassen, wie es auch Ruisbroeck ausdrücklich tut. Das ganze philosophische Selbstverständnis des Menschen transzendiert dann notwendig in ein theologisch-dialogisches Verständnis ... Nicht nur wird der augustinische Gedanke aufgenommen: 'Die Gnade flutet von innen her an, denn Gott ist uns innerlicher als wir selber uns sind', sondern die Reflexion des endlichen Subjektes auf und in seine eigene Einheit läßt es erfahren, 'daß die Grundlage seines Wesens grundlos ist, und daß es sie nicht anders als so besitzt'. In den eigenen Grund blickend schaut es über sich in das ewige Ich, das für den Menschen sowohl der Quell seines Ich wie sein ewiges Du ist, und dies zuletzt, weil das ewige Ich in sich selber schon Ich und Du in der Einheit des Heiligen Geistes ist." H. U. von Balthasar bezieht sich hier auf Ruusbroec, Die Zierde der geistlichen Hochzeit II, 3; Vom blinkenden Stein, Kp.3.

852) Vgl. TD IV, 420.

853) Ebd; H. U. von Balthasar bezieht sich hier auf Ruusbroec, Die Zierde der geistlichen Hochzeit III, 5.

sie entstammt der Wesenseinheit Gottes - ewig überholt ist. "Wenn wir zugleich ganz in Gott und ganz in uns selber leben, so ist es doch nur ein einziges Leben und dennoch entgegen und zwiefach, ... wir können nun einmal nicht ganz Gott werden."[854] Das Verhältnis zwischen dem seinen Grund suchenden Ich und dem sich eröffnenden Gott wird von Ruusbroec als "bräutliche Begegnung" erfahren, in der alle Seligkeit liegt[855]. Gott berührt ihn - durch alle Schleier der Vermittlungen blitzend - als das Unvermittelte, als gratia increata. So schwebt, schwingt, tanzt Ruusbroec "lebenslang durch die Schleier hindurch dem Unmittelbar-Herrlichen entgegen, das ihn berührt und ihm immer wieder entgleitet. Es ist Begegnung, Ankunft, Parusie Christi als 'sein inwendiges Berühren und Betasten in seiner göttlichen Klarheit', 'und über diesem Berühren in dem stillen Wesen des Geistes schwebt ein unbegreiflicher Lichtglanz: die hehre Dreifaltigkeit, aus der die Berührung kommt'."[856] Der die Berührung verursachende Lichtglanz läßt, da er unergründlich ist, jedes irdische Auge erblinden. Dennoch wird der menschliche Geist stets aufs neue von Gott bewegt, "dieser Grundberührung auf den Grund zu kommen und zu erforschen, wer Gott und was dieses Berühren sei"[857]. Für Ruusbroec ist Gott "ein flutendes und ebbendes Meer", das unaufhörlich in alle, die ihm anhangen, hinausflutet, "nach eines jeden Bedürfnis und Würdigkeit, und sie, die begabt wurden im Himmel und auf der Erde, wieder in sich hineinzieht samt allem, was sie haben und vermögen"[858]. Die Einbergung des irdischen Daseins in Gott ist unvorstellbar, da ihre Modalität aus dem trinitarischen Urmodell gespendet wird, "wobei unsere geschöpflichen Modi (als Ab- und Nachbilder) nicht zerstört, sondern über sich erhoben werden und so zu ihrer eigentlichen Bestimmung gelangen (gratia non destruit, elevat, perficit naturam)"[859]. Obwohl die Kreatur nie

854) TD IV, 366; H. U. von Balthasar zitiert hier Ruusbroec, Vom blinkenden Stein, Kp.9.

855) Vgl. H III, 1/ 2, 427 f.

856) Ebd. 429; H. U. von Balthasar bezieht sich hier auf Ruusbroec, Die Zierde der geistlichen Hochzeit II, 51.

857) H III, 1/ 2, 430; H. U. von Balthasar zitiert hier Ruusbroec, Die Zierde der geistlichen Hochzeit II, 52; vgl. TD IV, 422 f.

858) H III, 1/ 2, 431; H. U. von Balthasar zitiert hier Ruusbroec, Die Zierde der geistlichen Hochzeit II, 41; vgl. TD IV, 424.

859) TD IV, 366 f.; Hervorhebung im Original.

substantiell Gott wird, faßt der Sohn in Menschwerdung, Kreuz, Auferstehung und Eucharistie alles zum Vater Strebende im Heiligen Geist in sich ein. Er ist das Vorbild, welches war und ist und bleiben wird in Ewigkeit[860].

Im Gegensatz zu Eckhart[861] spricht Ruusbroec nicht sehr häufig von "Gottgeburt". Wiederholt er auch das überlieferte Schema der dreifachen Geburt des Sohnes: in der Ewigkeit, aus Maria in der Zeit, je neu im lebendigen Christen[862], so spricht er doch konkreter biblisch von der Wiedergeburt der Menschen, wenn sie von neuem aus dem Heiligen Geist geboren werden als Gottes auserwählte Söhne. Die große patristische Überlieferung von Irenäus bis zu Cyrill von Alexandrien, zu Ambrosius und Augustinus und ihren zahlreichen früh- und hochmittelalterlichen Nachkommen entwickelt ihre Lehre von der Teilnahme der Geschöpfe am innertrinitarischen Prozeß von einem Motiv her, das in der mittelalterlichen und spanischen Mystik, soweit Balthasar sie dargelegt hat, nicht besonders hervortrat: es ist das Motiv der Kirche und ihres Urbilds Maria. "Wenn im Mittelalter die geistlichen Hoheliedauslegungen die 'Braut' in einem dreifachen Aspekt auslegten: die Kirche, Maria, die einzelne glaubende Seele, so kam (seit Origenes und Methodius) die Seele nur insofern zu ihrem bräutlichen Titel, als sie Seele innerhalb der Kirche, ja kirchenförmige Seele (<u>anima ecclesiastica</u>) geworden war."[863] Das biblische Bild der hochzeitlichen Einheit Gottes mit der Menschheit – sie gründet in der Liebeseinheit von Vater und Sohn im Heiligen Geist – will eine tiefere Wirklichkeit darstellen. Die Geburt des Logos hinein in die Menschennatur bleibt abstrakt, solange die beiden mitermöglichenden Faktoren nicht berücksichtigt werden: der vom Vater gesendete überschattende Heilige Geist und der im Jawort bereite Schoß der Menschheit in Maria[864]. Nach

---

860) Vgl. ebd. 421.

861) Vgl. ebd. 398 - 407.

862) Vgl. ebd. 413 f., 421.

863) Ebd. 425; Hervorhebung im Original.

864) Vgl. ebd. 429; G. L. Müller, aaO. 308: "In der Geburt des Logos in die Menschennatur hinein kommt dem aus der Sendung durch den Vater wirkenden Heiligen Geist der geistlich-leibliche Schoß der Menschheit in der Jungfrau Maria entgegen, in und aus deren hingebendem Ja-Wort sie mütterlich, d.h. gemäß ihrem fraulich bestimmten Geist und Leib, den Gott-Menschen gebiert. Dieser

Ansicht Balthasars verhindert die Vermittlung eines weiblich-empfangenden und gebärenden Prinzips die nicht zu akzeptierende Folgerung Eckharts, der Mensch habe sich - in seiner Idee in Gott - selber willentlich geschaffen, da "die Erzeugung des Sohnes und die Schaffung der (Ideen-)Welt ein und derselbe Akt"[865] seien. Als Ausgangspunkt der Theologie der Logosgeburt aus Maria/Ecclesia kann der Satz des Irenäus gelten: "Wie sollten die Menschen ihre zum Tod hin führende Geburt überwinden können, wenn sie nicht in einer neuen Geburt, wie sie Gott gegen alles Erwarten als Zeichen des Heils gab (und wie) sie im Schoß der Jungfrau stattfand, aus dem Glauben (das heißt: aus der Taufe) wiedergeboren würden?"[866] Es gibt nur ein weibliches (universales) Vermittlungsprinzip, das in Maria und in der Ecclesia verschiedene Aspekte zeigt, die dennoch aufs engste miteinander verbunden sind. In der Jungfrau Maria bleibt die Überschattung unsichtbar, die Geburt ist aber sichtbar; in der Kirche ist das Sakrament der Wiedergeburt sichtbar, die letztere jedoch unsichtbar. "Während Maria das Haupt der Kirche gebiert, gebiert die Kirche im Taufbrunnen dessen Glieder, die, ihm einverleibt, 'mystisch' der Logos selber sind; aber sofern diese Glieder zusammen die Kirche bilden - und je vollkommener die Einzelnen deren Wesen in sich verwirklichen - , gebären sie ihrerseits wiederum Christus aus sich."[867] Bei

---

sich in der Gnade zur Kirche weitende Schoß bringt, insofern Maria personal Bild der Kirche ist, nun immer neu die im Sohn inklusiven Sendungen und 'theologischen Personen' als Kinder Gottes hervor. So ist Maria/Kirche/Seele in einem wahren und eigenen Sinn 'rezeptive Mittlerin' der trinitarischen Gnade."

865) TD IV, 425; vgl. ebd. 404 f.: "Nun freilich kann der letzte Schritt nicht mehr ausbleiben - und Eckhart zielt immer auf äußerste Aussagen hin - ein Schritt, der als eine hyperbolische Aussage gewertet werden kann, aber aufgrund zweier Mängel in den Grundlagen doch ernst gemeint ist: einmal fehlt im Ansatz eine echte analogia entis, das heißt eine (in einer echt konstituierten causa secunda begründete) kreatürliche potentia receptionis, die im ('passiven') Aufnehmen aktiv ist, kurz, es fehlt das marianische Prinzip. Sodann fehlt ein echter Abstand zwischen dem göttlichen Zeugen oder Gebären und der durch Gottes Gnade der Kreatur geschenkten Möglichkeit der Ausgestaltung des Sohnes durch sich und in sich und in Gott hinein. So kommt es zu einer Identifizierung des gnadenhaften Sohn-Gebärens mit dem innergöttlichen: die Kreatur usurpiert damit die Stelle des Vaters selbst, sie wird zeugender Urgrund, causa sui."

866) Ebd. 426; H. U. von Balthasar zitiert hier Irenäus, Adv. Haer. IV, 33,4.

867) TD IV, 426; vgl. ebd. 426 - 428; 430: "Mit dem patristischen Hinweis auf die weibliche Fruchtbarkeit der Kirche, die auch die petrinisch-amtliche umgreift, ist die Frage nach einer Teilnahme der begnadeten Kreatur an der trinitarischen

Cyrill von Alexandrien steht nicht nur der Logos, seine Geburt und sein Wachstum im Mittelpunkt der Betrachtung, sondern die ganze Heiligste Dreifaltigkeit. Es ist der Gottesgeist, der im Menschen das göttliche Werk der Begnadigung vollbringt und vollendet, so wie er einst bei der Überschattung Marias den Leib des menschgewordenen Logos geformt hat. "So also wird Christus in uns gebildet, weil der Heilige Geist uns eines göttlichen Gestaltungsprozesses teilhaft macht ... So wird in unsern Seelen der Ausdruck (charactēr) des Wesens Gottes des Vaters (Hebr 1, 3: das heißt der Sohn) eingeprägt, indem der Heilige Geist uns umformt durch die Heiligung auf Christus hin."[868] Bei diesem "Gestaltungsprinzip" vergißt Cyrill keineswegs die für jeden Gläubigen aktuelle "Wiedergeburt aus dem Wasser und dem Geist" im Taufbrunnen. Die Gnade der Kirchentaufe muß aber durch ein Leben aus dem Glauben erhalten und genährt werden. Das Vorbild der je neu sich ereignenden Gottesgeburt aus dem Herzen der Gläubigen ist für Cyrill die einmalige Menschwerdung des Logos aus Maria. Die Heiligung des Christen ist somit eine im mystischen Leib Christi beständig sich fortsetzende Nachbildung der Geburt Christi aus der heiligen Jungfrau. In einer Vision Mechthilds von Hackeborn treten Maria und die Kirche in untrennbarer Einheit auf. Die Mystikerin erblickt eine Art verklärter Eucharistiefeier im Himmel; "da die Kommunion naht, 'wurde ein Tisch aufgestellt, an den der Herr sich setzte, und neben ihm ließ seine Mutter sich nieder. Die ganze Gemeinschaft aber trat an den Tisch, und jeder kniete hin und empfing unter dem Arm der seligen Jungfrau aus der Hand des Herrn den Leib des Herrn. Die selige Jungfrau aber hielt einen goldenen Becher mit einem goldenen Ausfluß aus der Seite des Herrn hin, und alle sogen daraus jenes wundersame Getränk, das aus der Brust des Herrn floß.'"[869]

---

Zeugungsmacht des Vaters geklärt. Eine solche Teilnahme ist ökonomisch sinnvoll nur durch die Vermittlungen von Sohn und Geist (sofern der Vater ihnen an all dem Seinigen Anteil gibt - und nur seinen Akt des Gebens nicht weggeben kann), sowie von Kirche-Maria-Seele, die in grundlegend geschöpflich-empfangender, weiblicher Weise an der Ur-Fruchtbarkeit des Vaters teilerhalten."

868) Ebd. 428 f.; Hervorhebung im Original; H. U. von Balthasar zitiert hier Cyrill, Isaiaskommentar IV, or. 2 (PG 70, 936 BC).

869) Revelationes Gertrudianae ac Mechtildianae (Solesmes - Paris, Bd.II, 1887) I, 27, 95 - 97, zitiert nach TD IV, 430.

Von Jesaja bis zur Apokalypse gibt es eine Schau und Beschreibung himmlischer Liturgie, in der die ewige Seligkeit der Kreaturen im Lob Gottes gipfelt: "Heilig, heilig, heilig ist der Herr, der Gott, der Herrscher über die ganze Schöpfung; er war, und er ist, und er kommt." Die Anbetung geht unmittelbar auf Gott und will nichts als Gott; sie ist so sehr Beziehung zum ewigen Du, daß allein dies Gewicht hat: Gott ist. Für das Geheimnis des ewigen Lebens gibt es in der Schrift viele Bilder, unter denen zwei - Mahl und Hochzeit - eine Sonderstellung einnehmen; sie schildern "den Himmel als eine Übererfüllung des Intim-Menschlichen in einer ganz andern Intimität mit Gott"[870]. Von den großen Hochzeitsmählern der Gleichnisse Jesu geht eine direkte Linie zum "Hochzeitsmahl des Lammes", zu dem eingeladen zu sein, Seligkeit bedeutet (vgl. Offb 19, 9). Zwischen Mahl und Hochzeit besteht ein innerer Bezug: in beiden geht es um Hingabe, gegenseitige Ernährung, Fruchtbarkeit und Freude. In den Texten des Paulus (vgl. 1 Kor 10, 16; 11, 23-25) verwandelt sich das eucharistische Mahlgeheimnis wesenhaft hinüber in eine hochzeitliche Einigung. Die ganze kirchliche Eucharistie ist ein Fest zwischen Himmel und Erde[871]. In der Ewigkeit wird Eucharistie sein "nicht mehr in unsere sterblichen Körper hinein, sondern in jene 'Leiber', die nur noch 'Ausdruck' unserer Freiheit und Wesentlichkeit, 'Darleibung' (Hengstenberg) sein werden, aber deswegen der ewigen Nahrung Gottes auch für ihre Leiblichkeit nicht entbehren können. Und Eucharistie bleibt, als Ereignis der Liebe, etwas Gegenseitiges."[872] Ruusbroec spricht von einem Verschlingen Gottes durch die gierige Seele und von deren

---

870) TD IV, 432.

871) Vgl. R. Alves, Ich glaube an die Auferstehung des Leibes, Düsseldorf 1983, 23 f.: "Ich habe ein Bild von Salvador Dalí, das Letzte Abendmahl: Ein hohes Zimmer, Jesus und die Jünger, das gebrochene Brot, der rote, durchscheinende Wein. Aber der Maler spürt, daß es ohne Transparenz keine Eucharistie gibt. Deshalb malt er die gewaltigen Wände des Abendmahlsaals aus Glas, wie sie in Wirklichkeit niemals waren, aber in der Magie wehmütiger Sehnsucht sind. Von der Schlichtheit der Eucharistie geht der Blick nach draußen, erkennt das Meer, Strände, Gebirge, die Welt, das All. Alles aber ist verklärt in der Umarmung eines riesigen menschlich-göttlichen Körpers; die geöffneten Arme umfassen das ganze Mahl ..."

872) TD IV, 441.

Verschlungenwerden durch Gott[873], Novalis dichtet: "Wenige wissen/ Das Geheimnis der Liebe,/ Fühlen Unersättlichkeit/ Und ewigen Durst./ Des Abendmahls/ Göttliche Bedeutung/ Ist den irdischen Sinnen Rätsel .../ Wem das Auge aufging/ Daß er des Himmels/ Unergründliche Tiefe maß,/ Wird essen von seinem Leibe/ Und trinken von seinem Blute/ Ewiglich./ Wer hat des irdischen Leibes/ Hohen Sinn erraten?/ Wer kann sagen,/ Daß er das Blut versteht?/ Einst ist alles Leib,/ Ein Leib .../ Nie endet das süße Mahl,/ Nie sättigt die Liebe sich./ Nicht innig, nicht eigen genug/ Kann sie haben den Geliebten .../ Und so währet der Liebe Genuß/ Von Ewigkeit zu Ewigkeit./ Hätten die Nüchternen/ Einmal gekostet,/ Alles verließen sie/ Und setzten sich zu uns/ An den Tisch der Sehnsucht,/ Der nie leer wird./ Sie erkennten der Liebe/ Unendliche Fülle/ Und priesen die Nahrung/ Von Leib und Blut."[874]

Im ewigen Leben ist das Geschöpf vollkommen mit Gott vereint. Da es sein personales und geistiges Sein nur gemeinschaftlich vollziehen kann, heißt ewiges Leben aber zuletzt auch vollendete Gemeinschaft aller Seligen[875]. Himmel wird totale Kommunion sein. "Denn wenn Gott alles in allem ist, wird das Feuer aus Licht und Liebe, das in jedem brennt, ohne ihn zu verzehren, d.h. ohne ihm seine jeweilige Personalität zu rauben, und das dasselbe in allen ist, zum Prinzip einer unendlich tiefen Gemeinschaft."[876] Im dreifal-

---

873) Ebd. 442; H. U. von Balthasar bezieht sich hier auf Ruusbroec, Sieben Stufen, Kp.9.

874) Novalis, Werke in einem Band, ausgewählt und eingeleitet von H.-D. Dahnke, Berlin - Weimar [3]1985, 24 f.; Hervorhebung im Original.

875) Vgl. G. L. Müller, aaO. 263 f.; H. Jorissen, Christliches Verständnis von Welt, Mensch und Geschichte aus dem Glauben an die Menschwerdung Gottes, 143 - 146.

876) Y. Congar, aaO. 152; Hervorhebung im Original; vgl. H. U. von Balthasar, Kosmische Liturgie, 354: Balthasar formuliert das Denken Maximus' des Bekenners mit vielen Verweisen auf dessen Schriften folgendermaßen: "Die Welt ist nun restlos in Gott transfiguriert, ihre Totalität steht im Innenraum der Totalität Gottes; ihre Einheit begegnet der Ureinheit. Der Glanz der Gottesglorie überströmt sie, wie der Sonne Pracht die Sternenlichter überwältigt. Die teilförmigen Dinge überlassen sich in die Herrschaft der Ganzheit. Jeder für-sich-wollende Wille ist aufgehoben, weil das Geschöpf sich selbst nicht mehr angehören will. Es übersteht nur noch eine einzige Tätigkeit, μία ἐνέργεια, die Tätigkeit Gottes, und das eben wird die höchste Freiheit sein. Das Sinnbild vom brennenden Dornbusch wird dann voll verwirklicht sein: 'Dieses unsägliche

tigen Gott sind nun alle Kreaturen füreinander offen; in der Überfülle der Liebe können sie sich je neu zum Geschenk machen, der eine für den anderen leben. In der Communio der offenen Herzen kommt es nicht mehr auf die Grenzen von Ich und Du an; da die trennenden Mauern für immer gefallen sind, "kann Gottes Heil und seine endgültige Liebe nur noch begegnen im Wir"[877]. Erleben wir auf Erden die Communio Sanctorum im Glauben auf geheimnisvolle Weise, so wird sie in der ewigen Herrlichkeit völlig durchsichtig und klar werden, in beglückender Liebe, die sich in ihrer vollen Klarheit entfaltet, da sich ihr Ursprung in beherrschendem Glanz zeigt. Was im Himmel seine endgültige Erfüllung finden und in vollem Licht erscheinen wird, hat bereits seinen Anfang genommen im mystischen Leib. Die Kirche versichtbart die Gemeinschaft der Heiligen, sie ist der Ort, wo etwas vom geheimnisvollen Reich der Liebe anschaulich wird als Mitgenommensein in den Liebeswillen Gottes in Jesus Christus, als Eingetauchtwerden in seinen freien Liebesgeist[878]. Die Communio Sanctorum ist Gleichnis und Abbild der dreieinigen Liebe in Seinsdifferenz und Anteilgabe. "Die irdische Communio als die in Christus bereitete und sich bereitende Braut wird eschatologisch vermählt mit dem dreifaltigen Gott, indem sie vollendet abbildlich teilhat am Urbild der göttlichen Liebe in der Ordnung der trinitarischen Hervorgänge."[879] Die endgültige Gestalt der Communio als das Zueinander-Offensein der Seligen nimmt so sehr teil am trinitarischen Geheimnis, daß es kaum möglich erscheint, sie in Worten und Begriffen zu beschreiben[880]. "Die circuminsessio

---

Feuer, das übermäßige, das versteckt innen im Wesen der Dinge wie im Dornbusch' brannte, bricht dann hervor, aber nicht, um die Welt zu verzehren, denn es bedarf keines tragenden Stoffes zum Brennen. Es wird ein Brand der Liebe im Innern der Dinge sein, und dieser Brand ist Gott selber."

877) H. U. von Balthasar, Du krönst das Jahr mit Deiner Huld, 200; Hervorhebung im Original.

878) Vgl. ebd. 198; ders., Klarstellungen, 59 - 64.

879) G. L. Müller, aaO. 309.

880) Vgl. TD IV, 445: "Es muß hier vor allem zurückverwiesen werden auf die eine Freiheit des göttlichen Wesens, die aber von den Hypostasen je ihrer Eigenart entsprechend besessen wird, so daß die Einheit des göttlichen Willens je auch das Ergebnis einer Integration der Absichten der Hypostasen ist." Ebd. 446: "Der Wille Gottes, der den ganzen, unendlich diversifizierten Himmel umfaßt, ist so freigebend, daß er die ganze Fülle der erlösten Freiheiten in sich einbezieht - die des menschgewordenen Sohnes an der Spitze - , und wenn er auch

der göttlichen Hypostasen und ihr restloses Füreinandersein bilden den Archetyp, der aber stets vermittelt wird durch das, was auf Erden das Sakrament der Communio war, die Hingabe des Leibes des Sohnes durch den Vater im Heiligen Geist, die jetzt aus der sakramentalen Verborgenheit hervortritt in ihre offene Wahrheit."[881] Die Sehnsucht der Schöpfung nach Heil, Leben und Liebe ist erfüllt, wo Jesus Christus die ganze Welt in seinem Leib versammelt und dem Vater zu Füßen legt, damit Gott über allem und durch alles und in allem ist (Vgl. Eph 4, 6). "So ergänzt die Obere Welt sich zu ihrer Fülle, die Glieder sind dem Haupt vereint, jedes seiner Würde gemäß. Jedes erhält harmonisch seinen Platz, der ihm zukommt, durch die architektonische Kunst des Heiligen Geistes, nach dem Maße des Abstands seiner Tugend. Und so ergänzt ein jedes den Leib, der selber alles in allem ergänzt, alles erfüllend und selbst durch alle erfüllt."[882]

---

für alle der ursprünglich normgebende (analytische) Wille ist, so will er doch gleichzeitig auch der aus allen sich ergebende synthetische sein."

881) Ebd. 442 f.; Hervorhebung im Original.

882) Maximus, Amb.; 91, 1280 D - 2181 A. Gott allein kennt das letzte Ziel seiner Vorsehung; Amb.; 91, 1169 A, zitiert nach H. U. von Balthasar, Kosmische Liturgie, 359.

"Jesus ist der Christus" - um diese "exakte Auswortung des Mysteriums kristallisieren die neutestamentlichen Theologien und als deren Fortführung die gesamte biblische und dogmatische Theologie der Kirche. Alles, was im Folgenden zu sagen bleibt, ist die Rechtfertigung der dogmatischen Urzeugung oder theologischen 'Synthesis a priori'."[883] Das Wort "Apriorität" - es erhält in diesem Zusammenhang einen besonderen, einmaligen Sinn - weist hin "auf die innere Logik der Liebe im sich vollendenden Bund zwischen dem sich als Liebe eröffnenden Gott und dem ihn (durch Gottes Gnade im Glauben) empfangenden Menschen"[884]. Theologische Aussagen durch die Jahrhunderte hindurch dürfen nach Balthasar in keiner Weise beanspruchen, den Gehalt der unnachahmlichen Offenbarungsgestalt auszuschöpfen. Selbst richtungsweisende Definitionen der Konzilien können nur unentbehrliche Notbehelfe sein, um die Fülle Christi zu ordnen. Sie sind keine erschöpfenden, "gar den sie stets überbordenden Inhalt ersetzende Gefäße"[885]. Die unverfügbare Erscheinung der Liebe Gottes in Christus ist in keine Gnosis aufzulösen. Sie ist eine auf keinen "systematischen Nenner" zu bringende Unausdenklichkeit. Jede erkenntnishafte Formulierung des Selbsterweises Gottes ist genötigt, sich selbst übersteigend auf die absolute Liebe emporzubeziehen. Jede Einzeltheologie bleibt dem Zentrum, der unauflöslichen Synthesis "Jesus-Christus" gegenüber "Figur", Ideogramm[886]. Mit welchen Worten des Diesseits ist die Logik der Auferstehung aussagbar, wo sie doch alle Begriffsgräber sprengt, menschliche Zeit- und Raumvorstellungen transzendiert und geschlossene Begriffstüren souverän durchschreitet[887]? Für Balthasar hat Bonaventura am konsequentesten "diese christologische Logik, die auf dem Prinzip der Menschwerdung beruht, sich aber in Tod und Auferstehung am kühnsten entfaltet, bedacht. Christus wird 'für den Logiker zum exemplarischen Syllogismus, da er aus dem Obersatz seines Gottseins, dem

---

883) H III, 2/ 2, 102.

884) Ebd.

885) Ders., Einfaltungen, 55.

886) Vgl. ebd. 75.

887) Vgl. ders., Du krönst das Jahr mit Deiner Huld, 92 f.

Untersatz seines Kreuzestodes den Schluß zieht, den er allein ziehen konnte, auf den hin aber alle Kraft der Logik sich reduziert ...' Dem Theologen, der die Rückkehr (reductio) aller Dinge zu Gott und die Allversöhnung (universalis conciliatio) der Welt mit Gott betrachtet, wird Christus durch seine ewige Seligkeit zur ewig vermittelnden Mitte ... So ist Christus 'logica nostra'."[888] Er ist das Mysterium Gottes, in dem alle Schätze der Weisheit und Erkenntnis verborgen sind (vgl. Kol 2, 3). So müssen die verschiedenen Begriffssprachen über sich hinaus konvergieren zu Gott, der seine Verheißungen in Jesus Christus zur Erfüllung gebracht hat. Alle wirklichen Wahrheiten implizieren sich gegenseitig, sind sie doch nur Aspekte des Einen, der selber die Wahrheit ist. Die Offenbarungsgestalt läßt Freiheit für unendliche Perspektiven, die - unter der Leitung des Gottesgeistes zustandegekommen - einen echten Ausblick ins Umgreifende ermöglichen. Mit dem Hinweis auf das Wirken des Heiligen Geistes ist zugleich die Notwendigkeit des Gebetes zum Verständnis der Offenbarung ausgesagt. Nur einer betenden Theologie eröffnen sich die Zugänge zur absoluten Wahrheit, die nie eine Wahrheit der Simplifikation oder Überblickbarkeit sein kann, da sie höchste, geheimnisvollste Fülle ist. Betende Theologie wird alle Einzelaussagen auf das eine Mysterium hin dynamisieren, die Fülle von Gegensätzen in die Fülle Christi einbergen. Das scheinbar Widersprüchliche als Einheit zu sehen erfordert nach Balthasar jedoch "die Kunst, das Verstreute einfalten zu können, fordert die von den Spirituellen des Mittelalters, einem Wilhelm von St. Thierry etwa, so sehr gerühmte 'Einfalt'. Jene Weisheit des Glaubens, die gegen das paulinische 'scientia inflat' steht, und erst das ('einfältige'!) Auge für die Wahrheit Gottes öffnet. Jene Einfalt auch, die sich nur in der Nachfolge zur einsichtigen Theologie entfaltet."[889]

---

888) Ebd. 93; Hervorhebung im Original; H. U. von Balthasar bezieht sich hier auf Bonaventura, Hex 1, 12 - 13 (V 331 - 335); Hex 1, 30 (V 334); vgl. H II, 1, 328: "Christus ist als Verbum incarnatum Mitte von allem; nichts hat Bonaventura lieber und ausführlicher gesagt. Aber ebenso stark betont er, daß Christus Mitte als Mittler ist, also vermittelnde Mitte. In diesem Sinn ist der große Aufriß gemeint, der Christus als siebenfaches 'medium omnium scientiarum' nachweisen will."

889) TL III, 336; Hervorhebung im Original.

In der Theologie der Heiligen geht es um ein integrales Denken, um ein umfassendes Begreifen des Sowohl-Als-auch. Es muß jeweils das Gegenteil des Gesehenen und Bedachten miteingebracht werden, wenn das Geschaute richtig geschaut werden soll. Das katholische "Und" hat den Vorrang vor jeder noch so berechtigten Differenzierung. "Jesus muß katholisch sein, sonst könnte seine Kirche, die in seiner Nachfolge steht und der seine Fülle verheißen ist, nicht katholisch heißen. Katholisch ist: alles umfassend, nichts auslassend."[890] Jede Einzelwahrheit ist nur dann Wahrheit, wenn sie im Zusammenhang mit der gesamten Wahrheit steht. Endliche Wahrheit besteht immer aus einzelnen Sätzen, Urteilen, die eine ganz bestimmte Perspektive eröffnen. Jeder dieser Aspekte behält seine Begrenztheit und muß daher von anderen ergänzt werden. Die Wahrheit wird mißbraucht, wenn sich Bruchstückhaftes zuungunsten der Ganzheit selbständig macht. Das Ärgernis liegt in einer bewußten Grenzziehung gegenüber einer weiteren Wahrheit, im Festhalten und Absolutsetzen eines endlichen Aspekts, der nicht mehr als Teil und Ausdruck der übersteigenden, unendlichen Wahrheit eingestuft wird. Das Sichbegnügen mit dem Ausschnitt, das Sichabriegeln gegen erweiternde und ergänzende Perspektiven führt zu einer Abtrennung von der lebendigen Quelle der Wahrheit. Es entsteht eine Art Versteinerung in der Grundhaltung, die einen lebendigen Dialog unmöglich macht. Theologie der Heiligen geht davon aus, daß jede partielle Perspektive um so mehr Anspruch auf Wahrheit erheben darf, je mehr Wahrheit sie in sich einzubergen vermag. Hat sie auch die Freiheit, alle Wahrheit zu bejahen, so ist sie doch hellsichtig genug, die jeweilige Entfernung einer Teilwahrheit von der absoluten Wahrheit richtig einzuschätzen. Die vom Heiligen Geist geschenkte und auch geforderte Biegsamkeit für seine je neuen Einsprechungen ermöglicht es ihr, sich den jeweils weiteren und höheren Standpunkt zu eigen zu machen, sich in immer höhere Kategorien hineinzuentwickeln, um Gott näher zu kommen. Theologie der Heiligen ordnet und kristallisiert jede endliche Wahrheit um das Zentrum: Jesus Christus, der allein Weg, Wahrheit und Leben ist. Dessen einschließende Kraft wiederum ist auf die Universalität der Menschheitserlösung ausgerichtet: Christus faßt alles erlösend in sich zusammen, um es mit seiner göttlichen Fülle auszufüllen, zu er-füllen.

---

890) Ders., Katholisch, 17; vgl. ders., Epilog, 11 - 14.

Die Selbstauslegung der Offenbarung Gottes wirft nicht "partielle, unzusammenhängende Lichter auf einzelne Wahrheiten", sondern sie will "dem Menschen eine totale Orientierung über Gottes führendes und des Menschen antwortendes Handeln vermitteln"[891]. Die ganze Offenbarung hat insofern "ihren Einheitspunkt im endgültigen Gotteswort Christus - omnis scriptura divina unus liber est, et ille unus liber Christus est"[892]; Gott spricht sein letztes Wort in Christus, und indem dieser "endgültige Offenbarung ist, erschließt sich das Versiegelte selbst - liber ipse aperit seipsum."[893] Die Evidenz der Wahrheit, die der totalen Liebe Christi entsteigt, transzendiert alles, selbst die Ordnung der Wahrheit an sich. Für den Theologen ist deshalb ein "Sich-führen-Lassen durch das Wort"[894] unabdingbar, um zur Ein-Sicht zu gelangen. Das Hören auf die Stimme des Geistes, ein Sprechen aus seinem Kraftfeld heraus ist aber zutiefst eine Haltung christlicher Glaubenseinfalt und Glaubensdemut, die immer der Selbstkundgabe Gottes den Vorrang einräumt, statt "von irgendeinem Fragment aus eigene Spekulationen anzustellen"[895]. Nur wer im leeren, ausgeräumten Herzen dem Licht Gottes den ganzen Raum beläßt, nimmt "jene einfache Totalität" wahr, "die ihm eignet, sofern es das Licht des einfachen, einfältigen Gottes selbst ist. Solches 'Sehen Gottes', wie es gerade diesen Herzen versprochen wird, kann das Periphere um den zentralen Schwerpunkt leichter ordnen, das Einzelne in die gemeinte Ganzheit integrieren und des Unüberbietbaren in der göttlichen Selbstpreisgabe ansichtig werden."[896] Soll der theologische Beweis für die Wahrheit eines Einzelaspektes geführt werden, so ist zuerst aufzuweisen, daß er zur Totalität, Katholizität gehört und für sie unentbehrlich ist. Zielt die Totalität nach dem Ratschluß Gottes auf Communio zwischen Gott und Mensch hin, so hat die Methode der Beweisführung alles einzuschließen, was

---

891) TD II, 1, 111.

892) Ebd.; Hervorhebung im Original; H. U. von Balthasar zitiert hier Hugo von St. Victor, De arca Dei morali II,8 (PL 196, 642 C).

893) TD II, 1, 111; Hervorhebung im Original; H. U. von Balthasar zitiert hier Bernhard, In die s. Paschae, sermo de septem signaculis (PL 183, 280 C).

894) Vgl. TD II, 1, 112.

895) Ebd.

896) Ebd. 112 f.; vgl. W. Treitler, Wahre Grundlagen authentischer Theologie, in: K. Lehmann/W. Kasper (Hrsg.), Hans Urs von Balthasar, 175 - 190.

sich "in die freie Totalität Gott-Welt, wie die christliche Offenbarung sie auslegt"[897], integrieren läßt.

Jede partikuläre Position, die sich der Integrierbarkeit widersetzt, schließt sich selber aus. Alles, was die Communio fördert, wird bejaht. Die Kühnheiten der katholischen Integrationen sind nach Balthasar "das Gegenteil menschlicher Spekulation, die um jeden Preis Entgegengesetztes unter einen Begriff bringen will", sie sind vielmehr "Gehorsam dem sich zeigenden Gott gegenüber, der dort Einigung schafft, wo der Mensch keine Möglichkeit dazu sieht"[898]. Der "typisch theologische Ungehorsam" liegt in dem Versuch, der Liebesmacht Gottes "ihre '**magnalia**', ihre göttliche Integrationskraft streitig zu machen. Auch wo dieser Ungehorsam sich biblizistisch oder fideistisch gibt, ist er im letzten rationalistische Rechthaberei."[899] So darf theologische Beweisführung sich nicht selber ein Ideal von Communio vor Augen stellen, um daraufhin "enthusiastische Synthesen" zu entwickeln. Wird doch das "Modell der Einigung" von Gott selbst aufgestellt und auch bis ins einzelne durchgeführt. Aufgabe der Theologie ist es, "Schritt für Schritt die Etappen des göttlichen Weges und die Aspekte des göttlichen Modells mitzuvollziehen und dieses von der Einheit her auf die Einheit hin zu bedenken. Die Einheit ist der trinitarische Heilsratschluß des Vaters, der sich als das 'Mysterium' des Sohnes in der Einigungskraft des Geistes kundtut."[900] Die Kundgabe erfolgt in der Weise, daß die menschliche Freiheit angesprochen und zu einer Entscheidung genötigt ist. Durch diese "letzte dramatische Dialogik" wird "alle innerweltliche Dialogik zwischen Standpunkten, Weltsichten, Perspektiven überhöht"[901].

Es sind die Heiligen, die im Namen der Menschheit versuchen, das innerlich grenzenlose Ja zum ganzen, alles Begreifen immer neu übersteigenden letzten Gotteswort zu geben, in einem vorbehaltlosen Einverstandensein, grundsätz-

---

897) Vgl. TD II, 1, 113 f.

898) Ebd. 114; vgl. ders., Klarstellungen, 11 - 17, bes. 14 f.

899) TD II, 1, 114; Hervorhebung im Original.

900) Ebd.

901) Ebd. 114 f.; vgl. TD I, 31 - 34.

lich alles an den ganz entäußerten Gott dahinzugeben. In der Nachfolge Christi gewinnen sie eine Schau der Erhabenheit Gottes und versinken in Demut und Anbetung. "Und wer nun gar im Sinne des Karmels gerufen ist, über alle Endlichkeiten hinauszugehen und <u>an den Rand</u> zu treten, wo nichts anderes mehr ist als der unendliche Gott, dem wird erst recht jede Stütze an Gewohnheit entwunden, damit er das Solus cum Solo ungeschirmt bestehe. Gott kann man nicht beschreiben; nicht einmal die Begegnung mit Gott kann man beschreiben. Man kann nur von fern nachblicken, wenn ein Mensch aufbricht und fortgeht, immer weiter bis an das Ufer des Unendlichen, und dort, wo nichts mehr ist als Gott, sich hinkniet, um schweigend in den Anblick der Unendlichkeit überzugehen."[902] Die Heiligen erleiden das Los Christi, leben es nach mit versagenden Kräften. Sie verzichten darauf, Gottes Willen in der Geschichte zu verstehen, seinen Plan aufdecken zu wollen. Sie kennen das Ziel: der neue Himmel - die neue Erde, eine heilige Gemeinschaft von Schauenden, Hörenden, Liebenden. Aber der Weg dorthin, der Ablauf bleibt Geheimnis. Das Nichtwissen ist nicht Ergebnis eines Verlöschens, sondern ein Nichtwissen in Christus und seine Erlösung hinein: allein ihn wollen sie erkennen, Jesus Christus, die Kommunion mit seinem Leiden und die Gleichförmigkeit mit seinem Tod (vgl. Phil 3, 10). Alle umgrenzende Schau wird in die Haltung grenzenloser Hingabe, die der unbegrenzten Liebe Gottes zu entsprechen sucht, aufgelöst. An die Stelle des endgültigen Bescheidwissens tritt die immer neue Überwältigung, die Mit-Verohnmachtung mit dem Wort Gottes. Die Heiligen erfahren die unsagbare Schwäche und Ohnmacht der gekreuzigten Liebe. In der Verlassenheit von allen bezeugen sie eine Liebe, die keine Grenzen und Mauern mehr kennt; in der innersten Einsamkeit des Ich leben sie das Wir. Es ist die Gnade des Absoluten, die zu einer derart selbstvergessenen Übergabe ruft. "Es gibt eine Erfahrung der Kreuzesverlassenheit und des Höllenabstiegs, eine Erfahrung der <u>poena damni</u>; es gibt das bedrückende Gefühl der stets größeren Unähnlichkeit Gottes, so groß auch die Ähnlichkeit des Geschöpfes mit ihm sein mag; es gibt den Durchgang durch Tod und Finsternis, das Durchschreiten der dunklen Pforte ... Der Sendung gemäß, die ihm zuteil wurde, erfährt dann der Beter, daß Gott für ihn gestorben ist. Das ist ein Geschenk der christlichen Gnade, aber

902) Ders., Schwestern im Geist, 400; Hervorhebung im Original.

man empfängt es nur, indem man nicht darum weiß."[903] Die Teilnahme an der Pascha-Gestalt Jesu Christi ist nicht nur zur subjektiven Läuterung auferlegt. "Getreu seiner Auffassung, die die Trennung von Charismen und Gaben des Geistes, von kirchlicher Sendung und individueller Mystik ablehnt, erkennt Balthasar in diesen Zuständen wesentlich diesen 'kontemplativen Karsamstag', in dem die Braut in einigen ihrer erwählten Glieder an der Erlösung teilnimmt, die der Bräutigam erwirkt hat."[904]

Die Heiligen sind in ihrem Leben in besonderem Ausmaß durch die Zwei-Einheit von Tod und Auferstehungs-Leben Jesu Christi bestimmt. Ihr Leben ist ein eschatologisches, da es zentral durch den radikalsten Tod und die radikalste Wende zum ewigen Leben geprägt ist. Das Gestorbensein und neu Leben sind jedoch nicht Attribute ihres "identischen Selbst, sondern Tod und Auferstehung betreffen eben dieses, das zwar nicht buddhistisch vernichtet, aber durch das Sein im Tod/Leben Christi von sich entselbstet ist; es ist aus seiner Mitte weggedrängt, um dem Wesen Christi dort Raum zu machen: 'Christus bin ich mitgekreuzigt, zwar lebend, doch nicht mehr (als) Ich, vielmehr lebt Christus in mir; was ich fortan irdisch noch lebe, das lebe ich im Glauben an den Sohn Gottes, der mich geliebt und sich für mich dahingegeben hat' (Gal 2, 19-20)."[905] Weil Christus nur durch Kreuz und Tod zur Auferweckung kam, gibt es auch für die in seiner Nachfolge Lebenden, die Heiligen, ein Prius von Leiden/Tod vor Freude/Auferstehung. Das eigene Glaubensdunkel wird als Partizipation an der Verlassenheit des Herrn gelebt. Die Heiligen müssen immer wieder den letzten Platz suchen, damit sich in ihrem Engagement die herabsteigende, sich selbst entleerende Liebe Gottes auswirken kann. Ihr Leben ist geprägt vom Abstieg Christi nach "unten"; es ist Selbstweggabe für die anderen bis zum Verlieren des eigenen Lebens[906]. "Solche 'Nachfolge' verlangt nach dem Evangelium ein 'Alles-verlassen' und '-hassen', vor allem des eigenen Ich (Lk 14, 26), um im einzigen Tun des

---

903) H. de Lubac, Ein Zeuge Christi in der Kirche: Hans Urs von Balthasar, in: IKaZ 4 (1975) 405; Hervorhebung im Original.

904) Ebd. 406.

905) TD IV, 304.

906) Vgl. ebd. 305 f.

Willens des Vaters alles wiederzufinden."[907] Der Gewinn des Lebens entspringt als unmittelbare Frucht der Weggabe des Lebens aus Liebe (vgl. Mk 8, 35). Nachfolge mündet im Zerbrochen- und Verschenktwerden ein in die Armut einer vollkommenen Bereitschaft für Christus und die von ihm verkündete Gottesherrschaft. Je intimer der Heilige am Werk Christi teilzunehmen aufgerufen wird, desto mehr weiß er, daß diese Partizipation nichts als unfaßliche Gnade ist. "Die Gnade der Nachfolge gehört zur 'Glorie' der Wucht des alleinigen Kreuzes."[908] Die Liebe des Heiligen darf das Weiterleben der Liebeshingabe Christi sein; wenn sie es wirklich ist, hat sie an Christi erlösender Fruchtbarkeit teil. Denn nichts ist "christlich fruchtbar, als was aus dem christologischen Gehorsam stammt"[909]. So ist heiliges Leben beständige Hingabe und Nein zum eigenen Willen in liebender Darbringung an den Willen Gottes. "Im Herstellen der Leere an Eigenem (vgl. Mt 5, 8) zum Erfülltwerden vom aktiv sich einbildenden 'Bild' der Gottesliebe in Christus liegt die mögliche Angleichung des Christen an die unnachahmliche Kenosis und Diastase Christi."[910] Christus schafft sich aus den Heiligen "ein Organ für seine Erlösung"[911]. Sie tragen also nicht ihr Leiden, sondern das Todesleiden Christi an ihrem Leib: Christus leidet in ihnen. Ihre Teilnahme an der Passion Christi weist über sich hinaus auf den Tod des treuen Zeugen (vgl. Offb 1, 5), ist Zeugnis für Christus. Sie hat eine das Evangelium bezeugende Kraft, ist Predigt mit der ganzen Existenz, gelebte Theologie. "In Christo crucifixo est vera Theologia et cognitio Dei."[912] Da sich das christologische Wissen nicht primär im Begriff, sondern in Nachfolgegeschichten bildet und tradiert, ist die Praxis der Nachfolge selbst ein zentrales Stück der Rede von Christus, der Christologie[913].

---

907) TD II, 2, 248.

908) H III, 2/ 2, 186.

909) Ebd. 239.

910) Ebd. 274.

911) Ders., Mysterium Paschale, 220; Hervorhebung im Original; vgl. ebd. 222; J. Moltmann, aaO. 61.

912) M. Luther, WA 39/I; 362, 18 + 19, zitiert nach S. Zoske, aaO. 10.

913) Vgl. A. Rotzetter, aaO. 31 f.

Nach Ansicht Balthasars kann die Theologie ohne die "Theo-philie" der Heiligen nicht auskommen, welche ihr die Gottesliebe stets neu vermittelt[914]: "Die Liebenden wissen am meisten von Gott, ihnen muß der Theologe zuhören."[915] Gottes eigentliches Zeichen in der Welt sind die Heiligen und - da Heiligkeit ihrem Wesen nach Liebe ist - die Liebenden. Der Heiligen-Theologie geht es um den Primat der Liebe, um die Dynamik des lebendigen Zeugnisses, um die gebetsschöpferische Kraft der theologischen Reflexion. Für Balthasar ergänzen und befruchten sich Orthodoxie und Orthopraxie gegenseitig: " 'Wer das Tiefste gedacht, lebt das Lebendigste', sagt bekanntlich Hölderlin. Und christlich heißt das: wer in den Kern der göttlichen Liebe, wie sie in Jesus Christus kund wird, einzutauchen versucht, durch christliche Meditation, durch theologische Spekulation oder auch durch schlichtes Gebet - wie z.B. Foucauld und die Seinen - der kann dann in die Welt hineinwirken, er wird sich auch genau für die geschaute Herrlichkeit der armen, gekreuzigten Liebe Gottes einsetzen, wo immer sie leidet im Himmel oder auf Erden."[916] Das Leben kann nicht fein säuberlich in den Bereich der Erkenntnis und den Bereich der Praxis eingeteilt werden. Erkennen stiftet Gemeinschaft, und man erkennt immer nur so weit, wie man bereit ist zu lieben. Erkenntnis ist ein Akt der Liebe, eine Weise des Vernehmens, der Aufnahme und Teilnahme. Wer liebt, erkennt Gott: "Wer nicht liebt, hat Gott nicht erkannt: denn Gott ist die Liebe" (1 Joh 4, 8). Nur aus dem "Tun der Wahrheit" ergibt sich ihre Verifikation: "Wer aber die Wahrheit tut, kommt zum Licht" (Joh 3, 21). Die Wahrheit, um die es im Glauben geht, ist kein trockenes Wissen, keine von der Existenz absehende Theorie, sondern eine bewegliche und bewegende Wahrheit, eine lebendige, dynamische Kraft, die Leben hervorbringt - Wahrheit als Weg und Leben[917]. "Methodos ist Verfolgung eines Weges, und wenn Einer der Weg zu sein behauptet, und wenn man ihm glaubt, dürfte methodos mit Nachfolge übersetzt werden. Dahin dürften alle von Menschen ersonnenen Wege münden, falls sie nicht Abwege sind. Und der sich der Weg nennt, ist keine Synthese aller versuch-

---

914) Vgl. M. Lochbrunner, aaO. 74.

915) H. U. von Balthasar, Glaubhaft ist nur Liebe, 7.

916) In: M. Albus, Geist und Feuer, 74.

917) Vgl. H. Fries, aaO. 99 - 103.

ten Zugänge, er trägt den nahtlosen Rock. Nennen wir seinen Träger den Logos und diesen Rock die Logik, so hat kein anderer Weg Aussicht auf Erfolg als der von der Voraussetzung dieser Nahtlosigkeit ausgehende."[918]

In seinem 1987 erschienenen Aufsatz "Theologie und Heiligkeit"[919] – er trägt die gleiche Überschrift wie die 1948 erstmals veröffentlichte, 1960 in erweiterter und veränderter Fassung in "Verbum Caro" aufgenommene Abhandlung – faßt Balthasar seine Gedanken zum Verhältnis von Theologie und Heiligkeit nochmals in vier Punkten kurz zusammen:

1. "Wo eine Wissenschaft, die sich als Theologie bezeichnet, aufhört, in der Nachfolge des apostolischen Zeugnisses, und damit in der Sendung Jesu und der sie tragenden Heiligkeit, zu sein, hat sie aufgehört, für den kirchlichen Glauben belangvoll zu sein."[920] Der Petrusbrief fordert (vgl. 1 Petr 3, 15), daß der Zeuge jederzeit in der Lage sein muß, Rechenschaft abzulegen über sein Zeugnis und damit über den Glauben, aus dem er lebt. Thomas von Aquin nennt daher die Theologie "argumentativa" – beweisend – , "fügt aber hinzu, ein Disput mit einem Gegner sei nur sinnvoll, 'wenn dieser etwas von dem zugibt, was durch göttliche Offenbarung feststeht, ... wenn er aber nichts von dem göttlich Geoffenbarten glaubt, dann bleibt kein Weg übrig, die Glaubensartikel durch Gründe zu beweisen, höchstens jene Gründe, die der Gegner allenfalls gegen den Glauben anführt, zu widerlegen'. Freilich, fährt Thomas fort, 'verwendet die heilige Lehre auch die menschliche Vernunft, nicht um den Glauben zu beweisen, ... sondern um einiges, was in dieser Lehre überliefert wird, zu verdeutlichen'."[921] Nach Thomas argumentiert die heilige Lehre nicht, um ihre Prinzipien – die Glaubensartikel, das heißt die Aussagen des Credo, den in der Urkirche in Worte gefaßten Kern des zu Glaubenden – zu beweisen. "Diese 'Artikel' haben ihre Evidenz nicht 'aus dem natürlichen Licht der menschlichen Vernunft, sondern aus dem Licht des göttlichen Wissens, das nicht irren kann'... und aus dem Zeugnis Christi unmittelbar ins Zeugnis der Kirche übergegangen ist."[922]

---

918) TL II, 330.

919) In: IKaZ 16 (1987) 483 - 490.

920) Ebd. 488.

921) Ebd. 489; vgl. S. Th. I,1,8.

922) H. U. von Balthasar, Theologie und Heiligkeit, 489; vgl. S. Th. I,1,5.

2. Das Lebenszeugnis Jesu Christi ist, als Exegese Gottes, "von so unerschöpflichem Reichtum, daß er selber es ausdrücklich dem Heiligen Geist überläßt, diese Fülle auszudeuten, von Pfingsten an in Verkündigung, Lehre und Schriften der Apostel und Evangelisten, die, nach Jesu Wort, den normativen Anfang einer unabsehbaren, stets lebendigen Auslegung des ursprünglichen Faktums durch den Heiligen Geist bilden."[923] Nach Ansicht Balthasars darf von diesem normativen Anfang - er faltet die Fülle der Offenbarung schon organisch, wenn auch nicht menschlich überschaubar, auseinander - nichts weggestrichen werden, da sonst das ursprüngliche Zeugnis verlassen oder zumindest verarmt wird. Wo Häresien eine Auswahl treffen oder an einem Punkt der Auslegung stehenbleiben, ist Theologie zur "Argumentation" aufgerufen.
3. "Wenn Christus sein Zeugnisamt der Kirche weitergibt, dann gibt er ihr notwendig sich selbst, das heißt weit mehr, als was Menschen in persönlicher Nachfolge auffassen können."[924] Aus diesem Grund ist die Ecclesia ein Raum christologischer Heiligkeit; sie übertrifft - vor allem in ihren Sakramenten - jede Summe subjektiver Heiligkeit der einzelnen Glaubenszeugen. "Je mehr deshalb ein subjektiv-heiliger Zeuge oder Theologe sich aus der objektiven (christologischen und schließlich trinitarischen) in die Kirche gelegten Heiligkeit nährt - Origenes sprach hier von einer 'anima ecclesiastica' - desto besser und fruchtbarer wird sein theologisches Zeugnis sein."[925] Innerhalb der Versuche, den nicht hinterfragbaren Inhalt christlichen Glaubens und Zeugnisses immer besser zu verstehen, darf der Raum für Diskussion und Kritik an theologischen Meinungen und Hypothesen groß sein.
4. "Die in Christus und in der Kirche bezeugte Offenbarungswirklichkeit ist geschichtlich; wäre sie es nicht, dann erreichte sie den in der Geschichte lebenden und sterbenden Menschen nicht."[926] Wie Irenäus bereits gegen die Gnostiker sah, wäre sie geringer als der Mensch: eine bloße Idee. Doch die in Jesus Christus erschienene und gewirkte Offenbarung Gottes ist - um mit Anselm zu sprechen - id quo maius cogitari nequit: "das unausdenkbar

923) H. U. von Balthasar, Theologie und Heiligkeit, 489.

924) Ebd.

925) Ebd. 489 f.

926) Ebd. 490.

Größte. Und zwar gerade deshalb, weil sie auf dem Boden der fließenden Geschichte das Höchste und Heiligste darzustellen vermocht hat: nur in der Hingabe des Sohnes bis zum Kreuz (bis zur Auf-sich-Nahme der Sünde: 2 Kor 5, 20) erbringt Gott den Beweis, daß er der Dreimal-Heilige deshalb ist, weil er nicht nur liebt, sondern die substantielle Liebe ist."[927]

Henri de Lubac verfaßte zum 60. Geburtstag Balthasars am 12. August 1965 einen Artikel mit dem Titel "Ein Zeuge Christi in der Kirche: Hans Urs von Balthasar"[928]. Nach ihm hat der Theologe Balthasar seine Aufgabe als "Sendung" und "Auftrag" aufgefaßt und mit seinem Werk aufgewiesen, was Theologie sein kann, wenn sie Glaube und Vernunft, Gebet und Wissenschaft integriert. Dieses Werk ist gewaltig in seinen Ausmaßen, es ist "so vielgestaltig, so komplex, so wenig lehrmäßig im üblichen Sinn, es entfaltet sich in so unterschiedlichen literarischen Formen, daß es schwierig ist, auf den ersten Blick seine Einheit wahrzunehmen. Aber umgekehrt: Wenn man sich wirklich darein vertieft, erscheint die Einheit so stark, daß man mutlos werden könnte, seinen Inhalt ohne Verkürzung auszulegen."[929] Nie steht der Leser vor einer bloß theoretischen Konstruktion; alles ist bei Balthasar Hinführung zur Verwirklichung und Entscheidung: zur persönlichen Begegnung mit Gott. "Schriftsteller und Dichter, Philosophen und Mystiker, alte und moderne, Christen jeder Konfession: Er ruft sie alle, ihren Beitrag zu leisten, aus dem sich die katholische Symphonie zu einer immer leuchtenderen Verherrlichung Gottes aufbauen soll."[930] In seiner wunderbaren Vielgestalt ist das inwendige Universum, in das Balthasar einführt, dennoch geeint.

Balthasars Theologie ist eine trinitarische. "Die Trinität fragmentiert nicht im geringsten die göttliche Einheit, und sie offenbart sich uns nur durch ihr Heilswerk, das selber vollkommen eins ist."[931] Deshalb bemüht sich auch die Theologie Balthasars, in allem und überall dieser Einheit auf die Spur zu

---

927) Ebd.

928) In: IKaZ 4 (1975) 390 - 409; der Artikel enthält ein Nachwort zum 70. Geburtstag.

929) Ebd. 391.

930) Ebd. 392.

931) Ebd. 395.

kommen. "Der Rock ohne Naht und der Lanzenstich sind ihm Symbole, in denen diese Einheit aufscheint. Allen Versuchen, das Mysterium in Aspekte (epinoai) zu brechen, um es dem Denken zugänglich zu machen, widersteht letztlich das Mysterium der persona ineffabilis."[932] Der Heilige Geist führt stets neu in die Mitte dieses Geheimnisses ein. Doch man muß den Geist so aufnehmen, wie er sich gibt, "in der ihm eigenen Spannung zwischen Präzision und Enthusiasmus. Die Heiligen verstanden das; ihr Enthusiasmus entzündete sich gerade an der Präzision des Bildes Jesu, wie der Geist es vorzeichnet; und dieser Enthusiasmus drückt seinerseits mit Präzision aus, daß sie von diesem Bild ergriffen sind, und vermag anderen diese Ergriffenheit mitzuteilen."[933] So ist es in den Augen Balthasars die Existenz der vom Geist Christi ergriffenen Heiligen, die für die Welt die Wahrheit des Evangeliums ausdrückt. Die effektive Einfachheit der Liebe behält am Ende recht - der größte Gehorsam, die tiefste Demut. Nach Henri de Lubac sind die beiden Wörter "effektive Einfachheit" unentbehrlich, will man das Ziel anvisieren, zu dem Balthasar den Menschen hinführt. Balthasar "will nur Theologe sein, weil er Apostel sein will. Für ihn ist es die Sendung der Theologie, wie Albert Béguin geschrieben hat, 'ständig die volle Bedeutung des geoffenbarten Wortes in die demütigste Praxis umzusetzen'."[934] Denn: Glaubhaft ist nur Liebe. Es ist dieselbe Liebe, wie sie einst - vollendet - im Himmel sein wird, da die Liebe - im Gegensatz zur Erkenntnis und prophetischen Rede, die Stückwerk sind - nie vergeht. Alles, was der Mensch erkennt und formuliert, wird einmal untergehen in einer Metamorphose. Einzig die Liebe hat - wenn und indem sie wirklich Liebe ist - radikale Kontinuität, ist bereits jetzt Vorwegnahme des Endgültigen, Gegenwart des Himmels im irdischen Leben des Menschen.

> Wenn ich in den Sprachen der Menschen und Engel redete,
> hätte aber die Liebe nicht,
> wäre ich dröhnendes Erz oder eine lärmende Pauke.
> Und wenn ich prophetisch reden könnte
> und alle Geheimnisse wüßte

---

932) Ebd.; Hervorhebung im Original.

933) Ebd. 400.

934) Ebd. 401.

und alle Erkenntnis hätte;
wenn ich alle Glaubenskraft besäße
und Berge damit versetzen könnte,
hätte aber die Liebe nicht,
wäre ich nichts.
Und wenn ich meine ganze Habe verschenkte,
und wenn ich meinen Leib dem Feuer übergäbe,
hätte aber die Liebe nicht, nützte es mir nichts.
Die Liebe ist langmütig,
die Liebe ist gütig.
Sie ereifert sich nicht,
sie prahlt nicht,
sie bläht sich nicht auf.
Sie handelt nicht ungehörig,
sucht nicht ihren Vorteil,
läßt sich nicht zum Zorn reizen,
trägt das Böse nicht nach.
Sie freut sich nicht über das Unrecht,
sondern freut sich an der Wahrheit.
Sie erträgt alles,
glaubt alles,
hofft alles,
hält allem stand.
Die Liebe hört niemals auf.

1 Kor 13, 1-8

In der Homilie beim Gedenkgottesdienst für Hans Urs von Balthasar[935] am 1. Juli 1988 in der Hofkirche zu Luzern führte Joseph Kardinal Ratzinger aus: "Was Balthasar wollte, kann man wohl am besten mit einem Wort des heiligen Augustinus umschreiben: 'Unser ganzes Werk in diesem Leben, liebe Brüder, besteht darin, die Augen des Herzens zu heilen, daß sie Gott schauen können.'"[936] Nach Ratzinger ging es Balthasar um Erkenntnis, die Leben ist, "um das Sehendwerden für das Eigentliche: für Grund und Ziel der Welt und

935) Vgl. J. Ratzinger, Homilie, in: IKaZ 17 (1988) 473 - 476.

936) Ebd. 474; Ratzinger zitiert hier Augustinus, Sermo 88,6: PL 38, 542.

unseres Lebens"[937]. Den lebendigen Gott kann der Mensch nicht ausdenken; der Unendliche geht ihm nur im niederbrechenden Versagen menschlicher Begriffe auf. Am Ende ist es immer Gott selbst, der sich dem Menschen zeigt und schenkt über alles Denken hinaus. "Balthasar hat darum das Wort von der knienden Theologie geprägt: Er wußte, daß Theologie zwischen den Abgründen des anbetenden Gehorsams und der demütigen Liebe ausgespannt ist. Er wußte, daß Theologie nur in Bewegung kommen kann aus der Berührung mit dem lebendigen Gott, die sie im Gebet vollzieht."[938] Seine eigene Theologie ist eine "betende" Theologie, eine Theologie, die aus dem Beten erwuchs, vom Gebet begleitet war, zum Beten hinführen wollte. Deshalb ist Balthasar für viele ein Wegweiser zu den Quellen lebendiger Wasser geworden. "Christus ist mein Leben" - dieses Wort aus dem Philipperbrief (1, 21) faßt in den Augen Ratzingers den ganzen Weg Balthasars zusammen: "Weil es die Wahrheit seiner inneren Biographie ist, dürfen wir gewiß sein, daß auch der folgende Satz für ihn gilt: 'Sterben ist mein Gewinn', und daß sein Sterben nicht Weggehen aus der Gemeinschaft der Lebenden ist, für die er immer da war, sondern ein neues Dabeisein aus der Gegenwartskraft von Gottes Liebe heraus, in der Einheit aller Glieder von Christi Leib. Wir wollen den Herrn bitten, daß er uns schenke, das große Zeugnis dieses seines Dieners lebendig zu halten und weiterzutragen; wir wollen bitten, daß er ihm vergelten möge, was er im Gehorsam des Glaubens und in der Demut seiner hoffenden Liebe getan und gelitten hat. Amen."[939]

---

937) J. Ratzinger, Homilie, 474.

938) Ebd.

939) Ebd. 476. Unter der Überschrift "Ein Mann der Kirche in der Welt" ist die Trauerhomilie Ratzingers abgedruckt in: K. Lehmann/W. Kasper (Hrsg.), Hans Urs von Balthasar, Gestalt und Werk, Köln 1989, 349 - 354. Das von Lehmann und Kasper herausgegebene Buch ist als erste umfassende Würdigung Balthasars einzustufen, als Zeichen der Erinnerung, des Dankes, der Verehrung. Im Geleitwort der Herausgeber heißt es: "Zugleich möchte dieser Band Ansporn dafür sein, daß die Welt des Geistes und der Kultur, vor allem aber die Christen und die Theologie eine Gestalt neu entdecken, die nicht nur einmalig in unserem Jahrhundert dasteht, sondern in ihrer Weisheit allen Tagesmoden überlegen ist und vorausbleibt. Wir hoffen auf eine neue Zukunft der Gestalt und des Werkes von Hans Urs von Balthasar. Er ist einer von den Denkern des Katholischen, wie sie Kirche und Welt dringend brauchen."

"Meine Bücher sind keine zünftige Theologie, darum für Dissertationen auch nicht sonderlich geeignet." Der Ausspruch Balthasars[940] stimmt insofern, als der Versuch, die mit "Heiligen-Theologie" gemeinte Wirklichkeit im Werk Balthasars umfassend darzustellen, ebenso scheitern muß wie das Unternehmen, dem Angezielten einen eindeutigen systematischen Ort zuzuweisen. Anliegen der vorliegenden Dissertation konnte somit nicht Systematisierung sein, sondern der Versuch, einen Durchblick durch die theologischen Perspektiven Balthasars zu geben. Es handelte sich um einen Weg, der Suchen, Krisen, Wagnis bedeutete; es ging um eine Bewegung, die bestrebt war, alle Fragen nach vorwärts offen zu halten, um ein scheinbar unmethodisches, in Wirklichkeit aber übermethodisches Spiel, ein Tasten in mehreren Anläufen - vielleicht die einzig angemessene Art, eine Bewegung, Lebendigkeit einzufangen. Oft hat gerade der fragmentarische Charakter menschlicher Bemühungen Aussicht, etwas wie im Flug festzuhalten, das sich einer Systematik entzieht.

Balthasars theologische Position ist die einer schöpferischen Mitte: Spannungen werden nicht nur zugelassen, sondern ausgehalten und durchgetragen. Dies verlangt nicht nur die "Anstrengung des Begriffs", sondern eine Kunst der Vermittlung und Übersetzung der einen Denkform in die andere; gefragt ist eine ungewöhnliche Sensibilität, erforderlich die Witterung für den Geist und die Situation einer Zeit und der von ihr geprägten Menschen. Als originärer Denker hat Balthasar erwiesen, wie Theologie, im breiten Strom der Tradition stehend, sich dem geistigen Aufbruch der eigenen Geschichtszeit öffnet, nicht um einer modischen Anpassung willen, sondern um das "Heutigwerden des Glaubens"[941] zu gewährleisten. Theologie ist eine besondere Art von Beziehungsarbeit; sie ist bemüht um Beziehungen zwischen den Zeiten, den geschichtlichen Erfahrungen des Glaubens und seinen gegenwärtigen Gestalten; sie müht sich um Beziehungen zwischen den Glaubensweisen. Inhalt der Theologie ist in und vor all dem der schuldige Mensch und der rechtfertigende Gott. Nach Ansicht Balthasars[942] steht und fällt die

940) In: M. Albus, Geist und Feuer, 73.

941) Vgl. Vatikanum II, Gaudium et spes, 4.

942) Vgl. TL II, 256.

gesamte Theologie mit der glaubenden Annahme des Faktums: Das Wort ist Fleisch geworden. Im trinitarisch geplanten Heilswerk bildet die Fleischwerdung des Logos das geschichtliche Zentrum und die Gabe des Heiligen Geistes die eschatologische Vollendung[943]. Der Mensch erklärt Gott nicht von unten nach oben, sondern Gott legt sich von oben herab aus[944]. Theologie ist "Rede Gottes und in dieser Rede auch Rede des Menschen in Gott über Gott"[945]. Denn Gott ist immer der Erste; er sagt das entscheidend erste Wort. Er hat die Menschen zuerst geliebt. Jesus Christus gibt sich in den Tod, damit alle endlich wahrhaft leben können. Im Verstummen des Gekreuzigten wird die Kunde vom aufgestoßenen Herzen Gottes laut, von Gottes verwundbarer Liebe. Am Kreuz gibt der Gottessohn seinen Geist dahin, der den Menschen die Vollmacht verleiht, mit ihm zusammen den Vater in Freiheit anzureden. Dies führt zur Forderung einer von Christus, dem "Heiligenden", her "geheiligten" Menschheit.

Der dem Glaubenden geschenkte Heilige Geist ist es, der die Sprache Gottes in Jesus Christus erst wirklich verstehen läßt. Daß Gott Gott ist, vermag der Mensch sich nicht selber zu sagen. Theologie ist von sich aus unfähig, letzte Worte zu sprechen. Nur im Gottesgeist kann es gelingen, Christus lebendig ins Wort zu bringen, ihn zu zeigen, damit andere ihn wahr-nehmen. Gefordert ist ein Leben mit den Bibeltexten, die den Menschen unterweisen und vor Gott stellen, ein im Sehvermögen Umgestaltetwerden, das Selbstvergessenheit und Durchsichtigkeit im Menschen voraussetzt. Es gilt, eine Theologie zu entwerfen, die aus einem erneuerten Denken entspringt, einem dem Wort Gottes nachfolgenden Denken, das verweist. Der Heilige Geist als der Gott mit uns, ja der Gott in uns ist die Bedingung der Möglichkeit, daß Gottes Wort im Menschenwort Gestalt gewinnt. Geist als Prinzip der Gestalthaftigkeit ist Gabe, Inbegriff des geschenkten Lebens, das ständig Erneuerung empfängt. Geist als Gottes zuvorkommendes Zum-Menschen-Kommen ist Möglichkeitsbedingung für die unteilbare und spontane Einstimmung in Gottes

---

943) Vgl. ebd. 270.

944) Vgl. ders., Epilog, 74 f.

945) Ders., Das Ganze im Fragment, 259.

Handeln, wobei Einstimmung bedeutet: nicht anders mehr denken, reden, handeln können.

Eine "spirituelle" Theologie wird den Weg der christlichen Theologie in eine immer stärkere Aufsplitterung von Fachbereichen nicht gutheißen, da er sich als Weg hinweg von der Praxis erwiesen hat. Sie wird das Bewußtsein von der gelebten Geistwirklichkeit wachzuhalten suchen - als Gegengewicht zu einer Intellektualisierung der theologischen Reflexion. Die Notwendigkeit einer Konvergenz von Reflexion und Leben ist nicht nur in der "Heiligen-Theologie" Balthasars herausgestellt. Hat nach E. Jüngel die Theologie auch keine andere Aufgabe als die, Gott zu denken, so ist doch das theologische Denken selbst ein spiritueller Akt. Eine Frömmigkeit des Denkens ist gefordert, wo die Vernunft dem Wort Gottes begegnet. "Die Vernunft kann Gott also nur denken, indem sie dem Glauben nachgeht. Sie selbst glaubt jedoch nicht. Sie denkt. Das Denken glaubt nichts. Es denkt nach. Es gehört allerdings zur Redlichkeit des Denkens, auch dies zu denken, daß mit dem Gottesgedanken bereits der Gedanke der Zusammengehörigkeit von Glauben und Gott gedacht ist. Das Denken kann Gott nicht denken, ohne Gott und Glaube zusammen zu denken."[946] Das bedeutet keine existentielle Engführung der Theologie, vielmehr ein Denken in der Gottunmittelbarkeit, ist doch Gott kein "Objekt", das erst nachträglich ins Denken hereingeholt werden müßte. G. Ebeling führt aus: "Solange das christliche Wort nicht erfahrungsgriffig gesagt und der christliche Glaube nicht erfahrungsverändernd gelebt wird, besteht allerdings Anlaß zur Beunruhigung, ob die Theologie ihrer Mitverantwortung für den Erfahrungsbezug von Wort und Glaube gerecht wird. Nicht daß es an ihr wäre, die Spannung zwischen Lehre und Leben zu eliminieren. Die gehört unaufgebbar zur reinen Lehre und zum rechten Leben. Gerade indem erfahrungsbezogene Theologie dafür Sorge trägt, daß diese Spannung gestrafft bleibt, verschwindet der unheilvolle Riß zwischen der Welt der Erfahrung und der Sache der Theologie."[947] Die Theologie sollte den Zusammenhang von Wissenschaft und Leben betonen und der Einseitigkeit des erfahrungswissenschaftlichen Erfahrungsverständnisses entgegentreten.

946) E. Jüngel, Gott als Geheimnis der Welt, 219.

947) G. Ebeling, aaO. 16.

Durch die Frage, wie es mit ihrer eigenen Wissenschaftlichkeit steht, darf sich die Theologie nicht so beeindrucken lassen, daß sie von ihrem Gegenstand und ihrer Aufgabe abgelenkt wird und ihr Erfahrungsmangel sich dadurch weiter vergrößert. Wissenschaftstheoretische Überlegungen sind nur dann fruchtbar, wenn sie aus gründlichem Umgang mit der Sache erwachsen und in verstärktem Maß zur Hingabe an sie führen[948]. Nach J. B. Metz ist der christliche Gottesgedanke "aus sich selbst ein praktischer Gedanke. Gott kann gar nicht gedacht werden, ohne daß dieser Gedanke die unmittelbaren Interessen dessen irritiert und verletzt, der ihn zu denken sucht. Das Gott-Denken geschieht als Revision der unmittelbaren auf sich selbst gerichteten Interessen und Bedürfnisse. Metanoia, Umkehr und auch Exodus sind nicht nur rein moralische oder pädagogische, sondern durchaus noetische Kategorien. Geschichten der Umkehr und des Exodus dienen deshalb nicht etwa der dramatischen Ausschmückung einer vorgefaßten 'reinen' Theologie; sie gehören vielmehr in den Grundvorgang dieser Theologie selbst."[949] Spiritualität wird nicht nachgereicht, sondern konstituiert sich als Theologie. Die heutige Theologie kann - als akademische - "der Argumentationssprache keineswegs entraten. Doch muß sie mit ihren Argumenten gerade die kommunikative Würde des Gedächtnisses und der Erzählung schützen; denn ohne sie fielen alle theologischen Aussagen ins Leere. Die Theologie muß also versuchen, die allzu sehr unter dem Einfluß der klassischen griechischen Metaphysik formulierten subjektlosen Lehrsätze des Glaubens zwar nicht einfach zu entwichtigen oder gar zu leugnen, wohl aber sie verständlich zu machen als Formeln eines gefährlichen und befreienden Gedächtnisses, als formelhaft abgekürzte, gewissermaßen stenographierte Geschichten, und sie muß diese dogmatischen Formeln zurückerzählen in die biblischen Geschichten des Aufbruchs und der Umkehr, des Widerstands und des Leidens und immer wieder in die synoptischen Nachfolgegeschichten."[950] Auch für W. Kasper gehören Dogmatik und Spiritualität wie zwei Seiten einer "Sache" untrennbar zusammen. "Dogmatik ohne Spiritualität muß objektivistisch erstarren, Spiri-

948) Vgl. ebd. 27 f.

949) J. B. Metz, Glaube in Geschichte und Gesellschaft,47 f.

950) F.-X. Kaufmann/J. B. Metz, Zukunftsfähigkeit. Suchbewegungen im Christentum, Freiburg - Basel - Wien 1987, 145.

tualität ohne Dogmatik aber muß sich zu einem ungenießbaren subjektivistischen Frömmigkeitsbrei auflösen. Ein bekanntes Wort Kants abwandelnd, könnte man formulieren: Theologische Begriffe ohne religiöse Erfahrungen sind leer, religiöse Erfahrungen ohne theologische Begriffe sind blind."[951] Nach W. Kasper verlangt "eine pastoral orientierte, d.h. auf die Fragen des heutigen Menschen eingehende Theologie, die sich selbst recht versteht," jedoch "nicht ein Weniger, sondern ein Mehr an wissenschaftlicher Gründlichkeit."[952] Die Herausstellung der spirituellen Dimension der Theologie wäre in der Lage, "aus Engpässen gegenwärtiger Theologie herauszuführen und eine Theologie grundzulegen, die die klassische Tradition der Patristik und Scholastik aufgreift und doch in konstruktivem Austausch steht mit den Anliegen neuzeitlichen Geistes"[953]. So verstandene "spirituelle" Theologie könnte nicht als engstirnig und unkritisch gelten, da sie universal und kritisch auf Unterscheidung der Geister ausgerichtet bleibt. H. Küng will in seinem Buch "Christ sein" eine sowohl sach- wie zeitgemäße Einführung in das Christentum geben: "nicht nur in christliche Lehre oder Doktrin, sondern ins christliche Sein, Handeln, Verhalten"[954]. Im Vorwort zu seinen Vorlesungen über das Apostolische Glaubensbekenntnis schreibt J. Ratzinger: Sie wollen "helfen, den Glauben als Ermöglichung wahren Menschseins in unserer heutigen Welt neu zu verstehen"[955]. Gläubiges Verstehen und Verwirklichung des Glaubens im Leben, wie es wirklich ist, geschehen nicht in einem Entweder-Oder. Auch K. Rahner geht es darum, das Ganze des Christentums zu artikulieren, redlich zu verantworten und "in die Verständnishorizonte eines Menschen von heute"[956] einzurücken. Er ist sich bewußt, daß spirituelle Gehalte nie rein theoretisch, sondern immer auch ganzheitlich und praktisch vermittelt werden müssen. Seine Art der Analyse von Phänomenen bleibt nie

---

951) W. Kasper, Aspekte gegenwärtiger Pneumatologie, in: ders. (Hrsg.), Gegenwart des Geistes. Aspekte der Pneumatologie, Freiburg - Basel - Wien 1979, 9.

952) Ders., Der Gott Jesu Christi, 9.

953) Ders., Aspekte gegenwärtiger Pneumatologie, 11.

954) H. Küng, Christ sein, München 1974, 14.

955) J. Ratzinger, Einführung in das Christentum, 6.

956) K. Rahner, Grundkurs des Glaubens, 5; vgl. ders., Schriften zur Theologie IX, 156: "Theologie als Wissenschaft muß selber immer von sich wegweisen in eine christliche Tat, die Leben ist und nicht bloße Konsequenz theologischer Theorie."

im Begrifflichen stecken, sondern sieht sie immer in Verbindung mit den Menschen. Theologie wendet sich von ihrer Sache her an die geistigen Grundkräfte des Menschen - Erkenntnis und Freiheit. Mit dem rationalen Charakter theologischer Rede ist die ethische Seite unlösbar verbunden. K. Rahner hebt die Bedeutung der Erfahrung für das richtige Verständnis der Glaubenswahrheiten neu in den Blick. In der christlichen Mystik erkennt er den Versuch, die Wirklichkeit von Mensch und Welt in ihrer Tiefendimension wahrzunehmen, um von diesem Horizont her den Glauben umfassender zu verstehen und auszusagen. Läßt sich die Theologie zu einseitig auf die instrumentelle Vernunft der Wissenschaften ein, so steht sie schließlich mit ihnen am anderen Ende des Lebensstromes[957]. Es gelingt ihr nicht mehr, die Botschaft der Heiligen Schrift zu vergegenwärtigen, der Welt - als Ort rationalen Handelns - im endgültigen, zeitlich-überzeitlichen Christus-Ereignis Sinn zu geben, dem Geheimnis eines sich offenbarenden und verbergenden Gottes Sprache zu verleihen. Für ein erfahrungs- und wirklichkeitshaltiges Christentum in der heutigen Gesellschaft sind die existentiellen Kategorien unabdingbar. Jesus bindet die Rede und die Praxis von der Gegenwart der Basileia, der Königsherrschaft Gottes, an den gelebten Augenblick, da ohne die innere Bewegung des Fragens, Suchens und Ringens echte Wahrheitsfindung nicht möglich ist.

Die Wahrheit an sich ist stets menschlichem Zugriff voraus und dennoch auf den Menschen, auf die Realität, auf menschliche Entscheidungen bezogen. Wo immer der Mensch Antwort sucht auf das Ganze der Wirklichkeit oder es unternimmt, die in der Offenbarung empfangene Antwort sprachlich zu deuten, bewegt er sich zwischen zwei notwendigen Aspekten: Transzendenz

---

957) Vgl. H. W. Beck, Biblische Universalität und Wissenschaft, Neuhausen - Stuttgart 1987, 50: "In der vielgestaltigen Wissenschaftslehre der Gegenwart gibt es nur eine Übereinstimmung: nämlich die, daß es keinen allgemeinverbindlichen Wissenschaftsbegriff gibt." Ebd. 51: "Weiter gilt: alles methodisch-wissenschaftliche Begreifen von Gegenständlichem in theoretischen Modellen und das Bewähren in der Praxis gelingt nur auf Kosten einer einschneidenden Präparierung von Wirklichkeitsausschnitten; man macht sich die Wirklichkeit gefügig." Ebd. 58: "Das, was wir objektive Struktur nennen und in mathematischen Formalismen ausdrücken, bedarf der Ortung und Interpretation aus einem vieldimensionalen Auslegungshorizont, der nur in symbolischer Sprache ausgesagt werden kann. Es ist die Sprache des Zeugnisses im Gegensatz zur Objektsprache der Struktur."

und Immanenz. Ferne und Andersartigkeit Gottes, zugleich aber auch seine Nähe und die sich dem Menschen offenbarende Vertrautheit Gottes gehören zusammen. Gott enthüllt sich daseiend und soseiend je neu, um sich in dieser Selbstmitteilung immer neu als das Verhüllte, als Geheimnis zu erweisen, das unendlich mehr ist als jede seiner Offenbarungen. Nach K. Rahner darf Theologie "sich nicht verstehen als jene Wissenschaft, die sich immer mehr in eine in alle Details hinein differenzierte Systematik ausbreitet, sondern als jene Tat des Menschen, in der er auch auf der Ebene der Reflexion die Vielfalt seiner Wirklichkeiten, seiner Erfahrungen und Begriffe zurücktreibt in das unsagbare, finstere Geheimnis, das wir Gott nennen."[958] Die Theologie des Glaubens muß in höchst reflexer, transzendentaler Rationalität verdeutlichen, daß die Verwiesenheit auf das absolute Mysterium die Möglichkeitsbedingung für alle durchschauende Rationalität ist. Die Erfahrung der Geheimnishaftigkeit Gottes eröffnet sich bei Balthasar nicht "von einer unbestimmbaren Unbegreiflichkeit her (etwa im Sinne der allem Begreifen vorausliegenden Ermöglichung des Begreifens), sondern aufgrund der unbegreiflichen Bestimmtheit, die sich vom Wunder des faktischen Daseins der Wirklichkeit her als liebendes Ja zu jedem einzelnen Seienden zeigt"[959]. Für die Beziehung von Gott und Mensch gilt, daß auf "der Ebene der existentialen und dialogischen Eingeborgenheit des Menschen in die unbedingt handelnde und sich selbst bestimmende Freiheit und Liebe Gottes" eine reale Unmittelbarkeit der Begegnung von Schöpfer und Geschöpf "bei aller bleibenden Transzendenz Gottes über die kategoriale Objektivität im Sinne des Kosmos und als Welt des Menschen"[960] gegeben ist. Die christliche Gotteserfahrung wird für Balthasar als konkret geschichtliches – dramatisch begegnendes – Widerfahrnis verstehbar. Gott wird als personales Du erfahren; in der dialogischen Beziehung erscheinen Schöpfer und Geschöpf in einem wesenhaften Gegenüber von unendlicher und endlicher Freiheit. Balthasar versteht und beschreibt die

958) K. Rahner, Schriften zur Theologie IX, 114.

959) J. Römelt, Personales Gottesverständnis in heutiger Moraltheologie auf dem Hintergrund der Theologien von K. Rahner und H. U. v. Balthasar, Innsbruck-Wien 1988, 87. Vgl. J. O'Donnell, Alles Sein ist Liebe. Eine Skizze der Theologie Hans Urs von Balthasars, in: K. Lehmann/W. Kasper (Hrsg.), Hans Urs von Balthasar, 260 - 276.

960) J. Römelt, aaO. 101.

innerste "Intimität" Gottes und des Menschen aus der unmittelbaren Dialogik göttlicher und menschlicher Freiheit. Sein theologisch-ästhetisches und -dramatisches Denken ist in der Lage, die unmittelbare Hineinnahme des Menschen mit seiner Freiheit in die bergende Fülle Gottes wirklich darzustellen. "Weil Balthasar die Eingeborgenheit des Menschen in die sich in die ewige trinitarische Fülle hinein bestimmende Liebe Gottes ästhetisch und dramatisch beschreibt, weil er in diesem Eingeborgensein des Menschen zeigt, wie die menschliche Freiheit selbst ein vollendetes Maß erhält, wird die Geborgenheit menschlicher Freiheit - gerade in ihrer Ermöglichung - durch die Liebe Gottes wirklich verstehbar."[961] Das in den theologisch-ästhetischen und -dramatischen Aussagen Balthasars zum Ausdruck kommende dialogische Gottesverständnis kann ein Wegweiser sein bei der Suche theologischer Reflexion nach einem existentiellen und personal offenen Gottesbild. "Der Gedanke der Freiheit Gottes als erster und letzter 'Fluchtpunkt' jeglichen Verständnisses der Wirklichkeit scheint dabei bei Balthasar gelegentlich extrem entfaltet. Demgegenüber mag die transzendentale Transposition der Analogie bei Karl Rahner ein gewisses Korrektiv sein."[962] Es ist durchaus berechtigt, daß in der transzendentalen Hermeneutik Rahners die Art, sich auszudrücken, "etwas seltsam Formales"[963] hat - wie Balthasar scharfsinnig bemerkt. Balthasars Anliegen, die immanente Trinität möglichst lebendig vor Augen treten zu lassen, darf nicht dazu führen, daß die Seite der Analogie nicht mehr zum Tragen kommt, die unbedingt notwendig erscheint, damit biblische Offenbarung nicht als mythologisch eingestuft wird. Balthasar spricht von einem ewigen Liebesgespräch von Dreien, einem innergöttlichen Drama[964]. Was berechtigt "zu der Annahme, der Logos/Sohn sei von Ewigkeit her Gottes antwortendes Du gewesen, ehe der mit dem ewigen Logos vereinte

---

961) Ebd. 104.

962) Ebd. 105; vgl. R. Schwager, aaO. 283. 303; A. Ziegenaus, aaO. 158 f.: Nach Rahner gibt es "kein gegenseitiges Ich-Du-Verhältnis in Gott".

963) TD III, 299; vgl. ebd.: "Der Begriff 'Selbstmitteilung' erhält bei Rahner nur im Ökonomischen Klang und Gewicht."

964) Vgl. H. Vorgrimler, aaO. 165; H. Heinz, aaO. 156: "Doch hier ist an B. eine Rückfrage zu stellen: Mit welchem Recht wagt er den Schluß vom Gespräch des menschgewordenen Sohnes mit dem Vater (Joh 17) zum vorzeitlichen innertrinitarischen Gespräch über den ewigen Weltplan Gottes?" Vgl. Th. R. Krenski, aaO. 149 - 175.

Mensch Jesus von Nazareth Gottes Du wurde?"[965] Wie es in Gott "vor" der Menschwerdung des göttlichen Logos war, darüber ist wenig bekannt. Das Neue Testament spricht zwar sehr konkret von der ökonomischen Trinität, jedoch nur indirekt von der immanenten. Nach Vorgrimler muß sich jeder Theologe, der von einem Wirken und Sprechen dreier Subjekte Gottes in Gott und in der Welt spricht, die Frage stellen, wie er diese Ansicht mit der Gottesoffenbarung Jesu vereinbaren kann. Es gilt, zwei Gefahren der christlichen Trinitätslehre im Auge zu behalten: Einerseits kann die Betonung der drei Personen zum Tritheismus führen, andererseits die Betonung der Einheit Gottes zum Modalismus. Das Mysterium des "Anders im Nichtanders" entzieht sich jeder Spekulation.

Der Gefahr, sich des Wortes Gottes zu bemächtigen, wird die Theologie nur dann entgehen, wenn sie sich die eigene Begrenztheit vor Augen führt, die Geschichtlichkeit des Erkennens und Lebens bedenkt und die souveräne Transzendenz des Ewigen ehrt, der sich in die Zeit hinein entäußert hat. Jede theologische Reflexion bedarf stets neuer Reflexionen, die durch die Erfahrung des Geistes genährt und verlebendigt werden. Allein eine "spirituelle" Theologie wird die Aufgabe erfüllen können, das kommende Neue Gottes auszusagen und zu wecken. Dank des Gottesgeistes ist sie lebendiges Wort und keine leere Erörterung, steht ihr Denken voller Bewunderung vor der Herrlichkeit Gottes, ist es in der Hoffnung verwurzeltes Denken, Liebesweisheit. "Spirituelle" Theologie ist ein Sprechen, das Einfluß auf das Leben, Bedeutung für die Geschichte gewinnen will. Die Glaubenslehre wird nicht in Form von Thesen vorgelegt, um eine jetzige Position mit Argumenten zu untermauern, vielmehr steht das Bemühen im Vordergrund, die stets erneuernde Kraft des ursprünglich Geschenkten zu erfassen. Theologische Vernunft sollte eine "offene Vernunft" sein, ein Ort des Hörens, der sich dem undenkbar Neuen des Kommens Gottes nicht verschließt, aber die Transzendenz des Gottes, der sich der Welt mitteilt, respektiert. Vom Göttlichen ist in einer unaufdringlichen, für den Menschen bedeutungsvollen Form zu sprechen. Theologische Sprache "lebt aus einer beständigen notwendigen Sinntransposition, die von den armseligen weltlichen Ausdrucksformen her auf

---

965) H. Vorgrimler, aaO. 166.

die unfaßbare Transzendenz des lebendigen Gottes verweist. Sie bringt das zusammen ('Symbolum' von συνβάλλω ), was einander unendlich fern ist, auch wenn es durch die Initiative der göttlichen Liebe einander überraschend nahekam."[966] Metapher und Symbol sind hervorragend geeignet, das Neue der Ankunft Gottes mitteilbar zu machen, ohne es einzufangen oder abzuschließen. Beide verweisen – indem sie die biblische Sprache in den heutigen Sinnhorizont übersetzen – letztlich auf das sie transzendierende Schweigen, das für jedes Sprechen notwendig erscheint, besonders für jenes, das zur Stimme des Mysteriums bestimmt ist. Sprache wird allein "aus dem Schweigen geboren, sie wurzelt dauernd darin, sie muß, um recht zu sein, darauf verweisen, es auslegen, dahin zurückführen, nicht weil Worte bedeutungslos und eitel wären, sondern weil die Fülle ihres Bedeutens sie immerfort übersteigt und nur übersteigend ermöglicht"[967]. In der Doxologie sucht theologisches Sprechen – gestützt auf das Wirken des Geistes – die Anbetungswürdigkeit der unsichtbaren Gegenwart Gottes zum Ausdruck zu bringen. Verliert die religiöse Sprache ihre Evokationskraft, entartet sie zu einer trockenen Behandlung und Versachlichung dessen, was Geist und Leben ist. Sie büßt ihre Fähigkeit ein, Horizonte aufzureißen, den über jede Bedeutung hinausliegenden Sinn zu erspüren, einer umfassenden Sinnerwartung zu entsprechen. Theologie als Gotteswissenschaft hat Heilswissenschaft zu sein, da sie Wissenschaft der Offenbarung und deren Aufnahme im Herzen des Menschen ist. "Als Denken des göttlichen Lebens, das sich in der Geschichte anbietet und in der Glaubenserfahrung aufgenommen wird, ist die Theologie somit Weisheit des Mysteriums."[968] Auf die Offenbarung des Mysteriums horchend, ist sie bemüht, das heilige Wort in ihren armen menschlichen Worten wiederzugeben – in anbetender Ehrfurcht vor der Herrlichkeit Gottes. Als weises Wissen um das Mysterium gehorcht die Theologie dem göttlichen Wort im Bestreben, seine Tiefendimension in der Sprache der Zeit aufscheinen zu lassen. Sie versucht das, was sie in der Begegnung mit dem lebendigen, heiligen Gott erfahren hat, in einer Art von bewußt gemachter Verwunderung und Bewunderung in Worte zu fassen. "Sie betrachtet das Myste-

966) B. Forte, aaO. 242.

967) H. U. von Balthasar, Das Ganze im Fragment, 254.

968) B. Forte, aaO. 192.

rium, um dessen Tiefe und Schönheit anzubeten. Zugleich wagt sie sich zur Stimme des Mysteriums zu machen, um es den Menschen zu verkünden und diese auszurichten auf die 'vollkommene Gotteserkenntnis, in der die ewige Seligkeit besteht'. Die Theologie ist in diesem Sinn eine spekulative Tätigkeit, doch voller Impulse für die Praxis. Indem sie im Denken den Primat Gottes feiert, motiviert sie kritisch die Hinwendung des ganzen Lebens zur Suche nach dem Antlitz des Allerhöchsten."[969] Als anbetende Erkenntnis Gottes ist Theologie reflexes Zeugnis für die immer neue, überraschende Begegnung von Gott und Mensch im Heiligen Geist.

"Spirituelle" Theologie versteht sich als geschichtlich-kirchliche Dogmatik; sie bleibt der Objektivität der Offenbarung, zugleich aber auch der Geschichtlichkeit der Reflexion des pilgernden Volkes Gottes treu. Sie denkt die göttliche Ankunft nicht in der unnahbaren Ferne des absoluten Geheimnisses, vielmehr als Kommen Gottes in die Geschichte, das stets neues Leben weckt. Sie bedenkt das Ereignis von Tod und Auferstehung, welches sich ein für allemal im fleischgewordenen Logos vollzogen hat, und sein immer neues, unberechenbares Wiedererscheinen in alltäglichen Hoffnungsgeschichten, die zum Dasein des Gottesvolkes auf Erden gehören. "Spirituelle" Theologie ist nicht Wissenschaft von einem "Objekt", sondern Erkenntnis, die sich mit liebender Erfahrung eint. Sie ist Ausdruck des von Gott ergriffenen Lebens, das in liebender und glaubender Hoffnung die Gegenwart des Geheimnisses zu empfangen weiß. Sie ist vollständig durchdrungen von der Bewegung der Epiklese, indem sie dem angerufenen Geist, der in das Dunkel des durch die Zeit pilgernden Gottesvolkes herabsteigt, entgegenharrt.

"Spirituelle" Theologie entsteht aus dem Gebet, wird von ihm gespeist, führt zum Gebet hin. In der Gebetserfahrung erlebt sie das, was ihr zu denken auferlegt ist. Das Gebet ist Einübung des Gehorsams gegenüber dem verheißenden Gott. Dieser Gehorsam ist konstitutiv für die Theologie als reflexes Glaubensdenken. Im Gebet öffnet sie sich für die Überraschungen des unberechenbaren Gottes und erkennt betend seine stets neuen Weisungen. Da

---

969) Ebd. 194 f.; B. Forte zitiert hier Thomas v. A., S. Th. I q.1 a. 4c und verweist auf Bonaventura, I. Sent., Prooemium, q.3.

das Beten in Gott vor allem das der Liturgie ist, kann gesagt werden, "daß die Theologie aus der Liturgie hervorgeht, aus ihr lebt, in sie mündet. In der Liturgie wird der theologische Diskurs zur Hymne; in der Theologie wird der liturgische Gesang zum Diskurs, zur Überlegung und zum Dialog."[970] Da Liturgie und Schönheit in Beziehung stehen, kann gesagt werden, daß auch Theologie und Ästhetik zusammen gehören, daß die Theologie eine ästhetische Urdimension besitzt. Im Schönen ereignet sich eine Verbindung von Unendlichem und Endlichem, "entweder in dem Sinn, daß es im Fragment die Harmonie der Teile des Ganzen wiederherstellt - und das ist die klassische griechische Auffassung vom Ästhetischen - , oder in dem Sinn, daß das Ganze machtvoll in das Fragment einbricht und es durchdringt, indem es dieses gewissermaßen gerade in seiner raum-zeitlichen Bestimmtheit zu einem Fenster auf das Unbegrenzte, im Hier und Jetzt zu einer Epiphanie des Ewigen und Unendlichen macht - das ist die Auffassung, die dem modernen Empfinden entspricht."[971] Beide Betrachtungsweisen verweisen auf die Verbindung zwischen theologischer Erfahrung und ästhetischem Moment. "Insofern die Theologie im Fragment des Denkens und Sprechens des Menschen Widerschein der Ankunft des Göttlichen in der Geschichte und seiner Begegnung mit dem Auszug ist, weist sie eine natürliche, nicht zu beseitigende ästhetische Dimension auf. Epiklese ist stets Niederstieg des Unendlichen in das Endliche, des Ganzen ins Fragment!"[972] Das Spezifische der theologischen Ästhetik Balthasars liegt jedoch darin, daß sie diejenige Schönheit zum Maßstab erhebt, die sich in der Torheit und Schmach des Kreuzes enthüllt hat. Es ist die Schönheit der armen, dahingegebenen Liebe, welche die sündige Welt rettet. Angesichts dieser Knechtsgestalt, die nicht mehr Schönheit, sondern Herrlichkeit ausstrahlt, ist nicht allein Staunen und Bewunderung die angemessene Haltung, sondern Anbetung. Die theologische Herrlichkeitserfahrung kann als ein anderer Name für das Denken der Liebe eingestuft werden, welches die Tiefen des Geheimnisses ans Licht bringt und in der Armseligkeit der Knechtsgestalt die Herrlichkeit schaut, die von keinem Untergang weiß.

---

970) B. Forte, aaO. 259.

971) Ebd. 261.

972) Ebd.

"Ästhetik" - "Dramatik" - "Logik" sind voneinander untrennbar, sie liegen ineinander und erleuchten sich gegenseitig. Da die Theologie es mit dem Ganzen, Unermeßlichen, mit dem Gott-mit-uns und -in-uns zu tun hat, der in die Geschichte - ins Fragment - eingetreten ist, darf sie eine Theologie der Herrlichkeit und Freude sein. Im Untergang des Sichhingebens, im Tod am Kreuz ist der Aufgang der höchsteigenen Freiheit des Menschen mitermöglicht worden. Deshalb kann die theologische Erfahrung zu etwas Befreiendem und Gnadenhaftem, zum Fest und Spiel werden. Sie hat es nicht nur mit dem Herrlichen in seinem höchsten Sinn zu tun, sondern sie ist selber herrlich und Quelle des Glücks. Allerdings hat sich ihr Spiel immer unter den Augen Gottes abzuspielen: "Ich war als geliebtes Kind bei ihm. Ich war seine Freude Tag für Tag und spielte vor ihm allezeit" (Spr 8, 30). Gott selbst spielt, der Mensch darf sein Mitspieler sein. Als Freund dieses Gottes im Leben und Denken ist er dazu berufen, sich über Gottes schöpferische Liebe, über sein "Mit-Gott-im-Spiel-sein", über das Ineinanderspiel von göttlicher und menschlicher Freiheit zu freuen. "Wer spielt, ist frei; wer frei ist, liebt. Das Spiel Gottes, das Spiel dessen, der Gott denkt, ist Freiheit, um zu lieben."[973] Somit ist die Theologie ausersehen, Spiel zu sein und zu werden, erwählt, die Herrlichkeit Gottes zu feiern und darin den anderen zu dienen. Da sie das Charisma der Weisheit unentgeltlich erhalten hat, ist sie auch verpflichtet, es allen zur Verfügung zu stellen, mitzuteilen, zu bezeugen.

Theologie bezeugt das Empfangene und teilt es mit, damit es das spirituelle Leben aller zum Wachstum bringt. Sie ist eine geistlich reiche und gleichzeitig arme Dienerin, der bewußt ist, daß sie nichts weiß angesichts der Unermeßlichkeit Gottes, angesichts des ewigen Wortes, das dennoch nahegekommen ist und angebetet und geliebt sein will in alle Ewigkeit. Als arme Dienerin ist die Theologie - wie der greise Simeon (vgl. Lk 2, 29-32) - von der Sehnsucht erfüllt zu vergehen, weiß sie doch: Wenn das strahlende Morgenlicht der Herrlichkeit Gottes endgültig über der Nacht der Weltgeschichte aufscheinen wird, hat auch ihre eigene Nacht ein Ende: "Dann wird die 'cognitio vespertina', die Erkenntnis im Halbschatten des Abends, der

---

973) Ebd. 262.

'cognitio matutina' Platz machen, der Erkenntnis im klaren Tageslicht ..."[974]. Ihre verklärten Augen werden Gott schauen, nicht mehr fremd (vgl. Ijob 19, 25-27).

"Dich nun wollen wir preisen,
Mein Christus, Gottes Logos,
Licht aus ewigem Lichte,
Und des Geistes Herr,
Dreifach Licht zu einer
Herrlichkeit versammelt,
Der das Dunkel löste,
Der das Licht hinstellte,
Um im Licht das All zu schaffen."[975]

"Der offenbar wurde im Stoff,
Die Gerechtigkeit verkörperte im Geist,
Erschien den Engeln,
Verkündet wurde unter den Völkern,
Geglaubt wurde im Kosmos,
Aufgenommen wurde im Lichtglanz."

1 Tim 3, 16

---

974) Ebd. 266; vgl. Thomas v. A., S. Th. I q.58 a. 6 (in bezug auf die Erkenntnis der Engel) mit dem Verweis auf Augustinus, De Genesi ad litteram 1.4, c.22: PL 34, 312 und: De civitate Dei 1.11, c.7: PL 41, 322.

975) Gregor von Nazianz, MSG 37, 512 f., zitiert nach C. Schneider, Geistesgeschichte der christlichen Antike, München 1978, 459.

"Dich also, Gott Vater, durch dessen Schöpfermacht wir leben,
Dich, Weisheit des Vaters, durch die erneuert wir weise leben,
Dich, Heiliger Geist, durch und in dessen Liebe wir selig leben
und aufs allerseligste leben werden,
Dreifaltigkeit der einen Substanz,
Dich, einzigen Gott, aus Dem wir, durch Den wir, in Dem wir sind,
Von Dem wir durch Sündigen abfielen, Dem wir unähnlich wurden,
Und der uns dennoch nicht untergehen ließ,
Urgrund, zu Dem wir zurückeilen,
Urbild, Dem wir uns nachbilden,
Gnade, durch die wir versöhnt werden:
Wir beten Dich an und preisen Dich!
Dir sei Ehre in alle Ewigkeit! Amen."[976]

976) Wilhelm von St. Thierry, De contemplando Deo, 13, zitiert nach H. U. von Balthasar, Wilhelm von St. Thierry, 123 f.

## Literaturverzeichnis

### I. Werke Hans Urs von Balthasars


–, Adriennes Charisma, in: ders. u.a. (Hrsg.), Adrienne von Speyr und ihre kirchliche Sendung. Akten des römischen Symposiums 27.-29. September 1985, Einsiedeln 1986, 173 - 178.

–, Adrienne von Speyr (1902 - 1967). Die Miterfahrung der Passion und Gottverlassenheit, in: Geist und Leben 58 (1985) 61 - 66.

–, Adrienne von Speyr: Über das Geheimnis des Karsamstags, in: Internationale katholische Zeitschrift "Communio" 10 (1981) 32-39.

–, Aktualität von Lisieux, in: Geist und Leben 46 (1973) 126 - 142.

–, Alle Wege führen zum Kreuz, in: Internationale katholische Zeitschrift "Communio" 9 (1980) 333 - 342.

–, Augustinus. Bekenntnisse. Nachwort und Anmerkungen, Frankfurt/ M./ Hamburg 1955, 213 - 234.

–, Aurelius Augustinus. Das Antlitz der Kirche, Einsiedeln/ Köln 1942, 15 - 27 (Einleitung).

–, Aurelius Augustinus. Über die Psalmen, Einsiedeln ²1983, 9 - 13 (Einleitung).

–, Bibel und negative Theologie, in: Walter Strolz (Hrsg.), Sein und Nichts in der abendländischen Mystik, Freiburg - Basel - Wien 1984, 13 - 31.

–, Bruch und Brücke zwischen Wirken und Leiden Jesu, in: Leo Scheffczyk (Hrsg.), Christusglaube und Christusverehrung. Neue Zugänge zur Christusfrömmigkeit, Aschaffenburg 1982, 14 - 24.

–, Christen sind einfältig, Einsiedeln 1983.

–, Cordula oder der Ernstfall, Einsiedeln 1966.

–, Credo. Meditationen zum Apostolischen Glaubensbekenntnis, Freiburg - Basel - Wien 1989.

–, Crucifixus etiam pro nobis, in: Internationale katholische Zeitschrift "Communio" 9 (1980) 26 - 35.

–, Das Ganze im Fragment. Aspekte der Geschichtstheologie, Einsiedeln ²1990.

– , Das Selbstbewußtsein Jesu, in: Internationale katholische Zeitschrift "Communio" 8 (1979) 30 - 39.

– , Das Weizenkorn. Aphorismen, Einsiedeln/Trier ³1989.

– , Der Begriff der Natur in der Theologie. Eine Diskussion zwischen Hans Urs von Balthasar, Zürich, und Engelbert Gutwenger S.J., Innsbruck, in: Zeitschrift für katholische Theologie 75 (1953) 452 - 461.

– , Der Zugang zur Wirklichkeit Gottes, in: Johannes Feiner/ Magnus Löhrer (Hrsg.), Mysterium Salutis. Grundriß heilsgeschichtlicher Dogmatik, Bd. II, Einsiedeln - Zürich - Köln 1967, 15 - 45.

– , Die Gegenwart des einen Jesus Christus in der Einheit der Kirche, in: Karl Lehmann (Hrsg.), In der Nachfolge Jesu Christi, Freiburg - Basel - Wien 1980, 37 - 54.

– , Die Gottesfrage des heutigen Menschen, Wien 1956.

– , Die Heiligen in der Kirchengeschichte; in: Internationale katholische Zeitschrift "Communio" 8 (1979) 488 - 495.

– , Die neue Theorie von Jesus als Sündenbock, in: Internationale katholische Zeitschrift "Communio" 9 (1980) 184 - 185.

– , Die Wahrheit ist symphonisch. Aspekte des christlichen Pluralismus, Einsiedeln 1972.

– , "Du krönst das Jahr mit Deiner Huld", Psalm 65,12. Radiopredigten, Einsiedeln 1982.

– , Einfaltungen. Auf Wegen christlicher Einigung, Einsiedeln 1985.

– , Epilog, Einsiedeln - Trier 1987.

– , Erster Blick auf Adrienne von Speyr, Einsiedeln 1968.

– , Gericht, in: Internationale katholische Zeitschrift "Communio" 9 (1980) 227 - 235.

– , Glaubhaft ist nur Liebe, Einsiedeln ³1966.

– , Gott ist sein eigener Exeget, in: Internationale katholische Zeitschrift "Communio" 15 (1986) 8 - 13.

– , "Gott von Gott, Licht vom Licht", in: Internationale katholische Zeitschrift "Communio" 6 (1977) 1 - 4.

– , Gregor von Nyssa. Der versiegelte Quell. Auslegung des Hohen Liedes, Einsiedeln ³1984, 7 - 26 (Einführung).

–, Herrlichkeit. Eine theologische Ästhetik, Bd. I: Schau der Gestalt, Einsiedeln 1961.

–, Herrlichkeit. Eine theologische Ästhetik, Bd. II: Fächer der Stile, 1. Teil: Klerikale Stile. 2. Teil: Laikale Stile, Einsiedeln ²1969.

–, Herrlichkeit. Eine theologische Ästhetik, Bd. III,1: Im Raum der Metaphysik, 1. Teil: Altertum. 2. Teil: Neuzeit, Einsiedeln ²1965.

–, Herrlichkeit. Eine theologische Ästhetik, Bd. III,2: Theologie, 1. Teil: Alter Bund, Einsiedeln 1967. 2. Teil: Neuer Bund, Einsiedeln 1969.

–, Homo creatus est. Skizzen zur Theologie V, Einsiedeln 1986.

–, Karl Barth. Darstellung und Deutung seiner Theologie, Einsiedeln ⁴1976.

–, Katholisch. Aspekte des Mysteriums, Einsiedeln ²1975.

–, Kennt uns Jesus - kennen wir ihn?, Freiburg - Basel - Wien 1980.

–, Klarstellungen. Zur Prüfung der Geister, Einsiedeln ⁴1978.

–, Kleine Fibel für verunsicherte Laien, Einsiedeln ²1980.

–, Kleiner Diskurs über die Hölle, Ostfildern ²1987.

–, Kosmische Liturgie. Das Weltbild Maximus' des Bekenners, Einsiedeln ²1961.

–, Laßt euch vom Geist bewegen. Enzyklika über den Heiligen Geist von Papst Johannes Paul II. Mit einem Kommentar von Hans Urs von Balthasar (131 - 160), Freiburg - Basel - Wien 1986.

–, Leben aus dem Tod. Betrachtungen zum Ostermysterium, Freiburg-Basel - Wien 1984.

–, Mysterium Paschale, in: Johannes Feiner/ Magnus Löhrer (Hrsg.), Mysterium Salutis. Grundriß heilsgeschichtlicher Dogmatik, Bd. III, 2, Einsiedeln - Zürich - Köln 1969, 133 - 326.

–, Neue Klarstellungen, Einsiedeln 1979.

–, Origenes. Geist und Feuer. Ein Aufbau aus seinen Werken, Salzburg ²1952, 11 - 41 (Einführung).

–, Pneuma und Institution. Skizzen zur Theologie IV, Einsiedeln 1974.

–, Présence et Pensée. Essai sur la Philosophie Religieuse de Grégoire de Nysse, Paris 1942.

– , Rechenschaft 1965. Mit einer Bibliographie der Veröffentlichungen Hans Urs von Balthasars, zusammengestellt von Berthe Widmer, Einsiedeln 1965.

– , Reinhold Schneider. Sein Weg und sein Werk, Köln/ Olten 1953.

– , Schleifung der Bastionen, Einsiedeln [4]1954.

– , Schöpfung und Trinität, in: Internationale katholische Zeitschrift "Communio" 17 (1988) 205 - 212.

– , Schwestern im Geist. Therese von Lisieux und Elisabeth von Dijon, Einsiedeln [3]1978.

– , Spiritus Creator. Skizzen zur Theologie III, Einsiedeln 1967.

– , Sponsa Verbi. Skizzen zur Theologie II, Einsiedeln [2]1971.

– , Theodramatik I. Prolegomena, Einsiedeln 1973.

– , Theodramatik II. Die Personen des Spiels, 1. Teil: Der Mensch in Gott, Einsiedeln 1976. 2. Teil: Die Personen in Christus, Einsiedeln 1978.

– , Theodramatik III. Die Handlung, Einsiedeln 1980.

– , Theodramatik IV. Das Endspiel, Einsiedeln 1983.

– , Theologie der Geschichte, Einsiedeln [4]1959.

– , Theologie des Abstiegs zur Hölle, in: ders. u.a. (Hrsg.), Adrienne von Speyr und ihre kirchliche Sendung. Akten des römischen Symposiums 27. - 29. September 1985, Einsiedeln 1986, 138 - 146.

– , Theologie und Heiligkeit, in: Internationale katholische Zeitschrift "Communio" 16 (1987) 483 - 490.

– , Theologik I. Wahrheit der Welt, Einsiedeln 1985.

– , Theologik II. Wahrheit Gottes, Einsiedeln 1985.

– , Theologik III. Der Geist der Wahrheit, Einsiedeln 1987.

– , Thomas von Aquin. Besondere Gnadengaben und die zwei Wege menschlichen Lebens. Kommentar zur Summa Theologica II-II, 171 - 182, in: Deutsche Thomas-Ausgabe, Bd. 23, Heidelberg - München/ Graz - Wien - Salzburg 1954, 252 - 464.

– , Verbum Caro. Skizzen zur Theologie I, Einsiedeln 1960.

– , Was dürfen wir hoffen?, Einsiedeln 1986.

–, Wilhelm von Saint-Thierry. Der Spiegel des Glaubens. Mit den Traktaten "Über die Gottesschau" und "Über die Natur und die Würde der Liebe", Einsiedeln 1981, 11 – 20 (Einführung).

–, Zugänge zu Jesus Christus, in: Joseph Sauer (Hrsg.), Wer ist Jesus Christus?, Freiburg – Basel – Wien 1977, 9 – 25.

## II. Sonstige Literatur

Albus, Michael,
Die Wahrheit ist Liebe. Zur Unterscheidung des Christlichen nach Hans Urs von Balthasar, Freiburg – Basel – Wien 1976.

–, Geist und Feuer. Ein Gespräch mit Hans Urs von Balthasar, in: Herder Korrespondenz 30 (1976) 72 – 82.

Alves, Rubem,
Ich glaube an die Auferstehung des Leibes, Düsseldorf 1983.

Barth, Karl,
Der Römerbrief, München ²1922.

–, Die kirchliche Dogmatik, Band II/1: Die Lehre von Gott, Zollikon-Zürich 1948.

–, Dogmatik im Grundriß, Zürich ⁴1977.

Bayer, Oswald,
Art. Theologie. B. Aus evangelischer Sicht, in: Peter Eicher (Hrsg.), Neues Handbuch theologischer Grundbegriffe IV, München 1985, 194 – 200.

Beck, Horst W.,
Biblische Universalität und Wissenschaft, Neuhausen – Stuttgart 1987.

Beinert, Wolfgang,
Die Heiligen in der Reflexion der Kirche. Systematisch-theologische Grundlegung, in: ders. (Hrsg.), Die Heiligen heute ehren, Freiburg – Basel – Wien 1983, 13 – 80.

Benktson, Benkt-Erik,
Existenz und Glaube. Von Sokrates bis zu Simone de Beauvoir, München 1980.

Biser, Eugen,
Jesus – Der Helfer und die Hilfe, in: Joseph Sauer (Hrsg.), Wer ist Jesus Christus?, Freiburg – Basel – Wien 1977, 165 – 200.

Blum, Georg Günter,
Mystische Erfahrung und Theologie im östlichen Christentum, in: Una Sancta 43 (1988) 2 - 17.

Böckle, Franz,
Fundamentalmoral, München 1977.

Bollnow, Otto Friedrich,
Philosophie der Erkenntnis. Das Vorverständnis und die Erfahrung des Neuen, Stuttgart 1970.

Boros, Ladislaus,
Mysterium Mortis. Der Mensch in der letzten Entscheidung, Olten/Freiburg i. Br. [8]1968.

Bouyer, Louis,
Das Wort ist der Sohn. Der Weg der Christologie, Einsiedeln 1976.

Breuning, Wilhelm,
Art. Gott/Trinität, in: Peter Eicher (Hrsg.), Neues Handbuch theologischer Grundbegriffe II, München 1984, 133 - 149.

– , Communio Christi. Zur Einheit von Christologie und Ekklesiologie, Düsseldorf 1980.

– , Zur Lehre von der Apokatastasis, in: Internationale katholische Zeitschrift "Communio" 10 (1981) 19 - 31.

Brüngel, Ferdinand,
"Erfahrung des Geistes", in: Herbert Vorgrimler (Hrsg.), Wagnis Theologie. Erfahrungen mit der Theologie Karl Rahners, Freiburg - Basel - Wien 1979, 21 - 34.

Bürkle, Horst,
Rationalität und Ekstase, in: Geist und Leben 59 (1986) 48 - 54.

Buber, Martin,
Ich und Du, Heidelberg 1958.

Catry, Patrick,
Spuren Gottes, in: H. U. von Balthasar u.a. (Hrsg.), Adrienne von Speyr und ihre kirchliche Sendung. Akten des römischen Symposiums 27. - 29. September 1985, Einsiedeln 1986, 19 - 35.

Ciardi, Fabio,
Menschen des Geistes. Zu einer Theologie des Gründercharismas, Vallendar/Schönstatt 1987.

Claudius, Matthias,
"Aus dem Wandsbecker Boten". Auswahl und Nachwort von Konrad Nussbächer, Stuttgart 1981.

Congar, Yves,
Im Geist und im Feuer. Glaubensperspektiven, Freiburg - Basel-Wien 1987.

Denzinger, Henricus/ Schönmetzer, Adolfus,
Enchiridion Symbolorum, Definitionum et Declarationum de rebus fidei et morum, Freiburg ³³1965.

Durrwell, Franz Xaver,
Der Geist des Herrn. Gottes Tiefe - schöpferische Weite, Salzburg 1986.

Ebeling, Gerhard,
Die Klage über das Erfahrungsdefizit in der Theologie als Frage nach ihrer Sache, in: ders., Wort und Glaube III, Tübingen 1975, 3 - 28.

Egan, Harvey D.,
"Der Fromme von morgen wird ein 'Mystiker' sein", in: Herbert Vorgrimler (Hrsg.), Wagnis Theologie. Erfahrungen mit der Theologie Karl Rahners, Freiburg - Basel - Wien 1979, 99 - 112.

Fessio, Joseph,
Wie liest man Adrienne von Speyr?, in: H. U. von Balthasar u.a. (Hrsg.), Adrienne von Speyr und ihre kirchliche Sendung. Akten des römischen Symposiums 27. - 29. September 1985, Einsiedeln 1986, 158 - 170.

Forte, Bruno,
Gedächtnis, Prophetie und Begleitung. Eine Einführung in die Theologie, Zürich 1989.

Friedrich, Gerhard,
Die Verkündigung des Todes Jesu im Neuen Testament, Neukirchen - Vluyn ²1985.

Fries, Heinrich,
Fundamentaltheologie, Graz - Wien - Köln 1985.

Fürst, Walter,
Praktisch-theologische Urteilskraft. Auf dem Weg zu einer symbolisch-kritischen Methode der Praktischen Theologie, Zürich-Einsiedeln - Köln 1986.

Ganne, Pierre,
Selten Bedachtes über den Heiligen Geist, Einsiedeln 1985.

Ganoczy, Alexandre,
Schöpfungslehre, Düsseldorf 1983.

García-Mateo, Rogelio,
Martin Luther - Ignatius von Loyola - Teresa von Avila, in: Geist und Leben 59 (1986) 343 - 358.

Görres, Ida Friederike,
Sohn der Erde: Der Mensch Teilhard de Chardin, Frankfurt/M. ²1971.

Grabner-Haider, Anton,
Glaubenssprache. Ihre Struktur und Anwendbarkeit in Verkündigung und Theologie, Wien u.a. 1975.

Greshake, Gisbert,
Der Wandel der Erlösungsvorstellungen in der Theologiegeschichte, in: Leo Scheffczyk (Hrsg.), Erlösung und Emanzipation, Freiburg-Basel - Wien 1973, 69 - 101.

Grillmeier, Alois,
Der Gottessohn im Totenreich, in: ders., Mit ihm und in ihm. Christologische Forschungen und Perspektiven, Freiburg - Basel-Wien 1975, 76 - 174.

Heijden, Bert van der,
Karl Rahner. Darstellung und Kritik seiner Grundpositionen, Einsiedeln 1973.

Heinz, Hanspeter,
Der Gott des Je-mehr. Der christologische Ansatz Hans Urs von Balthasars, Bern/Frankfurt/M. 1975.

Hemmerle, Klaus,
Das Heilige und das Denken. Zur philosophischen Phänomenologie des Heiligen, in: Bernhard Casper u.a., Besinnung auf das Heilige, Freiburg - Basel - Wien 1966, 9 - 79.

- , Heiliges Leben in heutiger Zeit, in: Wolfgang Beinert (Hrsg.), Die Heiligen heute ehren, Freiburg - Basel - Wien 1983, 215 - 231.

- , Macht und Ohnmacht des Wortes, in: Heinrich Fries u.a., Möglichkeiten des Redens über Gott, Düsseldorf 1978, 81 - 104.

Hengel, Martin,
Der stellvertretende Sühnetod Jesu, in: Internationale katholische Zeitung "Communio" 9 (1980) 1 - 25. 135 - 147.

Hoffmann, Norbert,
Kreuz und Trinität. Zur Theologie der Sühne, Einsiedeln 1982.

- , Sühne. Zur Theologie der Stellvertretung, Einsiedeln 1981.

Huovinen, Eero,
Idea Christi. Die idealistische Denkform und Christologie in der Theologie Hans Küngs, Hannover 1985.

Imhof, Paul/ Biallowons, Hubert (Hrsg.),
Glaube in winterlicher Zeit. Gespräche mit Karl Rahner aus den letzten Lebensjahren, Düsseldorf 1986.

- , Karl Rahner. Im Gespräch, Bd. 2: 1978 - 1982, München 1983.

Joest, Wilfried,
Dogmatik I. Die Wirklichkeit Gottes, Göttingen 1984.

Jorissen, Hans,
Art. Charisma, in: Hans Waldenfels (Hrsg.), Lexikon der Religionen, Freiburg - Basel - Wien ²1987, 103.

- , Christliches Verständnis von Welt, Mensch und Geschichte aus dem Glauben an die Menschwerdung Gottes, in: Hans Waldenfels (Hrsg.), Theologie - Grund und Grenzen (FS H. Dolch), Paderborn 1982, 125 - 146.

- , Zur Struktur des Traktates 'De Deo' in der Summa theologiae des Thomas von Aquin, in: Michael Böhnke/ Hanspeter Heinz (Hrsg.), Im Gespräch mit dem dreieinen Gott (FS W. Breuning), Düsseldorf 1985, 231 - 257.

Jüngel, Eberhard,
Entsprechungen. Gott - Wahrheit - Mensch, München 1980.

- , Gott als Geheimnis der Welt. Zur Begründung der Theologie des Gekreuzigten im Streit zwischen Theismus und Atheismus, Tübingen 1977.

Kallis, Anastasios,
Theologie als Doxologie, in: Klemens Richter (Hrsg.), Liturgie - ein vergessenes Thema der Theologie? (FS E. J. Lengeling), Freiburg - Basel - Wien ²1987, 42 - 53.

Kasper, Walter,
Art. Dogma/Dogmenentwicklung, in: Peter Eicher (Hrsg.), Neues Handbuch theologischer Grundbegriffe I, München 1984, 176 - 193.

- , Art. Dogmatik, in: Peter Eicher (Hrsg.), Neues Handbuch theologischer Grundbegriffe I, München 1984, 193 - 203.

- , Aspekte gegenwärtiger Pneumatologie, in: ders. (Hrsg.), Gegenwart des Geistes. Aspekte der Pneumatologie, Freiburg - Basel - Wien 1979, 7 - 22.

- , Der Gott Jesu Christi, Mainz ²1983.

Kaufmann, Franz-Xaver/ Metz, Johann Baptist,
Zukunftsfähigkeit. Suchbewegungen im Christentum, Freiburg-Basel - Wien 1987.

Kehl, Medard/ Löser, Werner (Hrsg.),
In der Fülle des Glaubens. Hans Urs von Balthasar-Lesebuch, Basel - Freiburg - Wien 1980.

Keil, Volkmar,
Dionysius Areopagita. Ich schaute Gott im Schweigen, Freiburg-Basel - Wien 1985.

Kern, Walter,
Art. Theologie. A. Systematisch, in: Peter Eicher (Hrsg.), Neues Handbuch theologischer Grundbegriffe IV, München 1985, 183 - 194.

Kienzler, Klaus,
Art. Gotteserkenntnis, in: Peter Eicher (Hrsg.), Neues Handbuch theologischer Grundbegriffe II, München 1984, 149 - 160.

Kierkegaard, Sören,
Der Begriff der Angst, in: Emanuel Hirsch (Hrsg.), Sören Kierkegaard. Auswahl aus dem Gesamtwerk, Wiebaden 1964, 376 - 389.

Klauck, Hans-Josef,
1. Korintherbrief, in: Die Neue Echter Bibel. Kommentar zum Neuen Testament mit der Einheitsübersetzung, Bd. 7, Würzburg 1984.

Kluxen, Wolfgang,
Ethik des Ethos, Freiburg/München 1974.

- , Philosophische Perspektiven im Werk des Thomas von Aquin, in: ders. (Hrsg.), Thomas von Aquin im philosophischen Gespräch, Freiburg/München 1975, 15 - 37.

- , Thomas von Aquin und die Philosophie, in: ders. (Hrsg.), Thomas von Aquin im philosophischen Gespräch, Freiburg/München 1975, 212 - 228.

Knauer, Peter,
Art. Geist, Hl./Pneumatologie. B. Systematisch, in: Peter Eicher (Hrsg.), Neues Handbuch theologischer Grundbegriffe II, München 1984, 44 - 52.

- , Der Glaube kommt vom Hören. Ökumenische Fundamentaltheologie, Bamberg [5]1986.

Kraus, Hans-Joachim,
Heiliger Geist. Gottes befreiende Gegenwart, München 1986.

Krenn, Kurt,
Die Stellvertretung am Kreuz als Ermöglichung menschlicher Sühne, in: Leo Scheffcyk (Hrsg.), Die Mysterien des Lebens Jesu und die christliche Existenz, Aschaffenburg 1984, 177 - 197.

Krenski, Thomas Rudolf,
Passio Caritatis. Trinitarische Passiologie im Werk Hans Urs von Balthasars, Einsiedeln/Freiburg 1990.

Küng, Hans,
Christ sein, München 1974.

- , Ewiges Leben?, München 1982.

- , Existiert Gott? Antwort auf die Gottesfrage der Neuzeit, München 1978.

- , Menschwerdung Gottes. Eine Einführung in Hegels theologisches Denken als Prolegomena zu einer zukünftigen Christologie, Freiburg - Basel - Wien 1970.

Kuhlmann, Jürgen,
Die Schau des Unschaubaren, in: Una Sancta 4 (1981) 346 - 349.

- , Unsere Heiligen. Organe des Heiligen Geistes, in: Geist und Leben 59 (1986) 428 - 429.

Kušar, Stjepan,
Dem göttlichen Gott entgegen denken. Der Weg von der metaphysischen zu einer nachmetaphysischen Sicht Gottes in der Religionsphilosophie Bernhard Weltes, Freiburg - Basel - Wien 1986.

Lacoste, Jean-Yves,
Zur Theologie des Geistes, in: Internationale katholische Zeitschrift "Communio" 15 (1986) 1 - 7.

Lehmann, Karl,
"Er wurde für uns gekreuzigt". Eine Skizze zur Neubesinnung in der Soteriologie, in: Theologische Quartalschrift 4 (1982) 298 - 317.

Léonard, Jean,
Geschmeidigkeit und Humor, in: H. U. von Balthasar u.a. (Hrsg.), Adrienne von Speyr und ihre kirchliche Sendung. Akten des römischen Symposiums 27. - 29. September 1985, Einsiedeln 1986, 40 - 46.

Lochbrunner, Manfred,
Analogia Caritatis. Darstellung und Deutung der Theologie Hans Urs von Balthasars, Freiburg - Basel - Wien 1981.

Löser, Werner,
Das Sein - ausgelegt als Liebe. Überlegungen zur Theologie Hans Urs von Balthasars, in: Internationale katholische Zeitschrift "Communio" 4 (1975) 410 - 424.

- . Im Geiste des Origenes. Hans Urs von Balthasar als Interpret der Theologie der Kirchenväter, Frankfurt/M. 1976.

Lubac, Henri de,
Eine Zeuge Christi in der Kirche: Hans Urs von Balthasar, in: Internationale katholische Zeitschrift "Communio" 4 (1975) 390 - 409.

Maas, Wilhelm,
"Abgestiegen zur Hölle", in: Internationale katholische Zeitschrift "Communio" 10 (1981) 1 - 18.

- , Das Geheimnis des Karsamstags, in: H. U. von Balthasar u.a. (Hrsg.), Adrienne von Speyr und ihre kirchliche Sendung. Akten des römischen Symposiums 27. - 29. September 1985, Einsiedeln 1986, 128 - 137.

- , Gott und die Hölle. Studien zum Descensus Christi, Einsiedeln 1979.

- , Unveränderlichkeit Gottes. Zum Verhältnis von griechisch-philosophischer und christlicher Gotteslehre, München - Paderborn - Wien 1974.

Marcel, Gabriel,
Tragische Weisheit. Zur gegenwärtigen Situation des Menschen, Wien 1974.

McInerny, Ralph,
Thomas von Aquin: Kontemplation und Lehre, in: Internationale katholische Zeitschrift "Communio" 16 (1987) 498 - 505.

Merklein, Helmut,
Jesu Botschaft von der Gottesherrschaft. Eine Skizze, Stuttgart 1983.

Metz, Johann Baptist,
Glaube in Geschichte und Gesellschaft. Studien zu einer praktischen Fundamentaltheologie, Mainz $^{2}$1978.

Mieth, Dietmar,
Art. Mystik, in: Peter Eicher (Hrsg.), Neues Handbuch theologischer Grundbegriffe III, München 1985, 151 - 163.

Moltmann, Jürgen,
Gotteserfahrungen: Hoffnung, Angst, Mystik, München 1979.

Mommaers, Paul,
Der Mystiker und das Wort, in: Geist und Leben 57 (1984) 4 - 12.

Momose, Peter Fumiaki,
Kreuzestheologie. Eine Auseinandersetzung mit Jürgen Moltmann, Freiburg - Basel - Wien 1978.

Mouroux, Jean,
Art. Erfahrung, Religiöse, in: Karl Rahner/ Adolf Darlap u.a. (Hrsg.), Sacramentum Mundi I, Freiburg - Basel - Wien 1967, 1123 - 1126.

Muck, Otto,
Philosophische Gotteslehre, Düsseldorf 1983.

Mühlen, Heribert,
Die Veränderlichkeit Gottes als Horizont einer zukünftigen Christologie, München 1969.

- , Mysterium - Mystik - Charismatik, in: Geist und Leben 46 (1973) 247 - 256.

Müller, Gerhard Ludwig,
Gemeinschaft und Verehrung der Heiligen. Geschichtlich-systematische Grundlegung der Hagiologie, Freiburg - Basel - Wien 1986.

Neumann, Karl,
Der Praxisbezug der Theologie bei Karl Rahner, Freiburg - Basel-Wien 1980.

Neuner, Peter,
Art. Charisma/Amt, in: Peter Eicher (Hrsg.), Neues Handbuch theologischer Grundbegriffe I, München 1984, 170 - 175.

Noronha Galvão, Henrique de,
Die existentielle Gotteserkenntnis bei Augustin. Eine hermeneutische Lektüre der Confessiones, Einsiedeln 1981.

Novalis,
Werke in einem Band, ausgewählt und eingeleitet von Hans-Dietrich Dahnke, Berlin - Weimar $^{3}$1985.

O'Donnell, John,
Alles Sein ist Liebe. Eine Skizze der Theologie Hans Urs von Balthasars, in: Karl Lehmann/Walter Kasper (Hrsg.), Hans Urs von Balthasar. Gestalt und Werk, Köln 1989, 260 - 276.

Otto, Rudolf,
Das Heilige. Über das Irrationale in der Idee des Göttlichen und sein Verhältnis zum Rationalen, Breslau 1917.

Pannenberg, Wolfhart,
Zur Bedeutung des Analogiegedankens bei Karl Barth. Eine Auseinandersetzung mit Hans Urs von Balthasar, in: Theologische Literaturzeitung 78 (1953) 17 - 24.

Pascal, Blaise,
Über die Religion und über einige andere Gegenstände (Pensées), Berlin 1937.

Pesch, Otto Hermann,
Art. Gnade, in: Peter Eicher (Hrsg.), Neues Handbuch theologischer Grundbegriffe II, München 1984, 109 - 122.

Pröpper, Thomas,
Erlösungsglaube und Freiheitsgeschichte. Eine Skizze zur Soteriologie, München [2]1988.

Przywara, Erich,
Art. Analogie, in: Josef Höfer/ Karl Rahner (Hrsg.), Lexikon für Theologie und Kirche, Freiburg [2]1957, 468 - 473.

Rahner, Karl,
Art. Erbsünde, in: Karl Rahner/ Adolf Darlap u.a. (Hrsg.), Sacramentum Mundi I, Freiburg - Basel - Wien 1967, 1104 - 1117.

- , Grundkurs des Glaubens. Einführung in den Begriff des Christentums, Freiburg - Basel - Wien [7]1977.

- , Im Anspruch Gottes, in: Geist und Leben 59 (1986) 241 - 247.

- , Schriften zur Theologie VII, Einsiedeln - Zürich - Köln 1966.

- , Schriften zur Theologie IX, Einsiedeln - Zürich - Köln 1970.

- , Versöhnung und Stellvertretung. Das Erlösungswerk Jesu Christi als Grund der Vergebung und Solidarität unter den Menschen, in: Geist und Leben 56 (1983) 98 - 110.

Ratzinger, Joseph,
Einführung in das Christentum, München 1971.

- , Homilie, in: Internationale katholische Zeitschrift "Communio" 17 (1988) 473 - 476.

Reinhart, Vincent,
Du in unserer Mitte. Ökumenisches Gebetbuch, Freiburg - Basel - Wien 1989.

Römelt, Josef,
Personales Gottesverständnis in heutiger Moraltheologie auf dem Hintergrund der Theologien von K. Rahner und H. U. v. Balthasar, Innsbruck - Wien 1988.

Rotzetter, Anton.
Theologie und Spiritualität, in: ders. (Hrsg.), Geist wird Leib (= Seminar Spiritualität 1), Zürich u.a. 1979, 19 - 39.

Ruhbach, Gerhard,
Theologie und Spiritualität. Beiträge zur Gestaltwerdung des christlichen Glaubens, Göttingen 1987.

Salmann, Elmar,
Gnade und Leid. Dogmatische Erwägungen zur Leidensmystik bei Anna Katharina Emmerick, in: Geist und Leben 57 (1984) 322 - 336.

Sauter, Gerhard,
Ekstatische Gewißheit oder vergewissernde Sicherung? Zum Verhältnis von Geist und Vernunft, in: Claus Heitmann/ Heribert Mühlen (Hrsg.), Erfahrung und Theologie des Heiligen Geistes, Hamburg/München 1974, 192 - 213.

Scannone, Juan Carlos,
Die Logik des Existentiellen und Geschichtlichen nach Karl Rahner, in: Herbert Vorgrimler (Hrsg.), Wagnis Theologie. Erfahrungen mit der Theologie Karl Rahners, Freiburg - Basel - Wien 1979, 82 - 98.

Scheffczyk, Leo,
Art. Gott, in: Karl Rahner/ Adolf Darlap u.a. (Hrsg.), Sacramentum Mundi II, Freiburg - Basel - Wien 1968, 491 -510.

- , Das Dogma von der Erbsünde, in: Rudolf Schnackenburg (Hrsg.), Die Macht des Bösen und der Glaube der Kirche, Düsseldorf 1979, 107 - 119.

- , Glaube als Lebensinspiration. Gesammelte Schriften zur Theologie, Einsiedeln 1980.

Schilson, Arnold/ Kasper, Walter,
Christologie im Präsens. Kritische Sichtung neuer Entwürfe, Freiburg - Basel - Wien 1974.

Schmid, Johannes,
Im Ausstrahl der Schönheit Gottes. Die Bedeutung der Analogie in "Herrlichkeit" bei Hans Urs von Balthasar, Münsterschwarzach 1982.

Schmidt, Werner H.,
Alttestamentlicher Glaube in seiner Geschichte, Neukirchen - Vluyn $^{2}$1975.

– , Ausprägungen des Bilderverbots? Zur Sichtbarkeit und Vorstellbarkeit Gottes im Alten Testament, in: Horst Balz/ Siegfried Schulz (Hrsg.), Das Wort und die Wörter (FS G. Friedrich), Stuttgart u.a. 1973, 25 - 34.

Schneider, Carl,
Geistesgeschichte der christlichen Antike, München 1978.

Schneider, Reinhold,
Der christliche Protest. Mit einem Geleitwort von Werner Bergengruen, Zürich 1954.

Schoonenberg, Piet,
Theologie der Sünde. Ein theologischer Versuch, Einsiedeln 1966.

Schürmann, Heinz,
Im Knechtsdienst Christi. Priesterliche Lebensformen, Freiburg-Basel - Wien 1985.

– , Jesu ureigener Tod. Exegetische Besinnungen und Ausblick, Freiburg - Basel - Wien 1975.

Schulz, Hans-Joachim,
Die Eucharistie – umfassender Glaubensausdruck und friedenstiftendes Geschehen, in: Una Sancta 42 (1987) 60 - 68.

Schwager, Raymund,
Der wunderbare Tausch. Zur Geschichte und Deutung der Erlösungslehre, München 1986.

Sicari, Antonio Maria,
Der Heilige Geist und die "totale" Inkarnation, in: Internationale katholische Zeitschrift "Communio" 15 (1986) 14 - 22.

– , Theologie und Heiligkeit. Dogmatik und Spiritualität bei Hans Urs von Balthasar, in: Karl Lehmann/Walter Kasper (Hrsg.), Hans Urs von Balthasar. Gestalt und Werk, Köln 1989, 191 - 206.

Söhngen, Gottlieb,
Analogie und Metapher. Kleine Philosophie und Theologie der Sprache, Freiburg/München 1962.

– , Die Weisheit der Theologie durch den Weg der Wissenschaft, in: Johannes Feiner/ Magnus Löhrer (Hrsg.), Mysterium Salutis. Grundriß heilsgeschichtlicher Dogmatik, Bd. I, Einsiedeln - Zürich - Köln 1965, 905 - 976.

– , Philosophische Einübung in die Theologie, Freiburg/München ²1964.

Sommavilla, Guido,
Opfer und Stellvertretung. Erinnerungen eines Übersetzers, in: Karl Lehmann/Walter Kasper (Hrsg.), Hans Urs von Balthasar. Gestalt und Werk, Köln 1989, 277 - 284.

Speyr, Adrienne von,
Das Wort und die Mystik, 1. Teil: Subjektive Mystik, Einsiedeln 1970.

- , Kreuz und Hölle I. Die Passionen, Einsiedeln 1966.

- , Kreuz und Hölle II. Auftragshöllen, Einsiedeln 1972.

Splett, Jörg,
Die Rede vom Heiligen. Über ein religionsphilosophisches Grundwort, Freiburg/München 1971.

Staimer, Edeltraut,
Wollte Gott, daß Jesus starb? Jesu erlösender Weg zum Tod, München 1983.

Steindl-Rast, David,
Jesus als Wort Gottes in vergleichender religionspsychologischer Sicht, in: Ansgar Paus (Hrsg.), Die Frage nach Jesus, Graz - Wien - Köln 1973, 9 - 67.

Stockmeier, Peter,
Art. Heilig, in: Peter Eicher (Hrsg.), Neues Handbuch theologischer Grundbegriffe II, München 1984, 160 - 166.

Sudbrack, Josef,
Art. Frömmigkeit/ Spiritualität, in: Peter Eicher (Hrsg.), Neues Handbuch theologischer Grundbegriffe II, München 1984, 7 - 16.

- , Auf Gott hin ausgespannt. Der Weg des Meditierens, Freiburg-Basel - Wien 1983.

- , Christliche Meditation, in: Geist und Leben 43 (1970) 437 - 454.

- , Die "Anwendung der Sinne" als Angelpunkt der Exerzitien, in: Michael Sievernich/Günter Switek (Hrsg.), Ignatianisch. Eigenart und Methode der Gesellschaft Jesu, Freiburg - Basel - Wien 1990, 96 - 119.

- , Geistliche Führung. Zur Frage nach dem Meister, dem geistlichen Begleiter und Gottes Geist, Freiburg - Basel - Wien 1981.

- , Heilige Menschen. Eine lebendige Theologie von Gottes Geheimnis, in: Geist und Leben 57 (1984) 321.

- , Ignatius von Loyola und sein Orden - Ursprung aus der Erfahrung, in: Geist und Leben 56 (1983) 267 - 283.

–, Mystik: Selbsterfahrung – kosmische Erfahrung – Gotteserfahrung, Mainz/Stuttgart 1988.

–, Vom Geheimnis christlicher Spiritualität: Einheit und Vielfalt, in: Geist und Leben 39 (1966) 24 – 44.

–, Von der Kraft und Zerbrechlichkeit des Wortes, in: Geist und Leben 57 (1984) 1 – 4.

–, Wege zur Gottesmystik, Einsiedeln 1980.

Tossou, Kossi K. Josef,
Streben nach Vollendung. Zur Pneumatologie im Werk Hans Urs von Balthasars, Freiburg – Basel – Wien 1983.

Treitler, Wolfgang,
Wahre Grundlagen authentischer Theologie, in: Karl Lehmann/Walter Kasper (Hrsg.), Hans Urs von Balthasar. Gestalt und Werk, Köln 1989, 175 – 190.

Vogels, Heinz-Jürgen,
Christi Abstieg ins Totenreich und das Läuterungsgericht an den Toten. Eine bibeltheologisch-dogmatische Untersuchung zum Glaubensartikel "descensus ad inferos", Freiburg – Basel – Wien 1976.

Vorgrimler, Herbert,
Theologische Gotteslehre, Düsseldorf 1985.

Waldenfels, Hans,
An der Grenze des Denkbaren. Meditation – Ost und West, München 1988.

–, Das "Kenotische" als Grundzug missionarischer Kommunikation, in: ders. (Hrsg.), "... denn Ich bin bei Euch" (Mt 28, 20). Perspektiven im christlichen Missionsbewußtsein heute (FS J. Glazik und B. Willeke), Zürich – Einsiedeln – Köln 1978, 327 – 338.

–, "Spiritualität". Zur 'Wahrnehmung' des Geistes und zur 'Unterscheidung der Geister', in: Michael Böhnke/ Hanspeter Heinz (Hrsg.), Im Gespräch mit dem dreieinen Gott (FS W. Breuning), Düsseldorf 1985, 376 – 398.

Weger, Karl-Heinz,
Karl Rahner. Eine Einführung in sein theologisches Denken, Freiburg – Basel – Wien 1978.

–, Theologie der Erbsünde. Mit einem Exkurs: Erbsünde und Monogenismus von Karl Rahner, Freiburg – Basel – Wien 1970.

Weinhandl, Ferdinand,
Ignacio de Loyola. Die Exerzitien und aus dem Tagebuch. Mit Zeichnungen von Federico Barocci und einer Dokumentation, München 1978.

Weismayer, Josef,
Leben in Fülle. Zur Geschichte und Theologie christlicher Spiritualität, Innsbruck 1983.

Welte, Bernhard,
Auf der Spur des Ewigen. Philosophische Abhandlungen über verschiedene Gegenstände der Religion und der Theologie, Freiburg - Basel - Wien 1965.

Wiederkehr, Dietrich,
Art. Kreuz/Leid, in: Peter Eicher (Hrsg.), Neues Handbuch theologischer Grundbegriffe II, München 1984, 354 -363.

Wilckens, Ulrich,
Der Brief an die Römer, in: Evangelisch-Katholischer Kommentar zum Neuen Testament VI, 1, Zürich - Einsiedeln - Köln 1978.

Ziegenaus, Anton,
Grundstrukturen neuzeitlicher Christologie, in: ders. (Hrsg.), Wegmarken der Christologie, Donauwörth 1980, 127 - 185.

Zoske, Sabine,
Die Mitte der Trinität. Möglichkeiten trinitarischer Rede von Gott nach Karl Barth und Rudolf Bultmann, Rheinbach - Merzbach 1983.

## Abkürzungen

| | |
|---|---|
| DS | H. Denzinger/ A. Schönmetzer, Enchiridion Symbolorum, Definitionum et Declarationum de rebus fidei et morum, Freiburg $^{33}$1965 |
| H I | Herrlichkeit, Bd. I |
| H II, 1 | Herrlichkeit, Bd. II, 1. Teil |
| H II, 2 | Herrlichkeit, Bd. II, 2. Teil |
| H III, 1/ 1 | Herrlichkeit, Bd. III, 1. Teil, 1. Halbband: Altertum |
| H III, 1/ 2 | Herrlichkeit, Bd. III, 1. Teil, 2. Halbband: Neuzeit |
| H III, 2/ 1 | Herrlichkeit, Bd. III, 2. Teil, 1. Halbband: Alter Bund |
| H III, 2/ 2 | Herrlichkeit, Bd. III, 2. Teil, 2. Halbband: Neuer Bund |
| TD I | Theodramatik, Bd. I |
| TD II, 1 | Theodramatik, Bd. II, 1. Teil |
| TD II, 2 | Theodramatik, Bd. II, 2. Teil |
| TD III | Theodramatik, Bd. III |
| TD IV | Theodramatik, Bd. IV |
| TL I | Theologik, Bd. I |
| TL II | Theologik, Bd. II |
| TL III | Theologik, Bd. III |
| IKaZ | Internationale katholische Zeitschrift "Communio" |